EL HECHO DE LOS TRATADOS DEL MATRIMONIO

PRETENDIDO POR EL

PRINCIPE DE GALES

CON LA SERENISSIMA

INFANTE DE ESPANA MARIA,

TOMADO DESDE SUS PRINCIPIOS

PARA MAIOR DEMOSTRACION DE LA VERDAD, Y AJUSTADO CON LOS PAPELES
ORIGINALES DESDE CONSTA

POR

EL MAESTRO F. FRANCISCO DE JESUS,

PREDICADOR DEL REY NUESTRO SEÑOR.

NARRATIVE OF THE SPANISH MARRIAGE TREATY,

EDITED AND TRANSLATED

BY SAMUEL RAWSON GARDINER.

PRINTED FOR THE CAMDEN SOCIETY.

M.DCCC.LXIX.

Reprinted with the permission of the Royal Historical Society

AMS PRESS

NEW YORK ● LONDON

First AMS EDITION published 1968
Manufactured in the United States of America

Series No. I, 101

AMS PRESS, INC.
NEW YORK, N.Y. 10003

PREFACE.

THE copy (Add. MSS. 14,043) in the library of the British Museum from which the following pages are printed, was, according to a note on the fly-leaf, in the handwriting of Sir F. Madden, " Purchased of Thos. Rodd, 11th March, 1843." When I was fortunate enough to light upon it a few years ago, I was at once struck with its value as a full statement of the Spanish case against James and his son, though I was unable at the time to form any opinion of the correctness of the facts alleged in it. Subsequent researches, however, at Simancas and in our own libraries, have convinced me that the narrative is not merely welcome as an argument from a side from which no argument has hitherto reached us, but that it is—if we take into consideration the probability that many facts were doubtless kept from the knowledge of the writer, and if due allowance be made for his religious and political position—a thoroughly trustworthy representation of the facts as they would naturally appear to a Spanish catholic.

The book, as Don Pascual de Gayangos has obligingly informed me, has never before been printed, though it is not unfrequently to be found in MS. in Spanish libraries.

My only knowledge of the writer, excepting from these pages, and from occasional notices of him as taking part in theological discussions, or as the author of various memorials on the subject

of the proposed marriage, is derived from Antonio's *Bibliotheca Hispana Nova.*

The article in question (tom. I. 434) opens as follows :—

" F. Franciscus a Jesu et Jodar, Joanne a Jodar, Beaciensi (*of Baeza*) decurione, et Mariâ Gallegos Hispalensi (*of Seville*), hac in urbe natus, Beaciæ tamen educatus, Carmelitarum Excalceatorum prius, inde Observantum quos vocant, sodalis, sacræ theologiæ magister, Regibus Hispaniarum Catholicis Philippo III. quem paulo post moriturum præsenti consilio atque eloquentiâ egregie juvit confirmavitque, necnon et Philippo IV. hujus filio, carus in paucis, atque intimus : utriusque declamatorem sacrum, atque Philippi IV. destinatione ad examen quandoque rerum gravissimarum admissum, inter hæc supremi fidei negotiorum senatus, cum alias, tum in expurgandis libris, censorem magnâ eruditionis laude, prudentiæque, solertiæque, ac pietatis exercuit.[a] Episcopalem dignitatem sæpius sibi oblatam constanter recusavit. Ceterum quod ad nos spectat ab eo emanaverunt in formarum lucem."

Here follows a list of four works in Spanish, the first three being on theological or ecclesiastical subjects, the title of the last being " Sobre el matrimonio que el Principe de Gales pretendió con la Infanta Doña Maria." " Editum hoc votum," Antonio proceeds, " Matriti aiunt, anno 1623." This " votum" or opinion delivered to the King, was, I suppose, the same as the tract of which, according to Khevenhüller (Annales Ferdinandei, x. 366), only ten copies were printed. I have not met with this work ; but a German translation of the last few pages will be found in Khevenhüller's book.

Antonio's next paragraph treats of the narrative now printed,— " Curæ enim suæ," he says, " commissum habuit magnum id

---

[a] I give the extract as it stands, though there is evidently something wrong with it.

negotium, quod summâ dexteritate, ut erat prudens in paucis, et urbanitatis plenus, tractavit, Gasparo Guzmano comite duce Olivariensi, et Buckingamo duce Philippi nostri Regis, atque Caroli Waliæ tunc Principis nomine sæpius, nec semel ipso Principe, ad eum venientibus. Quo quidem juxta Christianæ prudentiæ regulas ex voto ejus et doctissimorum aliorum hominum expedito, in mandatis habuit ut epistolam Regiam ad Jacobum Angliæ Regem, qua excusari debuit re infectâ discedere Carolum filium, conscius ipse arcanorum, formaret, quam quidem scripsisse dicitur pro dignitate Regum et causæ ipsius XV. Augusti, M,D,CXXIV. necnon et eorum omnium, quæ grata essent, historicam narrationem confecisse: quæ una cum epistolæ exemplari, propriâ auctoris manu descripta, penes magistrum Fr. Franciscum Zuazo ejusdem ordinis Matriti asservatur, quod ipse aliis referre solet."

Fray Francisco, we are also told, published an index of prohibited books, at the instance of the Archbishop of Toledo,[a] and died the 23rd of September, 1634, at the age of sixty-six.

---

[a] In the key to the nicknames in the Private Memoirs of Sir Kenelm Digby, Sir Harris Nicholas appended to the "Mufti of the Egyptians" the note "Query—the Archbishop of Toledo," and this explanation, natural enough to any one who has not examined the question closely, has recently received some countenance as having been adopted by Mr. Bruce in his preface to Sir K. Digby's Voyage, recently published by him for this Society. I have no doubt, however, that it is a mistake. The Archbishop of Toledo never appears upon the stage of public affairs after the fall of Lerma and his son, in any of the various narratives of proceedings connected with the marriage with which I am acquainted; and his absence is easily explained if, as I suppose, he was still that Bernardo de Sandoval y Roxas who was a relative of Lerma, and received his promotion from the fallen favourite. On the other hand, the indications in Sir Kenelm's memoirs point in a very different direction. Bristol, he says, understood that Sir Kenelm "was very welcome to the Mufti for the strait friendship that he had with some of his nearest kinsmen in Ionia, *from whence he was.*" Ionia means Italy, and the person in question being an Italian, could be no other than De Massimi, the Papal Nuncio.

The letter to James I. mentioned above will be found prefixed to the narrative in the Museum copy. Its main interest consists in the assertion that liberty of conscience had been asked for from the beginning, and that if the Spanish Government had at any time taken lesser concessions into consideration, it was because it was the plain duty of the Catholic King not to let slip any chance of bringing James ultimately to yield to the terms which would alone prove acceptable. The letter is, however, far too long, and, for the most part, too uninteresting, to claim admission in the present volume, which, by the kind permission of the Council, has already been extended far beyond the average limits of the Society's publications.

The same reason precludes me from entering upon the task of comparing the Friar's statements with the revelations of the Venetian Archives, or of Gondomar's despatches, further than as I have been able to find room in the Appendix for extracts from the latter. I must, therefore, refer those who wish to investigate the matter further to the account which I have attempted to give in an independent work recently published, contenting myself with observations.

From one test, at least, Fray Francisco comes out triumphantly. He sometimes quotes despatches and other State papers word for word, but he more frequently merely gives the sense of them, abbreviating them in his own language. At the time that he wrote there was not the slightest chance that either James or anyone else interested in controverting his position would see these documents ; and, if he had wished to do so, he might safely have garbled them without any chance of detection. Some of these original papers are now printed in the notes to his narrative, and a close examina-

tion will fail to detect any attempt to alter their meaning. It is, therefore, with some confidence that we are able to accept his rendering of other documents which have not hitherto been brought to light in their original form.

But it does not follow that, because a writer's details are correct, he is also to be trusted for the inferences which he draws from them, or the arrangement in which he groups them; and we are forced to inquire whether it is really true, as Fray Francisco evidently wishes us to understand, that James knew from the beginning, or almost from the beginning, of the negotiation that the King of Spain would be content with nothing short of liberty of conscience. It is very probable that some day we may be in a position to speak decidedly on this point. But my own belief, based upon what knowledge I have of Gondomar's ways, is that the Spanish ambassador took care to keep up a double language all through, that he spoke plainly enough of his master's demands to be able to see whether they would be accepted, and also to be able to refer to his words in case of need, but that he frequently used much more hesitating language, in order to hold James in hopes, and to spin out the negotiation as long as it suited his purpose.

Under such circumstances, it seems a very natural supposition that the strong language would be laid before the friar for the preparation of his narrative, whilst the suggestions and subterfuges which had done their work would be kept from his notice; and, as far as I know, there is nothing in the book which would militate against this theory.

If any one, however, should think it worth while to conduct this inquiry further, it will be well not to lose sight of the fact that

b

the Spaniards of that day differed widely from the contemporary English usage in the meaning which they affixed to certain terms. " If they," *i.e.* the Roman Catholics, " should obtain a connivance," said Pym in a speech in the House of Commons,[a] " they will press for a toleration; from thence to an equality; from an equality to a superiority; from a superiority to an extirpation of all contrary religions." What Pym called a connivance—a tacit permission to retain their religion, and to perform its obligations in private, the penalties of the unrepealed law not being enforced against them—was always termed by Fray Francisco and his countrymen a toleration, a word which they opposed to liberty of conscience, thereby meaning a state of freedom secured by law, though the amount of freedom might vary from Pym's toleration to his equality. Sometimes the words are applied to the enjoyment by the Catholics of the right of private worship in their own houses; sometimes it is extended to the right of building churches, and frequenting them openly. But it is not the thing granted, but the tenure on which it is held, which is the point of importance.

I may mention here, what I ought to have put into a note, that the events attributed in the narrative to the year 1613 really belong to 1612.

[a] Proceedings and Debates in 1621, ii. 237.

TRATADO DEL MATRIMONIO

PRINCIPE DE GALES.

Año de 1604.

TOMA sus primeros principios tan de atrás esta materia, que obliga á que se lleguen á reconocer en el año de 1604, que es en él que el Condestable de Castilla Juan Fernandez de Velasco pasó á Inglaterra á concluir y asentar el tratado de las paces que capitularon entre sí y juraron esta Corona y aquella, porque continuandose con esta ocasion, y cada dia con maior confidencia la comunicacion del Condestable con aquellos Reies pudo la Reina introducirle privadamente la platica del casamiento del Principe Henrico su hijo con la Sᵃ Infanta Dᵃ Aña (unica hija entonces de los Reyes nuestros Señores) como lo hiço diversas vezes, y los empeños que se fuéron haciendo en ella de parte de aquella Magᵈ pasaron tan adelante, que cuidadoso el Condestable de que se havian de ir apretando mas (y sin que pudiese asistir á su prosecucion por la prissa con que instaba ya sa vuelta) tuvo por necesario al tiempo della (estando ya en Dobla para embarcarse á 9 de Septiembre deste año) dexar una instruccion secreta al Conde de Villamediana Don Juan de Tassis, que quedaba por Embaxador ordinario, para que en caso que esta negociacion se continuasse tuviese entendidos los presupuestos con que havia de admitirla, siendo los principales en todo los que miraban á la causa de la religion Catholica y á su beneficio, como consta de la misma instruccion, cuio primer capitulo dice assí.[a]

" Haviendose declarado su Magᵈ de la Reina de Inglaterra conmigo en las audiencias que me dió mas que ha hecho otras vezes con V. S. en lo que desea el casamiento del Principe su hijo con la Infante Nᵃ Señora, y entendiendo de mi respuesta (segun el orden del Rei Nᵗᵒ Señor) que se oiria esta platica de parte de su Magᵈ con mui buena dispossicion, siempre que se asegurase lo de la religion y crianza, me habló en lo mismo el Conde de Northanthon de parte del Baron Cicil, y aunque es de creer que gente tan cuerda y entendida habrá considerado y presupuesto por cosa llana que, para entrar en semejante tratado, es fuerza que concurran y prefieran ambas condiciones, hé acordado dexar á V. S. estos apunta-

[a] Simancas MSS. 841, 134.

1604. mientos, para que se govierne en lo que se offrecerá como me parece que conviene al servicio[a] de Dios y de su Mag[d]." Y luego en el capitulo siquiente prosigue, " antes de baxar á otros particulares les significará V. S. el impedimento de la religion, en que no puede, ni ha de venir su Mg[d], ni de su parte se ha de oir, siendo la principal Columna de la Iglesia, y tan Catholico en la profession y en la verdad, y tan estimados estos titulos en la Corona de España que sus proprios vasallos no consenterán que la Ser[ma] Infante[b] se casase con Principe de diferente religion contra la costumbre antiqua de aquellas coronas, por lo qual conviene que este punto quede llano antes que se trate de alguno otro,"[c] y afirmandose mas en este intento en algunos de los capitulos, advierte la forma y modo con que se havia de disponer y capitular la conversion del Principe, para poder tomar bastante seguridad della. Quedó así comenzada esta platica y en este estado sin adelantarse ni descaecer en algunos años, sustentandola por una parte los deseos de los interesados en ella, y por otra deteniendola mucho para que no pasase destos primeros principios su misma grandeza y dificultad, y assí no sobrevinó a ellos algo considerable ni de cuenta hasta despues algunos años que fué en él de 1611.

Año de 1611.

1611. A los primeros de Jullio deste año llegó á Madrid, Corte de su Mag[d], Don Juan Digbi Cavallero Ingles, de conocida nobleza, con titulo de Embaxador de la Gran Bretaña, y en la audiencia que le dió su Mag[d] á los 13 deste mes en St. Lorenzo el real, propusó de nuevo en virtud de la carta de creencia de su Embaxada la preten-

---

[a] . . . al servicio de su Mag[d], y espero que lo guiara V. S. con su mucha prudencia y destreza.

Primeramente, prosiguiendo la platica movida, mostrará V. S. en ella de parte de su M[d] la misma buena disposicion y inclinacion de efectuallo ; mas, baxando ellos a los particulares antes de passar adelante, les significará el empedimiento, &c. *Ib.*

[b] Infanta, mayormente con la esperança de la succession en los Reynos de su padre, cassasse, &c. *Ib.*

[c] Y quando se dispongan á la criança del Principe en la Religion Catholica, les dará a entender V. S. diestramente que, siendo este punto tan importante para la firmeza de la succession y seguridad de los Estados, conviene que se quite toda dubda y sospecha para que los dichos Estados y Reynos se aseguraren y esten ciertos que el marido de la Señora Infanta es de su misma religion.

Y porque no entren con alguna sospecha dexará proponer á ellos la forma de assegurar este parte ; y, si propusiéron que si crie el Principe en el Reyno a cargo de personas Catholicas y confidentes, responderá V. S. con las razones que hay para no persuaderse que este es buen medio.

Y con esta occasion abrirá el camino á la propuesta de criarle en Hespaña con todas las circunstancias que serán menester para asecurallos de sospecha y disignios particulares, sin consentir por ningun caso la criança del Principe fuera de Hespaña, &c. *Ib.*

sion de aquél Rey al casamiento de su hijo el Principe Henrrico con la S^{ra} Inf^e Dª Aña. Su Mag^d le respondió que ya entonces se hallaba tan adelante en el empeño de otra platica desta misma calidad con el Rey X^{rmo}, que lo mas que podria hacer en buena amistad era decirle esto assí tan llanamente, pero que en esta conformidad tambien le aduertia que teniendo otras hijas á quien no menos queria y estimaba, podria dar con qualquiera dellas bastantes prendas del amor que deseaba mostrar á aquellos Reyes y al Principe su hijo, aunque antes de dar principio á esto convenia saber en primer lugar lo que el Principe havia de hacer en materia de religion, por-que determinandose á ser buen Catholico holgarian mucho con un tal parentesco Rey y Reino, y despidiendo con esto al Embaxador le encargó supiese de la manera que se tomaba en Inglaterra esta respuesta.

Mandó luego su Mag^d que todo lo que havia passado se le escriviese á Don Alonso de Velasco (Conde despues de Revilla) su Embaxador en Inglaterra, para que hablando aquél Rey con el mismo estilo le significase en particular la dispossicion que quedaba para poderse tratar de este casamiento solo en orden á la persona de la S^{ra} Infante Maria, si bien debaxo del dicho presupuesto, y quando el Embaxador llegó á executar esta orden mostró aquél Rey estimar grandemente este nuevo offre-cimiento, á que respondió que trahia dos dificultades que le obligaban á reparar mucho, la una la menos edad de su Alt^a con que era forzoso el haverse de dilatar la succession de su casa, y la otra (que en su sentimiento aun era menor[a]) necesitar á su hijo á que dexase la religion en que estaba tan industriado, y assí le parecia que podian contentarse en España con que á la s^{ra} Infante y á su familia se les diese libertad en aquél Reyno, para vivir en la religion Catholica; replicando el Embaxa-dor á ambas dificultades le dixó que la primera era facil de vencer con el tiempo, pues haria esto y tan aprisa como suele, y que quanto á la segunda tenia por cierto que de ninguna manera vendria su Mag^d en dar alguna hija suia á Principe que no fuesse Catholico, cerró al fin el Rey esta platica con instar mucho al Embaxador que la escriviese á su Mag^d con la puntualidad que havia passado.

Con lo qual quedó pendiente por algun tiempo este tratado, aunque despues supo el Embaxador que el no continuarle por entonzes era solo pundonor de no parecer que cedian a Francia con reducirse a pretender la hija segunda quando aquella Corona se le estaba dando la primera, pero que su intencion determinada era de volver á la misma pretension despues de algunos messes, y con tan grandes desseos de conseguirla que por solo este respecto vendrian en dar una libertad tacita de consciencia tal que bastare a poder ir reduciendo á aquél Reino á la Iglesia Cath^a.

Año de 1612.

Entrando el año siguiente mandó su Mag^d dar orden para que Don Pedro de Zuñiga, Marques de Flores d'Avila (que ya le havia servido de Embaxador cerca del Rey de la Gran Bretaña con grande satisfaccion de ambas coronas) volviese con Embaxada extraordinaria á titulo de dar quento á aquellas Magestades de los casa-

---

[a] This must surely be an error for " major " or " no menor."

1612.   mientos que entonces se acavaban de capitular entro esta Corona y la de Francia, y
para que tambien hiciese con esta Embaxada el debido cumplimiento de correspondencia á la que el año antes se havia recivido de aquél Rey por medio de Don Juan
Digby, y previniendole en la instruccion particular que se le dió para en caso que
le hablase en esta materia (como parecia mui verisimil) se le dice en uno de los
primeros capitulos que, tocandose la platica de lo que el Embaxador de Inglaterra
propusó el año pasado en St Lorenzo y de la respuesta que se le dió, justifique la
amistad y llaneza de esta con la misma verdad, pues en el estado presente ni pudó
darse en España otra mejor, ni podia pedirse mas de Inglaterra, queriendo medir
las cosas con razon, y continuando la instruccion sobre el mismo intento en otros
capitulos apunta, que siempre vaia con este fundamento de haver de ser el Principe
Catholico, sin el qual no hai dar paso, y luego en el siguiente advierte que en caso
de que se llegue á estar de acuerdo en quanto á que el Principe se haga Catholico, se
le proponga luego que mire que prenda de seguridad que sea bastante podrá dar
desto, y quales tambien querra que se le den desta parte para tener por cierto el
matrimonio, y si bien el Marques cumplió con su Embaxada en esta conformidad no
huvo otros effectos della por entonces que el dexar enterados á aquellos Reyes y al
Principe su hijo del zelo y sanctos intentor con que su Mag^d havia admitido el hablarle en esta negocio.

Año de 1613.

1613.   Al principio deste año movió aquél Rei nueva platica de otro diferente casamiento
para el mismo Principe Henrico con la Princesa de Saboya Dª Catalina, llevando
en él por fin principal contraher parentesco con la sangre real de España en el grado
de la maior cercania que pudiesse, ya que no le parecia posible conseguir este matrimonio con Infantas de la misma corona, assí se lo dixó el mismo Rey algunos años
despues á Don Diego Sarmiento de Acuña, Conde despues de Gondomar, haciendo
offi^o de Embaxador cerca de su persona.

El Duque de Saboya dió luego cuenta á su Mag^d desta platica, para que se sirviese
de declararle su real voluntad en ella, en orden á lo qual mandó hacer una junta de
personas graves Theologos y Juristas con el Car^l Arçobispo de Toledo Inq^r General
Don Ber^{do} de Sandoval y Rojas, que vió y ventiló esta materia con el zelo y atencion
que ella merece, y despues de haverla ponderado como era justo resolviéron todos
que no se debia admitir ni dar lugar á este matrimonio, por ser tan moderadas y
superficiales las condiciones que por razon dél se offrecian en favor de la religion
Catholica, pues vendria á ser el hacerlo en gran nota y peligro della como lo repre-
sentaron mas estendidamente por una consulta. Con esto tomó acuerdo su Mag^d
para responder al Duque de Saboya, y en suma la resolucion fué que consultase
sobre este caso al summo Pontifice, dandole á entender que para acertar en negocio
tan arduo y de tantas contingenzias y todas tan peligrosas era el medio mas seguro
el dexarse governar del oraculo de aquella sancta sede, siguiendo su direccion, y
como quiera que el Duque se huviesse en el cumplimiento desta advirtencia, es
cierto que el Rei de la Gran Bretaña dixo algunos años despues al Conde de Gon-

domar que este matrimonio estuvo de ambas partes tan acordado que solo dexó de
effectuarse por la muerte del Prin^e Henrrico que succedió en aquella ocasion.

Año de 1614.

Casí al mismo tiempo (si bien entrando ya este año de 1614) se descubrió en
Francia la negociacion que allí andaba sobre este mismo casamiento del Principe
con Madama Christiana, hermana del Rey Christianissimo, y en tan pocas dias
llegó a estar tan adelante que previniendo el Duque de Lerma los daños della, como
que ya amenazaban muy de cerca, hiço en su reparo la diligencia que el mismo dice
en carta de 19 de Abril escrita á su sobrino el Conde de Castro ya de Lemos que
servia entonces la embaxada de Roma, " Viendome aier el Embaxador de Francia
le dixe ·que su Mag^d tenia avisos de que allí estaba ya concertado el casamiento
de Madama Christiana con el Principe de Gales, y que yo me admirava mucho de
que esto fuesse sin haver dado cuenta al Vicario de Jesu Christo, y sin su licencia,
y de que la Reina Regente, se contentasse con una Capilla privada para los que
llevase su hija, minorando el numero de los que de España huviese de llevar la
Infante, de los quales ó muriendose ó volviendose vendria en poco tiempo á
quedar sola en medio de herejes, y mas quedandole poder al Rey para proveerle
los officios majores, por ser de suio, caso terrible entregar así a una niña de once
ó doce años, á tan evidente peligro ; y descendiendo á materias temporales, le
dixe que lo que peor podia estar á aquél Rey era lo que mostraba pretender con
este casamiento, esto es consolar con el á los herejes de Inglaterra, al tanto de como
lo estaban los Catholicos della con el casamiento de España y fomentar á los Hugo-
notes de Francia para sus augmentos, y para que con ellos entrasen en empeños
peligrosos y ' temed señor Embaxador (le dije) pues los desastres de aquella Corona
y el haver muerto picaros a sus Reyes y á uno tan valeroso como Henrico 4º son
juicios de Dios occasionados de acciones semejantes, y tal pareceria la de la Reina,
si concertase este casamiento sin que su S^d lo approbasse, y sin que el Rei de la
Gran Bretaña diesse primero en su Reino la libertad de consciencia.' Respondióme
el Embaxador que aun no entendia que estuviesse esto tan adelante ; y yo le repliqué
que la Reiña en quanto era de su parte lo tenia tan acabado con offrecer ocho cientos
mill ducados de dote que solo era ya de parte de Inglaterra el no acabar de deter-
minarse, y que el no haver casado su Mag^d á su hija con el Principe era porque ante
todas cosas pedia que su Alt^a se hiciese Catholico, y que precediese á todo la benedicion del Papa, como yo mismo les dixe á los Embax^res de aquél Rey en nombre de
su Mag^d. Sé que otro dia despachó correo el ^a Embax^r, como yo se lo pedí para que
escribiesse todo lo que yo le havia dicho, y así estarémos á ver lo que obrá."

En estos mismos dias se hallaba ya en Inglaterra sirviendo allí su Embaxada el
Conde de Gondomar Don Diego Sarmiento de Acuña, en cuias manos recobró tan
presto aliento la platica passada de estos tratados (que algunos años antes havia
comenzado á introducir aquél Rey) que sin embarazo de lo que juntamente se estaba

---

^a al, MS.

1614.   negociando en Francia, pudo prendarse en ella con el Conde de manera que el en fee destos empeños escrivió á su Mag^d en carta de nueve de Mayo; que ia aquél Rei desseaba tanto el casamiento de su hijo el Principe Carlos con la S^{ra} Infante Maria que, para que no se desesperasse era bien sustentarle vivo este tratado, demás de que vió aquello en tan buen punto que podria mejorarse mucho, fundando gran parte desta esperanza en el buen natural del Principe, y añade seria gran lastima que pudiendose ganar esto se dexase así perder.

Afervorizóse tanto con este aviso el sancto zelo de su Mag^d que, antes de comunicarle con el Consejo de Estado, ni fuera dél con alguna Junta, se determinó á dar cuenta dél tan anticipadamente al Papa, para pedirle desde luego consejo de lo que seria bien hacer en este negocio, supuesto que en él no se dexaba llevar de otros fines que de solo la conveniencia dela Religion Cath^a, y escribiendo esto a su S^d en carta de 14 de Junio le dice, "Al Conde de Castro mi Embaxador escribió hable á V. S^d de mi parte sobre el negocio que dél entenderá, y le dé mui larga cuenta de todo lo que en él ha passado, y el estado en que aora queda, para que haviendolo V. S. entendido se sirva de darme su parecer en él, que fio y me prometo tanto del piadoso y sancto zelo de V. S^d, y de lo que mi voluntad le mereze que me aconsejará en todo lo que mas convenga, y mas viendo que mi fin y deseo solo se enderezan al servicio de N^{ro} S^r y major bien y augmento de N. s^{ta} fee Catholica." Escrivió tambien en esta conformidad al mismo Embaxador (que entonces era como queda ya advertido Don Fran^{co} de Castro Conde de Castro y aora tambien de Lemos) ordinandole en carta dela misma fecha lo que havia de hacer, y diciendole, "antes de pasar adelante en este negocio, he querido ponerlo en manos de su S^d, para que me aconsexe lo que podré hacer en él, haviendolo primero encomendado mucho á Dios, supuesto que yo estoi con dispossicion de hacer quanto fuere posible por el bien y augmento de n^{ra} Sta fee Catholica, y esta platica corria con el secreto que pide la calidad della."

Avisó luego el Conde en carta de 14 de Jullio^a como havia dado ja cuenta á su S^d

---

^a En conformidad de lo que V. Mag^d me manda por su carta de 19 de Junio diga al Papa del estado á que llegaron las platicas de casamiento entre la Señora Infanta Doña Maria y el Principe de Gales, y de lo ultimamente escrive de Ingalaterra Don Diego Sarmiento de Acuña sobre las conveniencias que haria en que se mantuviese viva alguna platica de casamiento entre las dos coronas, y aunque desde la primera audiencia me dió á entender su Santidad la adversion con que se hallaria á platica semejante no me dió por entonzes resolucion, porque yo le suplicava que la pensase de espacio, y la encomendase a Dios. Vinó en esto el Papa de buena gana y en prometirme el secreto que yo pedí tambien muy encarecidamente, y así, en la segunda audiencia que tuve, mi respondió que dava infinitas gracias a V. Mag^d que tan Cattolicamente recelava de entrar en platica tal sin acudir primero á esta santa sede, y que de la honrra que á su Real persona resultava de hacer acudido V. Mag^d le estava agora decidissimo: en pago de todo lo qual, y en cumplimiento de su obli-

de todo, y de la manera que mostró aversion á esta platica desde el punto que se la
propusó, pero que, tomando tiempo para encomendarla á Dios, y pensar mas en ella
(y que dando desde luego tambien advertido del secreto) le havia dado ultimamente
esta respuesta; que rendia á su Mag[d] infinitas gracias de que tan catholicamente
rezelase entrar en semejante platica sin acudir primero á aquella sancta sede, y de la
honrra que de aquí resultaba á lo particular de su persona estaba agradecidissimo, y
en descuento de esto y de su obligacion decia que por lo menos aora no convenia que
se tratase de dar hija de V. Mag[d] al Principe de Gales no siendo Catholico, y esto
por quatro razones; la primera, por que la S[ra] Infante estaria á manifiesto peligro de
ser pervertida en la fee; la segunda, por que los hijos deste matrimonio sin duda se
perderian siguiendo la seta del Padre; la tercera, por la comunicacion que habria
entre estas dos Coronas tan dañosa á la pureza con que hoi se conserva esta en la
Religion; la quarta, por que se sabe que los Reies de Inglaterra tienen por licito el
repudio ó por lo menos lo platican quando son sus mugeres esteriles; y despues
concluie que la libertad tacita de consciencia como la apuntaban venia á ser nada ó
tan poco que de ninguna man[ra] se debia hacer caso dello.

    Visto todo por el Consejo de Estado fué de parecer en consulta de 30 de Agosto [a]

---

gacion decia á V. Mag[d] que el no sabria en el caso presente dar mejor respuesta que
la sustancia de lo que el Duque de Lerma amonestó los dias passados al Embaxador
de Francia en platica parecida a esta, en fin que juzga que por ahora no conviene
tratar que se dé hija de V. Mag[d] al Principe de Gales no siendo el Catolico, y fun-
dólo en quatro razones :—la primera, porque la Señora Infanta quedará expuesta á
manifista riesgo de perder la fee, casada una vez con hereje:—la segunda, porque
los hijos que naciesen del tal matrimonio se perderian sin duda y seguirian la seta
de lo padre :—la tercera, porque se abriria puerto de par en par al comercio y comunicacion destas dos naciones, cosa muy prejudicial á la pureça con que nuestra santa
religion viva hoy unicamente en España :—la quarta, porque los Reyes de Inglaterra
es cosa sabida ya que tienen por licito el repudio, y lo platican quando no les dan
hijos sus mugeres ; y añadio que la libertad de conciencia ,tacitamente praticada
viene á ser nada ó tampoco que por ningun caso se deve hazer caso della.—The Count
of Castro to Philip III., July $\frac{4}{14}$, 1614.   Sim. MSS. 1000, 70.

    [a] Aviendo visto el Consejo con la atencion que la materia pide, pareció:—

    Que, aunque su Santidad ha respondido esto, la calidad y importancia del negocio
obliga á hazerle nuevas instancias, representandole quanto mas importa lo de la
tolerancia que en Inglaterra se apunta se dará á los Catolicos que la libertad general de conciencias que tambien han apuntado, porque esto comprehenderá á todas
naciones y setas y la tolerancia sera en favor de los Catolicos derechamente, con que
saldrán de la estrecha miseria y travajos que padecen y vendrán á prevalecer con
este aliento; y quiça la muger atrayrá al marido con el ayuda de Dios, tanto mas
pudiendose esperar que terciará bien la Reyna de Inglaterra (que da tantas señales
de ser Cat[a]) y el Rey su marido no es tan duro como solia en su error, y muestra

1614.

que se volviese á representar á su S^d que convenia no despedir assi esta platica tan de primera instancia sino sustentarla, persistiendo en lo de la tollerancia de los Catholicos hasta llegar este articulo á lo ultimo que fuese posible, y que sin duda lo era que admitida una vez esta tal tollerancia viniese á ser libertad, y quanto importaria el gozarla assí tan singularmente sola la Religion Catholica, y no á la par della las muchas y diferentes setas que tienen hoi tan estragado aquél Reino, pues con esto seria major su argumento, y fundaban esta esperanza en un aviso del Conde de Gondomar que llegó entonces en que decia que le havia offrecido aquél Rey que venderia a su Mag^d las villas que tenia en Holanda, y que daria tolerancia á los Catholicos que fuese á satisfaccion.

Y lo que debio de hacer mas el caso para proseguir este intento algo confidamente fué otra carta del mismo Conde de 3 de Jullio que sobrevinó luego con la qual remitia un papel que Don Juan Digbi le havia escrito en Londres (donde se hallaba ya entonces de su primera vuelta de España) su fecha á 17 de Junio en que le decia entre otras cosas que las condiciones deste matrimonio serian tales que pudiese muy bien su Mag^d con su honrra y con su consciencia admitirlas, y que todos los demas Principes Catholicos se contentasen dellas, y luego advierte el Conde que entendió que havia visto este papel el Rey y el Conde de Somerset su privado (que era entonces) quitando y poniendo en él; y algo mas adelante prosigue assi su relacion, " demás de esto me han dado á entender que la capilla real de Palacio será tan publica como la que V. Mag^d tiene en Madrid, celebrandose en ella los divinos officios con toda publicidad y solemnidad, y que podrán alargarse á dar tolerancia de religion á los Catholicos, y que siendo esto todo lo que el Rey puede hacer por agora, con ello en mui pocos dias serán muchos mas los Catholicos que lo restante del Reino, y los mas principales tendrán auctoridad para encaminar lo que quisieren, y que por este medio se conseguirá lo que se pretende, porque se juntará Parlamento luego que pueda haver en él major numero de Catholicos, con que se dará libertad

---

mucho desseo de querer la amistad de V. Mag^d, y el tenerle por amigo es muy conviniente, y necessario entrar por la puerta que se abre para tanto bien como se podria seguir de que la religion Cat^{ca} prevalezca en aquél Reyno: pero que las nuevas diligencias que se hicieren sobre esto en Roma sean aviendose visto lo que pareciere en la Junta que V. Mag^d manda que se teuga sobre la materia en casa del Cardenal de Toledo; donde no será bien que se vean esto que escribe el Conde de Castro, porque no los embarace sino lo demás que contiene la consulta que se ha hecho con ocasion de lo que ha escripto Don Diego Sarmiento de Acuña, y en particular la amenaça que hizo el Rey de Inglaterra de que venderia á V. Mag^d las villas que tiene en las Islas de Olanda, y daria tolerancia á los Catolicos recusantes; para que sepan tambien en la Junta las grandes conveniencias que se seguirian desto á los Estados Baxos: y al Cardenal se diga que encargue por preceto expresso á todos los de la Junta el secreto, por lo mucho que conviene le aya con esta materia. —*Consulta of the Council of State*, Aug. $\frac{20}{30}$, 1614.   Sim. MSS. 2518, 5.

de consciencia por ley, suppuesto que el Rey no la puede dar de otra manera." Y 1614.
al cabo añade esta confirmacion á lo demas: " hoi me ha dicho un Consejero de
Estado que el mismo se admiraba de ver la buena dispossicion en que esto está para
poder hacer á Dios y á su Iglesia el major servicio que ha recivido desde la venida
de Jesu Christo al mundo, y que el modo era empeñar á este Rey, y obligarle con
amor y estimacion, para que el mismo lo trace y obre, por que él solo lo podra
vencer todo, aunque no de repente, sino iendo lo disponiendo," y al fin todo lo demas
le parece hacedero fuera de capitular que el Principe se hiciese Catholico, y desta
carta y deste papel se embió luego copia á Roma.

Casi al mismo tiempo escrivió el Conde otras tres cartas en que por major fué
revalidando lo propio : de todo hiço consulta á su Mag^d su Consejo de Estado á
ultimo de Agosto, y respondiendo á ella de su real mano, mandó que se hiciese luego
una junta de Theologos y juristas en presencia del Car^l de Toledo, para que diesen
su parecer sobre las conveniencias de este negocio, y que las copias de todo lo que
resolviesen se embiasen á Roma y luego dice:—" y a Don Diego Sarmiento se le escriva
use con aquellos Reyes y sus ministros del lenguaxe que viene apuntado, que es con
muestras de mucho amor por una parte y de mucha claridad por otra en lo de n^{ra}
Sta Fee Catholica, sin prendarse en particularidades por aora hasta que venga la
respuesta de Roma."

Hizose luego la Junta, y despues de haver conferido larga y gravemente sobre tan
gran materia, respondió á su Mag^d en Consulta hecha a 21 de Septiembre[a] que,
supuestas las condiciones necesarias para la justificacion deste matrimonio, que se

---

[a] Pero que considerando agora la substancia y circunstancias del casso presente
les parece que es muy diferente dél de la vez passada [*i. e.* the Savoy match], porque
aquella fué una proposicion lissa y sin condicion alguna, aventurandose á lo que
pudiese subceder sin prevencion de los peligros á que principalmente se ha de
atender, y este tiene tantas consideraciones y con tan grandes las causas que se
representan de nuevo, y las conveniencias que se offrecen assí en aumento de la
religion Catholica y bien de la Christiandad como en beneficio y conservacion desta
monarchia, y sobre todo lo que toca á la seguridad que se puede tener de no correr
peligro en quanto á la fee la Señora Infanta, y esperança de la buena educacion del
prole con lo que se offrece que no solo no halla escrupulo la Junta en escuchar la
platica, pero es de opinion que se podria tener de no admitella, pidiendo las condiciones necessarias para la justificacion della, quales son las que Don Diego Sarmiento escribe offrecen aquellos Reyes, y las demas que se pueden esperar ; y assí
parece á la Junta lo primero que en quanto á ser valido el matrimonio no ay dubda
por ser ambos bauticados, y en lo que toca á si es licito, presupone por cosa cierta
que los matrimonios entre Catolicos y Herejes estan prohibidos por derecho
canonico, divino, y natural ; y que en lo prohibicion del derecho canonico y
positivo su S^d puede dispensar, aviendo causas para ello como las ay grandissimas
en el casso presente, que son las que Don Diego Sarmiento ha representado tocantes

1614.   deben pedir en primer lugar, y luego las que por lo escrito de Inglaterra se offrece
en augmento de la religion Catholica y bien de la Christiandad, no solo no hallaba
escrupulo en oir esta platica, sino que se podia tener de no admitirla. Y acerca de
esto y de la tolerancia que mostraban querer dar á los Catholicos dixo que les
parecia mui conveniente que la dicha tolerᵃ se comenzase luego que este matrimonio
estuviese capitulado, para ir viendo el provecho, y para que las cosas se fuesen

---

á buen universal de toda la Christiandad, y gran fructo que se puede esperar de
aquel Reyno para su reducion y los daños que se atajarán por este camino. . . . . .
Parece tambien á la Junta que lo que assegura todo es tolerancia de la religion á los
Catolicos de aquel Reyno, permitiendoles vivir como tales sin que reciban molestia
alguna, y que esto no es de menor importancia que la libertad de conciencia, y el
aver de llevar la Señora Infanta toda su cassa de Catolicos y tener en palacio
capilla publica, donde se celebren la missa y officios divinos, y el saberse de la
inclinacion que la gente principal y noble tiene á nuestra religion Catᶜᵃ, como
escribe Don Diego Sarmiento de Acuña, que es estar allanado lo mas difficultoso
para abraçarse.

Quanto á la criança de los hijos que huviere deste matrimonio (que es uno de los
puntos esenciales que aquí se deben considerar, y que mas difficulta el negocio por
la presumtion que se tiene) parece que en esto se previene forçoso con las condiciones dichas, aunque de todo punto no se asegure ; y que se puede esperar que con
las demostraciones publicas que en el palacio de aquellos Reyes ha de aver de la
profesion de nuestra religion y culta della, assí por la capilla como por los muchos
que han de acompañar á la Señora Infanta, y assí assistella de ordenario, y con la
fuerça que la esperiencia enseña tener las mugeres para reducir sus maridos á su
religion, y la escritura sagrada nos enseña, que aquel Principe se reducirá á la de la
Señora Infanta, principalmente siendo de tan tierna edad, y de tan buena condicion
y inclinacion como escribe el Embaxador Don Diego Sarmiento, y que de aquí
resultará la buena educacion del prole que tuviere ; y assimismo parece ser muy
conviniente que la tolerancia de nuestra religion se procure que empiece desde luego
que el matrimonio se concierte, para que se vaya viendo el provecho y disponiendore
las cossas de manera que, quando vaya la Infanta, vea el mundo con quanto fundamento y esperança de la reduction de aquel Reyno á nuestra fee Catolica la entrega
V. Magᵈ, y que el zelo grande della y de su aumento le han movido de hazerlo ;
pero advirtiese que respecto de aver de pasar años antes de effectuarse el matrimonio,
y que assí podria aver mucha repugnancia, no se propone esto como condicion
forçosa, sino por cossa muy conviniente pidiendose encaminar ; pero algun tiempo
antes (como un año) sera muy necessario que empiece la dicha tolerancia por ser
el mayor medio para conocer V. Magᵈ lo que adelante se puede esperar.

Que de todo esto se ha de dar quenta al Papa, etc.—Consulta of the Theologians,
Sept. $\frac{11}{21}$, 1614.   Inclosed in Consulta of Council of State, Nov. $\frac{17}{27}$.   Sim. MSS.
2518, 7.

disponiendo de manera que, para quando huviese de ir la S^{ra} Infante, viese ya el mundo con quanto fundamento y esperanza de la reduccion de aquel Reyno á n^{ra} Sancta Fee hacia V. Mag^d estas entrégas, y en caso que no se pudiese sacar por mas largo tiempo (como fuera mui importante) el exercicio desta tolerancia antes de las dichas entregas, le pareció que un año por lo menos era necesario, para que en él conociese su Mag^d lo que se podia esperar para adelante. Fué circumstancia digna de notar el hallarse en esta Junta dos Inquisidores Generales el Car^l de Toledo que lo era entonces y Don Andres Pacheco Obispo de Cuenca que lo es aora.

Conformóse el Consejo de Estado con esta consulta en la que hiço sobre ella á 27 de Noviembre [a] resolviendo que se escriviese luego en la misma forma á los Embaxadores de Roma y de Inglaterra para ganar tiempo quanto fuesse posible en negocio de tanto servicio de Dios y bien de la religion Catholica en aquel Reyno.

Año de 1615.

Al principio deste año se hallaba ya en España de segunda venida, con el mismo titulo de Embaxador que antes, Don Juan Digbi, con orden de acometer ya esta empresa mas de proposito, aunque no del todo al descuvierto, y de las primeras platicas que tuvo sobre ella con el Duque de Lerma resultó que su Mag^d mandase luego hacer otra Junta de Theologos en presencia del Car^l de Toledo como las passadas, para que consultasen lo que les pareciesse que se debia responder al dicho Embaxador, y ordinóseles que antes de juntarse se dexasen informar dél, assí el Car^l como cada uno de por sí : hecha ya esta prevencion fué la Junta á 8 de Febrero, donde

---

[a] Haviendo visto el Consejo la consulta inclusa de la Junta de Teologos y Juristas, como V. Mag^d ha mandado, y considerado con atencion lo que contiene, se conforma en todo con ella por parecerla bien, considerado lo que se apunta en esta materia de casamiento con Inglaterra, y siendo V. Mag^d servido se podrá escrivir en la misma conformidad á Roma y á Don Diego Sarmiento, sin que si pierda mas tiempo por lo que conviene ganarlo en lo que puede ser de tanto servicio de Dios y bien de los Catolicos de aquel Reyno, de que puede dar mucha esperança el ver lo poco que allí arrostra á lo de Francia, donde con condiciones moderadas para los Catolicos podria el Rey de Inglaterra cassar su hijo, y saviendo que en España se las han de pedir mucho mas aventajadas quiere mas emparentar con V. Mag^d que con Francia ; y la Reyna de Inglaterra es Catolica y su Camarera Catolicissima, y en estas dos personas havria de yr á parar la Princesa, que ayuda mucho pára facilitar el inconveniente de que el marido tiree á sí á la muger y á la prole : y la amistad que generalmente professa Inglaterra con España de que se ha hecho gran pruevo en muchas ocasiones passadas, y las guerras postreras el dia de la paz quedáron tan olvidados como si nunca las hubiera havido, y siempre muestran dessearla para todo lo que se puede offrecer, y en particular para las cosas de Francia y Flandes.—Consulta of the Council of State, Nov. $\frac{17}{27}$, 1614. Sim. MSS., 2518, 7.

1614.

1615.

1615.

todos dixéron por escrito lo que sentian, y aunque de sus votos se sacaron por menor algunos puntos que miraban particularmente á la seguridad de la S^{ra} Infante y de su familia, él que se puso en primer lugar con la debida ponderacion fué esta generalidad que hallaban muchas dificultades en este matrimonio pero no imposibilidad, y que las tales se podrian vencer segun los menores ó majores partidos que se hiciesen en orden á la religion Catholica. Quisiéron dar á entender con esto qual debia ser el unico fin que en effecto se hallaba en este matrimonio ; y algunos de los Theologos, que diéron aquí por escrito sus pareceres aparte afirmaron en ellos que Don Juan Digbi les dixo que podrian alargarse á pedir todas las condiciones que conviniesen en materia de religion, como no fuese la conversion del Principe.

Sobre esta Consulta de la Junta hiço otra el Consejo de Estado en 13 de Marzo,[a] y en conformidad della propusó: no debe V. Mag^d contentarse con que á su tiempo pedirá dispensacion al Papa para este matrimonio, sino que luego le pida licencia y parecer para escuchar todo lo que en razon dél le dixere el Rei de la Gran Brétaña, y lo que ha dicho aquí su Embaxador, informando á los de la Junta porque V. Mag^d estima y reverencia tanto en todo genero de cosas quanto mas en esta al Papa y á su parecer que le suplica se le embie. Esta misma respuesta de la Junta se le dió tambien por escrito á Don Juan Digbi, y en quanto á los puntos particulares que contenia se allanó luego como lo hiço á la margen de cada uno asegurando que se aceptarian y cumplirian; pero en quanto á la proposicion general que miraba al benefi^o comun de la religion Catholica no se dió por entendido, aunque sabia bien lo que se le pedia, y assí pareció volverle á replicar como de parte de la misma Junta, y con

---

[a] Haviendose visto en el Consejo como V. Mag^d le mandó la consulta inclusa de la Junta de Teologos sobre la platica de casamiento del Principe de Gales con la Señora Infanta Doña Maria pareció oyr primamente al Cardenal de Toledo que fué uno de los de la Junta por ver si se le offrecia otra cosa en particular, y dijo que pues V. Mag^d ha oydo á la dicha Junta de Theologos, y estan conformes en que puede, y aun deve tratar deste negocio, le parece que no solamente V. Mag^d se contente con pedir al Papa dispensacion á su tiempo sino compedirle desde luego licencia y parecer para escuchar todo lo que en razon desto le dixere el Rey de Inglaterra, y lo que ha dicho su Embaxador haviendo informado á los de la Junta, y que V. Mag^d estima y reverencia tanto en todo genero de cosas, quanto mas en esto, la persona del Papa y su parecer, que le supplica se le embie, y para que su Santidad se entende todo lo que ha pasado se le embie un tanto de lo que ha escrito Don Diego Sarmiento, y de todo lo que ha dicho y offrezió el Embaxador de Inglaterra que aquí está, y copia de todo lo que han dicho los Thelogos en la Junta, y esto todo le parece que no se embie al Conde de Castro ni al Papa hasta que se junta con ello la ultima respuesta y resolucion que diere el Embaxador de Inglaterra al Duque de Lerma de todas las cosas que pareció en la junta que era bien pedirle, y con esto podrá yr el despacho despues.—Consulta of the Council of State, March, $\frac{3}{13}$, 1615. Sim. MSS. 845, 12.

la generalidad que antes, que advirtiesse que debia alargarse mas en materia de religion. Detuvóse en España Don Juan Digbi lo restante deste año apretando su negociacion mañosamente, y á los fines dél dió la vuelta para Londres, dexando acá por opinion assentada que iba á hacer de cerca mas esforzadas diligencias con su Rey para que viniese en todo lo que se le pedia, aunque no se vió algun effecto dellas hasta el año siguiente.

Año de 1616.

A los 25 de Mayo deste año, escribió Don Juan Digbi al Duque de Lerma dandole cuenta de como aquellos Reies y sus ministros se havian ya reducido á tratar solo este matrimonio por divertir el de Francia offrecido por los ministros que andaban de por medio, y que ellos sollicitaban con extraordinarias dilig^{as}, pero que en lo de las condiciones que si pedian como precissas en materia de religion, les parecia inconveniente declararse por aora hasta tener segura la dispensacion de su S^d, y en esta sustancia escribió tambien lo mismo el Conde de Gondomar en carta de la misma data, y en algunas otras que viniéron en el despacho de aquellos dias.

El Duque de Lerma respondió á Don Juan Digbi en carta de 21 de Junio siguiente que procurase con el Rei de la Gran Bretaña que el alargarse en materia de la Religion fuesse hasta todo lo posible, pues, hasta ajustar las condiciones favorables á ella que se pedian, no parecia razonable tratar con su S^d de la dispensacion; y apuntandole luego el intento que acá se pretendia por medio deste matrimonio le dice:— " En lo que consiste á mi parecer el encaminarse este casamiento con effecto es en los buenos medios que ahí se pueden aplicar en el acomodamiento de la religion Cath^a en ese Reino."

Pero queriendo su Mag^d ganar tiempo en dar satisfacion al Rei de la Gran Bretaña en lo que tanto desseaba, se sirvió de mandar escribir luego al Car^l de Borja que hacia offi^o de Embaxador en carta de 10 de Septt^{re},[a] ordenandole que volviesse á dar

---

[a] Dias ha que de parte del Rey de Inglaterra se movió platica de casamiento entre el Principe de Gales y la Infanta Maria mi hija segunda, y aunque de la mia se le respondió que no se podia hablar en ello sin tener primero el beneplacito de su S^d y dispensacion suya, y que yo trataria de pedirla si las conveniencias que hiziesen en materia de religion fuesen tales que pudiesen obligar á ello á su B^d, y diesen prendas de su desseo, tratando mejor que hasta aquí á los Catolicos, me escribe ultimamente Don Diego Sarmiento en carta de 10 de Junio que el dicho Rey le avia embiado á llamar, y dichole quando desseava conservar conmigo verdadera union y amistad, y que holgaria saber las diligencias que de mi parte si avian hecho con su S^d sobre la dispensacion, y que esperanças avia de que la diese, y que holgaria, que yo embiase á Roma persona expresa á que tratase dello y de disponer á su B^d, y quien estandolo se trataria luego de los puntos de religion, porque, como sabe que su S^d no quiso dispensar en el casamiento que se trató con hermana del Gran Duque de Florencia, teme que haga lo mismo agora, y publicandose mas el negocio y los capitulos sin

1616.   quenta á su S^d del estado deste neg^o, y que le dixese la respuesta que su Mag^d havia dado á las instancias de aquel Rei, que era que no entrava en este tratado sin el beneplacito de su S^d, ni le hablava en lo de la dispensacion sin que él primer huviese dado tales muestras en favor de la Religion Catholica que bastasen á inclinar el animo de su B^d, mas que como todavía volvia á apretar de nuevo para que se supiese la mente de su S^d en este negocio para poder segun fuesse declararse el en lo tocante á la religion que se le pedia, en orden á ello parecia necesaria esta diligencia.

Oida esta embaxada tomó su S^d algun tiempo para pensar en ella y en comendarle á Dios, dió al Car^l la respuesta que él refiere á su Mag^d en carta [a] de 21 de Octt^{re}, que era mui digna de su Mag^d y de su Christiano y sancto zelo, lo que havia mandado

---

effecto venga á ponerse en mal estado entre los que tienen mano en el govierno de su Reyno, y á perder mucho con ellos y con todos los hereges, lo qual vendrá despues á redundar en daño de los Catolicos, porque iritado y corrido de que esto no huviese tenido effecto se vengaria en ellos por complazer á los hereges.   He querido avisaros de todo para que lo tengais entendido y encargaros mucho (como lo hago) que deys quenta dello de mi parte á solo su B^d y no á otra persona alguna encomendandole mucho el secreto, y implicandole que con su santo zelo se parecia de verlo y considerarlo, y deziros lo que se le ofreciere para que conforme á ello se proceda en la platica de mi parte, encareciendole lo mucho que fio de su paternal amor.—Philip III.

to Cardinal De Borja, $\frac{\text{Aug. 31,}}{\text{Sept. 10,}}$ 1616.   Sim. MSS., 1865, 67.

[a] Luego que rezibí la carta de 10 del pasado que mandó escrivirme V. Mag^d me partí á Frascati, donde entonzes se hallava su S^d, y le dí quenta, como V. Mag^d me mandó, de la platica de cassamiento que avia movido el Rey de Inglaterra entre la Señora Infanta Maria y el Principe de Gales, y que aviendole V. Mag^d respondido que no se trataria dello sin el beneplacito y dispusicion de su S^d, y sin que primero en materia de religion diese tales muestras que obligasen á ello á su B^d, hazia nuevas instancias para que de parte de V. Mag^d se supiese la mente y disposicion de su S^d, porque si avia de contravenir á este matrimonio, como al que se avia tratado con hija del Gran Duque y no llegado al effecto, no queria adelantarse en la declaracion de los puntos de religion con herejes.   Su B^d despues de aver tomado tiempo para considerar este negocio me ha respondido que es muy digna de la Christiandad y santo zelo de V. Mag^d la respuesta dada al Rey de Inglaterra, y que su B^d no puede dexar de reprovar este matrimonio como otras vezes lo ha hecho por medio del Conde de Castro y del Arçobispo de Capua su nuncio aora en España por ser ilicito, y como tal prohivido por los sagrados canones y concilios y expuesto a pecado mortal y a grandes peligros por el trato y comunicacion con herejes, de que naceria gran escandolo á los demas Principes.   Ultra de todo lo qual concurririan aquí tres razones muy efficazes;—la primera, el riesgo de que la compania del Principe y comunicacion de otros herejes podrian llevar tras sus opiniones á la Señora Infanta:—la segunda, que los hijos de tal matrimonio, siendo nietos de V. Mag^d, fuessen

responder á aquel Rey, pero que no podia su S^d dexar de reprobar este matrimonio como otra vez lo havia hecho aquí por medio del Conte de Castro, y ahí por medio de Arçobispo de Capua su Nuncio, por lo que se dexa entender y en particular por las quatro razones que sobre esto dixo al Conde el año passado 1614 que debia su Mag^d insister siempre en la respuesta que dió para aquel Rei el año de 1612 por medio de su Embaxador Don Alonso de Velasco, esto es que podria ser este matrimonio en caso que el Principe de Gales se redujese á la religion Catholica, y á esta se le permitiesse en aquel Reino el uso libre, y quanto al pretexto que tomaba el Rei de la Gran Bretaña para no declararse aora en lo que se le pedia en favor de la religion Catholica que se debia tener por frivolo.

Antes desta carta del Car^l llegaron juntas dos del Conde de Gondomar, la primera de 2 de Sept^tre en que referia muy por extenso una larga conferencia sobre esta materia que havia tenido con aquel Rei en una casa de Campo miercoles á 27 de Jullio y que por remate della le havia dado la mano derecha, prometiendole que haria de su parte odo quanto pudiese en la materia de religion por dar satisfacion á su Mag^d en ellas.

Saliendo de con el Rei dice que luego immediatamente habló en el mismo negocio con D. Jorge Vilers (que aora es ya Duque de Boquingan, y entonces Camarero y Cavallerizo M^r de mismo Rey) el qual le havia dicho (encareciendole lo mucho que desseaba este matrimonio) que en él y en la verdadera amistad de aquella corona con su Mag^d queria depositar el principio y fin de su buena fortuna, hablando cuerdamente en las conveniencias que se le podian seguir desto. La segunda carta del Conde era de 30 de Septiembre en que avisaba de nuevo que llegando a hablar sobre los primeros puntos que de acá se pidiéron en beneficio de la Religion Catholica, le havia dicho aquel Rey con encarecimiento que aquel papel contenia algunas cosas terribles, sobre lo qual significa luego el Conde su sentimiento en esta forma: " Lo que entiendo es que este Rei reconoce la gran auctoridad y conveniencias que este

---

herejes:—la tercera, el inconviniente que podia nacer del repudio que se usa en Inglaterra; por los quales razones juzga su S^d que debe V. Mag^d insistir en la respuesta dada en tiempo de Don Alonso de Velasco Embaxador en Inglaterra que se effectuaria este matrimonio en caso que el Principe de Gales de reduzga á la religion Catolica, y se permita en aquel Reyno el uso y exercicio della, y que si esto no se alcanzare no podrá su B^d dispensar en un acto ilicito como este, y cooperativo de pecado mortal, ni oyr semejante platica sino que se le propongan causas y condiciones muy justas y de muy evidente provecho al servicio de Dios y de la Iglesia Catolica; y que en siendole propuestas las considerará con madurez, y tomará la resolucion que Dios fuere servido de inspiralle; y en quanto á los inconvinientes que pone el Rey de Ingalaterra que nacerian de la negativa de su B^d, responde que eran *pretexti frivoli* y muy de la condicion fraudulenta de los hereges, supuesto que de parte de V. Mag^d ni de su S^d no se ha de faltar á la obligacion del secreto. —Cardinal Borja to Philip III. Oct. $\frac{11}{21}$, 1616. Sim. MSS. 1865, 116.

1616. matrimonio le daria, pero querriale con tales capitulos y condiciones que no puedan sacar ventaja dellos los Catholicos, mas como sabe que no puede ser sino en gran bien de la Religion Catholica esto le ahoga y le quita la respiracion, aunque me afirman que las grandes conveniencias temporales le hacen abrir los ojos."

Continuóse por lo restante deste año la correspondencia de cartas entre el Duque de Lerma y Don Juan Digbi, siendo el fin principal della el ir ganando siempre alguna ventaja en el punto principal de la Religion, hasta llegar á el todo dél como se pretendia, dado que el modo de tratar esto era entonces tan lento quanto era menester para no perderlo.

Año de 1617.

1617. Dióse principio á este año con otra nueva junta que su Mag^d mandó formar tambien en presencia del Car^l de Toledo, para que con el estudio y atencion posibles ventilasen otra vez esta materia; y assí, aunque se havian de hallar en ella algunos de los Theologos que fuéron de las pasadas, hiço particular nombramiento de otros que entrasen de nuevo, y para que estuviessen mas capaces del estado de todo se comenzó viendo las cartas todas que havian venido de Inglaterra el año antes, las del Conde de Gondomar y las de Don Juan Digbi; el papel de los puntos tocantes a Religion que se le havia dado al mismo Don Juan el año de 1615, con lo qual el respondió á la margen de cada uno; y sobre todo la carta que pocos meses antes escribió á su Mag^d el Car^l de Borja dando quenta de lo que su S^d de Paulo V. sentia deste matrimonio, haviendosele vuelto á proponer de parte de su Mag^d, con la indispossicion que entonces tenia: considerado pues todo con la ponderacion debida fuéron reparando luego en la limitacion de algunos de los dichos puntos pedidos, apretandolos y adelantandolos, y en el principal de la libertad de consciencia habláron con mas claridad y resolucion, afirmandose en que no se podia ni se debia hacer sin ella este matrimonio, y quanto á el modo de asegurarla antes de llegar a ser las entregas de la S^{ra} Infante les pareció que solo havia él de su misma execucion, y no qualquiera, sino la de algunos años, y assí lo representáron á su Mag^d por una Consulta que le hiciéron á prim^{ro} de Febrero, donde con particulares auctoridades y razones esforzó el M^{ro} F. Fran^o de Jesus su Predicador, que era necesario para bastante seguridad de la libertad de consciencia que se pretendia que el executarla primero fuesse por tres años quando menos, porque con esto seria el mismo hecho tan grande empeño de sí proprio que no podria despues volver atras; advirtió tambien que convenia tomar acuerdo sobre este punto con el Rei de la Gran Bretaña quanto antes se pudiesse, sin dexar pasar mas tiempo, para que despues no affectase nuevos inconvenientes en la delacion destos tres años, suppuesto que desde que esto se trataba venian á ser otros tantos los que havia de obligar á esperar la tierna edad de la S^{ra} Infante.

Viéron esta consulta su Mag^d y su Cons^o de Estado y hallando en ella tan adelantados los intentos principales que se llevaban en este matrimonio se sirvió de mandar despues por su real decreto que se juntasen el M^{ro} Fr. Antonio de Sotomayor Con-

fessor que hoi es del Rei N^{ro} S^r (entonces siendo Principe) y el dicho Maestro F. 1617.
Fran^{co} de Jessus para que, de tal consulta y de los demas papeles particulares que
havia desta materia, sacasen y ordenasen por capitulos todas las condiciones
tocantes á Religion que se tenian por necesarias para justificar este matrimonio, porque su Mag^d queria servirse deste papel en las ocasiones que se fuessen offreciendo:
y luego mandó embriar copias dél á Roma y á Inglaterra.

A este mismo tiempo avisó el Conde de Gondomar en carta de 30 de Marzo que
aquel Rei havia hecho una Junta de algunos de los del su Cons^o de Estado y de
otras personas de las mas señaladas en calidad y en officios, para que le diesen
parecer sobre las conveniencias deste matrim^o, y que todos sin faltar un voto resolviéron que no se le podia offrecer á aquella Corona pretension tan importante y hono-
rosa para los majores augmentos de su felicidad, y que assí convenia tratar ya della
al descuvierto, embiando para esto Embaxador, lo qual dispussó el nombramiento
que se hiço de nuevo de allí á poco en la persona de Don Juan Digbi con titulo de
Embaxador extraordinario para solo este negocio. Diósele mui amplio poder, cuia
copia huvo el Conde de Gondomar, y él la embió luego á su Mag^d, para la prosecucion de este tratado hasta la conclusion dél, para pedir condiciones y aceptar las que
se le pidiesen sin que en esto se le pusiese limitacion alguna, dado caso que las tales
fuessen tocantes á relig^n, y para ratificacion de lo que se hiciesse se obligó aquel Rey
en fee de su palabra real que estaria á todo lo que se acordasse, y lo cumpliria sin
faltar xamas á ello.

Escrivió tambien el mismo Conde de Gondomar en carta de 12 de Jullio que Don
Ju^o Digbi estando ya de partida para España le dixo en gran confidencia que su Rey
le havia asegurado, pero mui en secreto, que si llegado acá y reconocido lo que havia,
le avisaba que este Matrimonio tenia dispossicion de ser, acomodaria luego las cosas
de su Reino de manera que en lo tocante á Religion que todo se hiciesse á gusto de su
Mag^d Catholica, sin haver quien se atreviese á contradecirlo, porque pondria duro
freno á los Puritanos; pero que no seria prudencia declararse antes desta seguridad,
pues solo serviria de perder a todos los de su Religion y aliados. Avisaba tambien el
Conde como aquel Rey mandó entregar al dicho Don Juan Digbi todos los papeles
originales de comissiones instruci^{es} y cartas que huvo en el casamiento de Francia
mientras anduvo su negociacion, para que pudiese testificar acá con ellos quan de todo
punto estaba ya roto este tratado, y entre ellos havia la carta que escribió el mismo
Rey de su mano al Baron de Hay (oi Conde de Carley) que entonces hacia el. offi^o
de Embaxador en Paris, donde hablando en este negocio con unas palabras mui
notables, le manda despedir esta platica, y luego dice el Conde de suio,—"yo soi y
seré de parecer que antes de llegar al effecto deste negocio tenga V. Mag^d prendas
tan siguras de las cosas de aquí que no pueda haver en ellas error ni engaño, pues
serian los mas perjudiciales que podia haver para la consciencia, para la reputacion,
y para el estado, porque la experiencia de hasta aora nos muestra que este Rei nos
da buenas esperanzas en las materias de religion, y las obras de lo que va haciendo
son persecucion y mas persecucion." Y certificando despues que la libertad de consciencia tan prendida ó pretendida estaba solo en la voluntad del Rey, advierte;—

1617.

" todo lo de aquí pende de solo la voluntad del Rey y assí se lo he dicho yo á él mismo sobre esta mat^{ria}, y que no tiene que temer pues tiene auctoridad en Inglaterra para introducir la seta de los Turcos y Moros." Partió Don Juan Digbi de Londres para Esp^a á los 11 de Jullio, y por haverse detenido en el camino no llego á Lerma adonde su Mag^d se hallaba entonces hasta los 16 de Octt^{re} ; pero estaba ya su Mag^d tan prevenido, con la relacion y avisos que tenia, en el modo de negociacion que convenia guardar con el Embax^r, que luego despues de su venida resolvió que solo le oiese su confessor el M^{ro} F. Luis de Aliaga, y corriesse por sus manos todo lo tocante á este tratado, y assí embió a mandar á algunos de los Theologos que havian asistido á la Junta que se hiço á principio deste año con quien el dicho Don Juan solia entenderse, que si á caso acudiesse á ellos no se le declarasen en nada. Pudo ser que aiudase á esto lo que el Conde de Gondomar escrivió en aquella sazon, avisando que se havia divulgado en Londres que su Mag^d trataba de casar á su Alt^a con hijo major del Emperador, y que Don Juan venia rezeloso y atento á descubrir lo que en esto huviesse, y assí seria bien reducirlo á que negociasse con uno solo.

Comenzando pues Don Juan su negociacion con la dicha persona señalada propusó luego los intentos principales de su comission, por un papel dado á los 17 de Diz^e que contenia estos tres puntos:—Primero, que pues él trahia comission para concluir este casamiento, y sabia hasta donde queria llegar su Rey en materia de religion, era bien que se asentasen los puntos della, y en caso que se llegase á pedir alguno que no conviniese pasar por capitulacion pueda su Mag^d con tiempo mandar hacer sobre él los officios que pareciesen convenir con el Rei de la Gran Bretaña:—tiraba esta cautela al punto de la libertad de consciencia:—Segundo, que en caso que el Rei de la Gran Bretaña venga en lo que es razonable en materia de religion y acordadas tambien las demas cosas será muy justo que desde aora para entonces se declare su Mag^d que le dará satisfacion en la dote, siendo la que pide dos millones de escudos:— Tercero que estando ya conformes ambas Magestades en materia de religion quede á cargo de su Mag^d Catholica procurar la dispensacion con el Papa, ó por lo menos que como el Rei de la Gran Bretaña empeña su palabra real de que cumplira lo acordado, empeñe su Mag^d la suia de que hará efectivamente todo lo posible para que el Papa dispense. Dando el Embax^r esta peticion por escrito se le apretó luego para que se declarase en el punto principal de la libertad de consciencia y sobre la seguridad de su cumplimiento, y él respondió que este punto no solo no se incluió en su comission, pero que ni aun se estendió á poder conceder la suspension de las leyes que hai contra los Catholicos Romanos en aquel Reino, y cerrandose con esto mostró quererse volver á Inglaterra, y que allá esperaria la persona que su Mag^d se sirviese de embiar para que juntamente con el Conde de Gondomar tratase con aquel Rey desto.

Propusóse en Consejo de Estado el papel de los puntos que dió el Embaxador segun quedan arriba referidos, y haviendo consultado á su Mag^d en 30 de Diz^e lo que parecia en quanto al particular de los dos millones de la dote, respondió á esta consulta de su real mano :—" Es de gran consideracion el servicio que se puede hacer á N. S^r encaminando bien las cosas de la religion Catholica en Inglaterra que

asegurados de que en esta parte nos dará la satisfaccion que conviene con la seguridad que es menester, puede facilitarse lo que toca al interes, y assi se le podrá decir á este Embaxador que acomodandose la materia de religion no nos desconcertaremos por la dote;" para que no le quedase ya á su Mag^d algun medio por intentar en una causa tan de Dios y tan de su Iglessia como esta, tomó por ultimo vencer con el interes lo que se dificultaba con appariencias de impossibilidad, instando siempre en la libertad de consciencia hasta ponerse á comprarla con tan grande suma de dinero.

Año de 1618.

A 13 de Enero deste año se dió esta respuesta al Embaxador, y tan formalmente que por no quitar ni añadir palabra se llevó por escrito; pero replicó luego á ella, pidiendo que se declarase que los escudos de estos dos millones havian de ser de á doce reales cada uno á uso de Inglaterra, y que, el dia que en las cosas tocantes á religion llegasen á estar conformes ambas Magestades, la Catholica estuviese obligada á dar de la dicha dote medio millon anticipado al Rei de la Gran Bretaña por quererlo él, y pedirlo assí, y para esto offreció que daria de su parte grandes seguridades de volverla tal cantidad, en caso que por algun accidente no llegase este matrimonio á tenere effecto, y que obligaria á ello sus Reinos y los bienes y las haciendas de sus vasallos, y que la real restitucion deste medio millon seria dentro de doce messes de como se le pidiese. El pretexto que el Embaxador tomó para pedir esto fué que declarando una vez el Rei de la Gran Bretaña en el punto principal y en los demas de religion que se le pedian, quedaba desasido de sus confidentes y aliados, y no menos de los de su misma religion, y assí queria por descuento de lo que en esto aventuraba que su Mag^d lo socorriese con este medio millon para estar prevenido contra los successos que se debian temer.

Sobre esta replica del Embaxador consultó á su Mag^d su Conssejo de Estado á 6 de Febr. y su Mag^d de su Real mano se sirvió de responderle: "Los escudos de la dote serán de á doce r^s quando el casamiento se effectuare (y mas no estando en manos de aquel Rei sino de su Reino) y mientras tambien no se alcançare en materia de religion todo lo que huviere de satisfacer al Papa no parece será tiempo para él." A esto hiço nueva replica el Embaxador, instando mucho en que el termino para el emprestido fuesse para quando ambas Magestades se acordasen en la materia de Religion sin dilatarlo para quando se diese cuenta y satisfacion de todo al Papa, afectando que en esta tardanza podia haver peligro, supuesto que el correr alguno el Rey de la Gran Bretaña seria desde el punto que se declarasse con su Mag^d, y el Comissario con quien trató esto tuvo la razon por tan urgente que le dió intencion que se haria assí en representandolo á su Mag^d como lo hiço á 22 de Marzo; pero su Mag^d al fin se resolvió que no convenia que pareciesse que comenzaba ya á pagar el dote de su hija sin tener el beneplacito y approbacion de su S^d, pues se daria ocassion para juzgar que sin esto se trataba ya este negocio como acabado.

1618.   Llegando ya el Embaxador en demostracion de su interes á lo ultimo que pudo pretexto que la dote de los dichos dos millones havia de ser con la calidad de las demas que en aquel Reino suelen llevar las Reiñas ó Princessas dél, esto es que se incorpore en la corona sin que por víudez ni por otro accidente puedan volver á donde salieron ni recobrarlo para sí las mismas señoras dotadas, de suerte que de todas maneras havian de quedar estos dos millones enagenados para siempre desta Corona. En el mismo papel donde se propussó esta condicion de la dote tambien se offreció que aprobaria el Parlamento todas las demas condenaciones particulares tocantes á religion, y que la forma de hacerlo fuesse, que pues se iba con presupuesto de que se havia de conceder libertad de consciencia para todo el Reino y que esta era fuerza que pasase por el Parlamento, podrian juntamente con la dicha libertad quedar firmes y aprobadas las tales condiciones particulares, de manera que el paso que si iba alargando su Mag^d en materia de interes mostrava mas que el hacerlo era por conseguir la libertad de consciencia para los Catholicos de aquel Reino.

Dada una tal satisfaccion al Embaxador quiso su Mag^d que entendiesse los fines de ella mandando á su Confessor que se los declarase, y para que estuviese mas advertido de todo el Conde de Gondomar se lo mandó su Mag^d escrivir despues en esta forma :—" A Don Juan Digbi habló aquí con claridad mi Confessor y le dixo que no effectuaria este casamiento sin la libertad de consciencia, y aunque él mostró que no se atreveria á proponerlo á su Rey, se juzga que le hiço gran fuerza el decirle que haviendo la Reina Isabela hechado á la Religion Catholica de Inglaterra en siete messes, mejor podria su amo dar libertad de consciencia por el Parlamento, disponiendo primero las cosas en la forma que sabe que las puede disponer, y como vos lo podreis entender allá de los Catholicos." Y luego un poco mas abaxo:—"y el hablar con esta claridad no parece que puede dañar, pues es bien que entiendan que no es quererme excusar sino que ahí no se facilita la execucion de lo tratado deseandose acá tanto."

Lo que su Mag^d quiso apuntar en este exemplo de la Reina Isabela fué una demonstracion que hace evidencia de que han sido y son disimulaciones afectadas las excusas del Rey de la Gran Bretaña en razon de no poder conceder la libertad de consciencia que se le pedia, pues hallando aquella Reyna su Reino Catholico quando entró en el, y no solo introducida, sino asentada ya la religion Cath^a por tiempo de cinco años y mas con prelados valerosos y de gran zelo, con casi todos los consejeros y ministros Catholicos, con toda la nobleza y la major parte del pueblo declarados por la Religion Catholica, sin que todo esto la destuviesse, tomó por primer empressa luego en recibiendo la corona el desterrarla de su Reino, é introducir una tan nueva, y por lo mismo tan falsa y tan violenta como es la de los Protestantes. Y de lo que mas le podia dificultar esto (que era el Parlamento) aun no cumplidos dos meses su Reinado hizo con diversos medios que la eleccion de los votos se dispusiese de manera que la major parte de los que perteneciesen á la casa inferior del Parlamento fuesse di Protestantes, manifestando su mismo historiador este secreto;

"plures e protestantibus datâ operâ tum e comitatibus tum e civitatibus et burgis fuisse electos." Y que los que anduviéron negociando votos (por sus fines particulares) fueron el Duque de Norfolcia, el Conde de Arundelia y el S[rio] Cecil. Con esto consiguió la Reyna su intento, de tal suerte que aunque el dia en que se propusó en el Parlamento el miserable y violento destierro de la Religion Catholica, se opusiéron á él todos los Obispos que se halláron en la casa superior, y algunos titulados tambien, al fin obtuvo por los mas votos de la casa inferior, y el ultimo dia de Marzo del año de 1559 se hallaban ya renovadas y establezidas de nuevo todas las leyes de Henrrico octavo y de Eduardo sexto en favor de los Protestantes, termino aun mas corto que él que su Mag[d] dice de su carta; pues desde la muerte de la Reina Maria, que fué á los 17 de Noviemb[re] de 1558, hasta el ultimo de Marzo del año siguiente huvo pocos mas de quatro meses, bastando aquí tiempo tan breve para una tan gran mudanza, y en este caso quedó verificado lo que tan advertidamente dixo Floremundo Remundo que succederá siempre en qualesquiera otros semejantes entre los Reies y Vasallos de aquella Corona, que es no haver nacion en el mundo que tan sugeta este á sus Reyes como la Inglessa en orden á tomar ó dexar religion; vease aora y ponderesse que tanto menos que esto era para aquel Rey el dar libertad de consciencia por Parlamento tomando para ello el tiempo tan sufficiente como él de un año.

Hablando pues con esta claridad el Embax[or] Don Juan Digbi como su Mag[d] lo havia mandado se retiró tan atras aun de lo asentado por alexarse mas de este punto que llegando á tratar de la Iglessia que la S[ra] Infante havia de tener junto á Palacio para que en ella tuviesen libre exercisio de la Religion Catholica assí su A. como toda su familia, insistió mucho en que no se havia de llamar Iglesia sino Capilla, para que devaxo de este nombre se pudiesen intentar despues las limitaciones que les pareciesse, como son que no huviesse en la tal capilla mas que un altar, ni se tuviesse siempre en ella el Sanctissimo Sacramento, siendo tan diferente desto lo que offrecieron al Conde de Gondomar el año de 1614 como queda ya referido en aquel año, y quanto á la libertad de consciencia, hallandose ataxado, para lo que es negar la posibilidad de concederla y asentarla respondió dos cosas:—La primera que la mas conveniente manera de introducirla seria que el casamiento y entregas de la S[ra] Infante se hiciesen antes, y que estando ya su Alt[a] en aquel Reino se començaria á executar, facilitandola con su exemplo, y con lo que su Alt[a] iria obligando á sus vasallos:—La segunda que la dicha libertad estaba prohivida por leies del Reino, contra las quales no era poderoso el Rei sin el Parlamento, y assí era necesario juntarlo para esto, y que para ir disponiendo los animos de los votos era menester mucho tiempo; pero no solo se le admitiéron estas escusas sino que apretandole de nuevo con la evidencia que la verdad hace en contrario tomó por salida decir que aun devajo de las dichas moderaciones no convenia capitular publicamente esta dicha condicion de la libertad de consciencia, sino que de secreto quedase acordada entre ambas Magestades, y que la del Rei de la Gran Bretaña daria su palabra real de ir disponiendo las cosas de su Reino de manera que se llegase con tiempo á esta libertad de consciencia, demas de que tenia rezelos de que el instar tanto su Mag[d]

1618.

Cambdenus in Analibus Reginæ Elizabethæ, an. 1559.

Tom. 2 lib. 6.

1618. por esta libertad era por tener reconocidos y dependientes de sí á todos los vasallos de aquel Rey que huviesen de gozar della. A lo primero se le respondió que no solo era indigno de la grandeza de su Mag^d sino tambien escandaloso asentar en aquella forma la libertad de consciencia, pues veria el mundo que su Mag^d casaba á su hija con un Principe no Catholico, dando con ella dos millones de escudos por la dote y los quinientos mil dellos adelantados sin ver juntamente con la misma publicidad el fin solo y unico que le movia á una accion tan rara y sin exemplo, y quanto á lo segundo de los rezelos que havia de que apretaria tanto por esta libertad de consciencia para tener su Mag^d dependientes de sí á los vasallos de aquel Rey, se le dixo que su Mag^d no tenia otro fin en esta pretension que solo el augmento de la Religion Catholica, y que aquel Rey podria disponer esto de manera que de sola su mano reconociesen los Catholicos este beneficio con hacer executar la libertad de consciencia luego, y con tan sufficientes seguridades que, quando se llegase á capitular este matrimonio, no fuese menester que de parte de su Mag^d se pidiese por condicion; y al fin faltandole ya que responder al Embaxador dixo que pues ya no tenia mas que negociar, se queria volver á dar quento á su Rey de lo que dexaba asentado, y tratar con él de que viniese en lo que de acá se pedia. Hizose una relacion por escrito de toda esta conferencia, y su Mag^d mandó se le embiase al Conde de Gondomar con carta suia de dos de Abril dandole en ella licencia para venir á España, y advertiendole juntamente lo que havia de procurar encaminar antes, y entre otras cosas le dice:—" El punto principal en que se ha de hablar es él de la libertad de consciencia, procurando que ese Rey la conceda con todas las circunstanzias necesarias," y todo este despacho se entregó al mismo Don Juan Digbi para que lo llevase ; el qual llegó de vuelta á Londres á los 17 de Maio, y á los 30 de Junio escrivió al Duque de Lerma y al P^e Confessor de su Mag^d, diciendoles quan bien recibido havia sido de su Rey, y la quenta que le havia dado de todo, pero no tocando derechamente en el punto principal que le acá havia llevado tan á cargo, ni hablando en el ni en los demas, sino con generalidad, y tras esto volvia á tratar de nuevo y con major fuerza del emprestido de los quinientos mill escudos anticipados á quenta de la dote, instando en que tuviesse effecto luego que ambas Mag^{des} se conviniesen en materia de religion, sin que para esto se aguardase la approbacion de su S^d, y sobre este punto y otros se remitia á Don Fran^{co} Cotinton Secret^{ro} de su Rey, que se hallaba ya entonces en esta Corte, y al Conde de Gondomar que ja andaba aprestando su venida para ella. El qual en carta de 26 de Junio avisó todo lo que havia pasado con aquel Rey con ocasion de la ida de Don Juan Digbi, y como á los 21 de Maio havia tenido una larga audiencia retirada, queriendo el Rey que solo se hallase presente el Marques de Bocquingan, diciendo al Conde con mucha alegria y juramentos que podia muy bien fiarse dél, porque el Marques era tan Español como el mismo Conde; y entrando en el negocio prosiguió luego aquella Mag^d que havia visto los veinte capitulos que Don Juan Digbi trahia ajustados de acá, y los cinco que despues havian añadido, y que, hablando llanamente, le parecia que el negocio estaba en muy buena disposicion, y que él no trataria como mercader regateando, sino haciendo quanto pudiesse, como se veria ; respondiendo a esto el Conde le

dixo entre otras cosas, que su Mag^{d} se preciaba de piadoso, y él entendia que lo era, pero que muchos no lo podian creer, pues los affectos ó effectos mostraban lo contrario en una persecucion tan terrible de sus vasallos que, si los mismos que la padecian y el Papa y los Principes Catholicos no esperaban el remedio desto, estuvieran muy aventuradas su persona y su corona, y que le supplicaba atendiesse mucho a que si, en mill seiscientos y diez y ocho años de persecucion, no se havian podido acavar los Catholicos ni en mas de ochenta que duraba ya la de Inglaterra era cierto que menos podria su Mag^{d} acabarlos ; que mirasse tambien lo mucho que en las materias de religion podria hacer en su Reino sin tener que temer, y mas unido con la corona de España, y que las desconfianzas que se tenian de que su Mag^{d} querria hacerlo obligaban á hablar en Roma y en otras partes deste casamiento muy de otra manera, diciendo que en los años de su Reinado havian padecido mas martyres por la Religion Catholica que en Marruecos y Constantinopla ya en las demas partes del mundo ; y assí havia hecho mucho un Rey tan Catholico en solo oir esta platica de casamiento teniendo un tal estado las cosas de la Religion, y que para venir en él y alcanzar dispenssacion del Papa primero era menester exemplo y preuva de beneficio que de aquí se ha de seguir a la xptiandad, que con la confianza que su mismo servi^{o} le daba queria acordar á su Mag^{d} delante del Marques de Boquingan y de Don Ju^{n} Digbi (á quien pidió llamase para esto, como lo hiço) lo que havia prometido a los principios de este tratado, que fué que havia de su parte quanto pudiese en materia de religion, como España hiciese de la suya todo lo que se le pidiesse, y haviendo esta corona venido ya en todo, no solo no havia comenzado á obrar su Mag^{d} sino que antes crecia la persecucion contra los Catholicos y mas en Irlanda.

Haviendo oido el Rey con atencion este razonamiento mostró con palabras y acciones que lo agradecia, y confessó tambien que era assí lo que hasta entonces havia hecho, por parecerle conveniente no innovar en las cosas de la Relig^{n} hasta estar satisfecho de la intencion de su Mag^{d}, pero que ya que lo estaba seria su proceder muy diferente. Sobre esto mismo volvió el Conde á hacer una replica aun mas apretada, á que respondió el Rey que él lo entendia de la misma manera, y que lo mostraria en quanto pudiesse con obras y con effectos.

En otra audiencia que tuvo el Conde á 27 de Maio le pidió aquel Rey que se viese con los Comisarios á quien tenia remitido el tratado de este matrimonio, para que oiese dellos como approvaban los veinte capitulos y los cinco añadidos que Don Juan Digbi havia llevado de esta corte ; pero que en el punto principal de la Religion y libertad de los Catholicos no les dixesse nada porque esto lo queria el tratar con su Mag^{d} Cath^{a} particularmente, y ver si se podrian acordar en los medios. Parecióle al Conde (como era así) que no cumplia con menos que con responderle que no podia oir lo de los capitulos sin añadir á ellos que lo principal que se havia de acomodar y asegurar era el punto general, pues de otra manera ni su Mag^{d} podrá venir en el casamiento, ni el Papa dispensarlo ; y assí habló en esta conformidad á la Junta que tuvo luego con los dichos Comisarios, y ellos diéron intencion de que ajudarian de su parte á facilitar y encaminar esta libertad de conciencia.

1618.   Tuvo el Conde tercera audiencia á primero de Junio, y despues de largas conferencias con aquel Rey vino á supplicarle por primera prenda de esta libertad de
consciencia tan pretendida, que á los Poursivantes, que allí son los Alguaziles, se les
quitasen las comissiones que tenian de los Obispos y de otras Justicias para prender
y hacer otras vexaciones á los Catholicos, revocandolas todas y mandando que de allí
adelante no pudiesen proceder contra los Catholicos sin mandamiento de seis por lo
menos del Consejo de Estado y su Secret^{rio}.

Volvió á otra audiencia á 4 de Junio, y un poco antes della estando á solas con el
Marq^s de Boquingan, dice que este le habló con gran sinceridad y confidencia, y que
le dixo entre otras cosas, que desseaba que se encaminase bien el punto de la Religion, y que, en lo de quitar los Poursivantes, el Rey estava resuelto a hacerlo, pero
que queria que los mismos Catholicos se lo pidiesen y agradeciessen ; pasando luego
el Conde á la audiencia, y representandole en ella al Rey las causas tan urgentes
que los Catholicos tenian para no descubrirsele, ni supplicarle nada,—replicó que
prometia de quitar con effecto los Poursivantes, pero que el Conde tuviesse por bien
de que esto no se executase hasta que el huviese salido del Reino, para que á solo su
Rei agradeciessen este beneficio los Catholicos, y que tambien protestaba que ya
venia á estar resuelto en este casamiento y embarcado en la pretension dél, y que
assí haria por él, y para él, quanto fuesse posible, y apretandole mas la verdad con
tantas razones como tenia de su parte, y haciendose con ellas como superior á su
temor repitió de allí a poco ;—" ea en nombre de Dios hagamos lo que yo quiero
hacer de mi parte quanto pueda." Con esto partió para España el Conde de Gondomar por el mes de Julio siguiente, y con la larga detencion que hiço en el camino
por su poca salud hasta llegar á aquí, y por la asistencia en Londres de Don Juan
Digbi, no huvo cosa notable acerca deste tratado en lo restante del año.

Año de 1619.

1619   Al principio deste año se hallava en España ya el Conde de Gondomar, y luego
occupó gran parte de él en informar de lo que trahia entendido de la gravedad
importancia y dispossicion deste negocio, y en asistir á juntas donde se trataba del
mas conveniente modo de encarminarlo; pero obligando todo esto junto á que la
execucion dello corriesse por su mano y que se ganase en ello el tiempo posible se
sirvió su Mag^d de mandar á principio de Agosto que el Conde volviesse luego á
Inglaterra á continuar su officio de Embaxador, y en la instruccion que le embió de
Lisboa (donde se hallaba entonces) de 7 del dicho mes para que por ella llevase mas
entendida su r^l intencion en este negocio le dice assí en el primer capitulo:—" El
punto principal que se ha de venzer, y sin el qual no se podrá hacer este casamiento,
es el de la libertad de consciencia, que el Rei de Inglaterra ha de dar generalmente
en todos sus Reynos, assí á los naturales dellos como á los estrangeros," y un poco
adelante vuelbe a repetir en otro capitulo:—" Es bien que lleveis entendido que este
casamiento no se ha de effectuar sino concediendo el Rey de Inglaterra libertad de

conscieneia, y dando seguridad bastante de que se executará lo que aquí se concertare."

Y para que quanto mas se huviese de apretar en esto con destreza (como era la voluntad de su Mag^d) huviese tanto mas de interes que lo facilitase, se sirvió su Mag^d de dar orden al Conde que caso que volviessen á hablarle en lo del emprestido de los quinientos mill escudos anticipados á quenta de la dote, si viesse que con esto se facilitaria lo propuesto, les podria offrecer; "el dia qne el Rey de la Gran Bretaña asentase con vos los puntos de la religion y diere seguridad del cumplimiento de ellos, se le darán los dichos quinientos mill ducados sin esperar lo de Roma, como tambien de seguridad bastante para el reguardo deste dinero, de que lo volverá caso que no se effectuare el casamiento."

En el ultimo tercio deste año hiço el Conde su jornada para Londres, y assí para lo que tardó en ella, como por la enfermedad de su Mag^d, que le sobrevino en Casarubios por el mes de Noviembre volviendo de Portugal, no huvo en lo restante dél novedad digna de memoria sobre esta materia sino una carta de su Mag^d que escrivió en Guadalupe al dicho Conde á dos de Noviembre, en que le dice los justos sentimientos que se podian tener de aquel Rey, y que segun la dispossicion en que se hallasen los negocios le hablase en ellos con claridad en la forma mas conveniente; cargandole mucho que ha de preceder la enmienda al tratado del Casamiento.

Año de 1620.

Entrando ia este año tardó algun tiempo el Conde de Gondomar en avisar del estado y dispossicion en que se hallava aquello, por haver sido menester maior espacio y atention en reconozerlo, y al fin en carta de nueve de Abril dice lo mucho que el Rei havia desseado su vuelta, esperando que traheria la resolucion del tratado, y suponiendo que se habrian contentado en España con lo que estaba offrecido de su parte, y que para responder á tan apretadas instancias como sobre esto le hacia el Rey, el Marques de Bocquingans, y Don Juan Digbi havia leido y reparado muchas vezes las ordenes que llevaba de su Mag^d, y cada vez reparaba de nuevo en lo que se le advertia que sin libertad de consciencia no se havia de hacer este matrimonio, siendo assí que hallaba á aquel Rey quanto á la voluntad mui lexos de concederla, y assí havia tomado por medio para esta negociacion acordarle lo que tenia offrecido á su Mag^d por medio del mismo Conde, que era en las materias de religion todo lo que pudiesse, y que conforme á esto á él le tocaba declarar hasta donde llegaria para ver si era ó no bastante, y lo mismo dixo al Marques de Boquingan y á Don Juan Digbi. Ponderóles tambien á todos tres y á otros ministros tan grandes que havia en España de que de parte dellos no se trataba este negocio con la sinceridad que fuera justo, pues en llegando á este punto, usaban de tantas equivocaciones y cautelas, apretando cada dia mas la mano en la persecucion de los Catholicos en lugar de levantarla.

En una audiencia que el Rey le dió á los 30 de Marzo, mostró desseos de satisfacerle en esta parte, pidiendole que procurase ganar al Principe con verle para esto

1620. a menudo, porque aunque era de suio bien inclinado, tenia muchos cerca·de sí que le decian cada dia cosas horribles contra Esp^a, sobre que añade el Conde que si fueran ciertas las muestras de confianza con que el Rey le havia hablado en esta ocasion sobre acomodar las cosas á su gusto y satisfaccion de su Mag^d se pudieran tener esperanzas de algo bueno; pero que en saliendo afuera lo via todo tan al contrario que se halló obligado á decirle en esta ocassion: "Señor, aquí en este aposento donde estámos todo se hace muy bien, pero allá fuera donde estan las cosas todo se hace mui mal." Haviendo pasado todo esto afirma el Conde que le havia hablado aquel Rey mui apretadamente en la anticipacion de los quinientos mill escudos, y resumiendo que el estado que havia hallado era este, declara conforme á él su parecer, diciendo:—"Nunca yo he sido ni seré de parecer que se haga este casamiento sin muy grandes ventajas en beneficio de la religion Catholica, y mui gran seguridad en el cumplimiento dellas."

Continuando el Conde estos avisos volvió á escribir á su Mag^d aun mas de proposito sobre esta materia á los 22 de Maio siguiente, cuia carta podria bastar por historia: dice que haviendo tenido audiencia del Rey ó del Principe casi todos los dias desde que llegó aquí, le parecia que la conclussion mas cierta que podia hacer de todo era que aquel Rey queria mucho este casamiento, pero sin hacer nada contra su religion, y que lo que offrecian hacer era poco, y ninguna la seguridad de cumplirlo ó de no poderse arepentir, como era menester para la consciencia y reputacion de su Mag^d y aun para su conveniencia de estado; refiere una larga conferencia que tuvo á los 8 de Mayo con el Marques de Bocquengan. Dixo, que le iba muy bien con este negocio porque el Principe estaba tan aficionado y deseoso deste casamiento que sabiendo que el Marques iba entonces á tratar de convenirlo, le havia accompañado hasta la puerta de un jardin por donde salió, y dichole que negociasse bien, y que entre tanto quedaba encomendando á Dios el su successo: y prosiguiendo en su razonamiento el Marques offreció de parte del Rey que se quitarian los Poursinantes para que no executasen comission alguna contra los Catholicos, si ya no fuese con mandamiento particular en que se nombrasen la persona, el delito, y la casa; de manera que esto que havia prometido (y mas ampliamente) al Conde de Gondomar el año de 1618 al tiempo de su partida de Londres para España (dandole su palabra de que se executaria luego que saliesse de aquel Reyno, y que á lo mas largo le llegaria la nueva de lo hecho á Bruselas) aora aun no estaba comenzado, y lo que mas es, se offrecia con tanta diferenzia y limitacion; y añadio á lo demas el Marques que tambien de la casa del Principe se quitarian los malos, y se pondrian en su lugar buenos, y que se haria lo mismo en el govierno general, ponderando mucho lo que se hacia en esto, y que en el estado presente era imposible hacer mas aquel Rey, y que assí era justo que con esto, y con los veinte capitulos acordados, y con los cinco añadidos, y con que ya el Rey venia en que la Iglesia para la S^{ra} Inf^e fuesse mui capaz, se acavase de satisfacer el Conde, y persuadiese lo mismo á su Mag^d. Respondióle que ni quedaba satisfecho, ni su Mag^d podia estarlo, y sobre esto discurrió mui largo, haciendoles demonstracion de la poca fee con que guardaban las pazes juradas para inferir de aquí lo que nos podriamos prometer en la observancia de unas condiciones tan superficiales y cautelosas. Protestóles que asentasen

por maxima cierta en este casamiento que su Mag^d no daria á su hija sin los resguardos necesarios y debidos á un tal caso, ni sin que de su parte se hiciesse primero en materia de religion, quanto les fuesse posible como lo havian offrecido, pues para facilitar esso su Mag^d de la suia y suplirle á su Rey el interes que se sacaba de las condenaciones de Catholicos le havia offrecido los dos millones de dote, porque a no ser esto assí les preguntaba llanamente que otro fundamento podia haver para que su Mag^d diesse una hija con quinientos mill ducados de dote al Rei de Francia Catholico y heredado ya, y dos millones con hija segunda al Principe de Gales Protestante? Que de solo oirlo en España se asombraban y escandalizaban las gentes, pero que reduciendose a effecto lo que havian offrecido en materia de religion serian mui bien empleados los dos millones, y aun seria lo menos que su Mag^d havia por aquel Rey í por el Principe su hijo. Y aunque el Marques se congoxó harto destas razones, recobrandose dixo á ellas que no podia negar sino que el Conde tenia razon, y que para los hierros que allí se havian hecho era el remedio enmendarlos; que para la conservacion de la paz, y para el casamiento haria aquel Rey quanto pudiesse; que el rezelo de quedar burlado no le havia dexado comenzar á obrar, pero que aora comenzarian las obras, y luego luego, que así lo dixo. El Marques y Don Juan Digbi fuéron luego á dar quenta al Rey de lo que havia passado, y congoxado de la platica citó al Conde para audiencia á los 16 de Maio, y referiendose á lo que el Marques le havia dicho, hiço un largo discurso de disculpas, dando por la principal de haverse empeorado tanto las cosas de allí, la dilacion de las respuestas de España, pero que todo era su desdicha, encareciendo y estendiendo esto con gran arte; y satisfaciendole á todo el Conde, y apretandole de nuevo con majores razones, se halló el Rey tan sin tener que replicar que solo le respondió que en el punto de la religion daba su mano y su fee que de allí adelante vivirian los Catholicos en sus Reynos con la misma quietud y seguridad que los demas vasallos sin ser molestados, y prosiguió, poniendo muchos vezes la mano sobre el pecho, que no podia ser Xptiaño ni hombre de bien sino amasse y respetase a su Mag^d sobre todos los Reies del Mundo, y que juraba que assí lo haria.

Y luego informando el Conde de lo cierto, dice que aquel Rey pretendia darle á entender que haria mucho mas de lo que pensaba hacer; pero que sabia que hablaba en otro lenguaxe con sus confidentes y por los intentos que llevaba á su govierno y en todo de deshacer la Religion Catholica se debia tener mucha duda de su reduccion, y aun de la seguridad de su volunt^d en la moderacion contra Catholicos, si Dios milagrosamente no lo convierte y lo muda; y trahe por exemplo de esto que haviendose concertado aquellos dias el casamiento de su Privado el Marques de Boquingan con Dª Cathalina de Maneris hija unica del Conde de Rutilan Catholica notoria, no quiso el Rey que se hiciese hasta que el Marques y su madre sacasen á la novia de casa de sus Padres, y el Rey la habló dos vezes persuadiendola y predicandola hasta que al fin se pervertió; acaba el Conde con decir que segun las conferencias de aquellos dias, y segun lo que havia visto allí despues de su vuelta juzgaba^a que eran necesarias dos cosas para la seguridad de lo que se pedia en

---

1620. materia de religion:—la una que el Parlamento lo approbase todo primero; y la
segunda que los Catholicos y su religion gozasen de su libertad un año antes que la
S^{re} Infante huviese de ir á Inglaterra, para que desta manera se anteviese el augmento
de la religion y la fuerza que tenia para defenderse.

Con esta carta del Conde vino juntamente otra para su Mag^d del Rey de la Gran
Bretaña la qual le lleváron al mismo Conde ·el Marques de Bocquingan y Don Juan
Digbi, quando tuviéron con él aquella larga session á 8 de Maio traiendo juntamente
con ella el papel de los veinte capitulos y de los cinco añadidos que aquel Rey se
hallaba á cumplir para que con ellos y con lo que offrecia en la carta se diese su
Mag^d por satisfecho sin pedir ya mas, y assí instáron al Conde que con este despacho
hiciesse correo iente y viniente, y el avisó que la carta venia tan mirada del Rey y
tan artificiosa que la truxo quince dias consigo, poniendo y quitando por momentos,
no solo en la sustancia, sino tambien en las palabras, y para que se pueda hacer mas
entero juicio de ella es bien que se vea aquí á la Letra :—

Jacobus Dei gratiâ Magnæ Britaniæ Franciæ Hiberniæ Rex, Fidei Defensor, Ser^{mo}
Principi Domino Philippo eâdem gratiâ Hispaniarum Siciliæ &c. Regi Archiduci
Austriæ, Duci Burgundiæ, Mediolani Comiti Abspurgi et Tirolis, fratri consangui-
neo et amico n^{ro} carissimo salutem et felicitatem, Serenissime et Potentissime
Princeps frater consanguinee et amice charissime. Literas serenitatis ᵛʳæ vii
Augusti datas reddidit tandem Comes de Gondomar, expectatus quidem et pergratus
mihi, cui ego pro litterarum vestrarum auctoritate quæ in mandatis acceperat
uberius exponenti fidem habui non invitus.[a] Ad articulos viginti illos de quibus in
Hispaniâ disceptatum fuerat, plenius et liquidius respondi quotquot ex eis Gondomarius clarius et acuratius enucleondos censuit. Ad quinque porro capita quæ post-
modum sunt adjecta sensum animi mei sic exprompsi ut Serenitati ᵛʳæ cumulate
satisfactum iri non dubitem. Quod autem de re religionis alia quædam ad subditos
meos spectantia Comes ille vestro mihi nomine proposuit ac comendavit, equidem
çandorem illum vere regium optimè, uti pars est,[b] interpretari debeo qui subditis
nostris gratiam atq; indulgenciam hanc omnem qualis ea cumq; futura sit alteri
nemini cuiquam Principi nisi nobismet ipsis debendam existimet, ut quidquid
eorum quieti atq; commodo tributum fuerit, nostræ id bonitati ac clementiæ feran_t
acceptum, meritòque id adeò ac benignitate nostrâ non minus quam fide et officio
adstringi se nobis agnoscant et devinciri. Quo certè sploratius[c] serenitati hoc ᵛʳæ
constare pervelim, quum ego cum ᵛʳo hoc rogatu ac desiderio, tum meo in primis
affinitatis istius perficiendæ studio (quam utrinque mutuò exoptatam non diffido)
totus afficiar atq; commovear. Sane Romanorum apud nos Catholicorum incolumi-
tati ac votis quantum etiam nunc indulserimus significabit nunc Comes Gondomarius et
vero quantum pro temporis ratione commodè ac decenter facere hactenus potuimus
factum haud dubiè significabit. Ubi porro nuptiæ (favente numine) inter liberos
nostros ex animi n^{ro} sententiâ coaluerint prorsus æquum censeo atque statuo propter
istam, quæ intercedit illis religionis discrepantiam liberum ut Infanti suæque

---

[a] jam ante cum Oratore nostro Barone Digbeio.—Prynne, Hidden Works.
[b] uti par est, interpretari debeo quòd.—*Ib.*   [c] Exploratiùs.—*Ib.*

toti familiæ immune suæ religionis exercitium seorsim intra parietes domesticos in Principis aulâ permittatur, nec vero aliunde quanto hoc quidem provideri poterit, quidquam ipsis religionis nomine gravius aut molestius patiar oboriri. Sanctè insuper et verbo Regis pollicemur Catholicum aut Sacerdotem Romanum neminem religionis aut sacerdotii causâ dehinc capitis damnatum, neminem juramentis ad rem religionis attinentibus (quibus in capitis discrimen vocari poterint) dehinc in posterum adactum[a] aut irretitum iri. Quamvis enim abunde jam pridem orbi innotuerit, graviter nos hominum male conciliatorum inauditis machinationibus religionis prætextu susceptis atq; obtectis, non semel ad ea remedia provocatos que facilitati ac insitæ clementiæ nostræ minus erant cordi; procul tamen ab ingenio ac moribus n[ris] abfuisse semper illam animi duritiem et severitatem presertim in causâ religionis, cum reliqua vitæ consuetudo tum scripta n[ra] publicè typis divulgata satis testatum reddiderunt, alias vero leges nostrates quæ mulctam Catholicis Romanis non mortem irrogant, aboleri aut rescindi a nobis seorsim non posse, leniri ita posse cum erit usus exploratum habebit serenitas v[ra] omnibus ut dictorum Catholicorum Romanorum animis mansuetudine ac lenitate nostrâ conciliatis non solum in officio jam illi ac fide permanere, quin omni nos studio, amore, ac pietate cum cæteris subditis decertare tenebuntur. Extremum illud addam et in me recipiam sicubi Deo Opt. Maxim. visum erit filiolam hanc v[ram] mihi nurum filio meo conjugem dicare, socerum experturam non difficilem, qui quod ab ipsâ utique suorum in gratiam quibus consultum velit ex æquo et bono postulatum fuerit pronis auribus sim accepturus; atque hæc ego fusiùs meapte sponte profiteri volui planiùs et penitiùs ut intelligeretis neq; studium satis serenitati v[ræ] faciendi neq; in instituto hoc negocio serio ac ingenuè procedendi animum mihi defuturum, unde et liberi nostri connubio fælicissimo, et nos arctissimo amoris fraterni nexu[b] uniamur et subditi utriusq; nostri, pace et amicitia perfruantur, quæ ego preclara scilicet et eximia bona istiusmodi Principum Christianorum affinitatibus contrahendis præcipuè semper expectanda existimavi. Unum hoc superst[c] a vobis petam atq; contendam libere ac liberaliter in re proposita uti agatis mecum proinde atq; ego in rebus v[rls] omnibus vicem rependam, et ex animo sum præstiturus. Ex multiplice prole masculâ superstitem nobis heredem unicum dedit Deus filium n[rum] Principem Carolum virili jam ætate, qui vigessimum annum propé jam compleverit; nec est in rebus humanis quod tantoperè desideremus (ipsi provectiores jam facti) quam ut illam in illustri et idoneo matrimonio quam primum collocemus, et regna quæ Deus indulsit nobis in ipsius progenie quasi constabilita ad posteros propaganda transmittamus. Rogamus itaq; majorem in modum statuat tandem ac decernat serenitas v[ra] et negotium hoc omne eâ celeritate conficiat quantâ res tanta confici poterit. Erit hoc æquitatis et prudentiæ v[ræ] cogitare, quanti hæc n[ra] intersit (qui filium habeamus hunc unicum) quantum porro conditio in hoc n[ra] ab vestrâ discrepet, quem Deus sobole tan[d] multâ et copiosâ locupletavit, quem ut vos vestrosque omnes diu incolumes et florentes velint, etiam atque etiam obtestamur. Datt. ex adibus n[ris] Theobaldinis 27 die Aprilis, 1620. Ser. V. frater amantissimus, JACOBUS REX.

---

[a] addictum.—Prynne, Hidden Works. [b] vinculo.—*Ib.* [c] superest.—*Ib.* [d] tam.—*Ib.*

1620.　　Haviendose visto esta carta con el respecto y atencion que se le debia, hiço despues sobre ella algunas consideraciones y advertencias dignas de su zelo el R^{mo} P. M^{ro} F. Ant^o de Sotomayor, Confessor que hoi es de su Mag^d. Reparó lo primero que siendo el principal intento (y aun el unico) desta carta dar satisfacion con ella á su Mag^d de su major y sola pretension en este matrimonio, que era la libertad de la Religion Catholica en aquel Reino, no solo no respondia á esto derechamente pero ni la tomaba en la boca, y lo que es mas, ni aun la tolerancia de los Catholicos que es tanto menos y estaba en su mano, pues solo consiste en suspender la execucion de las leyes que hai contra ellos. La segunda, que esta tal libertad aun no la concede cumplidamente á la S^{ra} Infante y á su familia, sino con limitaciones afrentosas para la misma Religion Catholica, como parece por aquella clausula, "Prorsùs equum censio atque statuo" usque ad verbum "permittatur;" donde solo permite á su Alt^a y á su familia el uso de la Religion Catholica no absolutamente, no en Iglesia, publica, no adonde quiera que se hallare, sino en el Palacio del Principe, no mas, y allí seorsin, retiradamente, entre quatro paredes, para que en medio de la libertad de la heregia se viesse la religion Catholica tan arrinconada y abatida, y que esto se calificasse con la sangre Real de España, y aun no la da aquí aquel Rey con la firmeza de contrato, sino solo proponiendolo en sí y juzgandolo por conveniente, que es reducirlo á su cortesia sin otras prendas de obligacion. Lo tercero quanto á la tolerancia de los Catholicos habla con tanta cautela que solo les assegura de que no se executarán en ellos por causa de la relig^n las penas de muerte, como consta de aquellas palabras, "neminem juramentis" etc^a usque ad "irretitum iri," de manera que los dexa sugetos á todas las demas leyes penales (que son muchas) con la tolerancia desta sola.

　　Lo quarto es notable equivocacion la que usa hablando poco despues de estas otras leies penales contra los Catholicos, porque havi^{do} prometido la suspension de la pena de muerte dice de otras penas, que se habrá en ellas con moderacion y con blandura, supuesto que no está en su mano el abrogar las leyes que las disponen, de manera que, siendo esto mismo de la ley que pone pena de muerte, y de las demas que la ponen peccuniaria, offrece suspender aquella en todo, y estas moderarlas, no mas; dando por escusa desta limitacion en las ultimas, la razon gen^l que corre en todas. Sus palabras son desde "alias vero leges nostras" hasta "serenitas v^{ra} :" y assí se concluie bien destos puntos que el Rey de la Gran Bretaña se mostraba aquí tan remoto de venir en la libertad de consciencia que se le pedia, que ni aun la concede para la S^{ra} Inf^e y su familia ni para los demas Catholicos da la tollerancia de las leyes, y lo poco que da es sin alguna seguridad, y sobre todo se pone en consideracion que son menester tantos requisitos en particular para hacer licito y conveniente este matrimonio, y no menos para asigurarlos que no es posible discurrirlos todos, ni vencer las dificultades que hai en contrario, sin mucha gracia de Dios y luz suya.

　　Esperó su Mag^d nuevos avisos para responder con mas acuerdo a esta carta del Rey de la Gran Bretaña, y por una del Conde de Gondomar de 17 de Octubre siguiente entendió quan confuso estaba aquel Rey hasta saber la satisfaccion que se tomaba de sus offrecimientos, y desto dice le havian significado en confidencia el Marques de Boquingan y Don Juan Digbi intimo dolor, declarandole que no querian

ni desseaban que la S^{ra} Infante viniesse á Inglaterra hasta que lo de la religion y estado estuviera asentado y executado á satisfaccion de su Mag^d, pero que esto era imposible, ni el Rey lo podia hacer, sin que primero se creiera que este casamiento havia de ser. Volvió á escribir el Conde dos dias despues á 19 del mismo mes, y juzgando segun el estado presente de las cosas vuelve de nuevo á apretar mas, que este casamiento no puede ni debe hacerse sin libertad de consciencia muy asentada y asegurada, y probables esperanzas de la reduccion de aquel Principe, y luego dice que por dar alguna satisfaccion á sus instancias hiço aquel Rey llamar en su presencia á sus dos Secretarios de Estado, y les mandó que ordenasen luego sin replica que ningun Catholico fuesse molestado por su religion, que á un Arriano, ó á otro sectario semejante era bien castigar pero á Catholico no era justo, como no faltase en otra cosa, y volviesse para el Conde afirma que le dixo muy contento desta accion; que puede hacer mas que esto un buen Rey?

Mandó su Mag^d que en su Conssejo de Estado se viesen estas dos cartas del Conde, y que entendido por ellas y por la del Rey de la Gran Bretaña (á que su Mag^d aun no havia respondido) el estado deste neg^o, consultase lo mas conveniente que pareciese hacer en él, y con lo que representó á su M^d á 4 de Xbre, y con ver juntamente que con tantas diferencias de medios como se havian intendado con el Rey de la Gran Bretaña no havian podido sacar buenamente (como hasta aquí lo daban á entender sus palabras) la libertad de consciencia, fin unico deste matrimonio, y que la dilacion que havia por esta causa en acordarlo oiendo como era por quenta del dicho Rey queria que corriesse por la de su Mag^d; fué servido de resolver ja por ultimo remedio el acudir á su S^d, para suplicarle la dispensacion, teniendo por cierto que, para haverla de conceder, pediria primero tales condiciones en favor de la Religion Catholica que entre ellas se sacase la de la libertad de consciencia.

Y con esto pareciendo ya ocasion de responder á la carta del Rey (por la satisfacion que se le daba con esta diligencia tan desseada dél, y que tanto havia instado por ella) entre otras cosas se sirvió su Mag^d de escribirle esta advertencia: que si en la execucion y en el asentar lo que fuere menester para este negocio teme aquel Rey que se han de offrecer inconvenientes, lo vea bien primero, pues de otra manera no podrá su Mag^d, ni con su consciencia, ni con su honrra, instar con el Papa en que dispense, no su S^d dispensará, y que hecho este presupuesto correrán ya por quenta del dicho Rey el succeso de la dispensacion deste matrimonio, la execucion de lo que fuere menester para ella, y la brevedad de su despacho. Con lo qual le quiso su Mag^d dar á entender que pues apretaba tanto en que se probasse á pedir esta dispensacion al Papa, sin haver el primero asentado la libertad de consciencia fuese por su riesgo si se dificultase ó negasse como era mas cierto, ó si se le pidiesse de nuevo la dicha libertad con majores requisitos y libertades; dicele tambien su Mag^d en la respuesta como á contemplacion suia (por haver mostrado gusto dello y propuestolo algunas vezes) mandaba despachar luego á Roma al M^{ro} F. Diego de la Fuente de la orden de S^{to} Domingo para que en nombre de su Mag^d Catholica y asistiendole su Embaxador solicitase esta dispensacion. Estaba hasta entonces en Londres en compañia del Conde de Gondomar como confessor suio en todo el tiempo de su Embaxada,

1620.
y por la gran noticia y experiencias que havia tomado de aquello, por lo que su modestia y prudencia le havian hecho grato á aquel Rey, y por la estimacion que le havian dado acerca de todos su Religion, sus letras, y su buen zelo pareció muy á proposito para confiarle tan gran negocio. Havia venido pocos dias antes de Inglaterra llamado para esto, y cerró este año con comenzar á tratar de su despacho dando al sig^te principio con lo demas dél.

Año de 1621.

1621.
A los 20 de Enero deste año se le dió su despacho al dicho Maestro F. Diego de la Fuente con orden particular de su Mag^d para que luego partiesse á Roma ganando en esto y en el camino todo el tiempo que pudiesse; y en la instruccion que se le dió para como se havia de governarse, sirvió su Mag^d de mandarle advertir que, en la primera propossicion que hiciese á su S^d deste negocio, le representase los fines con que havia comenzado á oir su tratado, y dexadole pasar tan adelante, que eran el desseo de la exaltacion de nuestra Sta Fee Catholica y la reduccion del Reino de Inglaterra al gremio de la Iglesia Romana, y que, aunque se havian hecho todas las instancias posibles con el Rei de la Gran Bretaña para que en esto llegasse á lo que era menester, no se havia consiguido hasta aora, si bien algunos ministros suios bien intencionados no desconfiaban esto, si se fuese caminando á ello por sus grados, esto es iendo empeñando á aquel Rey hasta llegar á este punto, pero aora que ya ultimamente estaba reducido este negocio al suppremo juicio de su S^d, aquello seguiria y tendria por acertado que fuesse servido de determinar en él; y en esta conformidad escrivió aun mas claramente á su S^d en la carta de creencia para que oiese sobre este negocio al Duque de Albuquerque su Embax^r diciendole; "Luego que se me propussieron estas platicas de casamiento por parte del Rey de la Gran Bretaña di quenta della á V. S^d por medio del Car^l de Borja en las quales solo he atendido al beneficio que se podria seguir á la Religion Catholica introduciendola en Inglaterra, y para consequirlo he hecho todo lo que ha sido posible como mas particularmente lo dirá á V. S^d el Duque de Albuquerque mi Embaxador á quien mi remito en esto, el qual significará tambien el estado en que queda este tratado y lo que se dessea y procura en él. Supp^co á V. S^d le dé entero credito y se sirva de hacer en esto lo que como hijo tan obediente de la Sede Apostolica puedo y debo esperar, pues se encamina á major servicio de Dios y bien de la Xptiandad á que V. S^d atiende con tan sancto Zelo."

Llego á Roma con estos despachos el dicho M^ro F. Diego de la Fuente quando ja era muerto la sanctidad de Paulo Quinto á quien iba dirigidos, y aunque se volviéron á renovar luego que se supo la eleccion de la S^d de Gregorio XV., como tambien sobrevino de allí á dos messes (á ultimo dia de Marzo) la muerte del Rey N. Sr Don Phelippe 3º que está en el cielo, ella causó una larga suspension en este negocio antes de poderlo comenzar á tratar en Roma; si bien dentro de ocho dias de como succedió en esta Monarchia el Rey N. S^r (que Dios gu^de) dió intencion al Embaxador del Rey de la Gran Bretaña de que tenia por bien que este tratado se continuasse, embiandoselo a decir con su secretario de Estado Juan de Ciriza, y assí mandando

hacer de nuevo las cartas de creencia que el dicho Maestro tenia corrio desde aquí continuadamente su negociacion, y quiso el Rey N. S^r que se comenzase con representar á su S^d los motivos con que entraba de nuevo en esta materia, advirtiendoselos á su Embaxador en esta forma ;—" el haver yo continuado esta platica que mi Padre dexó comenzado no ha sido con otro fin que la exaltacion de la Religion Cath^a, y ver si por este medio se pudiesse reducir aquel Reyno á la obediencia de la Sancta sede Apostolica, y assí se lo podreis decir á su S^d en buena ocasion."

Por el mes de Mayo de este año de 1621 llegó á Roma un Cavallero Ingles Catholico llamado Don Jorge Gaxe, á quien embió allí el Rey de la Gran Bretaña para que asistiese á esta negociacion, y viese la que se hacia por parte de su Mag^d, con pretexto de que iba en nombre de los Catholicos de aquel Reyno á hacer instancia para que en beneficio dellos se concediesse esta dispensacion, y haviendole dado su s^d la primera audiencia á 26 de Junio de la qual solo sacó una respuesta gen^l, volviendo á la segunda, que fué á 8 de Julio, donde mas in particular se habló ia en la materia, apretando sus instancias Don Jorge afirmó despues él mismo que mudando su S^d el semblante y el tono de la voz le respondió que este negocio era dificultoso, y precisamente necesario para él que el Rey de la Gran Bretaña se dispussiese á hacer muchas cosas que aora no se vean, entendiendo el Don Jorge destas palabras que tiraban á la libertad de consciencia y á la conversion del Principe de Gales.

Acertó á ser esto en tal ocasion que acavaban de llegar nuevas á Roma de que en Inglaterra se volvia á encrudescer la persecucion contra los Catholicos, y que el Parlamento que entonces estaba junto, renovaba con leies terribles el antiguo rigor contra ellos, y expecificando mas esto el mismo Don Juan en carta escrita á once de Jullio para Don Fran^{co} Cotinton que asistia entonces en esta Corte le dice que los Nuncios de Francia y de Flandes havian llevado á Roma de cartas avisando de la persecucion que estaban padeciendo los Catholicos en Inglaterra, y que llegaba á tanto que á algunos Cavalleros titulados les havian quitado los hijos, porque no los criasen en la Religion Catholica; que á los maridos de las mugeres Catholicas compelian á pagar cada mes 800 r^s por lo que ellas faltaban de acudir á las Iglesias de los Protestantes, y que el Parlamento havia hecho algunas leyes contra los Catholicos mas rigurosas que las antiguas, y llegaron á prevalecer, ya continuarse tanto estos avisos hasta principio del año siguiente que el Padre Fitzaberto de la compaña de Jesus, Ingles de nacion, y Rector del Collegio que los della tienen en Roma, tuvo carta á este tiempo que de nuevo se hacian informaciones contra Catholicos, y que la quietud que se havia publicado que gozaban en aquel Reyno ni era firme ni como se decia, y esta nueva turbó a Don Jorge procurando con summa diligencia que se quedase secreta entre los que la sabian, porque no desbaratasse el neg^o, pero todos los que llegaron á entenderla admiráron (como era razon atribuendolo a causa superior) que al Rey de la Gran Bretaña le faltase la disimulacion quando mas la huvo menester.

En medio de la confussion que causaban estos rumores pareció carta en Roma de Don Juan Digbi de 31 de Jullio desde Viena, Corte del Emp^r (cerca de quien hacia Embaxada) para Don Jorge Gaxe, dandose por entendido en ella de la persecucion

CAMD. SOC. F

1621.   que el Rey su amo havia movido contra los Catholicos, y no negandola, y juntamente
proponiendo medios al Don Jorge con que pudiese facilitar las dispensacion, sin que
los procedimientos de aquel Rey la embarazasen, acerca de la qual le dice que de su
parte se havia en la materia de religion todo quanto les fuesse posible, y luego, que
pues la S^ra Infante estaba en España, y la dote tambien, que no desseaban lo uno ni
lo otro hasta que todas las cosas que les tocaba hacer se asegurasen y se pusiessen en
execucion, como ellos primero estuviesen ciertos de la dispensacion, para que á España
no le quedase ya esta salida.   Creióse que Don Juan Digbi havia escrito por orden y
traza de su Rey, pues de otra manera no se atreviera, y el Don Jorge se resolvió á
tomar estas palabras por instrumento de su negociacion.

Su S^d, despues de haver dado diferentes audiencias desde el principio de su Pon-
tificado al Duque de Alburquerque, al Maestro Fr. Diego de la Fuente, y á Don
Jorge Gaxe para entender el estado y dispossicion desta materia (si bien ponderando
siempre sus grandes dificultades) enterado ya de ella determinó responder por un
breve dado á los 18 de Ag^to á las cartas que su Mag^d le havia escrito hasta entonces.

Gregorius P. P. XV. Carissime in Christo filii* noster salutem et apostolicam benedictionem.   Gravissimum sanè negotium est et magno Christianæ Reipub. vel commodo vel detrimento futurum quod cum optimo Majestatis tuæ parente agi nuper
cæptum est, utrum e re Catholicâ sit dilectissimam filiam nostram Mariam sororem
tuam Principi Galis Britanni Regis filio nubere, proinde ut felicis recordationis
Paulum V. multæ eæq. ingentes difficultates ab ea re decernendâ retardarunt, ita
pro eâ quam totius Christiani orbis procurationem habere nos Deus voluit, et pro
singulari in Majestatem tuam inclitamq. domum tuam benevolentiâ visum nobis
est, gravissimorum hominum sententiis rogandis, maturius tantæ causæ delibera-
tionem expendere.   Legimus quidem duas Patris tui Litteras unas Paulo V. mense
Januario, alteras nobis mense Martio inscriptas atq. itidem binas a Majestate tuâ
die 20 Junii et 21 Jullij dattas et dilectos filios Ducem Alburquerquis et Patrem
Didacum de la Fuente de eâ re disserentes audivimus, quibus quam Majestatis tuæ
amplitudine et Regnorum tuorum felicitati consulamus, abundè declaravimus ab iisq.
sententiam n^ram uberius cognosces.

Ceterum misericordiarum Patrem exorabimus ejusq. voluntatem per viros sanc-
timoniâ præcipuos accuratissimis precibus exquirendam mandabimus, ut in tanto
Ecclesiæ suæ discrimine id tandem decernatur, quod Catholici nominis dignitati
rationibusq. conducibile, Austriacæ genti gloriossum, Majestati vero tuæ gratissi-
mum futurum sit, ac tibi Apostolicam nostram benedictionem amantissimè impartimur.   Datt. Romæ apud Sanctam Mariam sub annulo piscatoris Pontificatus n^ri
anno primo, JOANNES CAMPOLIUS.

Luego á los 21 del mismo mes de Agosto mostrando su S^d que caminaba ya en este
negocio con alguna esperanza de tomar resolucion en él, nombró á instancia de su
Mag^d una congregacion de Cardenales donde se tratasse y confiriesse, y los nombrados fueron los Ill^mos Cardenales Bandino, Melino, Sancta Susana, y Sacrato.   El

* Sic.

1621.

Baron Don Juan Digbi continuava vivamente las diligencias desde Viena, dando priessa con ellas á facilitar la dispensacion; y assi en carta de 28 de Ag⁰ para Don Jorge Gaxe le dice en esta razon que dé mucha priessa á los Cardenales, dandoles á entender quan bien se procedia ia con los Catholicos de Inglaterra, y añade que, si el Conde de Gondomar no ha asegurado á su S^d y á su Mag^d de que los Catholicos nunca han gozado de tanto descanso como aora, no ha hecho los buenos officios que dél se esperaban; y en carta de 5 de Septiembre le insta de nuevo, diciendo que si su Rey se asigura de la dispensacion hará mucho mas de lo que se le puede pedir, y mas aun de lo que á el mismo Don Juan Digbi le estaba bien decir, que estas fuéron sus formales palabras. Por todo el mes de Septiembre se comenzáron y continuáron con mucho calor las negociaciones con los Cardenales de la Congregacion diputada para este negocio, y en orden á facilitarle informaban á cada uno de por sí los que tenian esto tan á su cargo, y señaladamente Don Jorge Gaxe, haciendo todo genero de esfuerzos, movia y persuadia mucho con la carta de Don Juan Digbi escrita de Viena á los 31 de Jullio, porque oian los Cardenales de mui buena gana que la S^{ra} Infante se estuviesse en España, y que no se pagase la dote hasta haver cumplido lo acordado y todo lo demas que en buena razon se le podia pedir al Rey de la Gran Bretaña; y con esto, y con añadir que querria á ruinar á los Puritanos y acabar con ellos (que tambien era promessa del mismo Don Juan Digbi) havia ya ganado aquel Rey muchos aficionados en Roma, desta manera iba fomentando el mismo Don Juan desde Viena esta agencia, prometiendo esperanzas con palabras mysteriosas y ambiguas, y assí confirmando en otra carta recivida á los prim^{os} de Septiembre lo que havia dicho en la de arriba, concluie que todo el mundo veria quan de veras cumplia su Rey lo que havia offrecido por capitulacion en favor de los Catholicos. Quedó tan confusso Don Jorge desta razon, que se dió á entender que, ó su Rey havia capitulado de nuevo con su Mag^d alguna condicion favorable para los Catholicos que él no savia, ó que por lo menos se havia allanado á lo que tanto se le havia pedido acerca de la libertad de consciencia.

Al principio de Octubre se fuéron descubriendo algunas dificultades que mostraban sentir los Cardenales al paso que se iban enterando negocio, y las principales eran dos:—La una, que los veinte capitulos y los cinco añadidos que se les havian propuesto como concedidas ia por el Rey de la Gran Bretaña, solo hablaban en materia de religion con la S^{ra} Inf^e y con su familia, sin haver algo en favor de los Catholicos de aquel Reino á que tambien se debia atender:—La segunda, que era menester que aquel Rey diese seguridad bastante de lo que offrecia de manera que no lo pudiesse despues alterar.

A los 16 del mismo mes nombró su S^d al Car^l Ludovisio su sobrino para que se hallase en la congregacion señalado para esta materia, y á este tiempo llegó nueva á Roma de que havia venido á Francia el Vizconde de Doncaster por Embaxador Extraordinario del Rey de Inglaterra á tratar (aunque de secreto) del casamiento del Principe de Gales con hermana del Rey Christianissimo. Ultimo dia de Octubre se tuvo la primera congregacion de los Cardenales á quien estaba remitido este negocio, en la qual solo se habló discurriendo por via de conferencia en las conve-

niencias ó inconvenientes que se podian esperar ó temer deste matrimonio, despues dando quenta á su S^d el Card^l Bandino como el mas antiquo de la junta de lo que se havia tratado en ella, le respondió su B^d que era necesario sacar algunas condiciones favorables para los Catholicos, y ver la seguridad que se debia pedir para todas, y que en la siguiente congregacion se discurriesse sobre esto y se tanteasen los medios y la forma de encaminarlo. Juzgaron luego los Cardenales por inescusable el haver de llegar á la libertad de consciencia y quisiéron pedirla luego abiertamente, pero de las premissas que iba dando della aquel Rey les pareció que, sin contentarse con menos, era mas suave y seguro que la fuesen sacando los mismos empeños del negocio con que de su parte dellos se sustentase siempre firme (como lo hiciéron) la propossicion de que era menester hacer mas en favor de la religion, y dar seguridad de todo.

A 25 de Noviembre llegó á Roma un sacerdote Ingles llamado Juan Benett acompanado de otro sacerdote y ambos con cartas de creencia para su S^d y para algunos Cardenales de parte del clero de Inglaterra, que daba á entender en lo publico ser él que los embiava á asistir en su nombre á la solicitud desta dispensacion. El titulo de su venida fué este, pero supose privadamente que havia sido no solo con noticia y approbacion de aquel Rey sino con alguna traza suia, y en el pasaporte que dió su secretario de Estado Don Jorge Calvet al dicho sacerdote en 12 de Septiembre significa algo desto, pues dice en el que la jornada que hacia Juan Benet haviendo de pasar la mar era "specialibus ex causis Majestatis suæ negotia concernentibus." Llegados pues a Roma comenzáron á introducir su negociacion con decir que su Rey estaba ya afficionado de la missa, nueva qui iba allí obrando mucho en todos.

Año de 1622.

Havian tenido ya los Cardenales otras dos congregaciones, una á 28 de Novembre passado, y otra ia á lo ultimo del año, sin haver podido hacer en ellas otra cosa que ir reconociendo mas de cerca las dificultades insuperables que tenia de suyo este negocio, y tanto mas quanto eran mas confusas y menos favorables á los Catholicos las nuevas que por diferentes medios llegaban de Inglaterra : sobre las razones que cada dia ponderaban de nuevo iban tambien tocando con las experiencias que era impossible concluir este neg^o como convenia sin libertad de consciencia, y no como quiera, sino asegurada ; escusarla ó suplirla con alguna otra condicion no podian ; pedirla resueltamente pareciales (como era assí) que havia de ser perder lo todo : y que de una vez y en una hora se les muriessen entre las manos las ultimas esperanzas del bien de aquel Reyno sustentadas tantos años sin descaezer con la destreza de este sancto zelo : y haviendo deliberado algunos dias sobre el medio con que poder encaminar mejor este fin, salvando los inconvenientes, comenzáron á pensar en uno que parecia inspirado y fué ; que se le embiase á pedir al Rey de la Gran Bretaña la declaracion y extension de algunos puntos de religion que ya havia concedido en favor de la S^{ra} Infante y de su familia, y con esta ocasion se le preguntasse que podria hacer en favor de los Catholicos de su Reyno, alargandose en ello quanto le fuesse posible, pues esto que tantas vezes tenia prometido era ia tiempo de deter-

minarlo en particular. Pretendian por este medio que aquel Rey offreciesse de suio aquello mismo que se le debia pedir, y que ganando el solo para sí esta gloria le quedasen reconocidos á ella sus vasallos, la Christiandad, y el mundo todo. Viniéron en este acuerdo los Cardenales con notable satisfacion de haverle tomado, pareciendoles que esta nueva propossicion demas de las ventaxas que tenia en la cortesia y suavidad, era en sustancia la misma que en la tercera congregacion havian determinado hacerle al Rei de la Gran Bretaña, que fué pedirle resueltamente la libertad de consciencia para los Catholicos, y la conversion suia y del Principe su hijo. Pero offrecióseles luego nueva dificultad acerca de la persona por cuio medio seria bien pedirle esto, y mas supponiendo el estilo que siempre ha guardado la Iglessia Romana en no communicar a los que se apartan assí tanto della. Con lo qual comenzaron á pensar desde principio de Abril en la eleccion de persona qual conviniesse para tan grande accion.

Don Jorge continuaba sus negociaciones, y cada dia con majores y mas vivas instancias representando de parte de su Rey nuevos successos con que se facilitassen, informaba á los Cardenales, para darles prissa, de lo que havia hecho aquel Rey contra los Puritanos y contra sus intentos, disolviendo el Parlamento sin hacer caso de sus reclamaciones, que havia rompido ya con los Olandeses, ordenando al Conde de Oxford que saliese á la mar á tomar los baxeles de Olanda que encontrasse, que en la 2 carta de 2 que su Rey havia escrivo al Parlamento demas de mostrarse ofendido (como lo hiço en la prim^{ra}) tocó en lo que havia hecho el Palatino en Bohemia, llamando su resolucion temeraria, é injusta la invasion y usurpacion de aquel Reyno, y amonestó á sus vasallos no approbasen ni imitasen semejantes exemplos, que en la dicha carta cargaba tambien sobre los Puritanos la rebelion contra su madre la Reyna de Escocia, y la sentencia y execucion de su muerte ; y que haviendo embiado orden los Olandesses á sus Diputados para que le pidiesen el dinero con que han acudido al Palatino para su sustento, les havia respondido que no pensaba darles ni un real, porque era mui justo llevasen esta carga los que havian sido causa con sus consejos de que el Palatino se viesse en tanta miseria, que siendo Catholico notorio el Cavallero Thomas Savesche lo havia hecho el Rei criado del Principe y dadosele por consejero. Por otra parte apretaba con carta del Baron Don Juan Digbi de 23 de Diziembre passado mostrando clausula en ella, en que le decia que su Rey no aguardaria mas que hasta el principio de Sept^{te} deste año, y que no estando para entonces asentado y seguro este matrimonio havia jurado de casar luego á su hijo, aunque fuese con vasalla suia, y ultimamente que el Rey de Francia offrecia de nuevo á su hermana para aquel Principe, y que la solicitaba vivamente por medio á el Vizconde de Doncaster Embaxador Extraordinario de Inglaterra en Paris, procurando de proposito atravesar con esta platica la que se sustentaba con esta Corona, y valiendose tambien para esto de los rezelos que divulgaba de que España trataba este negocio con solo fin de entretener, todos eran torcedores para dar mas prissa, y para que con ella se contentasen los Cardenales con menos quanto á las condiciones.

Tenian señalada congregacion para un dia despues de Paschua á 30 de Marzo y por

1622.

falta de salud de los Cardenales Melino y Ludovisio se dilató por entonces, y despues fué esto por muchos dias mas con la larga enfermedad del Papa y á demas de haver sido esta pausa forzosa fué aun mucho mas conveniente porque, quanto mas iban entrando los Cardenales en lo materia, juzgaban por mas necessarios para acertar en ella el tiento y el espacio, dando con él al tiempo las pruevas de aquello que les querian hacer creer tan de ligero.

A 13 de Junio se juntáron los Cardenales para proseguir en este negocio, y haviendose afirmado di nuevo en el acuerdo que tomáron dias atras acerca de la propossicion que convenia hacer al Rey de la Gran Bretaña, viniéron luego en que la persona de quien mas se debia fiar este negocio era el mismo Don Jorge Gaxe, que le havia tratado hasta entonces por parte del mismo Rey. Consideraban que ninguno otro le seria tan grato ni tan confidente en esta diligencia, pues se preciaba tan de su fiel vasallo, y tan aficionado á su servi°, y era tambien testigo de vista y tan sin sospecha de todo lo que havia passado hasta entonces en la dispossicion y medios de encaminar tan gran materia ; y assí la verdad que dixesse al Rey haria en él major evidencia de sí misma, y le obligaria á conocer contra los mal intencionados en este negocio la realidad y la lisura con que se caminaba á su effecto assí de parte de sa S^d como de la desta Corona. Saviasse que havia venido á aquella Corte Don Jorge Gaxe no solo con noticia de su Rey, sino tambien con orden suia, para que estuviesse atento á las acciones de su S^d y de todos, y en lugar de recatarse dél (como fuera acertado en caso que se huvieran llevado otros fines) comprobáron lo contrario, con hacer esta causa á ojos del mundo con lo ultimo que pudiéron, y de camino aventuráron á gañar que el Rei de Inglaterra fuese negociante en Roma, y el mismo comenzase á solicitar su comunicacion con la Iglessia. Estos fuéron los motivos (referidos casi con las mismas palabras) que reduxéron á los Cardenales á esta resolucion, de la qual dando cuenta á Don Jorge la estimó y holgó della sobre manera, y para ajustar en forma los puntos que se le havian de encargar señalaron otra congregacion para los 27 del mismo mes de Junio.

Hizose este dia, y en ella el ajustamiento del despacho de Don Jorge con lo qual comenzó á apretar su jornada para Londres. Instó grandemente en que se le dicesse alguna carta de creencia para su Rey, y por justos respectos lo rehusaron los Cardenales, pero para que fuesse mas advertido de todo, quiso hablarle en particular y en presencia del Maestro F. Diego de la Fuente el Car^l Bandino, el mas antiquo de la congregacion, señalando para esto el dia de St Buenaventura por la mañana despues de haver dicho Missa, que es á los 14 de Jullio, y lo que le dixo fué en esta sustancia.

Que aunque su S^d y los Car^les no communicaban con el Rei de la Gran Bretaña, por la separacion que el suio havia hecho, holgaban mucho desta ocasion, y de que ella haviesse obligado á que de su parte fuese á darle cuenta de la que havian acordado en este negocio un vasallo suio tan fiel y tan buen Cavallero que podria juntamente contestar el animo y zelo que havia hallado en orden á la buena conclussion dél, y que tenian á aquel Rey por tan savio, y de tanto conocimiento en todas materias que lo juzgaban con mucha noticia aun de aquellas que tocan ál sacro Collegio, y assí sabiendo sus obligaciones no estrañaria que por el modo mas suave

quisiesen no faltar á su cumplimiento, y mas siendo el negocio deste matrimonio gravissimo, la dispensacion que se pide para él sin exemplo, dudoso el successo aun dispues de hecho, y en fin la cosa mas grave que hoi tiene la Christiandad, y la que mas cuidado debe dar á la sede Apostolica, que pues el Rey de la Gran Bretaña lee tanto en libros Catholicos, sin duda habria visto en ellos que el Papa no debe dispensar en matrimonios semejantes sin esperanza de algun gran bien publico, y que esto no se descubriria en los articulos ya concedidos á la S^{ra} Infante y á su familia, y para encaminar este bien publico, en que debe ser interesada la Religion Catholica, havian acordado pedir libertad de consciencia para ella en todos aquellos Reynos con bastantes seguridades, pero por haver entendido que las dificultades que esto tiene se vencerian mas presto y mejor si saliesse de aquel Rey este intento haciendolo propio suio, les havia parecido ultimamente reducir esta diligencia á la cortesia de una pregunta de lo que podria y querria hacer effectivamente en beneficio de los Catholicos, supponiendo que tiraba á sacar dél por respuesta la dicha libertad, ó que, quando sea menos que ella, se veria si era sufficiente ó no, para dar la dispensacion, y que, hablando llanamente en el particular de aquel Rey, no podia pensar sino que, siendo tan visto en las controversias que ay en materia de religion, llegaba á reconocer (sin poder menos) que la Santa Fee Apostolica Romana era la sola, la antiqua, y la verdadera, en que solo se pueden salvar los hombres ; y que, si algo le detenia para no abrazarla y reducirse á ella, eran dos cosas, la primera la reputacion, pareciendole que la perderia en mudar la relig^{n} que ha professada tantos años ; pero que podria hacerse assí mismo demostracion de lo contrario con el exemplo de Henrico IV. Rey de Francia, que persuadido á la verdad de la Religion Catholica, no le embarazó este inconveniente para seguirla, ni reparó en el juicio que podria hacer el mundo desta mudanza, y assí ganó tanta mas opinion con ella, que siendo por excelencia el grande respecto de los demas, y quedandole solo un medio para ser major, que es él de vencerse assí mismo, aquí lo consiguió con summa gloria, y lo mismo (y quiza con majores circunstancias) podria esperar en sí el Rey de la Gran Bretaña con otra accion semejante, con que haria emulacion á sus gloriosos predecesores, si bien le quedó en ellos tanto que imitar en este parte. La segunda cosa que le podia hacer dificultad assí en su reducion á la Iglesia Romana, como en la libertad de consciencia que aora se le pide por los Catholicos, es el peligro que á su parecer debe temer de sus vasallos (digo de aquellos que tienen aversion á la sede Apostolica, y mas de los Puritanos) creiendo que se le han de oponer á esta resolucion en la manera que pudieren. Pero bien se sabe que el Rey tiene en su mano dos medios con que prevenir y asegurar bastantemente este peligro, el primero y el principal él de su caudal propio, pues siendo Principe tan prudente de tanto govierno y maña para encaminar con sus vasallos lo que quiere (como lo ha mostrado en otras empressas no tan razonables, y mas violentas que esta) es cierto que en menos tiempo que otro podria, si quisiesse, allanar estas dificultades, y jamas el mundo creerá, ni se persuadirá á otra cosa. El segundo medio es él de las asistencias que tendria para resistir á este peligro, y poniendo en primer lugar la de Dios, pues es tan suia esta causa, no será perqueña; luego la de los mismos Catho-

1622.   licos, pues con los que aora hai, y los que se declararán por tales, cesando el rigor
de las leyes, cuio temor les acovarda, vendrá á ser la mitad del Reyno, y la major
parte de la nobleza, y mirando luego á lo de afuera, claro es que la potencia de
España unida ya con un tal vinculo emplearia á que del resto de lo que vale y puede;
y los demas Principes Catholicos ajudarian á esta obra, excediendo á todos con
todo genero de demostraciones la Sede Ap^{ca}; que no tenia por posible que dexase
de antever todo esto el Rey de la Gran Bretaña, ni de juzgar que es lo que le está
mexor (aun para sus proprias conveniencias de estado), y que si con tantas razones
divinas y humanas como hai para no resistir ya mas á las inspiraciones del cielo se
determinase á ser Catholico, podia prometerse desde luego, para entonces todo lo que
quisiese esperar de la Sede Apostolica, assí de honra, como de otras comodidades
temporales que se le trahia á la memoria el titulo de Defensor de la Fee y de la Sta
Sede, á cuia gracia lo debian él y sus antecessores que tanto se gloriáron de tenerle,
y siendo tan grande, sobre él comenzaria de nuevo la misma Sancta Sede á honrar á
aquella corona; que, si le placiesse venir á Roma, saldria hasta Flandes á encontrarle
un Legado, y su Sanctidad le saldria á recibir á Boloña, y todos los Cardenales esti-
marian mucho servirle, y que si avuntodavía no acabase consigo el tomar esta resolucion tan Christiana y valerosa, por lo menos diese lugar y dispusiesse el ser Catholico el
Principe su hijo, para que en su A. se viessen las experiencias de todo esto: y vuelto
el Car^l para el Don Jorge, le pidió que de su parte besasse las manos al Rey y le significase el grande affecto con que desseaba su verdadero bien y maior servicio, siendo no
menor él que habria conocido en todo el sacro Collegio que vivamente representaria
todo esto al Rey en las occasiones que mas pudiesse á provechar. Con este estylo y
palabras llego el Car^l hasta aquí en su razonamiento: á los 25 de Jullio salió Don Jorge
para Inglaterra, tomando su camino derecho, con que la negociacion de allí se suspen-
dió por algunos dias esperando entre tanto la respuesta que havia de traher.

    Volvió á la corte de España en este tiempo el Baron Don Juan Digbi con el mismo
titulo de Embaxador Extra^{rio}, y ya no solo á continuar las diligencias sobre el
Tratado del matrimonio, sino tambien á hacerlas en la restitucion del Palatinado, y
haviendo sido su llegado á los primeros de Jullio, escrivió luego á Don Jorge Gaxe
de la manera que havia sido recivido y tratado desde que se desembarcó, y la grandeza de su hospedaxe tal dixo, que es imposible que se haga "mas con ningun Embaxador del mundo," y todo lo ponia á cuenta de la estimacion con que aquí se
trataba lo perteneciente á este matrimonio.

    Hizo Don Jorge tan buena diligencia en su viaxe, que se hallaba ya en Londres á
los 4 de Septiembre dando buenos principios á su negociacion, y con esta nueva
llegó juntamente á Roma otra de que el Rey de la Gran Bretaña volvia á juntar
Parlamento para el mes de Octubre siguiente, aunque havia tampoco que dissolvió el
pasado, sin dexarlo acabar y desde allá se fué hechando voz que esta convocacion
solo era á fin de revocar las leyes hasta allí establecidas contra los Catholicos, y
para que en el dicho Parlamento pudiese concurrir votos sufficientes que ajudasen
esto, havia tomado sobre sí el Principe de Gales pedir á los nobles y cabezas de Pro-
vincias que con diligencia y destreza divertiesen la eleccion de votos Puritanos, y en

caminasen la de Catholicos ó, por lo menos, de Protestantes que fuesen bien incli-
nados al servicio del Rey, creióse esta nueva in Roma por lo mucho que facilitáron
la fee della los Ingleses é Irlandesses que allí se halláron, principalmente el Arçobispo Primado de Irlanda, el qual dió á este fir un papel á su S^d previniendo con él
un impedimento que havia para que al Parlamento se pudiese juntar en esta forma,
porque desde el año quinto de la Reina Isabella hai en aquel Reino ley que
ninguno de los votos del Parlamento sea admitido á él sin que primero haga el juramento de Primacia, reconociendo al Rey por supprema cabeza tambien en las cosas
ecclesiasticas y spirituales, y que assí es menester que el Rey suspendiesse la dicha
ley para poder tener effecto este su intento. Luego que llegó el aviso desto á su
Mag^d, para que nada le quedase por hacer á su religioso y sancto zelo, quiso ajudar
á una obra tan grande con facilitarsela á aquel Rey con su intercesion, y con que
tomaria en cuenta de la principal condicion que se desseaba para este tratado que
los Catholicos, solo por serlo, no fuesen inhabiles para poder entrar en el Parlamento. Pero presto comprobáron el tiempo y los successos, que se affectaban estas
nuevas y otras semexantes para los fines que se dexan entender.

Escribió Don Jorge en carta de 17 de Sep^re que ya entonces havia tenido tres
audiencias largas del Rey y del Principe su hijo, y que de ambos havia sido muy
bien recivido, y que finalmente havia ya alcanzado dellos lo que le parecia que daria
satisfacion á todas partes, que el dia siguiente 18 del mes partiria de Londres para
la Corte de España el May^mo de Don Juan Digbi (ya Conde de Bristol) con el qual
le embiava aquel Rey los articulos, y todo lo demas que el mismo Don Jorge havia
llevado, dandole intencion de lo que pensaba hacer en ello. En recibiendo el Conde
de Bristol de su Maiordomo este despacho sin darse por entendido comenzó á obrar
en virtud dél con tan apretantes diligencias que aun á sí mismo se excedia en ellas,
y la principal fué un memorial que dió á su Mag^d en St Lorenzo el real á los 12 de
Octubre, representando por él los puntos siguientes.

1º Que havia ya cinco años que estaban asentados aquí en España los articulos
en materia de religion que se pidiéron p^a este matrimonio, precediendo el parecer de
theologos que su Mag^d que está en el cielo mandó juntar para este effecto.

2º Que el Rey de la Gran Bretaña havia venido lisamente en todos, y con ellos y lo
prometido de palabra se havia ya cumplido todo, y que en una carta que escrivió
aquel Rey á su Mag^d á los 27 de Ab^l 1620 declaró particularmente lo que havia de
hacer en favor de los Catholicos, con lo qual pareció que ya estaba bien fundado el
negocio para pedir la dispensacion al Papa, y así fué despachado á que la solicitase
en Roma el M^ro F. Diego de la Fuente.

[3º] Que á su Rey ha parecido esto muy different de lo que esperaba por dos razones; la primera por haver capitulado que la dispensacion havia de correr por quenta
de su Mag^d, y que su Rey no havia de tratar nada con el Papa; y así, caso que su S.
tuviera que replicar algo, lo havia de hacer á su Mag^d que pedia la dispensacion, y no
al Rey de la Gran Bretaña que estaba tan fuera de esta. La segunda razon porque
pensaba que en los dichos articulos acordados y en lo demas prometido estaba ya
asentado lo tocante á religion y á las condiciones della con las quales pareció á los

1622. Theologos que su S^d podia y debia conceder la dispensacion, y que assí estrañaba agora que se le pidiesen cosas nuevas imposibles.

Por todo lo qual tenia orden de su Rey para decir á su Mag^d que, por lo mucho que importaba á él y á sus Reynos que el Principe su hijo casase luego por ser ia de 23 años, y h..ver seis que esperaba la conclussion deste matrimonio, y que si pareciere que no basta para dar satisfaccion, tambien se declare luego, para que sin perder mas tiempo disponga del Principe su hijo.

Volviendo un poco los oxos á los años de atras se verán en ellos luego las grandes contradiciones que tiene este papel con el hecho, porque quanto al primer puncto consta que los articulos que se apuntáron en materia de relig^n por parecer de los theologos el año de 1617 ni fuéron los que bastaban, ni ellos los diéron por tales, sino solo se pusiéron en forma sin ajustarlos ultimamente, y mucho menos sin capitularlos para hacer con ellos primera prueva de como se tomaba esta materia, y para ver (caso que se ganase esta parte) como se havia de encaminar á la principal y al fin ultimo della, que era la libertad de consciencia, y bien sabian el Conde de Bristol, y no menos su Rey, las muchas vezes que se les advirtió y protestó de parte de su Mag^d (despues de haver dado la copia destos articulos) que sin la dicha libertad de consciencia no podria llegar á effecto este matrimonio.

En el 2° punto suppone que la carta que él acusa del Rey de la Gran Bretaña para su Mag^d dió satisfacion á lo que se le havia pedido en materia de religion, haviendo tan al contrario que todas las demas señales que hasta entonces havia dado de sí este negocio no engendráron tan vehementes sospechas como esta carta sola, de que aquel Rey queria cumplir con palabras no mas, sin quedar prendado de ninguna dellas, ni llegar xamas á effecto, y en las advertencias que arriva quedan hechas sobre ella en su lugar se puede reconocer esto y esta ultima desconfianza (no el ver ya bien fundado este negocio) reduxó á su Mag^d á embiar á Roma á supplicar á su S^d la dispensacion, porque estando cierto (como quien tanto venera aquella sancta sede) que para concederla havia de pedir primero las condiciones necesarias (dado que no lo fuesen las propuestas) libraba en este ultimo medio el sacar por él la libertad de conscien^a ó, caso negado, que la sede Ap^{ca} no la pidiese, le estaria tan obediente en este como en todo.

El cargo que hace en el 3° punto puede justamente admirar, porque siendo assí que su Mag^d tomó la dispensacion por sola su cuenta, el Rey de la Gran Bretaña, sin ser rogado ni provocado de nadie, sino de sola la disimulacion de sus intentos se introduxó de suio en la major parte de esta solicitud por medio de Don Jorge Gaxe, entendiendolo así su S^d, el Sacro Collegio, toda Roma, y aun todo el mundo; cosa que nadie pensó ni aun se atreviera á supplicarle. Haviendo pues de pedir su S^d lo necesario para dar esta dispensacion que se quisiesse valer para conseguirlo, y juntamente obligar aquel Rey de un vasallo suio tan su confidente en esta materia, y que tan comprehendida la llevaba, que le pudo tocar desto á su Mag^d, que ni fué en que se hiciese, ni tampoco lo pudiera excusar? La causa dello la pudo solo ser aquel Rey, con poner persona en Roma de quien se pudiesse hechar mano para tan gran negocio; y si lo que aquí quiso ponderar el Conde Bristol fué que por este medio se

hallase obligado su Rey á comunicar con la sede Apostolica, reciviendo recaudo suio, poco tenia en esto entonces que encarecer, pues al mismo tiempo que daba estas quexas en España estaba su Rey en Londres celebrando mucho la legacía que Don Jorge le havia trahido para que él lo escriviesse assí á Roma, como lo hiço, y se verá luego en lo restante deste año. En el 4º punto no queda ia que decir sobre lo que se ha advertido en los demas, sino que los imposibles que el Rey de la Gran Bretaña tenia para sí por tales eran la libertad de consciencia para los Catholicos, queriendo obligar con repetir esto tantas vezes que se entendiesse assí, siendo cierto que el imposible (caso que lo fuesse) solo estaba de parte de su voluntad no mas, pero no de su poder.

En el ultimo punto aprieta para sacar de su Mag^d resolucion en este negocio, dado que estaba pendiente y en las manos de su S^d, para que si por ventura respondia su Mag^d á esta instancia como quiera que fuesse, hechase sobre sí alguna nota, porque si se daba por contento de lo que el Rey de la Gran Bretaña offrecia ultimamente en materia de religion, antes que su S^d lo estuviesse, era faltar en alguna manera á la obediencia y subordinacion que siempre ha tenido á la sede Ap^{ca} en todo, y si dixesse que no se contentaba, demas de ponerse al mismo peligro (pues pudiera ser que su S^d se contentasse) tomassen di aquí nueva ocasion para la quexa ordinaria de que su Mag^d iba dando siempre largas al negocio para nunca llegar á la conclussion dél, y assí se tomó por acuerdo el no responderla luego sino estarse á la mira de lo demas que iria descubriendo su negociacion. Hechóse de ver aquí que á un mismo tiempo caminaba el Rey de la Gran Bretaña en este negocio con diligencias contrarias, porque en lo de aquí apretaba cada dia mas y con nuevos modos, para que se le diesse resolucion sin esperar á lo de Roma, y en Roma iba dando largas á la respuesta que D. Jorge havia de llevar, porque hallandose ya despachado á los 14 de Octt^{re} para la vuelta á Roma le dió orden secreta de que en llegando á Italia se entretuviesse en Parma Bolonia y Florencia hasta que le fuesse nueva orden de lo que havia de hacer, y los que entonces supiéron esto en Londres, juzgáron con toda seguridad que aquel Rey usaba destas diligencias por torcedor para dos fines, el uno él que se acaba aora de decir, que era sacar resolucion de su Mag^d en lo del matrimonio antes que su S^d la diesse á lo de la dispensacion, y el otro dar lugar al Conde de Bristol para que negociase antes la restitucion del Palatinado, sobre que hacia tan grandes esfuerzos que no dexaba piedra por mover, y quanto al successo le salió al Rey tan ajustada esta traza que, hallandose ia Don Jorge de vuelta en Paris á primero de Noviembre, llegó á Roma á diez de Febrero sigui^{te}. A este tiempo, eran 26 de Octt^{bre}, llegó á Madrid de su Embaxada el Conde de Gondomar mui esperado dél de Bristol, para que le asistiesse en su negociacion, en conformidad de lo que le havia encargado sobre esto aquel Rey, con cuio aviso estaba ya prevenido el mismo Conde de Bristol. No muchos dias despues casi á principio de Noviembre fué el venir aquí tambien de Londres enbiado de su Rey Don Antonio Porter gentilhombre que ia era de la camara del Principe de Gales, para que, segun ya venia industriado, hiciesse todos officios en dar priessa á este negocio, y pudo el Rei prometerse mucho de su diligencia assí por el nombre que acá ostentaba de Catho-

1622. lico, como por haver servido pocos años antes en su camara al Conde de Olivares, Duque de St. Lucar, en cuia gracia se halló tan adelante quanto el mostrabá estarlo en el zelo de la religion Catholica, y en fin pudo reconocer en los dias que aquí estuvo la sinceridad y verdad con que se trataba este negocio; y assí vuelto á Londres se cree que facilitó y dispuso con esto la venida del Principe de Gales que fué luego. A los 2 de Diciembre sobrevino á lo demas la llegada á esta Corte de Don Jorge Gaxe, á quien ultimamente ordenó aquel Rey que hiciesse por aquí su jornada para Roma, fiado (á lo que dixo) de las veras con que acá se deseaba este casamiento para que se facilitasse, y abreviase mas con la satisfacion que se prometia dar á su Mag^d acerca de los puntos resueltos en materia de religion que llevaba ya Don Jorge al Papa por respuesta. Por tan diferentes partes se apartaba la negociacion, y toda la governaba el Conde de Bristol, valiendose dellas como le podia ser mas á cuento, y llegando ya en esto á lo ultimô que pudo trazar su desuelo, acometió á querer poner mal animo en su Mag^d para con el Papa en quanto á los intentos, que queria persuadir llevaba en difficultar tanto la dispensacion, diciendo que como Principe temporal temia y rehusaba mucho la union que havia de resultar deste matrimonio entre las coronas de España y de la Gran Bretaña, y que á fin de impedirla interponia tantas difficultades que su Mag^d viesse lo que le estaria bien en tal caso. Introduxó tambien esta platica con los majores ministros de su Rey, para que se valiesen della con los Embaxadores de su Mag^d quando conviniesse ; y aun el mismo Principe de Gales se la apuntó alguna vez ; pero de parte de su Mag^d se estuvo siempre tan lexos de poder llegar al mas leve rezelo de esto, que solo sirvió esta astucia de afirmarlo mas en su confianza.

En el interin que pasaba esto en España entretenia lo de Roma Don Jorge Gaxe con bonissimas esperanzas que daba de su Rey, y con otras demostraciones de su animo que bastasen á hacerlo bien quisto y aun á grangearle voluntades, y assí á los ultimos de Octt^{re} escrivió en esta conformidad al Car^l Ludovisio, diciendole quan obligado lo tenia su Rey con la grande estimacion que hacia de su persona y de sus partes, y que en carta que le llevaria suia conoceria esto mas cumplidamente, y el agradicimiento tambien con que quedaba de los buenos officios con que encaminaba el despacho de la dispensacion, que lo que havia negociado con su Rey para que esto se acabase era tanto que se veria en ello quan de veras se havia dispuesto á hacer de su parte lo posible, y que esperaba daria tanta satisfacion á su S^d y á los Car^{les} como se debian prometer. Al Car^l Bandino escrivió tambien en esta misma sustancia añadiendo que le llevaba carta de su Rey donde veria su grande affecto y agradecimiento, y que aquel razonamiento que le havia hecho á la despedida, para que se lo dixesse de su parte se lo havia mandado poner por escrito, y que leiendolo con atencion aquella Mag^d se havia alentado mucho, pareciendole se podria acomodar bien todo. El saber su S^d que el Rey de la Gran Bretaña escribia estas dos cartas á los Cardenales tomó por prendas ciertas de que venia cumplidissimamente en todo lo que se le havia pedido, y en esta sazon acertó á entrar en Roma el Arçob^{po} de Spalato, Primado de Dalmacia, Marco Antonio de Dominis, que fingiendose arrepentido y desengañado de la miserable apostasia que havia hecho dos años antes

(dexando su Iglesia y la Catholica se havia ido á Inglaterra) y volviendo aora con demostraciones affectadas de penitente deseoso de abjurar todos sus herrores, cuia confession publica hiço á 24 de Noviembre deste año, al fin siendo una pura representacion toda la de este acte paró en tan funesta tragedia, como la que tuvo de allí á dos años que mandólo por herexe despues de muerto. Consultandole pues aora por orden de su S^d acerca deste matrimonio, y con que condiciones estaria bien, respondió dando por ciertas las conveniencias para la religion Catholica, aunque estas no tendrian effecto sino se asentaba primero la libertad de consciencia para los Catholicos, y pudo mexor que otro asegurar la possibilidad della, haviendo visto la libertad que aquel Rey daba á todo genero de sectas aunque fuessero entre sí contrarias, y lo que mas es que aun hasta los Anabaptistas alcanzaban á gozar della, siendo entre todos los herexes deste tiempo los que han inventado mas detestables* y torpes herrores, y de manera que el mismo Rey de la Gran Bretaña refició un dia á este Arçobispo que en Londres havian celebrado entonces los Anabaptistas sus conventiculos, en los quales les havia predicado una muger y administrandoles otra sus sacramentos, y estos tales no solo gozan allí de libertad, sino que ni son excluidos de las Iglesias de los Protestantes, ni de las demas cosas particulares de su relig^n, y cierto es muy de ponderar para desconsuelo de qualquier buen zelo, que, adonde los Anabaptistas tienen esta libertad, esten tan privados della los Catholicos, y que para sola su religion, siendo la pura y la verdadera, sean el abatimiento, el captiverio, y la oppression. Pero, en caso que aquel Rey se escusase de dar de primera instancia esta libertad á la religion Catholica, pussó el Arcobispo en consideracion que se le pidiesse que por lo menos oiese en justicia á los Catholicos, pues haviendo sido desposseidos tan violentamente del exercicio de su relig^n heredada de sus majores y asentada con posesion tan antigua, y esto por juez tan incompetente para ello como lo fué Henrrique VIII. (que procedió de hecho sin conocimiento de causa) oidos era fuerza que alcanzasen su restitucion; y aunque aprobáron muchos este medio, pareció que era ia tarde para intentarlo.

A la fin deste año se vino apuntar con lo demas, un libro divulgado en Londres que llegó aquí por este tiempo, el auctor llamado Miguel Dubal, y su argumento referir y celebrar las conveniencias de este matrimonio para entrambas coronas, y poniendo como por objeccion contra ellas la esperanza que podria haver de que la S^{ra} Infante reduxesse al Principe de Gales á la fee Catholica respondiendo á esto dice ;† " periculum nullum subesse potest mutationis alicujus in fide aut Principi aut Populo, in Regno præsertim optimè instituto, optimis legibus fundato, ubi sacra stabilita, sancti‡ ritus longo usu et consuetudine recepti et confirmati, ubi lectissimus clerus, concionatores celebres, florentes Academiæ, eruditi Prælati, graves Antistites, totque passim magni nominis Rabbini:—imo verisimilius multò ut Princeps tot subsidiis tantoque apparatu instructus regiam sponsam ad suam potiùs pelliceret quam e contra; cum regia virgo feminella sit delicatula, tenella, procul a patria, ab amicis inter aulici luxûs delicias nata et enutrita, regiis blanditiis asueta, fortunæ sinu mollicule fauta, ad quam non spectat in doctorum sophismata et argutiolas inquirere,

* detestable, *MS.* † Rosa Hispana-Anglica, p. 45. ‡ sanciti, *Ib.*

1622.　libris aut literis incumbere.　Quid una femina Princeps suis tantum stipata palatinis, comitata matronis, ancillantibus cincta domicellis, contra numerosam Doctorum et Antistitum coronam, contra universum regnum?" Nadie ha podido dudar segun buena razon que en caso que la edicion deste libro huviesse sido sin noticia del Rey de la Gran Bretaña que pudiese ser tambien sin ella la publicidad con que se divulgó dentro y fuera de su Reyno, y siendo su atencion tanta (que seria ofenderla pensar que obrase algo sin particulares fines) quien habria que dexase de estrañar, y de temer los que aquí descubre el mismo hecho? Y assí con esto, y con las priessas que iban dando á este negocio tantos como en él andaban, entonces era major la confussion, porque quanto mas nos acercabamos al caso se usan con mas evidencia los peligros desvaneciendose las seguridades.

Llegó este aprieto á lo mas que pudo con otro memorial que dió á su Mag^d el Conde de Bristol á los 6 de X^{bre} tan demasiadamente resuelto come la muestra la forma dél. Comienza con que el haverle embiado su Rey en esta ocasion por Embax^r Extraordinario fué solo p^{ra} que tratase dos negocios principales, el uno él del matrimonio del Principe de Gales, y el otro la restitucion del Palatinado, y en lo del casamiento dice, que el Rey su S^d no vee que se haia dádo un paso en él, ni salido de los terminos generales en los quales se andaba habia seis á siete años antes, haciendo esperado las dispensacion de Roma con Don Jorge Gaxe por ser dos años que fué de aquí el P^e M^{ro} F. Diego de la Fuente á pedírla á su S^d, no la ha trahido sino nuevas difficultades, y por esto siendo tan inconveniente que se pierda mas tiempo en casar al Principe su hijo; antes que se tome luego en esto resolucion le mandó que representase á su Mag^d lo que le representó habia cinco semanas, sin que hasta agora se le haia respondido.　A qualquiera consideracion le será fazil el reconozer tantas cosas juntas como dan á entender estas palabras en su modo de negociacion, irritando tanto á la verdad que se halla obligada á volver por sí.　Terrible cargo se hechó el embaxador con atreverse á afirmar que entonces aun no havia dado paso este negocio, ni salido de los terminos generales; porque ha dado tantos passos y tan á vista de todo el mundo, que aun los mas distantes le han podido contar muchos.　El primer passo y quiza mas dificultoso de dar, fué el salir su M^d al encuentro desta materia para oir la primera vez : y tambien fué paso no menos grave reducirse á pedir y á solicitar con todo genero de medios como si él fuera el necesitado deste matrimonio; lo que con él se pretendia, que es la causa de la relig^n Catholica, haciendola propria suia:—passos son y bien conocidos el haver offrecido (y con liberalidad tan nunca vista) los dos millones de escudos por la dote y los quinientos mill anticipados, para que el interes diesse mas priessa á la buena conclusion deste matrimonio; y en fin fué mucho lo que se caminó en él el dia que S. M^d lo llevó á Roma para pedir en su nombre la dispensacion, donde fuera horrible esta platica á no proponerla una Mag^d que humilla toda su grandeza, siendo tanta al renombre de Catholico que es de lo que mas se precia ; y quanto á los terminos generales de que aun no se ha salido, segun dice el discurso de los años de atras, muestra bien todo lo contrario, pues no puede haver particularidades mas claras ni mas sustanciales para el caso deste matrimonio, que las que aquí se hallan representadas tandas vezes que sin libertad de consciencia no se podia hacer nada; que con ello estaba luego todo lo

demas acomodado, que no solo la dispensacion de su S^d sino su parecer tambien havian de preceder antes que esto llegase á effecto, y que, sin ambas cosas, ni habria hecho nada en todo lo tratado ni seria firme qualquiera resolucion que se tomase, y, si en lo de la libertad de consciencia se habló alguna vez con menos precession, fué por dar lo demas á la suavidad y á la cortesía, y por obligar al Rey con ellas, pero no de manera que se dexase de entender el intento, y assí las generalidades nunca han estado sino de parte del Rey de la Gran Bretaña pues á tantas instancias como se han hecho en materia de religion nunca se le han podido sacar otras respuestas que ambiguas ó generales, como que en la causa de los Catholicos haria quanto pudiesse segun su consciencia y su honrra;—que este negocio se iria encaminando con el tiempo; —que le dexasen hacer;—que por ventura se llegaria al fin antes de lo que se pensaba;— y que de su clemencia se podia esperar todo: y para ultimo prueva de esto puede ser reconvencido el mismo Conde de Bristol con papeles suios, que quedan referidos (cada uno en el tiempo que le toca) donde en llegando á hablar sobre este punto de la libertad de consciencia es con palabras aun mas generales y confusas, significando mucho, pero de manera que no queda despues de que asir.

Volviendo aora á su memorial y al estilo dél, parece que no pudo pretender con ellos otra cosa que irritar de manera que sacase este negocio de sus passos hasta que se le diesse en él respuesta cierta y determinada, sin aguardar la de su S^d de quien estaba pendiente, y mas haviendo pedido de nuevo su B^d algunas condiciones en materia de religion de que aun no estaba satisfecho. Pareciendo pues que convenia desengañar al Conde de Bristol desto que tan dissimuladamente intendaba, fué servido su Mag^d de que se le respondiese tan condicionalmente á ambos puntos en esta forma:—Que siempre havia procurado su Mag^d aquí y en Roma facilitar quanto se pudiesse las dificultades que impedian la verdadera union entre estas dos coronas que tanto se desseaba por esto matrimonio, que continuaria los mismos officios con nuevas y majores instancias, y que, suppuesto que todo pendia de la dispensacion de su S^d, mandaria despachar luego un correo iente y veniente para dar priessa á la resolucion que el Papa se sirviesse de tomar, y que en el interin se podrian tratar las capitulaciones temporales que ha de haver en este matrimonio, y quanto á la restitucion del Palatinado como tambien pendia de la voluntad del Emp^r y de otros interesados, se remitió su Mag^d á los ultimos despachos que sobre esto havia mandado hacer en orden á que se acomodase bien esta diferencia. No fué posible entonces responderla mas ni de otra manera á los dichos puntos con lo qual ni se diéron por satisfechas las priessas del Conde de Bristol ni menos sus intenciones, y assí todo lo que no era resolucion determinada lo convertia él en nuevos aprietos, y con los suios llegó ia á un tal extremo acerca de ambos puntos que del apretar al romper casi no huvo differencia.

El Conde Duque con la aplicacion que de suio tiene á tan grandes materias, estaba tan atento á esta, que pudo reconocer bien su peligro; porque consideraba en ella por una parte la dificultad grande que havia en hacerse este matrimonio sin libertad de consciencia dandola luego con bastantes seguridades, y por otra parte veia que quanto mas se acercaba la ocasion para haverla de conceder con effecto el

1622.   Rey de la Gran Bretaña divertia esto con majores y mas sutiles disimulaciones, y lo que mas es haviendo entendido la S^{ra} Infante quan cortas venian á ser las condiciones que offrecian por su respecto en favor de los Catholicos de aquel Reyno embió á decir al Conde Duque con Dª Margarita de Tavara, su Dueña de honor, que en todo caso buscase alguna decente salida deste negocio por que antes se entraria monja en las descalzas que effectuarlo de su parte con tan cortas condiciones, pues el no haverlo repugnado desde su principio solo havia sido por las esperanzas del bien publico de la religion Catholica en aquel Reyno que tanto le aseguráron siempre que se havia de consiguir por su medio ; y en la otra materia del Palatinado advertia y ponderaba el Conde Duque que, aunque parecia solo temporal, tenia tambien mucho de religion, á que en primer lugar se debia atender ; que en lo uno y en lo otro era el principal interesado el Emperador ; y que, si esto no se disponia haciendo que huviese sobre ello conveniencias comunes entre su Mag^d Cesarea y el Rey de la Gran Bretaña, no era posible acomodar esta differencia, siendo pues igual de parte de aquel Rey el aprieto por estos dos puntos juntos sin admitir diversion entre ellos ; advirtió el Conde Duque que el medio mas conveniente con que se le podria dar satisfaccion en ambos, y tal que sirviese la del uno para la del otro, y se cumpliese juntamente con todos los fines grandes que en las dichas dos materias podrian concurrir (con él de la religion, con él del Estado, con él de la amistad, tan pretendida de ambas coronas entre sí, y con él de la duracion y permanencia della, sin que en algo desto quedase al parecer que desear) seria él que se tomase acomodandolo todo en esta forma :—Que la S^{ra} Infante casase con el Principe hijo heredero del Emp^r ; el Principe de Gales con la hija major de su Mag^d Ces^a ; y con la hija menor del mismo el Principe heredero del Palatino, pero con que se le entregase luego al Emp^r para poderlo instruir en la religion Catholica, y despues se hiciese en él la restitucion del Palatinado quando este matrimonio llegase á effecto.   Propuso esto el Conde Duque á su Mag^d en papel á parte, y por haver sido tan privadamente, y tan sin que la apresuracion de los successos (que luego se siguiéron) diesse lugar para mas quedó defraudado entonces de dos cosas que le eran muy debidas ; la principal, del effecto que fuera bien que huviera tenido como lo han ido comprobando despues las experiencias ; y la segunda, del agradeciemento del Rey de la Gran Bretaña á una dispossicion que tambien le estaba para todos sus intentos ; como el mismo papel lo muestra, cuia fecha es á 8 de Diziembre.

" Señor, Considerando el estado en que se halla el tratado de los casamientos entre España y Inglaterra, y siendo cierto como se entiende de los ministros que tratáron deste negocio en tiempo del Rey N. Sr Don Ph^e 3° (que sea en gloria) que su animo nunca fué de effectuarlos, no haciendose Catholico el Principe, sino por el respecto de el Rey de la Gran Bretaña alargar los tratados y puntos dellos hasta consiguir las condiciones que pretendia, y en lo demas conservar la amistad de aquel Rey tan conveniente para todo (y mas en el estado en que se hallan las cosas de Flandes y Alemania, y lo que en estas postreras se le debe) y sospechandose que V. Mag^d está con el mismo animo (aunque las demonstraciones no lo dan á entender) fundandose todas estas sospechas en lo que se asegura de que la S^{ra} Inf^e D^a M^a está con resolu-

cion de meterse en las descalzas el dia que V. Mag^d la apretare á que haga este casamiento sin las dichas condiciones, me ha parecido representar á V. Mag^d lo que mi buen zelo me ha offrecido en esta ocasion, y lo que jusgo tambien por de major satisfaccion para el Rey de la Gran Bretaña, sabiendo lo que V. Mag^d desea y debe darsela, pareciendome sazon de ponerlo en los oidos de V. Mag^d, para que resuelva lo que tuviere por mas conveniente con comunicacion de los ministros que V. M. escogiere."

" El Rey de la Gran Bretaña se halla hoi empeñada igualmente en dos negocios, el uno él desta casamiento á que le mueven las conveniencias que halla en la amistad de V. Mag^d en el emparentar con los Catholicos, por los que jusga que lo son secretamente en su Reyno, y asegurarse con esto dellos, y tambien el casar su hijo con la casa de Austria, siendo assí que es la S^{ra} Inf^e Dª Maria la primera Señora de gran sangre que hai en el mundo; el otro negocio es la restitucion de Palatino, en el qual aun es maior su empeño, porque junto con la reputacion que en esto tiene puesta, se le añade el amor y el interes de sus nietos, hijos de una unica hija suia, que segun toda ley natural y de estado debe preponderar á qualesquiera conveniencias que se le sigan en disimular en esta parte. No disputo si se ha governado el Rey de la Gran Bretaña en esta parte que toca al Palatino con arte ó con fineza de amistad ; que pienso que se podria fundar que han andado muy unidas ; mas como cosa no precissa deste discurso lo omitteré. Tengo por maxima asentada que estos dos empeños en que se halla sean inseparables, pues aunque consiga el casamiento no ha de remitir ni faltar á lo que á mi modo de entender le es mas precisso, que es la restitucion de sus nietos, supuesto lo dicho, haviendo hecho este casamiento en la forma que se va tratando, se hallará V. Mag^d con el Rey de Inglaterra, rota la guerra con el Emperador y la Liga Catholica ; donde es fuerza que V. Mag^d y sus armas se declaren contra la liga Catholica y el Emperador, cosa que oirla con esta incertidumbre ofenderá los piadosos oidos de V. Mag^d :—declarandose por el Emperador y la liga Catholica, como es cierto, se hallará V. Mag^d rota la guerra con el Rey de Inglaterra y su hermana casada con su hijo ; con lo qual cesarán todas quantas razones de conveniencia se consideraban con este matrimonio. Si V. Mag^d se muestra neutral (como algunos podrá ser que propongan) lo primero causará escandalo grandissimo y con justa razon ; pues en ocasiones de menos opposicion que Catholicos y herejes han seguido las armas desta corona (contra sus conveniencias) la parte mas piadosa ; y hoi estando los Francesses fomentando á Holanda contra V. Mag^d está su piedad embiando sus armas contra los rebeldes de aquella Corona, posponiendo todas las ^{dicese esto} consideraciones grandes de estado solo por ser aquellos enemigos de la fee y de ^{por los socor-}^{ros que á esta} Iglessia:—obligará V. M^d y dará ocasion á los de la Liga á que se valgan del Rey de ^{tiempo se le} Francia y de otros Principes Catholicos mal affectos á esta Corona porque vendrá á ^{offraciéron}^{contra los de} serles forzoso valerse dellos ; los que hoi contra su religion fomentan los herejes, y ^{la Rochela.} los asisten en odio nuestro seguirán sin duda el otro partido solo por dexar á V. Mag^d con la nota que no ha padecido xamas ningⁿ Rey de estos Reynos : el Rey de Inglaterra quedará desobligado y ofendido, viendo que no se le sigue interes ni ajuda de haver emparentado con esta Corona, y con el pretexto de sentimiento particular de haver

1622.   dexado perder á su hijo y nietos por respecto della. El Emperador quandoquiera que esté muy bien affecto y obligado á nosotros en pesando este lance de la translacion (en el estado que se halla el Duque de Baviera apoderado de todos los Estados) aunque quiera disponer de lo demas segun nuestras conveniencias, no sera poderoso á hacerlo, como lo juzgan todos, y como V. Mag⁽ᵈ⁾ lo puede juzgar, y del memorial que el Embaxador del Emp⁽ʳ⁾ dió á V. Mag⁽ᵈ⁾ aier consta, pues en las memorias en el numero de soldados que ha de pagar cada uno de la liga verá V. M⁽ᵈ⁾ como él de Baviera por sí solo quiere pagar tanto como todos los demas juntos. Con lo qual se muestra su poder y su intencion que es de no accommodar las cosas, y mantenerse en el rompimiento con superioridad á todos. El Emperador se halla ia en el convento, y el lance de la translacion se ha de hacer en él. La propuesta en este estado es reservando los modos para la conferencia que los ministros de V. Mag⁽ᵈ⁾ hallaren con su capacidad zelo y prudencia, pues es cierto que la habrán menester toda, porque la dificultad consiste en haver camino para enderezallo en el estado presente, que en dilatandose, (como he dicho) se acavó el poder con la sazon. Presuppongo, como sabe V. Mag⁽ᵈ⁾ del mismo Embaxador del Emp⁽ʳ⁾, que desea el casamiento de su hija con el hijo del Rey de Inglaterra, y no hai que dudar que holgará tambien de casar su hija segunda con el hijo del Palatino; propongo pues que se hagan estos dos casamientos, y que se encaminen luego haciendo al Rey de Inglaterra todos quantos partidos parecieren en todas las propuestas que se han apuntado para mas apretada union y correspondencia porque venga en ello. Doy por constante que todas las conveniencias que se le siguen de emparentar con nosotros sin faltar ninguna las tiene con ese otro casamiento, y tiene mas las conveniencias del empeño major, pues acomoda las cosas del Palatinado y la succession de sus nietos con reputacion sin sacar una espada ni consumir hacienda. Al Emperador intereso con esto en las conveniencias del Rey de Inglaterra y del Palatino, (camino solo a mi modo de entender, para ataxar los daños grandes que amenazan de no acómodarse allí las cosas, y de divertirle en la parte que tuvieren perjudicial las no ajustadas conveniencias y empeño con Baviera) reduzgo á aquel Principe y Elector enemigo de la Iglesia á su obediencia, con criar sus hijos en la corte del Emp⁽ʳ⁾ con doctrina Catholica. El negocio es grande, las dificultades las majores que á caso se han offrecido en otros. Heme hallado obligado á representarlo á V. Mag⁽ᵈ⁾ y procuraré (si me lo mandare) decir en quanto á la disposicion lo que se me offrece, y de los ministros grandes que V. Mag⁽ᵈ⁾ tiene espero, con la noticia tan particular destas materias y buen zelo del Conde de Gondomar, que ajudados todos podria ser que Dios abriesse camino á cosa tan de su servicio y dél de V. Mag⁽ᵈ⁾."

Continuava todavía sus priessas el Conde de Bristol viniendolas ultimamente á reducir á que su Mag⁽ᵈ⁾ se sirviesse de ver el papel de la respuesta de su Rey á la declaracion y extension que de parte de su S⁽ᵈ⁾ se le havia pedido sobre algunos de los articulos tocantes á religion y la que tambien daba al punto general, que mira al beneficio comun de los Catholicos, diciendo ser ya esto lo ultimo que su Rey podia hacer en la materia, para que contentandose su Mag⁽ᵈ⁾ de todo y approbandolo tuviesse por bien de embiarle á su S⁽ᵈ⁾ con el correo que havia offrecido despacharla, parecien-

dole que con esto se resolveria luego en la dispensacion. Su Mag^d con deseo de satisfacer á estas instancias mandó que este papel de la respuesta que daba el Rey de la Gran Bretaña pedida por parte de su S^d se viesse en la Junta de Estado á quien tenia remitida esta materia (siendo ya uno della el Conde de Gondomar) y haviendola visto y considerado condescendiéron de tal manera con aquel Rey en quanto á tener por bastante lo que offrecia, que con este presupuesto llegáron á resolver la materia, y la respuesta que diéron al Conde de Bristol fué in esta forma:—que su Mag^d procuraria y solicitaria con su S^d la dispensacion de manera que la haia dado para el Marzo del año siguiente, ó quando mas tarde para fin de Abril; que dentro de 40 dias de como llegare se celebrará el desposorio, y que 20 dias despues dél haria su jornada la Sr Inf^e para irse á embarcar, y que la iria sirviendo de Majordomo M^{or} Don Duarte de Portugal, hermano del Duque de Berganza Marques de Frechilla, y él Grande de Castilla por su persona;—cargo que recaio en él aunque el Conde de Gondomar lo havia prevenido para sí como por fin ultimo de su negociacion, porque esta ocasion se hallaba embarazado con una Embaxada Extraordinaria que su Mag^d le mandaba hacer á Alemania (si bien despues no tuvo effecto) y que entretanto que venia la dispensacion se tratarian y ajustarian los capitulos concernientes á materias temporales, de manera que este dia, que fué á 12 de Xbre, quedó ja de nuestra parte tan resuelto este matrimonio que á no sobrevenir una tan grande novedad como fué la venida del Principe de Gales, sin duda llegara á ser sin otra diligencia de parte de Inglaterra que solo dexar correr el tiempo. En esta conformidad escrivió poco despues su Mag^d al Duque de Alburquerque su embaxador en carta de 30 de Xbre, y remitiendole con ella el dicho papel que el Conde de Bristol le havia dado le dice.

" Este Embaxador ha dado de parte de su Rey el papel cuia copia será con esta. Va un correo iente y viniente para que lo mostreis á su S^d, y le suppliqueis de mi parte lo vea con atencion, y mande que la congregacion de Cardenales á quien tiene cometido este negocio haga lo mismo, y que despues de haverlo encomendado muy de veras á Dios como lo requiere negocio tan grave y de tan gran consequencia para toda la Christiandad, vea si le parece bastante y sufficiente para dar la dispensacion, porque ya ni en lo poco ni en lo mucho quiero hacer nada que no sea con beneplacito y satisfaccion suia; pero advertidle tambien que este Embaxador me ha pedido que yo señale algun tiempo limitado y breve dentro del qual se haia de dar la dispensacion, y que si se dilataré mas quede su Rey libre para casar á su hijo donde bien le estuviese." Ordinóle tambien que, antes de dar cuenta de todo esto á su S^d, lo comunique con los Car^{les} Borja y Trexo y con el M^{ro} F. Diego de la Fuente el papel con los articulos generales ó particulares, y con el general tocante á los Catholicos que embió el Rey de la Gran Bretaña. Se pone adelante devaxo del numero 12* del año siguiente para que se vea de una vez lo que él offreció, y las ultimas replicas que hiço su S^d sobre todo.

---

* This must have been a reference to a paragraph or other division of the original MS. which does not apply to the copy from which the present text is printed.

Año de 1623.

1623.

Dióse principio á este año con la vuelta de Don Antonio Porter á Londres, y con la de Don Jorge Gaxe á Roma que prosiguió desde Madrid su jornada quando no tuvo mas que esperar en su despacho; el correo que llevó él de su Mag^d llegó casi al mismo tiempo que Don Jorge y este á los 10 de Febrero. Luego en entrando en Roma comenzó á hacer sus diligencias y mas alentadamente por saber ia lo que havia venido de España. El mismo dia de su llegada tuvo correo del Rey de la Gran Bretaña en toda diligencia con nuevos y majores advertencias, para que asegurase mucho de su parte y de la del Principe su hijo que se cumpliria todo lo que havian offrecido en materia de religion.

Truxo dos cartas Don Jorge, de su Rey, una para el Car^l Bandino, y otra para el Cardenal Ludovisio; y, aunque las recibiéron, no las quisieron abrir sin embiarlas prìmero cerradas á su S^d, el qual las abrió y leió admirando la demonstraccion que havia el Rey con los Cardenales de la Iglesia Romana. A los demas que eran de la congregacion embió á decir con Don Jorge quan agredecido les estaba, y que deseaba el effecto deste matrimonio para tener con ellos major correspondencia. A los 18 deste mes de Feb^o tuvo audiencia de su S^d el Duque de Alburquerque para hablarle en esta materia como le hiço en conformidad del despacho de su Mag^d de los 30 de Xb^{re} passado; dióle tambien el papel de los puntos en materia de la religion, que el Conde de Bristol havia dado por lo ultimo á que su Rey podia llegar; y su S^d informado de todo dió por respuesta ; que haria encomendar mui de veras á Dios este negocio como lo pedian su importancia y deseo de acertar en él, si bien significó luego por medio del Car^l Ludovisio su sobrino lo mucho que reparaba en la poca seguridad que havia en el cumplimiento destos puntos, y para que este negocio se tratase con major acuerdo y conferencia de votos se servió su S^d de aña- dir á la congregacion diputada para él á los Car^{les} Barberino y Ubaldino:—al pri- mero por la grande y universal noticia que tenia de todas materias de conciencia y de Estado, por la entereza de su juicio, por su inclinacion al bien publico, por la proteccion del Reyno de Escocia que le havia encargado la sede Ap^{ca}, y en fin porque como successor en ella destinado para esto ia de Dios comenzase á tener parte en este negocio, haviendo de ser presto el todo en él, y al segundo por lo mucho que ja tenia entendido deste matrimonio los años que fué Nuncia en Francia, quando las platicas dél andaban mas vivas en orden á encaminarlo con hermana de aquel Rey, dada que eran mui diferentes las condiciones que para él pedian y offrecian en materia de religion.

A 18 de Marzo se tuvo la primera congregacion para ver los puntos contenidos en el papel del Conde de Bristol, y con ellos ir ajustando las condiciones necesarias sobre que debia caer la dispensacion, y llegando á tratar de la forma del juramento que los Catholicos podrian hacer al Rey de la Gran Bretaña acordáron que fuesse tal que la fidelidad que prometiessen solo tocáse en lo politico sin estenderse á algo mas que pudiese ser contra religion ó contra consciencia, ponderando aquí mucho, como era razon, lo que debia estimar aquel Rey que por medio de este matrimonio y de las

condiciones que para él se le pedian se encaminase que haviendo absuelto la sede Ap^{ca} á sus vasallos deste juramento de fidelidad desde en tiempo de la Reyna Isabella, aora (y quedandose en pie la misma causa) no solo approbasse, sino casi mandase esta sancta sede que los Catholicos le juren fidelidad en lo politico al modo que á los demas Principes Christianos.

A los 13 deste mes llegó á noticia de Don Jorge que este punto del juramento se havia de poner con la distincion y precission que conviniesse, y que se iba haciendo lo mismo en él que tocaba á la educacion de los hijos que procediesen deste matrimonio, y en él de los criados que haviese de tener la S^{ra} Infante, de lo qual fué su turbacion tan grande que quiso luego despachar á su Rey para desengañarlo, y para que con esto rompiesse el tratado, pareciendole que se le pedian demasías, que aun entonces y en estas menudencias se trataba tan delicadamente de aquella parte la materia de religion; volvióse á representar en la congregacion y mas apretadamente quan poca ó casi ninguna era la seguridad que offrecia el Rey de la Gran Bretaña, y que seria bien que de parte de su Mag^d se le pidiesse de nuevo otra major que pareciesse bastante. Los Ministros de su Mag^d á quien allí se hiço esta propossicion respondiéron que su Mag^d lo tenia ia puesto todo en las manos de su S^d que de su parte se señalasse la seguridad que se debia pédir para que esto se hiciesse en su nombre.

Las instancias del Conde de Bristol en dar priessa á este negocio no solo no cesaban sino que cada dia buscaban nuevos modos con que apretar mas, y él que tomó para esto á 4 de Marzo fué supplicar á su Mag^d escriviesse una carta al Papa sobre esto intento, y que la forma della fuesse esta, que él daba apuntada en un memorial. "El Conde de Bristol me ha representádo el gusto con que el Rey su amo ha venido en todo lo que de parte de V. S^d se ha pedido en materia de religⁿ, y que en sustancia ha concedido la tollerancia de los Catholicos que se desseaba; y que no teniendo mas de un hijo, y este de 23 años, le importa el casarlo luego para la succession de su Corona, porque, si falleciesse sin ella, caeria la de aquellos Reynos en el Palatino cuia inclinacion á las cosas de la religion Catholica se sabe qual es, y assí me ha parecido advertir dello á V. S^d, y supplicarle humilmente como lo hago se sirva de mandar tomar la breve y buena resolucion en la dispensacion que de mi parte se le ha pedido;" y luego dió su Mag^d de mano propria "supplico á V. S^d se sirva de tomar breve resolucion en este negocio como cosa que tanto importa al bien de la Christiandad."

Desta manera tenia tan dispuestos en todas partes los medios de su negociacion el Rey de la Gran Bretaña que las diligencias se llamaban una á otras, y todas conspiraban en dar priessa para que con esta se reparase menos en las cosas, y ellas se hiciessen como todas las que se apresuran, y quando parece que su traza se havia ia vencido en esto assimisma sacó á luz inopinadamente el medio mas poderoso para concluir este negocio que el ingenio humano pudo alcanzar: fué la venida á esta Corte del Ser^{mo} Principe de Gales, Carlos Stuardo su hijo, de tanto major effecto para el intendo quanto mas repentina y nunca esperada desta Corona. Mostró resolverla aquel Rey casi al tiempo que Don Antonio Porter volvió desta Carte á Londres

1623.   y sin dar cuenta della á su Consejo de Estado ni á algunos otros ministros (seguñ refiriéron el Principe y los que le acompañaban) la puso en execucion á 27 de Febrero por la mañana. Quatro horas antes saliéron por la posta Don Fran^{co} Cotinton del Consejo de aquel Rey, y secret^{ro} del Principe, y Don Antonio Porter gentilhombre de la camara de su M.; hechando voz que venian á España con despachos de su amo: á las once partio el Principe acompañado del Marques de Bocquingan, y ambos con mascarillas para no ser conocidos, y con la misma disimulacion y recato prossiguiéron su jornada por Francia, haviendose detenido dos dias no mas en Paris, y Viernes á 17 de Marzo entre las ocho y nueve de la noche llegaron á esta Corte, y se fuéron á apear á la posada del Conde de Bristol; dentro de dos horas tuvo aviso el Conde Duque por medio del Conde de Gondomar y luego le dió á su Mag^d, y despues de haver occupado lo restante de la noche en la admiracion debida á caso tan nuevo, luego por la mañana mandó su Mag^d hacer una junta con el Conde Duque y en su aposento, remitiendo á la disposicion della todo lo que agora y adelante se pudiesse offrecer en tan gran materia; y los demas señalados fuéron Don Augⁿ Mexia; Marques de Montes Claros; Don Fernando Giron; todos tres del Consejo de Estado: Don F. Inigo de Brizuela, Obispo de Segovia, Presidente de Flandes; el M^{ro} F. Antonio de Sotomayor, Confessor de su Mag^d; y el Conde de Gondomar: y juntandose aquella misma mañana á la nueve, lo primero que ordenáron fué que con oraciones publicas se diesen muchas gracias á nuestro S^r por este suceso, y se le supplicase con instancia la buena direccion de sus fines, de que aun no se havia comenzada á penetrar algo, sino solo lo que se premetian dellos las esperanzas generales de todos, y luego se dió cargo al Conde de Gondomar para que procurasse saber algo del Marques de Bocquingan y de Don Fran^{co} Cotinton, insinuandoles por lo menos con esto lo á que ia se aspiraba con los desseos, reduciendo esta venida con ellos á un grande y muy señalado servicio de la Iglesia toda. Este mismo dia por la tarde dispusso el Conde Duque de la manera que pudiesen ser sus primeras vistas con el Marques de Bocquingan, haciendole saber por medio dél de Gondomar que, aunque quisiera mas ir luego á visitarlo á su posada, parecia que para excusar por entonces el ruido de la publicidad era mas conveniente que el Marques saliesse encuvierto al campo á encontrarse con el Conde Duque, y assí se hiço, viniendo el Marques entre las quatro y cinco de la tarde en coche cerrado á los jardines de Palacio que llaman de la Priora, acompañado de los Embaxadores Ordinario y Extraordinario de su Rey, y del Conde de Gondomar, donde baxó el Conde Duque, y despues de haver tenido grandes cortesías y cumplimientos con el Marq^s se entráron juntos en el coche, y se saliéron al Campo, y volviendo á Palacio por la misma parte al anochecer subió el Conde Duque al Marq^s por la galeria del Cierzo á besar la mano á su Mag^d que lo esperaba en el salon nuevo, y lo recibió allí con muy particulares demostraciones de agrado y de favor.

    El dia sig^{te} Domingo á 19 del dicho mes á las quatro de la tarde saliéron sus Mg^{des} y Alt^{as} en coche por la Calle Major hasta al Prado, concurrienda á estas vistas tanta gente que á penas se podia pasar. El Principe de Gales esperaba encubierto en un coche á la puerta de Guadalaxara, pero aun estando desta manera luego que

sus Mag^{des} y Alt^{as} pudiéron reconocer el coche le hicieron muy particular cortessía; de allí atravesando el Principe por otras calles se adelantó en llegar al Prado donde con el deseo de verle era ia mucho major el concurso del pueblo que allí huvo, y él pudo diversas vezes hacerse encontradizo con el coche de sus Mag^{des} y Alt^{as} que llegó hasta el Convento de los Recolectos Augustinos, volviendo ya noche para Palacio, y encontrando otra vez en el camino el coche del Principe, se passó á el Conde Duque que venia en otro como Cavallerizo M^{or} en el acompañamiento de su Mag^d, y aunque su Alt^a le hiço instancia por ponerlo consigo en la popa, el Conde lo rehusó quedandose en el estrivo, porque assí en esta como en las demas cerimonias guardó con el Principe el mismo estylo que con su Mag^d hasta hincarse de rodillas y pedirle la mano sin sentarse ni cubrirse, dado que su Alt^a le instaba mucho por ambas cosas y mas con quedarse descubierto mientras el Conde Duque lo estaba, al qual tambien hacia reverencia y salia á recibir quando venia á verlo. Haviendole pues aora acompañado hasta dexarlo en su aposento se salió luego al campo en coche con el Marques de Boquingan por haverle dicho este que desseaba hablarle á solas llevando consigo por interprete á Don Antonio Porter no mas, criado que havia sido de ambos, y aora de la camera del Principe, y despues de haver andado assí volviéron para asistir á las vistas de su Mag^d y del Principe que estaban concertadas ya para las nueve, havia ia dicho al Principe el Conde Duque que su Mag^d queria verle en su possada ó donde fuesse servido ; y su Alt^a admitió solamente el salir al Prado á esperar en un coche y que viniesse allí su Mag^d en otro, y quanto a las cortesías en el tratamiento, si bien se dexáron á eleccion del Principe (supuesto que á él no podia su Mag^d tratarlo sino de Alteza) propuso desde entonces el usar siempre con su Mag^d deste termino. El acompañamiento de los coches dispusso el Conde Duque con tanta galanteria que, haviendo dicho al Principe que llevase consigo á sus dos Embaxadores, añadió luego, "y para que vamos iguales tantos Españoles como Inglesses acompañaremos á su Mag^d el Marques de Boquingan y yo ;" y assí se hiço, cosa que entonces estimáron mucho assí su Alt^a como los demas, fuéronse con esto para palacio el Conde Duque, el Marques de Boquingan, y Don Antonio Porter para venir acompañando á su Mag^d, y esperandole en los jardines de la Priora (por haverle ia embiado á avisar el Conde Duque) viéron venir por una de aquellas calles á un hombre solo, y entonces dixo el Conde Duque al de Boquingan, "El Rey es este,"—y él admirado y alegre respondió : " es posible que teneis Rey que assí sabe andar ? Gran cosa !" y apresurando el paso se arroxó de rodillas á los pies de su Mag^d, pidiendole la mano, y con alguna violencia al fin se la besó : acompañado su Mag^d de los tres llegó al Prado tan presto como el Principe que iba con sus dos Embaxadores, con el Conde de Gondomar y Don Fran^{co} Cotinton, y apeandose á un mismo tiempo su Mag^d y su A. se fuéron el uno para el otro, y se abrazáron con muchas muestras de amor, y su Mag^d convidó al Principe con grandes cortesías á que entrase primero en su coche y tomase la mano derecha, como lo hizo, guardandose adelante lo mismo en las demas ocasiones en que concurriéron. Quedáron solos en el coche con el Conde de Bristol no mas, para que sirviese de interprete, y durando media hora esta visita se despidiéron muy gustosos con las mismas cortesías, y volviendose á abrazar : el Conde Duque asentó aquí con él de Boquingan

1623.

para esta ocasion, y para las demas que hiciesen sus officios de Cavallerizos majores al trocado; y assí el Marques le sirvió siempre á su Mag^d, y el Conde Duque á su Alt^a, y en fin assí en esto como en todo lo demas se le guardáron al Principe siempre los mismos respectos de cortesía y de amor que se usáron con su Alt^a en estas primeras vistas.

La carta de cruncia que truxo para su Mg^d el Principe del Rey su Padre escrita toda de su mano es esta.

" Ser^me Frater, Carolus filius meus charissimus sic perculsus est famâ virtutum illustrissimæ sororis v^ræ Dominæ Mariæ, cujus admirandam effigiem indesinenter inspicit, ut auribus et oculis fascinatum eum diutius retinere non possum quin ipse more majorum (id est Patris, Avi, et Atavi) testis esse vult propriæ fælicitatis. Quid plura? Introspicere potes confidentiam et sinceritatem amicitæ meæ, hoc est illud pignus charissimum cujus obscurè mentionem feci in calce aliarum litterarum, Deus Optimus Maximus. Serenitatem v^ram clementiâ suâ protegat cum familiâ tuâ augustissimâ. Serenitatis v^ræ Frater amantissimus JACOBUS R."

La otra carta que acusa en esta es la que truxo de por sí en creencia suya el Marques de Boquingan toda tambien de mano del mismo Rey donde en recomendacion del dicho Marques le dice á su Mag^d: " Non opus habeo Serenitatem v^ram exorandi ut fidem ei adhibere velis, cum satis per famam Serenitati v^ræ notus sit et ingenuè fateor me ægre ferre posse illius discessum a persona meâ (tan^a mihi jucunda est illius conversatio) nisi in contemplationem Serenitatis v^ræ, ut et ille quam ægerrimè tullisset absentiam suam nisi in gratiam Serenitatis v^ræ cuis^b fælici nexui mutuæ amicitiæ mecum pro virili semper incubuit. Et ut uno verbo finem facere possim, habes cum hoc meo Marchione Buckingam tesseram et pignus charissimum sinceri mei affectûs erga Serenitatem v^ram quam Deus Optim. Maxim. diu protegat fæliciter, incolumen.^c JACOBUS REX."

Para 26 de Marzo se previno la entrada publica del Principe con uno de los mas solemnes recivimientos que jamas hiço España á sus Reyes en alguna ocasion, no siendo lo mas lo que aquí hiço la potencia en ostentacion suia (si bien llegó á mucho en el apparato y en todo) sino lo que ni se pudo prevenir ni obligar que fué una conspiracion de animos en celebrar esta venida con demonstraciones tan salidas dellos que qualquiera hechara de ver que el principio de adonde nacian solo podia ser el que el pueblo se havia prometido, porque pensó en ella de suio tan atinadamente que nó le halló otro fin proporcionado que poderle dar, sino que el Principe la huviese hecho con resolucion de reducirle á la Iglesia Catholica, y no fué mucho el creerlo assí los que con tanta sinceridad miraban esto tan de afuera, pues aun el Conde de Bristol que andaba tan en lo interior destas materias se deslumbró de manera con lo repentino desta venida que llegó á presumir lo mismo, y convencióle tanto este pensamiento, que en uno de aquellos diez dias primeros en que tuvo al Principe en su posada buscó ocasion para poderle hablar á solas sobre esto, y supose que le dixo estas palabras :—Que lo que su A. havia hecho era una accion tan desusada y tan grande como quiera que se considerasse que aun parecian menores que

---

1623.

ella los fines mas extraordinarios que se le podian dar, y que entre los que á él se le havian offrecido hallaba que uno solo fuesse igual, que era si S. A. truxese resuelto consigo el allanar todas las dificultades que havia en este matrimonio con tomarle por ocasion para hacerse Catholico, y en caso que su consciencia estuviesse ya ajustada con esto proponia y supplicaba á su Alt.ª que quanto antes se manifestase, pues con hacerlo assí lograria de una vez todo.

Estaba el mundo colgado desta esperanza, dandose en ella plazos tan breves que mostraba sentir qualquiera dilacion en lo que tanto desseaba, y el aprecio de un tan gran bien inclinaba por una parte á conquistarlo con medios, y por otra parecia que se haria mas encaminandolo de manera que viniesse á salir como de solo el Principe, quedando por suia no mas esta vitoria; y assí todo tiraba á esto que si bien le era tan debido al Principe por su grandeza; prevalecia tanto este affecto que se anticipaba en usurparlo para sí, y no por esto se dexaban pasar las ocasiones en que introducir platicas de relig.ⁿ con su A. para ir descubriendo con ellas algo de sus intentos. Porque el Conde Duque hacia esto con gran zelo y summa destreza donde quiera que se offrecia, y tan apunto que, la segundo vez que estuvo con el Principe de recien llegado, le truxo á la memoria el exemplo de su abuela la Catholica y esclarecida Reyna de Escocia Maria, cuia sangre derramado por la fee de la Iglessia Romana sintiendo la perdida de sí misma que padece en su propia succession, no cesa de clamar al cielo hasta recobrarla y traerla al verdadero conocimiento desta fee. Commovióse algun tanto el Principe con este recuerdo que le arriváron mas algunas particularidades representadas entonces, y su A. offreció al Conde Duque un retrato de su sancta avuela y hacerle buscar la historia mas nueva de este successo que refiere mas cumplidamente las singularidades dél. El Conde Duque continuó este mismo cuidado lograndole en dar sazon á estas platicas aun en los paseos, en las cazas, y en medio de otros entretenimientos; y dando á entender en una destas vezes quan aventajadamente presumia del buen natural y partes del Principe para prometerse de su A. no solo su conversion, sino tambien la de su Reino (todo á fin de alentarlo para que se declarase en algo) tomó esto de manera el Marques de Bookingam que despues le hiço un gran cargo dello al Conde Duque como que huviera hablado del Principe en comparacion de su Padre, cuios empeños voluntarios dificultan en él sobre manera semejantes esperanzas. Fuesse hechando de ver que su Alt.ª no trahia prevenida la intencion que se pensaba, y para el pueblo fué un gran testimonio desto que entrando el Principe á ser huesped de su Mag.ᵈ en su real palacio no se tratase con alguna moderacion de las que pudiera para parecer ia que no bien affecto si quiera menos contrario á las cosas de la religion Catholica, pues bastará para esto quando no huviera otro major respecto el devido á aquellas paredes tan puras hasta entonces deste contagio, que ellas solas estaban tan preciada de no haverle visto como lo pudo estar la Corona de Francia antes que la estragase Vigilancio, alabandola desto S.ᵗ Germ.ᵐᵒ:—"sola enim Galia hujusmodi monstra non habet:"—y de aquí fuéron descaeciendo tanto aquellas primeras esperanzas que hiciéron tan alegre la venida de su A. que se trocáron en temores de algun gran daño de los que podia causar.

Pareció á su Mag.ᵈ con acuerdo digno de su sancto zelo no desistir de lo intentado

contra Vigi lantium in principio.

1623. sino antes procurado ia mas al descubierto, y dando este cargo al Conde Duque persuadió efficazmente al Marques de Bocquingan quan justo era que el Principe se dexase informar de las cosas de nuestra Sta Fee Catholica hasta hacerse capaz de su verdad, pues no se pretendia en esto algo de violencia que lo dexase menos libre le eleccion, y por otra parte cederia en desacato desta misma Sta Fee el no oirla por lo menos, haviendosele entrado así tan por las puertas, á lo qual salió agradablemente el Marques discubriendo de suio al Conde Duque que trahia orden para no impedir que se le hablase al Principe en estas materias todas las vezes que de acá se pidiesse; pero antes de llegar esto, aunque el Conde Duque desseaba ganar en ello todo el tiempo que se pudiesse, quiso el Marques hacer la primera prueva en sí, pero previniendo que havia de ser con mucho secreto y recato, principalmente de los suios, y encareciendo los inconvenientes que de lo contrario se le podian seguir, trazó el Conde Duque que esta obra se comenzase en Jueves para que la ajudase la debocion del dia; y assí aquella tarde se retiráron al quarto R^l de St Ger^mo el Conde Duque y el Marques de Bocquingan con el M^ro F. Fran^co de Jessus, Predicador de su Mag^d (que se sirvió de hacer eleccion para esto) y un interprete mui confidente y Catholico llamado Jacobo de Valdesfort Ingles, que haviendo sido algunos años Maestro de la seta de los Puritanos se convirtió despues á n^ra Sta Fee Catholica. Hiçose aquí una larga sesion de mas de quatro horas: tocáronse en ellas los puntos mas vivos que pudiesen ir despertando al Marques á su desengaño, y viendose conocidamente convencido en algunos quando ya le faltaban las replicas generales de que venia advertido, sacaba un papel (que al parecer era instruccion de como se havia de haver) y buscaba en el si á caso havia alguno otro major socorro, y assí á mui pocos lanzes se hechó de ver que lo que hacia era por cumplimiento, y que tenia su conversion pendiente de voluntad agena. Pero todavía procuró el Conde Duque que huviese en Palacio segunda sesion con los mismos despues de otros siete dias, en la qual se gastó casi otro tanto tiempo que en la primera, y con buena ocasion que en ella se le offreció al Conde Duque habló un rato tan á proposito que hiço con qualquiera de sus razones una gran demonstracion de lo mucho que disseaba el bien del Marques sin que de aquí se sacase major fructo.

Vencidas algunas dificultades que se affectaban en las ceremonias y en otros puntos no majores, para dilatar con ellos que el Principe no llegasse á oir algo de nuestra Sancta fee, se vino este á concertar al fin para el dia de la Cruz á 3 de Maio por la tarde. A la hora señalada subió su A. al aposento de su Mag^d que le salió á recibir y acompañar (como otras vezes) entretanto que se disponia el dar principio á la platica, y quando esto huvo de ser se retiró su Mag^d (dado fué el Principe le instó mucho por que se hallase en ella) diciendo á su Al^ta con grande entereza que ni desta manera ni de otra alguna daria nunca lugar á oir algo que fuesse contrario á la religion Catholica.

Quedáron acompañando al Principe el Conde Duque, el Marques de Boquingan, y los que havian de hablar sobre el intento, para que estaban prevenidos, que fuéron el Padre Confessor de su Mag^d, el P^e F. Zacharias Boverio de Saluzo, Capucino bien conocido por sus escritos, y dos Provinciales de la misma orden, él de Castilla que

era F. Diego de Quiroga, y él de Aragon F. Pedro de Balbastro; sentados todos, el Principe en su silla y los demas en unos banquillos, y aguardando á que su Alt^a comenzase con proponer ó preguntar algo, dixo que no se le offrecia sobre que poder hablar, supuesto que en sí no sentia algun escrupulo. El Conde Duque le replicó que mas era el fin desta junta para dar á su Alt^a luz de las verdades de n^{ra} Sta religion de que no estaba informado, y assí que se podria tratar de alguna que hiciese mas á este proposito. Comenzó el Padre con favor, y pasandose á tocar en la controversia del Romano Pontifico en quanto es Vicario de Dios en la tierra y cabeza de su Iglesia, prosiguió el P^e F. Zacharias traiendo aquel paso del Evangelio en que dixo X^{pto} á S. Pedro, "Simon, Simon ecce Satanas expetivit vos ut cribraret sicut triticum; ego autem rogavi pro te ut non deficiat fides tua, et tu aliquando conversus confirma fratres tuos," y mostrando el Principe que le hacia fuerza, quiso que el Padre volviesse á repetirlo en Frances otras dos vezes (que el entenderse ambos en esta lengua fué gran parte para su introduccion) y otras tantas haciendo demonstracion del mismo sentimiento habló en Ingles al Marques de Bocquingan, al qual turbáron de manera estas señales aunque tan leves, que de allí se vaxó luego adonde estuviese solo para hacer grandes extremos de indignacion hasta arroxar el sombrero y pisarlo, y assí, aunque despues de pocos dias intentó el Conde Duque concertar otra segunda conferencia, el Marques no dió lugar tanto por lo que temia como por venganza, que comenzado ia á resistir de la entereza del Conde Duque en qualquier punto de religion que dependiese de este matrimonio, quiso executarla en esto, escusandose con decir que trahia orden para no consentir que al Principe se le hablase en cosas de religion, y reconviniendolo con su misma palabra (porque luego de recien llegado havia dicho lo contrario) la negó de manifesto; y p^a satisfacer mas á su animo procuró mucho estos mismos dias que fuesse el Principe á casa del Conde de Bristol á oir allí la predica de alguno de los dos ministros de la seta de Calvino que havian venido entonces de Londres, y el Conde los tenia por huespedes, el qual afirmó despues á quien esto escribe, que él lo resistió por el escandalo grande que se seguiria, y por lo que con este se atrasarian los negocios; y pudo ser que no se atreviesse á llevar al aposento del Principe á estos Predicantes, porque previniendolo el Conde Duque con rezelo de que no los entrasen de secreto por los jardines hiço llamar á Don Fran^{co} Cotinton, y le dixo que de ninguna manera se intentase esto, porque se haria qualquiera resistencia por impedirlo. A estos Predicantes havia embiado aquel Rey con titulo de cappellanes suios, mandandoles traher consigo el habito, bonetes, sobrepellizes, calizes, y ornamentos de que se sirven en la cena de Calvino, y todos los demas de la Iglesia Romana de que aora usan en aquel Reyno los Protestantes por nueva ordenacion real, para que en alguna ocasion (si les fuese posible) mostrasen con esta exterioridad, quan poca es, como ellos dicen, la differencia que tienen de nosotros.

Aun no se havia llegado hasta aora á lo particular del tratado del casamiento esperando lo que su S^d determinaba acerca de la dispensacion que estaba todavía pendiente, cuia respuesta se aguardaba; si bien de parte del Principe se acometió á tentar por medio de Theologo que por cortesía debida á su venida no se dilatasen mas los conciertos deste matrimonio, pues seria valido aunque se hiciese de hecho antes de

1623.

la dispensacion. Havia llegado ia á Roma á los 25 de Marzo el aviso desta venida del Principe á España, commoviendose toda con la noticia de un caso en que lo menos que se reconocia era la novedad, y muchos haciendo del pronostico de felicissimos successos para la Iglesia Catholica huvo algunos que se diéron á entender bien diferentes en perjuicio de sus razones de Estado y señaladamente Embaxadores de Reyes y Republicas que asisten en aquella Corte, pues en este mismo dia no pudiéron encubrir su turbacion ni dexarla de significar con palabras bien encarecidas; y assí porque tanta felicidad para la Iglesia no se retardase con detener ya mas la dispensacion, ni tampoco el apresurarla por esta causa dispensase algo del tiempo necesario para apurar y afrentar las condiciones y seguridades que debian precederle, inclináron los Cardenales con este motivo á remitir á su Mag^d el ajustamiento de las unas y de las otras, porque acá se hiciesse con el Principe y con sus ministros, aunque en una congregacion que tuviéron á 29 de Marzo para tratar del punto de la seguridad, viendo quan dificultoso era el convenirse en alguna sufficiente acordáron que se le advirtiesse al Nuncio Don Innocencio de Maximis, Obispo de Bertinoro, á cuias manos havia de venir la dispensacion, el representar á su Mag^d, como lo hiço, no fiasse de otra seguridad que de la que fuesse dando el tiempo, y que para esto convendria sobre todo que las entregas de la S^ra Infante se dilatasen hasta ver como se asentaban con la execucion las condiciones pedidas en favor de la religion Catholica.

Jueves en la noche á 4 de Maio llegó correo de Roma con los despachos de la dispensacion, siendo la fecha dellos de 12 de Ab^l. Eran el breve de la misma dispensacion que su S^d mandó depositar en su Nuncio para que lo retuviesse en sí hasta que se huviesen asentado las condiciones y seguridades convenientes; una instruccion secreta para el mismo Nuncio con orden de todo lo que havia de hacer y pedir en nombre de la sede Ap^ca; una carta en forma de breve para su Mag^d en que llanamente venia su S^d en este matrimonio hechandole su sancta benedicion, y prometiendose dél grandes augmentos para la Iglesia Catholica exhorta á su Mag^d á que los procure y los promueva, remitiendose á su Nuncio en lo demas que propusiere de su parte. Embió tambien su S^d los 26 capitulos de los puntos tocantes á religion que el Conde de Bristol havia dado aquí el Diziembre passado en nombre de su Rey para que se llevasen al Papa por respuesta de lo que su S^d havia pedido, los quales approbió su B^d con la extension, alteracion, y declaracion que hiço de nuevo en algunos, y suponiendolos todos como necessarios, para que sobre ellos caiese la dispensacion; y para que se sepa los que fuéron, y con esto quede entendido de una vez sobre que fué el litigar tantos años con aquel Rey y con su ministros, se ponen aquí en forma advertiendo á la margen donde es menester, las addiciones hechas por man^do de su S^d.

Los 26ª capitulos de la condiciones matrimoniales debaxo de las quales dispensó su S^d el poderse celebrar este matrimonio.

[1.] Que el casamiento se ha de hacer con dispensacion de su S^d y que esta dispensacion la ha de procurar el Rey Catholico.

[2.] Que el matrimonio se ha de celebrar en España y ratificarse en Inglaterra, en 1623.
la forma siguiente, un dia por la mañana despues que la Ser^{ma} S^{ra} Infante huviere
acabado de rezar sus debociones en su oratorio, o capilla, ella y el Ser^{mo} Principe
Carlos en *la real capilla, o en* alguna sala de Palacio donde pareciere ser mas con- vino borrado
veniente, se junten, y allí se lean todos los poderes en virtud de los quales se celebró de Roma en
el casamiento en España, y así el Ser^{mo} Principe como la S^{ra} Infante ratifiquen y pilla.
la real ca-
aprueben el dicho matrimonio celebrado en España, en lo qual no intervenga ni se
haga ceremonia ni cosa alguna que contradiga á la religion Catholica Ap^{ca}
Romana.

3. Que la Ser^{ma} Infante lleve consigo y para su servicio los criados y familia que
fuere conveniente, la qual familia y todas las personas pertenecientes a ella las
eligirá y nombrará la Magestad Catholica, con tal que no nombrará ningun criado
que fuere vasallo del Rey de la Gran Bretaña sin expresso consentimiento y voluntad
del dicho Rey.

4. Que así la Ser^{ma} S^{ra} Infante como sus criados [sus hijos y descendientes] y vino de Roma
toda su familia tendrán el libre uso y publico exercicio de la religion Catholica en lo raiado.
el modo y forma abaxo expressado.

5. Que tendrá un oratorio y capilla decente en su palacio donde se podrá [pre-
dicar la palabra de Dios,] celebrar missas [y todos los demas officios divinos y ministerios, y administrar todos los Sanctos Sacramentos] segun quisiere y ordenare la
Ser^{ma} S^{ra} Infan^{te}, y assimismo que en Londres y donde quiera que su Alt^a habitare
de asiento tendrá una Iglessia publica y capaz adonde se celebren todos los dichos quitóse en
officios solemnemente segun el rito Catholico Romano con su cementerio y todas las Roma la
demas cosas necesarias, assí para la publica predicacion de la palabra de Dios, como asiento.
palabra de
para la celebracion y administracion de los Sacramentos de la Iglesia Catholica
Romana, y para sepultar los difunctos, y que este dicho oratorio y capilla y iglesia
se adornarán con la decencia que pareciere conveniente á la Ser^{ma} Infante.

6. Que la Ser^{ma} S^{ra} Infante tendrá en su palacio el dicho oratorio y capilla tan corresponde
capaz que los dichos criados y familiares arriva declarados puedan entrar y estar en al cap. 8 del
ella, en la qual haia una puerta publica y ordinaria para ellos y otra interior, por de España.
papel que fué
la qual la Ser^{ma} S^{ra} Infante tenga entrada donde S. A. y las demas como dicho es
puedan asistir á los divinos officios.

7. Que el oratorio, capilla, y iglesia publica se adornen y instituan con el ornato corresponde
decente de altares y las demas cosas necesarias para el culto divino que se ha de al 9 cap. que
celebrar en ellas segun el rito de la Sta Iglessia Romana, y que á los dichos criados paña.
fué de Es-
como dicho es les sea licito yr á la dichas capilla y iglessia á todas horas segun les
pareciere.

8. Que el cuidado de las dichas capilla y iglesia le tendrán las personas que Lo mismo.
señalare la Ser^{ma} S^{ra} Infante, y assimismo podrá su Alt^a poner guardas para que
nadie entre á hacer alguna cosa indecente.

9. Que para administrar los sacramentos y servir en la capilla y iglesia sobre- Lo mismo.
dichas se nombren veinte y quatro sacerdotes y ministros, los quales sirvian por
semanas ó meses, como pareciere á la Ser^{ma} S^{ra} Infante: y su eleccion tocará al Ser^{mo}

1623.

Rey Catholico y á la Ser^ma Infante con tal que no sean vasallos de Rei de la Gran Bretaña, y si lo fueren, sea precediendo su voluntad y consentimiento.

10. Qua haia un prelado de orden episcopal constituido [por su S^d] con jurisdiction y auctoridad necesaria para los casos tocantes á la religion, y faltando el obispo tenga su vicario la misma jurisdicion y auctoridad.

11. Que este obispo ó su vicario pueda corriger enmendar y castigar los Catholicos que delinquieren, y exercer en ellos toda la jurisdicion ecclesiastica y demas de esto podrá tambien la Ser^ma S^ra Infante despedirlos de su servicio siempre que le pareciere [pero contra los ecclesiasticos solamente pueda proceder su superior ecclesiastico conforme al derecho canonico, y si la Corte secular prendiere alguna persona ecclesiastica por algun delito, al punto lo entregue y remita á su superior ecclesiastico y Catholico, el qual proceda contra él conforme á las reglas del derecho].

12. Que sea licito á la Ser^ma S^ra Infante y á sus criados como arriba esta dicho obtener [en Roma] dispensaciones, indulgencias, jubileos, y todas las gracias que les parecieren convenientes para la religion y sus consciencias [y que puedan comprar y tener en qualquiera par^te, para sí mismos qualesquier libros Catholicos].

13. Que las leyes que hai ó habrá en Inglaterra y en otros Reinos tocantes á religion no comprehendan los dichos criados ni á los demas de arriba, los quales han de ser exemptos assí de leies, como de las penas impuestas, ó que se impondran contra los transgresores dellas, *pero, etc.*

14. Que los criados y familia de la Ser^ma S^ra Infante que pasaran á Inglaterra no harán el juramento de fidelidad al Rei de la Gran Bretaña sino es que no haia en él clausula ni palabra alguna que en alguna manera pueda repugnar á la religion y consciencia de los Catholicos, y si á caso fueren vasallos del Rey de la Gran Bretaña no harán otra juramento sino él que hacen los demas familiares; y los unos y los otros lo harán en la forma siguiente.

[Yo N. juro y prometo fidelidad al Ser^mo Jacobo Rey de la Gran Bretaña, y á los Ser^mos Carlos Principe de Walia y á Maria Infante de España, la qual guardaré firme y fielmente, y si entendiere que se intenta alguna cosa contras las personas, honrra, y dignidad real de los dichos Rey y Principes, ó contra su Estado y el bien comun de sus Reynos, al punto lo avisaré á los dichos S^res Rey y Principes ó á los ministros para esto señalados].

15. Que las leies hechas [ó que se harán] en Inglaterra, y en otros Reinos sugetos al Rey de la Gran Bretaña no comprehenderán á los hijos que nacieren deste matrimonio, y que libremente gozaran del derecho de succession en los Reynos y Señorios de la Gran Bretaña.

16. Que las amas que darán leche a los hijos de la Serm^a S^ra Infante *puedan* ser^a Catholicos y su eleccion pertenezca á la dicha S^ra Infante, ora sean Inglessas ó de qualquiera otra nacion como pareciere á la Serm^a S^ra Infante, y se asienten y tengan por de su familia y gocen de sus privilegios.

17. Que el obispo y personas ecclesiasticas y religiosas de la familia de la S^ra

---

^a " Hayan de ser " seems to have been substituted.

Infante puedan retener el vestido y habito de su dignitad, profession, y religion, segun la costumbre Romana, y llevarlo publicamente.

1623.

18. Para seguridad que el dicho matrimonio en ninguna manera se disolverá por cosa alguna, el Rey de la Gran Bretaña y el Principe Carlos, con su palabra real é igualmente con su honrra, se han de obligar y demas de esto harán qualquiera cosa que les propusiere el Rey Catholico si se pudiere hacer comodo y decentemente.

Corresponde al 21 del otro papel.

19. Que los hijos y hijas que nacieren deste matrimonio desde su nacimiento se instruian y crien cerca la persona de la Ser^ma S^ra Infante por lo menos hasta los [doce] años, y todo el cuidado dellos hasta la dicha edad le tengan los criados y ministros señalados por la Ser^ma S^ra Inf^e y gocen como dicho es en los dichos reinos libremente del derecho y succession.

Corresponde al 22 del otro papel añadiendo dos años en la edad.

20. Que en qualquiera parte y lugar que succediere que los criados y criadas que llevare consigo la Ser^ma S^ra Infante nombrados por el Rey Catholico su hermano vacaren por muerte ó ausencia, ó por otra causa alguna ó accidente, se subroguen por el dicho Rey Cath. todos los criados y familiares como dicho es, y con las calidades sobredichas.

Corresponde al 25 del otro papel.

21. Para seguridad que todo lo que está assí capitulado se cumpla, el Rey de la Gran Bretaña y el Ser^mo Principe Carlos se han de obligar con juramento y todos los consejeros del Rey han de firmar de su mano lo capitulado, demas desto el dicho Rey y Principe han de dar su fie y palabra real que harán todo su poder porque todo lo capitulado se establezca por el Parlamento.

Corresponde al 21 del otro papel.

22. Que en conformidad de las cosas que están tratadas se han de proponer y exponer á su S^d, para que las apprueve y se digne de dar su benedicion Apostolica, y conceder la dispensacion necesaria para effecto del matrimonio.

23. Y porque á las instancias y diligencias hechas en nombre de su Mag^d Catholica acerca de su S^d para obtener la dispensacion ultimamente su S^d dió tal respuesta, es á saber, que las dichas condiciones miraban solamente á la seguridad de la religion y consciencia de la Ser^ma S^ra Infante y de su familia, pero que para conceder la dispensacion pedida se requieran otras cosas pertenecientes á la validad, augmento, y algun gran bien de la religion Catholica y Romana, las quales se havian de proponer para que su S^d pudiese deliberar si eran tales que suadian, justificaban, y merecian la dispensacion; y demas desto y en su conformidad, que el Rey Catholico en consciencia y por su propria reputacion está obligado á mirar que se cumplan y executen todas las cosas y cada una de las que ha offrecido y prometido el Rey de la Gran Bretaña, y demas de esto debiendo atender á que se observen las cosas pertenecientes á la religion Catholica, porque demas que su S^d ni pudiera ni quisiera concever sin ellas la dicha dispensacion, seria cosa grandemente infeliz para la Ser^ma S^ra Infante vivir y cohavitar donde los professores de su propia religion padecen persecucion por causa della; pero, porque es dificultoso hacer tratados publicos de estas cosas por estar expuestas á algunos inconvenientes, es cosa justa que los vasallos Catholicos del Rey de la Gran Bretaña confiesen y conozcan, que este bien y quietud les proviene de la natural benignidad y clemencia de su Rey para que así le estén mas obligados y le amen y le abrazen con vinculo estrecho de

Corresponde al 26 del otro papel y difieren algo en la forma y en la substancia en lo que va raiado.

1623. amor y fidelidad; y el dicho Sr Rey de la Gran Bretaña y el Ser^{mo} su hijo Principe de Walia por su fee y palabra real dada en sus cartas particulares para el Rey Catholico, ó por otra escriptura, se obligarán al cumplimiento de las cosas que muchas vezes prometiéron de palabra á los ministros de su Mag^d Catholica, es á saber que de aquí adelante ninguno de los Catholicos tanto seglares como ecclesiasticos, ora sean seglares ora regulares, no padecerán persecucion ó molestia alguna en sus Reynos por causa de que se professe la religion Catholica Apostolica Romana [ni por exercicio de qualesquier sacramentos] ministerios y actos [aunque sean de la ecclesiastica sepultura de la dicha relig^n] ó pertineciente á ella en qualquiera manera, con tal que usen dellos y los exerçan privadamente [ó en el oratorio y iglesia publica de la Ser^{ma} S^{ra} Inf^e, al qual y á la qual será licito ir libremente y sin pena alguna, y no serán obligados de hacer otra forma de juramento que la expresada en el articulo 14] ni con otro pretexto ó causa de religion Catholica Romana, y en vigor de qualesquiera leies hecho ó que se harán, decreto, usos, costumbres, ó pregmaticas, no serán vexados en sus bienes ni personas, en ningun tiempo, ni por manera alguna, y que de todas estas cosas se han de cumplir, y llevar á debida execucion, será indicio lo que hasta aora ha hecho y de ordinario hace el dicho Rey de la Gran Bretaña en contemplacion desta union y parentesco y en beneficio de los dichos Catholicos, como pueden ser Catholicos testigos los ministros del Rey Catholico y los mismos Catholicos de Inglaterra.

En la instruccion secreta para el Nuncio venian á ser dos cosas las mas notables que se le advertian. La primera que de parte de su S^d dixese el Nuncio á su Mag^d que el haver concedido el breve de la dispensacion havia sido porque devaso del seguro de tenerla ya, huviese menos dificultad en sacar por condicion requisita para su effecto la publica libertad de consciencia en aquel Reyno con el libre y publico exercicio de la religion Catholica Romana, y que esta fuesse approbada luego por el Consejo de Estado, y confirmado despues por el Parlamento, y que, en caso que fuése el conseguirla, se hiciese luego esfuerzo en la conversion del Principe llegando en esto adonde se pudiere, porque su S^d tenia propuesto en sí firmemente que, haviendo de quedar esta dispensacion por exemplo á todos los siglos venideros (sin hallar alguno otro tal en los pasados) ni se podia ni debia conceder sin alguna causa así grande que cediesse en notable beneficio de la religion Catholica en la Gran Bretaña, y que ninguna otra lo será sino la propuesta. La segunda cosa que se le ordenó al Nuncio fué que en nombre de la sede Ap^{ca} pidiese á su Mag^d como condicion necesaria (sin la qual seria nulla la dispensacion) que á la misma sancta sede asegurase con juramento que el Rey de la Gran Bretaña y el Principe su hijo cumplirian todo lo que por razon deste matrimonio prometiesen hacer en materia de religion, y para major intelligencia de la que comprehendia este juramento se dividió la materia dél en tres partes. La primera, el haver de jurar la seguridad del cumplimiento de todo lo que el Rey de la Gran Bretaña prometiesse hacer por sí y sus sucessores, de manera que el tal juramento se estendiese á ambas posteridades segun lo que tocase hacer á cada una. La segunda, que dentro de un año daria el Rey de la Gran Bretaña asentadas y juradas por el consejo de Estado y por el Parlamento de

aquel Reyno todas las dichas condiciones pertinecientes á religion. La tercera, que en caso que el Rey ó Principe faltasen á qualquiera dellas tendria su Magᵈ promptas sus armadas para hacerlas cumplir. Con lo qual quiso de intento la sede Apᶜᵃ obligar á su Magᵈ á que los seguridades que sacase de aquel Rey fuesen tales (mirando primero todo lo que aquí huviese de peligro) que pudiese con consciencia y con reputacion hacer el tal juramento.

Supiéron luego el Principe y sus ministros la llegada de la dispensacion, y solo en confusso (por entonces) las particularidades con que venia, hasta que primero se viese en el Consejó de Estado que se tuvo para esto á 13 de Mayo, donde se acordó que por medio de los Comissarios que su Magᵈ fuese servido de nombrar se le embiase á dar entera quenta de todo al Principe y á sus ministros, y los señalados para esto fuéron el Marques de Montesclaros de los Consejos de Estado y Guerra, Presidente dél de Hazienda; el Conde de Gondomar tambien de los dichos Consˢ y Majordomo de su Magᵈ, con Juan de Ciriza Comendador de Rivera y Sʳⁱᵒ de Estado.

Dióseles orden para que antes de entrar en conferencia alguna del negocio pediesen al Principe de parte de su Magᵈ que de la suia nombrase tambien para este effecto los ministros que por bien tuviesse, y los señalados fuéron Don Jorge Vilers, Marques de Bocquingan, Almirante de Inglaterra, Cavallero de la Orden de la Jarretera, Cavallerizo y Camarero Mᵒʳ de aqˡ Rey, y de su Consejo de Estado; Don Juⁿ Digbi, Conde de Bristol, Vicecamarero Mᵒʳ de aquella Magᵈ, de su Consejo de Estado, y su Embaxʳ Extraordinario; Don Gualtero Aston, Embaxᵒʳ Ordinario; con Don Franᶜᵒ Cotinton Sʳⁱᵒ de S. A. Advirtió el Conde Duque que para major puntualidad en el procedimiento de materia tan grave (en que podia haver peligro en una palabra mas ó menos) fuessen por escrito assí las demandas como las respuestas de ambas. partes.

A las juntas que fuéron haciendo los Comissʳⁱᵒˢ del Principe quiso hallarse tambien su A. y haviendose propuesto solo en la primera la forma del juramento con que su Magᵈ havia de asegurar los capitulos de religion que el Rey de la Gran Bretaña y el Principe su hijo concediéron, á la segunda truxo resuelto su A. que la suspension de las leyes contra los Catholicos que havian offrecido la jurarian por sí y por sus ascendientes su Altᵃ y el Rey su Pᵉ y que procurarian que quanto antes no solo la confirmase el Parlamento con todo lo demas capitulado, sino que revocase todas las dichas leies; y replicando al Principe que señalase termino cierto dentro del qual se daria todo lo dicho pasado par el Parlamento, prometió que seria dentro de tres ó de seis messes ó de un año, pero que infaliblemente seria dentro de tres años; y esta seguridad daba por bastante para que pudiese caer sobre ella la del juramᵗᵒ de su Magᵈ.

En la tercera junta se propusiéron los capitulos de puntos particulares de religion que viniéron alterados ó añadidos por su Sᵈ (esto se entiende en aquello poco que queda la arriva notado) y oidos por el Principe fué reparando en la dificultad de cada uno como si fuera insuperable, principalmente en la del capitulo 16, en que se le pedia con precission que huviesen de ser Catholicas las amas que diesen leche á los hijos procedidos deste matrimonio, y en la del 19, que determina que los tales

1623.   hijos huviesen de estar en la educacion de la S^{ra} Infante hasta los 12 años, y en la del ultimo que quiere que los Catholicos de aquel Reyno tuviesen el libre uso de su religion en la Iglesia ó capilla de la S^{ra} Infante, y no alargandose á mas su Alt^a que á lo que el Rey su padre tenia concedido de primero mostró deseo de que de parte de su Mag^d se procurasen moderar como antes estaban.

Hizose relacion al Consejo de Estado, en él que se tuvo á 16 de Maio, de lo tratado en estas tres juntas llevando un papel que el Principe havia dado en respuesta de todo lo que se le propuso, y suponiendo que en lo tocante á los capitulos particulares en la forma que viniéron de Roma no podia su Mag^d hacer otra cosa que obedecerlos, quanto á la seguridad que el Principe prometia dar aora como de nuevo, se advirtió luego prudentissimamente que no era posible satisfacer á la intencion de su S^d con ella sola, por ser la misma en sustancia y aun en las palabras que el Rey su padre embió á offrecer á Roma en el papel que para esto dió aquí el Conde de Bristol, como consta del capitulo 24 que la contiene, porque si su S^d la tuviera por bastante no obligará (y con modo tan nuevo) á pedir otras maiores quales eran menester para justificar el juramento de su Mag^d, y assí pareció que se le dixese esto al Principe, y juntamente que en lo del juramento en si puede ó no hacerlo su Mag^d, como es punto que el determinarlo toca á los theologos, y havia ia llegado el caso en que era forzoso pedirles su parecer, importaria p^a todo que su Alt^a se sirviesse de considerar y resolver lo mas á que puede estenderse en orden á facilitar este juramento que pide á su Mag^d la sede Ap^{ca}, para que propuesto á los theologos á quien mandará verlo, le aconsexen lo que puede y debe hacer en consciencia, dado que les encargará que en quanto pudiere compadecerse con ella escusen dificultades, y en fin que su Mag^d hace summa instancia á su Alt^a (por lo que igualmente desea la buena con-clussion deste negocio) para que de una vez se declare en lo que podrá hacer, sin reservar algo de lo posible, porque de todas maneras se eviten las dilaciones, y previniendo el Conde Duque las seguridades mas propias deste genero y las mas ciertas (segun que la materia puede dar de sí) que se debian pedir en ella quando se llegase á estas immediatas, las representó en particular á su Mag^d por un papel, ponderandolas con el zelo y prudencia que se muestran en el mismo.

" Señor,—Las materias de Estado, ni las firmezas de las palabras que comunmente se piden de Principe á Principe no se pueden traher en ninguna manera en conse-quencia del caso presente, porque la estimacion y reputacion grande en que están estas no es su fuerza, ni ha sido la execucion de ellas por sola la palabra; sino que como se tratan fines temporales y conveniencias de estado particulares en que son igualmente interesados los Principes que contratan, aquellas convenienzias y intereses son la fuerza major del cumplimiento, y tienen fuerza siempre mientras dura este interes y esta conveniencia; y de la poca que tienen en otros casos pudiera referir á V. M^d otros muchos exemplares de diferentes Principes muy grandes de Europa de una misma religion y de la religion Catholica, y alg^{os} que tocan á V. Mag^d en sangre, si hoi se tratan de pedir seguridad en materia que los intereses son comunes, V. Mag^d pudiera y debiera conformarse con ellos en el cumplimiento desta palabra y juramento. El Rey de Inglaterra hoi todo quanto en razon de relig^n contrata con

V. Mag^d (presupuesto que de palabra ni por ninguna accion se puede esperar que el Rey ni el Principe van con animo de ser Catholicos) es totalmente contra toda su materia de Estado, pues no hai ning^a que le pueda ser mas dañosa que crecer en su Reyna una religion tan contraria á su sentimiento y á su consciencia, principalmente mientras no dexa con igual fuerza á la otra parte poder hacer balanza, y así sus fines no pueden dexar de ser uno de dos, ó no guardarles ninguna palabra de las que da en su prerrogativa, y con esto tenerles en el mismo estado de sugecion que los ha tenido siempre, ó probar con esta tolerancia á ver lo que discubre dellos, y conforme lo que viere entonces tomar acuerdo en permitirles libertad de consciencia, ó sino le parece que lo puede excusar, rendirse á tomar por partido el reducirlos á Protestantes con volverles á apretar como hoi lo estan, y en esto puede proceder con malicia (y es lo que mas se debe juzgar de su modo de vida y inclinacion opuesta á nuestra religion) sin ser opposicion á esto el decir que no querra ofendernos, pues si hoi dice á muchas cosas que le pedimos solo para seguridad de la tolerancia destos Catholicos que no puede, y con no experimentar lo que nos offreze nos aseguramos de su palabra, con decirnos despues lo mismo á lo que nos ha offrecido (pues no hai palabra que obligue á lo que no se puede) nos habrá satisfecho; y pues hoi estamos offreciendole las amistades, confederaciones, y intereses que puede tener con nosotros despues de conseguido el casamiento, y no lo admite, es cierto que trata deste casamiento con mas fin que el de la amistad y el parentesco; y que sea derechamente contra nosotros y contra nuestra religion no lo creo ; pero que sea solo por la causa de la religion y bien de los Catholicos, no haviendo mostrado ninguna buena voluntad ni inclinacion á ellos, ni él lo cree, ni sabe que ninguna persona del mundo pueda discurrir con razon que sea su fin este. Queda segun esto dudoso su intento, y él llega á juzgar que en esta parte va obrando sin fin resuelto ninguno ni determinado, ni en favor, ni en contra, sino solo provar que es lo que le sale mejor, y assí en el caso de la entrega de la persona de la S^ra Infante es de opinion que V. Mag^d debe obrar de la misma manera, que es no entregando á la S^ra Infante mientras su empeño no nos asigure, ó el estado en que se fueren poniendo los Catholicos de allí."

El dia siguiente que fué á 17 de Mayo se fuéron apretando de suerte las instancias que se iban interponiendo en esta materia que obligáron de nuevo al Consejo á discurrir sobre ella, conformandose todos en que el casamiento se hiciese sin limitacion alguna ni esperar la execucion de las condiciones pedidas en favor de los Catholicos ; y el Conde Duque haciendo voto singular tuvo el siguiente, que ha parecido necesario poner aquí por haver sido este mismo sentimiento el que despues tuvo la Junta de los theologos, aunque sin noticia dél.

" Presuponiendo por principio asentado que los Principes Catholicos que por causas temporales atendiendo á fines particulares hicieren ó trataren casamientos con Principes de contraria religion (cosa tan prohivida por leies divinas y humanas) justamente merecerán perder aquello mismo que por este camino procuráron mejorar, se infiere por maxima asentada que V. Mag^d en el tratado deste casamiento pidió dispensacion para él, solo movido del zelo del augmento de la religion Catholica en los Reynos de Inglaterra, Escocia, y Irlanda. Devaxo deste presupuesto asentado y cierto diré mi sentim^to. Este negocio es sin duda el mas importante que se ha

1623.   offrecido en esta materia en muchos tiempos, siendo cierto que por sí solo effectuado en forma conveniente podria resucitar los Reynos de V. Mag^d del estado apretado in que se hallan y ponerlos en la felicidad maior, pues unidas estos dos Monarchias y hechos unos los intereses de ellas se podrian ajudar de manera que todo el poder restante de Europa junto no les hiciese balanza ; mas esto se debe mirar con la atencion y maduro consejo que V. Mag^d se ha servido hacerlo, para tomar en él la resolucion mas conveniente, considerando los inconvenientes y medios conforme la importancia de tan gran negocio."

"Los casamientos licitos son medio acertadissimo para las amistades porque dellos resulta la fuerza del parentesco que añadida á las otras conveniencias que obligan ajuda^a sin duda á conocerlas mejor, y á que entre los Principes que están unidos por ellas haia este vinculo mas de amor, y esto muestra la razon, y la experiencia lo ha mostrado muchas vezes ; mas ni la razon, ni la experiencia han mostrado nunca que sea necesaria para consiguir, ni que por sí solo este vinculo sea tan fuerte que puede asegurar y confiar quando cesan otras conveniencias y interes, que es sin duda el camino fundamental con que se goviernan las Monarchias, sin que se haia visto xamas amistad fixa y asentada entre Monarchias de incontrados interesses, aunque haia entre ellas todas las prendas majores de sangre ; y esta es proposicion tan asentada que no es menester exemplares, ni conviene expresarlos."

"Entre España y Inglaterra siempre ha havido buena voluntad y dispossicion muy conforme entre las dos naciones, aunque por accidentes particulares haia recibido esto alteracion ; pero por naturaleza las naciones no son adversas y assí faciles de conformar, y conformadas muchas vezes sin el medio de casamientos, y es regla mui asentada de muchos hombres de estado antiguos quanto conviene la conformidad, union, y buena correspondencia entre estas dos coronas. Esto debe crecer en la ocasion presente á mover el real animo de V. Mag^d á un affecto grande de desear esta conformidad y buena correspondencia por la demonstracion que el Ser^mo Principe de Gales ha hecho en venirse á su corte y casa de V. M., y su Mag^d del Rey de la Gran Bretaña en embiar á su hijo unico con el riesgo que embió á este Principe, y con él que siempre corre su salud en un temple nuevo y tan diferente dél de sus Reynos, no padece este casimiento y parentesco la excepcion de los otros, porque cae sobre amistad grande, como la que estos Principes han professado con V. Mag^d ; sobre las demonstraciones, que de ella se han visto ; y sobre no ser nacion por naturaleza opuesta á la nuestra, antes como he dicho bien recibida la una de la otra, con que se vienen á juntar todas las reglas que pueden concurrir de conveniencia, para que el parentesco aiude á la amistad, y della se sigan todos los effectos de buena correspondencia que se pueden desear y esperar entre dos Monarchias."

"El punto de la diferencia de religion de la S^ra Inf^e y del Principe de Gales, y lo que en orden á esto se offrece dificultar en materia de consciencia es punto totalmente ageno de mi profession, y en que V. Mág^d, para pedir la dispensacion, y para effectuarla despues de concedida, tendrá pareceres de theologos grandes y personas de

---

      ^a ayudada MS.

auctoridad que puedan quietar la real consciencia de V. Mag^d, y dar en estos Reinos y en el mundo la satisfacion que V. Mag^d debe á su piadoso y religioso zelo de la causa Catholica, pilar solo en que está fundada la grandeza y seguridad de su grande y dilatada Monarchia, y punto á que solo deba V. Mag^o estar atento en este y en los otros negocios grandes que se offrezcan, sin tener atencion ni fin á ninguna otra materia de Estado, posponiendolas siempre todas al menor escrupulo que en esta parte se pueda offrecer á V. Mg^d con seguridad y quietud grande de animo, de que el dia que V. Mag^d pospusiere y aventurare todos sus Reynos y Señorios por no ceder en la menor circumstanzia que tocare á este fin, V. M^d este mismo dia asegura los peligros y riesgos que se puedan esperar por qualquiera otra materia de Estado, y puede prometerse no solo la seguridad destos riesgos, sino el major crecimiento, auctoridad, y grandeza de sus Rey^s y Señorios ; y supplico á V. Mag^d, aunque sé que no es menester, como quien lo que en esta parte dice y entiende lo ha aprendido á los reales pies de V. Mag^d, y oidolo de su boca, como Dios es buen testigo, que se sirva de asentar en su animo y resolver, offreciendolo á Dios, el estimar en mas el perder todos sus Estados por no atravesar el menor inconveniente que se offrezca en que parezca se cede un punto de rigurosa observancia de religion, que ganar el resto del mundo todo por dispensar ni en lo dudoso en esta parte tan sagrada y tan justamente entendida y respetada de V. M^d. Cumpliendo con las obligaciones grandes y particulares en que estoi á V. Mag^d y á su real servicio, diré puntualmente mi sentimiento en este negocio que hoi se trata, y en que me mandale de mi parecer."

" Las conveniencias grandes de Estado para la major union las reconozco, las he dicho y las entiendo; de parte de la religion queda siempre á su S^d y á los professores de la sagrada theologia y derecho canonico; assí diré solamente un discurso que se oppone juntam^te á la materia de Estado temporal y á la conveniencia de religion, segun la forma y condiciones con que hoi están dispuestos estos tratados de casamientos, dexando fundado sin padecer oppossicion ninguna que en las Monarchias no hai otro medio de amistades sino los interesses de Estado que llegan á concurrir entre ellas ; estos interesses es cierto que los havia entre estas dos coronas sin que se pueda negar por ningun ministro dellas que pudiesse haver para cada una major conveniencia que la amistad de la otra, de lo qual se sigue que el casamiento, aun siendo licito, no era necessario, y assí en este caso solo conveniente el introducirle para acrecentar los interesses comunes, que haviendolos en este casamiento huviera sido acertado el tratarle y convenientissimo el effectuarlo, mas si acasso fuese necesario para concluirle hacer hoi encontrados los interesses que eran comunes en esta amistad, perniciosa havia sido su introduccion, y mas lo seria la conclussion."

" Este casamiento no es licito absolutamente ; con lo qual cesa la regla de ser confirmacion de amistades y acertada su introducion para ellas ; quedará contra esto si acaso de las condiciones necessarias para la conclussion se huvieren de seguir nuevos interesses á entrambas coronas, cosa que sin duda yo no la alcanzo, antes hace gran fuerza á mi entendimiento, sin poder hallar satisfaccion que me quiete el animo, y holgara infinito, como quien tanto debe desear los augmentos y quietud de V. Mag^d y de sus Reynos, que sea falta de mi discurso, y no inconveniente tan grande

1623. como á mí se me representa, y si fuera en punto que tocara solo á estado, facilmente me quietara y le omitiera y cediera á la auctoridad, experiencia, y intelligencia de tan grandes ministros como juzgan lo contrario."

"V. Mag^d, Señor,—Para los intereses de estado como queda dicho no havia menester este casamiento, segun lo qual la introduccion dél ha de ser por los de la religion, y assí trata de este casamiento V. Mag^d solamente atento al bien de los Catholicos de Inglaterra; deseando el Rey de la Gran Bretaña este negocio con el ansia que ha mostrado, y con el affecto que se conoce de las prendas que ha metido en él; dice que no puede en sus Reynos hacer mas que una tolerancia de los Catholicos, y esta sin fuerza de ley, ni maior firmeza, y aunque es muy grande la de su palabra, y la deste Principe, pero siendo contra aquello que juzgan por bueno no les obliga á cumplirlo en la consciencia, y mas teniendo hechos en tantos Parlam^tos juramentos en contrario y establezido por ley en ellos mismos, y todo lo que aora hace se puede juzgar que es por fin deste casamiento, pues si, con el deseo dél y con el affecto grande, no es poderoso á hacer mas, ni lo seria en caso que se inquietasse el pueblo para dexar de condescender con él en esta simple tollerancia, que razon hai, o que discurso para persuadir el animo á que despues de consiguido el matrimonio haia un Rey, y un Principe de conservar y favorezer en sus reynos una religion que en su consciencia entiende que no es buena y contraria á la suia? Y tan poco poderosa segun ellos mismos publican que, aun con el favor del Rey y de Principe, no podrian hoi introducir el libre exercicio della en su reyno; como se ha de entender que han de obrar despues de conseguido el matrimonio? Como se ha de entender de religion de que no sienten bien, contraria á la suia, opuesta á la libertad de su vida, de sus intereses y costumbres, asegurados con tener allá tal prenda como la de la S^ra Inf^e para no temer con este seguro ninguna accion de nuestra parte? Y en materia de Estado que conveniencia puede haver en el mundo, ni que discurso, que para hacer una amistad fixa y segura entreobligando á una de las partes debaxo de una simple palabra sin otra firmeza á que haia de obrar en favor, conservacion, y augmento de cosa juzgada por mala y contraria assimismo, y dexar obligado á la otra (pena de faltar á la reputacion de la palabra que recibió) á hacer observar y guardar á su amigo aquello como está dicho que es tan contrario a su sentimiento? Si yo supiera que el Rey, y el Principe, ó alguno dellos era Catholico, ó lo havia de ser, ó lo offrecieran, ó creiera que el no obrar hoi todo lo que desseamos era no poder mas, y que en orden á el augmento de la religion que desseaban professar ó professarian irian poco a poco por medio de las personas grandes y religiosas qui fueran acompañando á la S^ra Infante, y con el poder de V. Mag^d aquello se hallara aiudado y puesto en estado de poder prevalezer;—pero contra su misma religion que haian de obrar en augmento de la nuestra, mi entendimiento no lo percibe, ni se quieta con ello, y mas con ver que, haviendo venido á pretension este Principe á una corte tan Catholica, haian venido tanto numero de cavalleros con él, y ninguno Catholico, y que sea cierto y asentado hoi quando parece que havia mas razones de mostrar favor á los Catholicos y apoiar con el partido que se les hiciera lo que se offreça para adelante, no tienen el Rey y su hijo el Principe de Gales en officio de confianza mas

Catholico que solo un consejero del Principe llamado Don Thomas Sadeschi, y aun deste no se ha acompañado en esta ocasion, indicio cierto de su poco valimiento y de la poca estimacion que hacen dél sus amos; y el decir que hai otros muchos que lo son no satisface, porque lo son como en tiempo de la Reyna Dᵃ Isabel que fué él de la major persecucion, siendolo de secreto sin darlo á entender ni atreverse á mostrarlo, y acaso sin que haia llegado á noticia del Rey ni del Principe."

" Deste discurso hecho consta que á este casamᵗᵒ, que de suio no es licito, no solo no le resultan de las condiciones nuevos intereses comunes para probar que sea medio para consiguir la amistad, mas antes se hace demonstracion que todas las condiciones porque se llega á tratar de hacer, son oppuestas á la materia de estado y de religion que el Rey y el Principe entienden y observan: y assí, resumiendo mi voto, digo que si este casamiento fuera licito absolutamᵗᵉ sin ninguna dispensacion, fuera convenientissimo y utilissimo para consiguir formadamente todas las materias de estado que están consideradas; pero haviendo de quedar nosotros obligados, assí por la consciencia como por la reputacion á que el Rey de Inglaterra y el Principe cumplan las prerrogativas de los Catholicos, y á no falten á ninguna dellas, mi entendimiento no se hace capaz de que pueda haver esperanza en todo quanto no se assentare hoi fixa y firmemente sin que quede á su voluntad, ni que este tratado sea medio para consiguir estrecha amistad; haviendo V. Mᵈ de executar el cumplimiento destas condiciones, y no llego á ponderar la novedad deste exemplo, ni otras cosas que se pudieran decir, por dexar esto á cuio fuere por no desear difficultar; sino antes sintiendo mucho el no poder dexarlo de hacer en los puntos en que me toca dar mi parecer, aunque lo he deseado mucho por la maior quietud destos Reynos en que tanto importa abrazar y buscar la paz por quantos caminos se pueda consiguir."

" Deste parecer me apartaria (y de buena gana) si este Rey ó Principe offreciesen ser Catholicos, ó si esta tolerancia con algunas circumstancias añadidas (que no fuesen muy difficultosas) se asentase en el Consejo del Rey y en el Parlamento y quedase como ley, y si fiasen á los Catholicos que publicamente lo professasen, algunos officios de los grandes y de confianza, dilatando el entregar la persona de la Sʳᵃ Infante para despues de cumplidas las condiciones que aquí se consideran, haciendo desde luego el desposorio, con lo qual assegurados los Catholicos podria crecer el numero de manera que no pendiesse el cumplimiento destos previlegios ni la alteracion dellos de la simple voluntad del Principe mal affecto á la religion, sino que la misma materia de estado les vendria á obligar á contemporizar con ellos y acaso esta misma les podria mover á reducirse á la misma religion, y siendo cierto que mi animo no ha sido de ser singular ni de quererlo parecer en nada, no he podido excusar cumpliendo con mi obligacion de representar aquellos inconvenientes que mi entendimiento no alcanza á vencer, haviendo deseado por mi maior credito conformarme con el sentimiento del Consejo como tanto mas acertado."

Visto pues lo que en estos dias se le havia consultado á su Magᵈ se sirvió de mandar que los Comissarios llevasen al Principe la respuesta que el Consejo havia resuelto, siendo en sustancia que su A. volviese á tomar acuerdo consigo hasta donde podria estenderse en el punto de la seguridad; y tomandole su Altᵃ con sus

1623. ministros volvió á offrecer segunda vez por escrito casi lo mismo que la primera, esto es, reduciendo la seguridad que se desseaba á palabras y juramentos de su Alt^a, del Rey su padre, de su Consejo de Estado, y de otros grandes ministros; tambien offrecia interponer toda su auctoridad para que el Parlamento lo pasase y confirmase todo, y en particular prometia de suio el Principe, que haria de su parte quanto se le propusiesse, que era menester par ir asegurando con el effecto las cosas de los Catholicos, como con esto no se llegasse á riesgo conocido de algun alboroto ó sedicion de su reyno.   La instancia de su Mag^d sacó tambien del Principe en esta ocasion dos particularidades hasta aora no advertidas, suponiendo (sin duda) que no podia haver riesgo en ellas.   La primera, que su A. y el Rey su padre jurarian, que por sí, ni por interposita persona, directa ni indirectamente, en publico ni en secreto, intentarian persuadir ni proponer á la S^{ra} Infante cosa alguna contraria á nuestra s^{ta} religⁿ Catholica; y la segunda, que el Principe prometeria á su Mag^d (dandole desto bastante satisfaccion) que, siempre que la S^{ra} Infante le pidiese el asistir con su A. á oir privadamente las platicas y conferencias de los theologos Catholicos en materia de religion, no excusaria.

Y assí para satisfacerle en esta parte de manera que entendiese que no se podia hacer, ni le quedase ya alguna ocasion para nuevas replicas, baxó orden de su Mag^d á la Junta de Estado donde se trataba este negocio, para que se hallase tambien en ella el Nuncio de su S^d, y que, estando él presente, se viese esta ultima respuesta que daba su Alt^a, á fin de que declarasse si podia dispensar en la dicha extension en que el Principe rehusaba tanto venir.   Leido el pap^l, dixo el Nuncio luego que no tenia comission alguna de su S^d para alterar en algo los dichos capitulos segun como havian venido de Roma, sino que assí como estaban era preciso el haverse de asentar y cumplir, porque de otra manera ni la dispensacion seria valida, ni él entregaria el breve della.   Hiciéronse estos dias extraordinarias dilig^{as} con el Nuncio, por parte del Principe para que se interpusiese á facilitar de manera este matrimonio que luego pudiese ser su conclusion.   Fué á hablarle una noche el Marques de Bocquingan, affectando gran secreto en toda esta accion para encarecersela mas, por que previno que havia de ir con solo un interprete, y entrar por un postigo algo apartado que la casa tiene á las espaldas, sin que en ella pudiese ser visto de nadie; y aunque duró esta platica desde las onze de la noche hasta mas de la dos, no pudo sacar algo della, dado que el Marques llegó tambien á valerse de su mas propria manera de negociar, que era amenazas con vana ostentacion de las armas de Inglaterra, pues dixo entre otras al Nuncio que de su parecer ne se havia de tratar este matrimonio sino con el azote levantado sobre los Catholicos.   Provó tambien el Conde de Bristol, si le salia mexor la misma diligencia, y teniendo con el Nuncio otro colloquio no menos largo que recatado (para el qual se saliéron solos al campo) no fué con major effecto.   Despues de intentado todo mandó su Mag^d que los comissarios lievasen al Principe la repuesta que esperaba, diciendole la imposibilidad que havia en moderar los quatro capitulos en la forma que su Alt^a querria, sino era acudiendo de nuevo á su S^d por esto, y que quanto al punto principal de la seguridad que offrecia, lo mandaria ver en la Junta de Theologos que desde la venida

de su Alteza estaba prevenida para este negocio, que como era el superior respecto 1623.
de los que en él se miraban él de la religion, assí tambien havia de ser el juicio de
los theologos el ultimo á que se debia estar.

El Conde Duque propuso entonces al Principe uno de dos medios con que breve-
mente se pudiese acordar la differencia que havia en el ajustamiento de los quatro
capitulos, el uno que de parte de su Mag^d se despachase luego á Roma para solo
supplicar á su S^d tuviese por bien de acomodar la moderacion que el Principe dessaba,
y el otro que su Alteza embiase á persuadir al Rey su padre con persona confidente
quisiese venir en los dichos Capitulos segun y como su S^d lo havia dispuesto. Despues
de algunos dias que tomó el Principe para la consideracion de esto respondió á 21 de
Maio, que assí en lo principal, como en los dos medios que el Conde Duque le havia
propuesto hallaba muy graves difficultades; que supplicaba á su Mag^d que si por su
parte havia quedado alguno otro medio para que este negocio se pudiese effectuar
sin mas dilaciones se pudiese poner luego en obra, que siempre le quedaria dello la
debida estimacion, y en caso de no haverle, aceptaba los dichos dos medios propues-
tos por el Conde Duque, y que en esta conformidad se sirviesse su Mg^d de despachar
á Roma, interponiendo efficazmente su intercession con su S^d para que viniesse en la
moderacion que se deseaba, pero, en quanto á la negociacion que era menester hacer
con el Rey su padre, tenia por mui necessaria su presencia, y assí supplicaba á su
Mg^d le diese licencia para volverse, porque para lo que se pretendia solo hallaba que
este ultimo remedio pudiesse facilitarlo.

El dia siguiente quiso hacer otro tal acometimiento de despedida el Marques de
Bocquingan, para lo qual tomó por medio el ir á buscar á F. Fran^co de Jesus á quien
comenzó á comunicar de orden particular de su Mag^d desde poco despues de su venida
á esta Corte, y para haverle de hablar sobre el caso presente comenzó con encarecerle
mucho las finezas de voluntad que havia descuvierto en el Principe esta ultima
prueva de aora, pues de solo temer que no llegaria al fin de sus desseos tan presto
como se havia persuadido, eran sus congoxas tales que havia padecido la noche antes
unos grandes aprietos de corazon, pero que á mas no poder estaban ia tan resueltos
en su vuelta que desponian para el dia siguiente el hacerla muy á la ligera, y darian
color á ella con decir era forzosa para haver de ajustar con su Rey las cosas que agora
de nuevos se les pedian, y que aunque sentian mucho salir de aquí con tanto desaire
como hechava de ver el mundo (iendose sin haver consiguido lo que trahian ia por
tan siguro y tan cierto en sus esperanzas) deseaban el no hacer mudanza alguna en la
amistad, y concluió con instarle que fuesse á dar quenta al Conde Duque de todo lo
que le havia dicho para que por este medio se diesen por despedidos su Alt^a y él.
Dilató F. Fran^co de Jesus el llevar este recado al Conde Duque hasta el anochecer
(haviendo passado esto á medio dia) y quando acudió, ya havia prevenido con otro
bien differente el Conde de Gondomar que el Principe y el Marques le havian dado,
con el qual casi obligaba á que por parte de su Mag^d se le pidiesse que se detuviessen.

En medio de estas disimulaciones descubria tanto el Marques, assí con el semblante como con algunas palabras, la indignacion que tenia en el animo de que no
se hiciesse todo á su voluntad, que F. Fran^co de Jessus pudo sacar de esta platica

1623.   ba¿tantes indicios de todo lo que fué succediendo despues, y el entender tambien dos
cosas, la una que el Marques vino tan confiado de que venceria todas las difficultades
que se opussiéron á la conclussion deste matrimonio con solas cortesías, y mas con
aquellas que parecian debidas á su venida y á la del Principe, que sentia por agravio
qualq^{ra} entereza en esta materia, siendo assí que requieren tanta los puntos de la religion de que en ella se trataba; la seg^{da}, que era con arte el repugnar tanto á la
extension de los quatro capitulos que vino de Roma, para que poniendo de nuestra
parte toda la fuerza en hacer que la admitiesen no quedase despues entera para
apretar en el punto principal de la libertad de consciencia y de las seguridades con
que se pedia, entendido pues todo por el Conde Duque y representadolo á su Mag^d,
se sirvió de ordenarle que en su nombre le llevase al Principe este recado, que el
amor que su Mag^d le tenia, y el deseo del major acierto en este negocio le obligaban
á pedir á su A. con toda instancia se sirviesse de offrecerle que no tomaria resolucion
en contrario á las determinaciones que se le propusiéron por parte de su Mag^d hasta
dar quenta dellas al Rey de la Gran Bretaña su padre, y en caso que aquella Mag^d
no las admitiese, quedaria por lo menos su Mag^d satisfecho del amor y buena correspondencia de su A. que tan merecida le tiene, que ninguno podrá juzgar por dema-
siada esta diligencia, pues haviendo tardado siete años en tratarse este negocio, no
era mucho que para desbaratarlo se diesen veinte dias mas, y que esto mismo debia
su Alt^a hacer en prudencia (aun quando no se pidiera) por haver sido este neg^o
nacido y criado en las manos de su padre, y estar bien á todo que por ellas tambien
terga el fin; que lo que importaba era que su A. nombrase luego una persona de
anctoridad y de satisfaccion para con el Rey su padre, que fuese á tratar lo mismo
que su A. queria hacer en persona, cuia ida y vuelta podria ser con summa brevedad
y que entretanto se iria prosiguiendo este negocio en la Junta de los theologos á
quien estaba cometido.   El Principe aceptó esto, y en cumplimiento dello nombró
luego á Don Fran^{co} Cotinton su secretario, y á su Mag^d hiço instancia sobre que
se le diesen con brevedad las ultimas resoluciones para despacharlo con ellas.
En orden á lo qual mandó su Mag^d que luego se comenzase la Junta de los Theologos que llamaron Grande, y que se continuase hasta responder á los puntos principales que se les preguntaban.   Los nombrados para ello fuéron Don Francisco de Contreras, Comendador maior de Leon, Presidente de Castilla; Don Andres
Pacheco, Obispo de Cuenca, Inq^r Genl; Don F. Inigo de Brizuela, Obispo de
Segovia, Presidente de Flandes; Don Juan Roco de Campo Frio, Presidente de
Hazienda; Don Juan de Villela, Governador del Consejo de Indias; Don Diego
de Guzman, Patriarcha dellas, Arçobispo de Tyro, Capellan y Limosnero M^{or} de
su Mag^d, y Comissario de la Cruzada; Don Luis Fernandez de Cordova, Arcobispo
de Sanctiago; el M^{ro} F. Antonio de Sotomajor, Confessor de su Mg^d; el
Licen^{do} Melchor de Molina, del Consejo y Camara de su Mag^d; el Licen^{do} Balthasar Galimon, de la mota del dicho Consejo; el Ob^{po} de Guadalaxara en Indias,
de la orden de St Benito; el Maestro F. Antonio de Biedma, Obispo de Petra, Cathedratico de Prima en la Universidad de Alcalá por su orden de S^{to} Domingo; M^{ro} F.
Augustin Antolinez, de la orden de St Augⁿ Cathedratico de Prima en la de Salamanca, electo Obispo de Ciudad R^o; Don Juan Ramirez, del Consejo de su Mag^d de

la Sancta Gen¹ Inqquissicion; Don Alvaro de Villegas, Canonigo de la Sancta Iglesia de Toledo, y Governador de su Arçobispado; el M^{ro} F. Simon de Roxas, de la orden de la Sanc^{ma} Trinidad, Confessor de la Reina n^{ra} S^{ra}; F. Juan Venido, de la orden de St Franco, Confessor de la S^{ra} Infante D^a Maria; Ger^{mo} de Florencia, de la Compania de Jessus, Predicador de su Mag^d, y Confessor de los SS^{res} Infantes Don Carlos y Don Fernando; F. Gregorio de Pedrosa, de la orden de St Ger^{mo}; M^{ro} F. Christoval de Forres, de la orden de S^{to} Domingo; M^{ro} F. Francisco de Jesus, de la orden de N. S^{ra} del Carmen; Don Fran^{co} Sanchez de Villanueva; M^{ro} Fr. Hortensio Feliz Paravicino, de la orden de la Sanctissima Trinidad; F. Balthasar de los Angeles, de la orden de St Fran^{co} descalzo, Confessor del Real convento de las descalzas; Hernando de Salazar, de la Compania de Jessus; M^{ro} F. Juan de St Augⁿ, y de su orden; F. Juan de Arauz, de la de St Francisco, todos Predicadores de su Mag^d; y D. Don Juan de Hoces, Thessorero de la Sta Iglesia de Murcia; Don Andres Merino, Cathedratico de Prima en la Universidad de Alcalá; M^{ro} F. Antonio Perez, de la orden de St Benito; M^{ro} F. Fran^{co} Cornejo, Cathedratico de Visperas en Salamanca; M^{ro} F. Banlio de Leon, Cathedratico de Durando en dicha universidad; M^{ro} F. Pedro Ramirez, de la Provincia de Andalucía, y todos tres de la orden de St Augⁿ; M^{ro} F. Fran^{co} de Arauxo, Cathedratico de Prima en Salam^{ca} por su orden de S^{to} Domingo; M^{ro} F. Juan de la Puente, de la misma orden, y Coronista de su Mag^d y della tambien; el M^{ro} F. Diego de Lorenzana, Prior de Atocha; F. Di^o de Quiroga, Provincial de los Capuchinos ; F. Luis de St Juan, Guardian de St Gil ; Juan Frederico Geldes; Luis de Torres; y Pedro Gonzalez de Mendoza, todos tres de la compania de Jesus.

Juntáronse todos á 26 de Maio en la sala de Palacio diputada para las Cortes, y havi^{do} entregado cada uno al Presidente de Castilla el papel que prevenidamente trahia hecho dando su parecer sobre esta materia, se propusiéron luego los dos puntos principales á que se les mandaba respondiesen con precission. El primero, si este matrimonio demas de su justificacion es tenia por util y conveniente para la religion Catholica, que es el unico fin que en él se ha llevado siempre? El segundo, que genero de seguridad debia su Mag^d pedir en las condiciones pertenecientes á religion que estaban tratadas, para poder jurar á la sede Ap^{ca} que moralmente seria cierto su cumplimiento? Y despues de grave conferencia que huvo sobre esta materia por algunos dias, concurriendo pareceres tan doctos que con todo genero de erudicion hicieron evidencia de la verdad, al fin se vino á resolver por los votos de casi toda la junta que á los dichos dos puntos se debia responder en esta forma;—al primero, que la justificacion de este matrimonio se supponia ia con la dispensacion que su S^d havia dado para que se hiciesse; que sus conveniencias para la religion Cath^a eran mui grandes, pero que pendian de las condiciones con que se asentase, debiendo de ser tales que por una parte previniessen los peligros, y por otra encaminasen el augmento desta sancta religion en aquel reyno. Al segundo dixéron que, mirando al estado que hoi tiene la dicha religion en este reyno de la Gran Bretaña, y las contingencias á que está sugeta, no hallaban ni era posible otro genero de seguridad moral que poder pedir á su Rey, sino la que fuesse dando el mismo hecho con la execucion de la condiciones que se capitulassen;

1623.   y assí les parecia que lo ultimo á que su Mag^d podia aora estenderse en gracia del
Principe, era que luego se celebrase este matrimonio por palabras de presente; y la
consumacion dél y las entregas de la Señora Infante se dilatasen por lo menos un
año, y que este tiempo se diese á la execucion de lo tratado, para que ella misma
vaia asegurando, para lo qual era precisamente menester que comenzase desde luego,
mandando por edicto publico que en todo el Reyno de la Gran Bretaña se suspen-
diesen todas las leyes que hai contra los Catholicos, y que se les conceda juntamente
el libre uso de su religion en sus casas, y en las de sus amigos y vezinos, de manera
que en este tiempo se dé bastantemente seguridad en el effecto de que se continuará
le mismo adelante; dixéron tambien que era necesario para major firmeza de todo
esto que el Rey y Principe y sus Consejeros hiciesen luego el juramento que offrecian
de lo guardar y cumplir, y quanto á lo demas en que venian por ultima confirmacion
de esta seguridad, que era disponer que se asentase por el Parlamento la dicha
libertad de consciencia, se les pidiese toda la puntualidad posible, de manera que
haian de executarlo cumplidamente dentro de este año ó por lo menos lo pongan tan
adelante que no pueda retroceder.

A 2 de Junio subió á su Mag^d esta resolucion que la Junta dió por escrito, y por
su mandado fué el Conde Duque á llevarla al Principe, aunque eran ia las diez de la
noche, y demas de lo que en razon della dixo á su A. de palabra, le dexó este papel
que lo contenia todo: " Haviendo visto el Rey mi S. el papel que V. A. se servió
de dar á los 21 de Maio en respuesta de lo que se lo offrecia acerca de los capitulos
añadidos en Roma, diciendo que, en caso que el Rey mi S^r no hallase otro camino
mas breve para vencer las difficultades que se le offrecian sobre lo añadido, pedia á
su Mag^d con mucha instancia le diese licencia para volverse á solicitar y disponer
con su padre estas condiciones, y que sin perdida de tiempo se hiciesse por su Mag^d
Catholica instancia con su S^d para que se sirva de dar por satisfechos de la respuesta
de V. A. los capitulos añadidos. Su Mag^d con el effecto y amor grande que tiene á
la persona de V. A., y á la obligacion tan extraordinaria en que le ha puesto su
venida á esta corte, queriendo dar satisfaccion á la armistad grande que professa
con el Ser^{mo} Rey de la Gran Bretaña padre de V. A. á quien igualmente se halla
obligado, ha deseado responder á V. A. á esta propuesta con la brevedad major que
ha podido proponiendo en ella lo mas que puede, esperando que ha de ser de satisfaccion á V. A., y en la parte que no se la diere enteramente, será su Mag^d igualmente sentido, y asegura á V. Alteza que qualquiera punto de estado y conveniencia
de sus reynos pospusiera al menor gusto de V. A., creiendo su Mag^d y confessando
que aunque lo executará assí no hechará á V. A. en obligacion, porque las que
reconoce son tantas y de tal calidad que todas mas majores finezas le son debidas,
sin que nada pueda llegar á satisfacer á lo que en esta parte confiessa debe á
V. Alt^a, y solo el conocimiento de sus partes naturales le hiciera desear su major
satisfaccion, por ser tantas y tales que justamente merecen toda estimacion amor y
buena correspondencia ; remite su Mag^d á V. A. las respuestas que le han dado los
theologos á quien devidamente se huvo de cometer este negocio, para ajustar el poder
hacer el juramento que se le pide haga antes de entregarlo el Breve de la dispensacion,

y certifica á V. A. que les hiço prevenir, dandoles á entender quan servido se hallaria,
y quanto desseaba que se facilitarse y hallase modo para complir lo que su S^d le pide,
sin que fuesse menester nueva instancia por condiciones que en algo fuessen differentes de las tratadas y conferidas hasta hoi; estimando su Mag^d quanto debe, y
ponderandoles á ellos lo mucho que V. A. ha hecho por satisfacer á su Mag^d en
quanto toca al bien y augmento de la religion Cath^a Romana en aquellos reynos,
que es la parte principal y sola que su Mag^d ha desseado, y en que ha hecho instancia
y puesto atencion: y assí, con embiar á V. A. esta resolucion de los theolog^s, le
embia los capitulos de este casamiento; lo qual aceptado por V. A. y por el Rei de
la Gran Bretaña (con quien V. A. le ha offrecido comunicarlo antes del tomar en
contrario resolucion) V. A. podrá tener este casamiento por concluido, conociendo
del animo de su Mag^d que atiende tanto y con tal resignacion á lo que le aconsejan
en la parte de la consciencia, que pospone á ello todas las materias de estado; pues,
como V. A. vee, su Mag^d en dilatar la entrega de la persona del S. Infante haviendo
precedido los desposorios, á no poner en tales manos y Principe de tantas partes y
buenos respectos (como V. A.) este negocio sin duda iba aventurado por parte de su
Mag^d, con que se asienta y asegura bien que esta resolucion está tan lexos de ser
desconfianza, que con ninguno otro medio llega á confiar mas de V. A. Hace su
Mag^d instancia á V. A. que antes de su partida (estando V. A. todavía en la misma
resolucion de executarla) quede concluido el matrimonio rato en conformidad de lo
que parece a los theologos, y asentado y fixo el termino de la entrega, y dexa considerar á V. A. que siendo de tan pocos meses esta dilacion en que se podria
concluír el matrimonio, solo puede obrar este offrecimiento mostrar que effectua y
concluie el casamiento dando á V. A., antes que salga de su Corte, y al Rei de la
Gran Bretaña su padre, lo que han deseado y mostrado querer tan affectuosamente,
y es cierto que su Mag^d es interesado igualmente con V. A. en todos aquellos accidentes que pueden seguirse á la ausencia de V. A. de sus reynos; pues su Mag^d
Catholica y los suios (pena de indigna nota) quedan obligados y lo estarán á
asegurar y á recobrar á V. A. de todos los daños que le pudieren sobrevenir por
este accidente, y no dá ventaja su Mag^d ni la dará á su Mag^d del Rey de la Gran
Bretaña en el cuidado y amor con que vive atento, á quanto toca y puede tocar á la
persona de V. A. en los majores y menores successos que pueden naturalmente
acontecer, deseando á V. A. el bien, augmento, felicidad, y gusto que V. A. mismo
se desea y puede desearse. En la parte que toca á lo añadido á los capitulos en
Roma, su Mg^d en primer lugar vuelve á hacer instrucia á V. A. para que se sirva de
acomodarse en ellos como vienen pedidos de su S^d, y que por intercession y medio
de V. A. su Mag^d del Rey de la Gran Bretaña los acepte en la misma conformidad,
y si todavía V. A. persistiere dificultandolo, su Mag^d con summa brevedad
despachará á Roma correo á los Duques de Pastrana y Alburquerque para
que representen á su S^d lo que V. A. se ha servido de responder á ellos; que
su Mag^d conoce que en algunos puntos llegaria á juzgar su S^d por mas conveniente lo que V. A. promete que lo que su B^d pide, y que V. A. igualmente
despache, como lo tiene offrecido, al Rey de la Gran Bretaña sobre estos puntos,

1623. que mientras de Roma y Inglaterra vienen ajustadas y ratificadas todas las condiciones dellos, y los poderes para capitular y proceder al desposorio, se podrán aquí tratar y convenir los puntos temporales, y las ligas y confederaciones que manifiesten la union y estrecha amistad que se ha asentado entre estas dos coronas, que juntas podrán obrar en el mundo acciones de mucha honrra y gloria de Dios en provecho de su Iglesia y de gran estimacion y reputacion para las dos Monarchias, y en todo procurará mostrar á V.A. el amor que le tiene, poniendo en mano de V. A. el arbitrio que está en la de su Mag^d, salvando solamente la parte de la consciencia, en que el Rey mi S^r no es poderoso á dispensar; y porque esta es respuesta que dá á V. A. el Rey mi S^r; y espera la aceptará como lo debe al amor y buena voluntad con que le offrece en qualquier caso que sea y sirva de mostrar el sincero y affectuoso animo de su Mag^d con V. A., y el Ser^{mo} Rey de la Gran Bretaña su padre, el Rey mi S^r vuelbe á poner en mano de V. A. el arbitrio y dispossicion de todo quanto tiene en sus reynos, para que en ellos V. A. disponga todo aquello que fuere su voluntad y gusto: que su Mag^d se obligará á cumplirlo y executarlo en la forma y con los medios y circumstancias que V. A. se sirviere de escoger, reservando solo (como esta dicho) la parte sagrada de la consciencia, de que su Mag^d mismo no es dueño, que á serlo la pusiera en su mano sin exceptar nada en prueva de su agradecimiento y amor á la persona de V. A. que le professa y professará siempre, y dexará por precepto á sus hijos y descendientes en estos rey^{os}, y le mostrará en effecto en quantas ocasiones se offrezcan á V. A. siempre, juzgando por maior demonstracion que todas, y que mas debe obligar a la persona de V. A. hacer este casamiento debaxo de la condicion que los theologos le proponen, confesando á V. A. que es punto en que no viniera por ningun accidente del mundo, ni fueran poderosas todas las obligaciones de la tierra ni las que tiene á V. A. y á su padre á que aceptará este medio, sino solo el conocimiento particular y experiencia de la persona de V. A., de quien fia y espera tanto que sin capitulacion ni juramento ni mas que su sola palabra le entregará la persona de la S^{ra} Infante y todos sus reynos en confianza con seguridad y satisfacion, que la estimará y escogerá por maior prenda del cumplimiento de lo que offrece que todas las fortalezas de sus reynos, y así lo jura y declara á V. A.; no pareciendo que puede con menos cumplir con lo que debe á las partes avantajadas que conoce, estima, y ama en la persona de V. Alteza.''

El dia siguiente embió el Principe á D. Fran^{co} Cotinton para que en respuesta de este papel dixesse al Conde Duque, que deseaba saber si su Mag^d le alargaria todavía la palabra que su Alt^a le havia dado de no irse, sino esperar aquí hasta dar quenta de todo al Rey su padre y tener orden suia de lo que se huviesse de hacer. El Conde Duque respondió á esto que su Mag^d le tenia ia mandado que le dixese que de ninguna manera vendria en esto, por lo que desseaba assí el buen successo de este negocio, como la mejor manera de tratarlo, á lo qual replicó luego Cotinton : que en tal caso se le havia ordenado hiciesse toda instancia, para que los papeles que el havia de llevar se pusiesen á punto quanto antes, por que solo esperaba ia que se le entregassen para partir, y en esta conformidad se le offreció que se pondria en su despacho la diligencia posible.

Toda esta prissa del Principe mudó luego estilo casi de repente, porque á otro dia fué de suio dando tiempo al despacho de Cotinton, como si no se hechara de ver ni sintiera él que iba corriendo en esta dilacion; pero no lo hacia á caso, sino de intento, valiendose del tiempo para provar con nuevos y majores esfuerzos si podria vencer la resolucion de la Junta, inclinando á su Mag^d á que obrasse contra ella en effectuar luego este matrimonio sin los requisitos que para él se pedian. En orden pues á esto se hiço en nombre del Principe un largo papel para su Mag^d, en cuia compossicion tardáron dos semanas los que tuviéron parte en él, dado que ni fuéron pocos ni solo Ingleses; salió en fin á luz hablando el Principe en él mui á lo theo-logo para consiguir su intento, que era persuadir á su Mag^d que este matrimonio no debia didatarse por las razones que para esto havia propuesto la Junta, que las seguridades que pedian tan precisamente se fiasen de sola su cortesía, de quien podian y debian esperarse, mas ciertas que de los medios que proponian para que lo fuessen; que él del matrimonio rato no consumado que se le havia offrecido para luego de presente no carecia de mucho riesgo, pues le decian theologos Catholicos que lo puede dispensar el Summa Pontifice como lo ha hecho con effecto algunas vezes y assí no era posible darle en esta parte entera satisfaccion. Por todo lo qual suppli-caba á su Mag^d que en caso que se los mismos theologos de la Junta huviesse algu-nos pareceres singulares que mostrasen camino mas llano y breve por donde sin tantas difficultades se pudiesse hacer luego este matrimonio, se sirviesse su Mag^d de seguirlos sin embarazarse con él de la Junta; que en suma era pedir que, siendo esta materia tan de religion, la misma no tuviesse en ella parte, sino que toda se govern-asse por solas contemplaciones y cortesías sin otros majores motivos que los de una pura razon de estado temporal, y esa mal entendida. Visto y considerado este papel de su Alteza, pudo tanto en el real animo de su Mg^d el desseo de satisfacerle, que trató luego de intentar ia para esto nuevos modos sobre todo lo posible, porque estando cierto que la Junta havia mirado este negocio desde la primera vez con summa atencion, se sirvió de mandarle por su real decreto que viendo primero el dicho papel del Principe (que le remetia) volviese á conferir y deliberar sobre él, con presupuesto de que su Mag^d estimaria grandemente que se condescendiesse con los ruegos del Principe en quanto fuesse posible; salvos los respectos debidos á religion y consciencia, que son tan superiores á todo. Llamóse para esto la Junta á 20 de Junio, y estando todos con la dispossicion que tan gran caso merecia viéron el papel del Prin^e, y discurriendo sobre los intentos y razones dél, reconociéron luego que nada era bastante á hacer dar mas de sí la mat^ria, porque ella no lo sufria; y assí respondiéron á su Mag^d, que el dicho papel los confirmaba de nuevo en dos cosas; la una, en que la primera resolucion que ia havian dado era lo summo y ultimo de in-dulg^a que podia admitir esta materia; y la otra, que el modo mas debido con que desde el principio havian de haver propuesto este matrimonio á su A. segun la ente-reza y conveniencias que él pide era, que aora solo se capitulasse y acordase de futuro, reservando el despossorio con lo demas hasta que por parte del Principe se diessen puestas en execucion todas las condiciones tocantes á religion, y de manera que esta se tomase por bastante seguridad; porque el haverse contentado con menos

1623.

que esto havia sido por condescender al servicio de su Alt^a con lo ultimo que se puede sin contravenir á la relig^n de que por ventura havia sacado su Alt^a confianza para pensar que apretando la materia la haria ir dando mas de sí, pero que lo cierto era que ni ella sufria mas, ni ellos se atreverian á quitar ni un dia solo del año que havian pedido para la execucion de las dichas condiciones antes de consumar este matrimonio.

Demas de esta respuesta dada assí por maior se sirvió su Mag^d de que la hiciese por escrito mas particular F. Fran^{co} de J H S su Predicador por ser de esta junta, y haverlo sido de todas las passadas que huvo sobre esta materia, el qual representó en ella con el decoro y decencia posible lo poco que podian mover las razones de que se valia el papel de Principe para innovar en lo determinado, y lo mucho que su Alt^a debia reconocer en la conveniencia de este medio. Viéron esta respuesta el Consejo de Estado y la junta dél, que atendia mas en particular a este negocio y estimandola con singular demonstracion determináron que se diesse al Principe en nombre suio y de la junta, para lo qual le mandó su Mag^d que la viesse una que p^a esto se hacia á 10 de Jullio, y haviendo entendido todo lo que confirió acerca de este punto ordenó despues de dos dias que el Conde Duque fuesse á dar al Principe la respuesta que esperaba, la qual fué de palabra y en esta sustancia;—que mirado todos los respectos de consciencia á que se debia atender no havia hallado camino alguna la Junta para poder condescender con las instancias de su Alt^a, y viendo que con ella se comenzaba á commover el Principe, le replicó el Conde Duque que le supplicaba no le respondiesse nada hasta acabar de oirle, sin que estuviesse presente alguno de los que solian, y quenando á solas le dixo. " V. A. se halla hoi empeñado en dos cosas ambas grandes con que debe procurar salir por la reputacion: la una casarse (y esta sin duda es la major) y la otra casarse presto, y no pudiendo salir con esta segunda tan á prissa como V. A. queria debe governarse de manera que en la principal que pudiendola consiguir no la pierda por el desaire que se le seguiria de volverse sin aquello á que fué su venida, y aunque puede parecer á V. A. que para quedar bien de una vuelta tan desairada seria bastante venganza embiar despues contra nosotros una Armada que nos tomase á Cadiz, á Lisboa, ó á la Coruña (como en effecto lo seria) le advierto que considere que por mas que se prevenga al fin es de suio incierto este successo;" y para obligarle mas el Conde Duque á que tomase tiempo para pensar en lo que debia hacer en este caso le offreció que le embiaria por escrito (como lo hiço de allí á dos dias) la respuesta á su papél que se havia hecho en nombre de la junta, en la qual á demas de otros puntos que se proponian y ponderaban fué señaladamente él del matrimonio rato no consumado (que era él que mas estrañaba el Principe como nuevo rigurosso y nunca usado) mostrandole todo lo contrario con exemplos de Reyes y Principes de esta corona, de aquella, y de otras á quienes nunca pareció nuevo, ni les fué molesto el contratar semejantes matrimonios haciendolos ratos de presente, y difiriendo por algunos años su consumacion, y no por tan altos respectos como son los de la religion, en caso de estar interesado en ella (como en este) sino por solas materias temporales que pretendiéron ajustar por este medio. Esta ultima diligencia acabó de sacar del animo del Principe lo que mas

asentado estaba en él, si bien lo disimulaba y encubria, y assí se declaró con el Conde Duque, diciendole que no podia venir en nada de lo que por parte de la Junta se le havia propuesto, porque las ordenes que tenia de su padre no lo permitian, con lo qual se daba por libre del tratado de este matrimonio, y por despedido para poder aprestar su vuelta. Lo mismo respondió tambien aunque menos compuestamente el Marques de Bocckingam que se halló á esta platica (á quien vino estos dias la m^{rd} del titulo de Duque con que desde aquí le nombraremos) y el Conde Duque se despidió entonces de ambos sin hacer alguna replica contra su resolucion, pareciendole que ia no la havia en la materia. A los 17 del dicho mes pidió el Principe hora para subir á despedirse de su Mag^d y previno al Conde de Bristol, para que le tuviesse hecho por escrito un breve razonamiento; y traiendole el Conde este mismo dia por la mañana mostró el Principe como que se desagradaba de él, y que no queria decir mas que lo que allí de suio se le offreciesse. A la tarde subió su A. á hacer la despedida, acompañandole el Duque de Bocquingam y sus dos Embax^{res}; y comenzando á hablar con su Mag^d fué tan de otra manera de como los Embaxadores esperaban que se halláron confussos por no saber el secreto destas disimulaciones que andaba solo entre el Principe y el Duque no mas. Dixo en fin su Alt^a (haciendo grandes appariencias de que lo sentia assí) que con todas las veras de su voluntad venia en lo que se le havia propuesto así quanto á las condiciones tocantes á religion como á las seguridades dellas, y que esta era la ultima determinacion del Rey su padre, porque aunque las dificultades que se les offrecian en lo uno y en lo otro eran tan graves que les havian hecho intentar tantos medios para si mas á lo facil podian salir con el negocio, ya tenian por bien de allanarse á todó, solo por conseguir un parentesco tan estrecho con esta corona. Tuvose por tan constante esta resolucion que ya con ella se dió este matrimonio por tan acordado como parecia, aunque el modo y circumstancias con que se hizo admiráron con razon á todos, y haviendo tenido el Principe dos acuerdos tan contrarios dentro de termino tan corto como él de seis dias deseaban saber algunas (antes que el tiempo lo declarasse) qual dellos era el verdadero, y qual él de la apariencia.

Havia partido Don Fran^{co} Cotinton para Londres á tiempo que ya comenzaba á ser notada su tardanza en la vuelta, pero de parte de su Mag^d aun no se havia embiado á Roma hasta agora, pareciendo que hasta llegar á esto ultimo no havia algo firme y seguro, y assí en esta ocasion mandó despachar correo, embiando con él á dar cuenta á su S^d de todo, para que de nuevo lo approbasse, y hechase otra vez su sancta benedicion á este matrimonio. Antes de llegar á Roma este correo vino de allá otro con aviso de la muerte de n^{ro} sanctissimo P^e Gregorio XV., con la qual se tuvo luego por forzosa la dilacion que habria en esta respuesta. A los primeros de Agosto volvió de Londres Don Fran^{co} Cotinton con el despacho de lo que trahia negociado de su Rey que en summa era un instrumento publico escrito en pergamino del juramento que havian hecho en Londres á los 20 de Jullio el Rey y su Consejo de Estado, prometiendo guardar y cumplir las condiciones tocantes á religion que por razon de este matrimonio se pedian, y que las asegurarian en la forma propuesta.

Luego que Don Fran^{co} entregó este despacho, le mandó su Mag^d llevar á la Junta

1623.   de Theologos para que diesen su parecer sobre él, y aunque algunos repáraron en
que acerca de unas condiciones no venia tan cumplido como convenia, juzgáron con
todo eso que el estado de la materia no sufria ia adelgazarla mas; y assí respondiéron
por major que el dicho despacho venia bastante. En esta conformidad se procedió
luego á contratar y establezer con el Principe las capitulaciones de este matrimonio,
incluiendo en ellas los 25 articulos segun que veniéron de Roma con los demas en
que se le havia adelantado la materia de religion.   Celebróse este contrato á 4 de
Agosto, en lo qual se obligó el Principe al cumplimiento y observancia de todos los
dichos articulos, especificando cada uno en particular, y su forma fué con este tenor
de palabras.   " Tandem ego Carolus approbans et admittens et acceptans omnia et
singula quæ in scripto particulari de datâ 2 Junii habentur, quod mihi a Rege
Hispaniarum Theologorum suorum sententiam ac judicium continens traditum fuit,
et in eorum executionem et effectum consentiens, eadem grata et accepta habeo et
pro bono duco."   Con este presupuesto luego su Mag^d al cumplimiento de todo aquello
que le tocaba para que este matrimonio llegase á tener su debido effecto, y en particular offreció que haria que el desposorio se celebrase dentro de diez dias de como
llegasse de Roma la approbacion de su S^d, y que para la primavera del año siguiente
serián las entregas de la S^{ra} Infante con las circumstancias y forma con que están
acordadas.

Quatro dias despues de estas capitulaciones embió su Mag^d á offrecer al Principe
por escrito que, si su Alt^a resolvia detenerse en esta Corte hasta la Paschua de Navidad de este año, se le concederia desde aora par entonces el poder consumar este
matrimonio, con tal que quedase en su fuerza y vigor todo lo demas que estaba capitulado principalmente lo que tocaba á las entregas de la Señora Inf^e, que para que á
la voluntad grande que su Mg^d tenia de complazer al Principe en todo aquello que
pareciesse posible, no le quedase á su Alt^a que desear, vino á darse en este ultimo
medio.   Con esta ocasion procuró el Principe aquellos dias affectar tanta firmeza en
el cumplimiento de lo prometido que diversas vezes dió su palabra de que no havria
alguna mudanza en ello, ni dexaria de esperar aquí sin tratar de su vuelta hasta
consiguir el ultimo fin de su matrimonio, y demas de haverlo dicho assí á su Mag^d,
y no una vez sola, lo repitió alguna mas á la Reyna N^{ra} S^{ra}, estando presente la S^{ra}
Infante, subiendo á hacerles visita para solo esto: pero el exemplo y consejos de
algunos de los que asistian al Principe le facilitaban tanto la mengua de faltar á estas
palabras, y en ellas tambien assimismo que á los 20 del mismo mes de Agosto volvió
de nuevo á instar con su Mag^d que el año que havian señalado los Theologos para
la execucion y seguridad de las condiciones acordadas se coartasse y redujesse á lo
que quedaba de este año no mas, que su Alt^a se obligaria á darlas executadas todas
dentro de este termino aunque tan corto.   Sirvióse su Mag^d de mandar que la Junta
de Theologos viesse la importancia y conveniencias de esta replica del Principe, que
como siempre se tuvo esta materia por tan de religion como lo es, quando se offrecia
alguna difficultad en ella era este su ultimo recurso.   La Junta respondió con major
resolucion y ponderacion que nunca, que no se podia ni debia innovar en lo acordado
acerca de este punto, porque quanto mas havian pensado en ello los confirmaban en

este matrimonio con major fuerza la razon, los sucesos antiquos y las experiencias modernas de cada dia, y sin duda ajudáron mucho á esto tres que succediéron entonces.

La primera fué que Don Fran^{co} Cotinton apretado de una grave enfermedad que le sobrevino del travaxo de su jornado pensando que se moria, quiso y procuró reducirse á la Ig^a Catholica, como en effecto lo hiço por medio del M^{ro} F. Diego de la Fuente (que ia havia venido aquí de Roma) á quien el Inq^r Genl dió para esto sus vezes, pero luego se vió libre de este aprieto se acomodó á vivir como antes. El segundo caso fué que un gentilhombre Ingles de los que viniéron en servicio del Principe, llegando á estar de otra enfermedad sin esperanzas de vida, deseó morir como hijo de la Iglessia Catholica con sus sacramentos, y llamando para esto á un sacerdote Catholico de su nacion el D^{or} Don Enrrique (que assí era su nombre) acudiéron á impedirlo la entrada algunos criados del Principe, y segun se entendió por orden de su A., hasta ponerse á defenderla con armas, y hasta darle en el rostro al clerigo un gran golpe con el puño, y pasaran á mas á no ponerse de por medio el Conde de Gondomar que ya havia acudido á sosegar aquello, y otra mucha gente, y este successo que fué bien publico se tomó generalmente por prenda de lo que se podia esperar del Principe, pues quien con tanta violencia procuraba quitar la libertad á los Catholicos en Rey^o estraño, mucho mas haria esto en el suio propio, y aiudó á esforzar este juicio una circunstanzia notable : — estaba este clerigo en Londres con gran estimacion de Catholico y de theologo (havia sido algunos años alumno en el Collegio Ingles de Sevilla) y el Duque de Bocquingan lo hizo venir aquí luego que dió principio á la negociacion deste matrimonio, para que introducido en ella á titulo de Catholico pudiese adelantar las casas y saber mas del estado dellas, como en effecto le succedió por este medio, temiendo pues el clerigo que este caso lo habria descompuesto con el Duque fué despues de algunos dias á satisfacerle y le dixo que sin buscar él la ocasion se havia hallado tan obligado á hacer lo que hizo á ley de Catholico, que si no era faltando á ella no lo podia escusar, y tanto que no se atreviera á hacer menos aunque aventurara la vida si como estaba en Madrid el enfermo estuviera en Londres y dentro del Palacio real, por que llamandolo allí de la misma manera no podia dexar de acudir, supuestas las obligaciones de Catholico. El Duque consolandolo y offreciendole de nuevo su favor le respondió á esto entre otras cosas :—" La verdad es que no se sufre tratar de otra manera lo que assí tan de veras toca en la religion que uno professa." El tercero caso sucedido en aquella misma semana (y no de menor cuidado) fué que en entrando en el aposento del Principe un gentilhombre de la Camara de su Mag^d encontró á caso sobre el bufete un catecismo de los Protestantes que enseña todas sus heregias y errores traducido en Español, y encuaderando rica y curiosamente, y sacandole con disimulacion, dió luego cuenta dél al Rey N. S^r ; y su Mag^d sin verlo le mandó que lo entregase luego á quien se le ordenaba, de cuia falta nunca el Principe se dió por entendido, procediendo en esta parte con gran disimulacion. En concurrencia pues de todo esto dió la Junta de los Theologos la resolucion que queda dicha fundada de todos, y haviendo satisfecho con ella no solo á lo presente, sino tambien á lo demas

1623. que podria offrecerse adelante, la mandó Su Mag^d despedir á los 25 de Agosto dandose por mui servido de todos, y mas de que sin atender á respectos humanos solo
huviesen mirado á los que debian aquí á Dios, á su religion, y á su iglesia.

Nada bastó á quietar el animo del Principe, antes entrando ia en ultima desconfianza de poder acabar este negocio á su modo, comenzó á tratar de su vuelta á
Londres desde luego que supo la respuesta de la Junta sin que razones ni instancias
pudiesen apartarlo de tan obstinada resolucion, y dado tambien que se le advirtió
que pues havia venido nueva á los 23 de este mes de la eleccion en summo Pontifice
de nuestro sanctissimo Padre y Señor Urb° VIII. era mui posible que dentro de pocos
dias llegase el despacho de su S^d para celebrar luego el despossorio, resistiendo en fin
á todo, y en ello á su propia conveniencia, señaló dia fixo para su ida á los 9 de
Septiembre, offreciendo que, si no venia antes lo que se aguardaba de Roma, dexaria
poderes para que en su ausencia se hiciesse el despossorio.   Sentian grandemente
esta apresuracion, y no menos la condenaban los demas ministros y criados del
Principe y tanto mas conociendo por auctor della al Duque de Bocquingan, de cuia
passion y altivez temian ya otro qualquier, arrojando y hablandole sobre ello aquellos
dias le ponian delante por detenerle el respecto á la palabra real que el Principe
havia dado tantas vezes, y el herror que hacia faltar assí tan de manifiesto á ella,
pues era demas de otros inconvenientes que de este pronosticaban perder de contado
la reputacion por el modo mas indigno de todos.   Hallóse á estas platicas un
Bufon ingles que entretenia ál Principe llamado Arche, y con la fuerza de la verdad
se atrevió á decir su parecer al Duque afeandole mucho la manera de negociacion
que havia tenido en todo el discurso de este tratado sin guardar firmeza ni palabra
en nada, y mandandole el Duque caller una y otra vez, y no bastando, le amenazó con
que le haria ahorcar sino callaba, á lo qual le replicó el Bufon con esta sentencia
digna de otro major seso, " Hasta hoi no se ha visto alg^n Bufon ahorcado por hablar,
pero bien se han visto en Inglaterra muchos Duques degallados per temerarios."

Instando ya la partida del Principe se dispuso para dos dias antes, que fuéron el 7 de
Septiembre, que juntamente con su Mag^d jurasen ambos las capitulaciones de este
matrimonio en aquella conformidad que las havian otorgado á 4 de Agosto y refiriendose al dicho contracto fué esta la forma del juramento, " omnia rata et grata habue-
rint, eademque approbarunt, laudarunt, et consumarunt, et ratificarunt, et inviolabiliter,
firmiter, benè, et fideliter tenere, observare et perimplere, tenerique, observari, et perim-
pleri facere cum effectu, bona fide, et in verbis regiis promisserunt omni cautione seu
contradictione cessante, non obstantibus quibuscumque opinionibus, sententiis, aut
legibus in contrarium; et sic tandem sacrosanctis Dei Evangeliis ab utroque tactis
jurejurando firmarunt."   Hiciéron tambien su juramento en orden al cumplimento
de lo que les tocaba las Embaxadores del Rey de la Gran Bretaña y el Duque de
Bocquingam, y él deste, para que pueda por exemplar de todo, fué del tenor que se
sigue. " Ego Georgius Vilersius, Bokingamus Dux, maris Anglicani præfectus,
Garterii ordinis periscelide insignis, a consiliis status Ser^mi Magnæ Britaniæ Regis
et ejus equulis præpossitus, juro me debitè plenéque observaturum quantum ad me
spectat omnes et singulos articulos qui in tractatu matrimonii inter Serenissimum

Carolum Walliæ Principem et Serenissimam Dominam Mariam Hispaniarum Infantem continentur. Juro etiam quod neque per me, nec per ministrum aliquem inferiorem mihi inservientem, legem ullam contra quemcumque Catholicum Romanum conscriptam executioni mandabo aut mandari faciam; pœnamve ullam ab earum aliquâ irrogatam exigam, sed in omnibus quæ ad me pertinent ordines a Majestate suâ eâ ex parte constitutos fideliter observabo." Luego despues de este auto embió el Principe á la Sra Infante las joias que se havian trahido de Inglaterra para este effecto, siendo muchas y mui preciosas, las quales se depositáron luego en la Guardajoias de su Magd hasta que fuesse tiempo de poderlas dar á su A., y en esta ocasion embió tambien el Principe algunas joias de diamentes dignas de su grandeza á sus Magdes, y á los Sres Infantes, y luego á los Condes Duques, y despues repartió otras muchas y todas de valor entre los Señores Gentileshombres de la Camara de su Magd y los Consejeros y ministros que havian intervenido en este negocio, estendiendo esta liberaledad hasta los menores criados de palacio que asistiéron al servio de su Alta, y precediendo para todo licencia de su Magd.

A los 8 de Septtre, dia de la natividad de N. Sra por la tarde subió en publico el Principe á despedirse de la Reyna nra Señora, y juntamente de la Sra Infante que estaba con su Magd; y en esta ocasion volvió á offrecer de nuevo á su A. con todas las veras que podian caber en su fee y palabra, que tomaba devaxo de su proteccion y amparo á los Catholicos de su Reyno, asegurando que por serlo no padecerian ia persecucion ni molestia alguna. El Duque de Bocquingan no acompañó al Principe en esta despidida com fuera justo, porque quiso el hacerlo despues solo, pidiendo audiencia aparte para esto, que su major pretenssion mientras aquí estuvo fué que lo igualassero con el Principe en las honrras, y el ño haverlo consiguido fué una gran causa entre las demas de su indignacion y de sus quejas, y previniendo á lo que ya se debia esperar dellas y de su animo, se mandó hacer un apuntamiento del modo de proceder del Duque mientras aquí estuvo en el tratamiento que hacia al Principe en su vida y costumbres, en su estilo de negociar y en su insolencia en todo, contestandolo con sus mismos acciones; y este papel que lo representaba todo con gran comprehension y distinccion á fin de que por su medio se pudiesse enterar dello el Rey de la Gran Bretaña se le embió tan á tiempo que llegó allá antes que el Duque.

Salió en fin el Principe de Madrid á 9 de este mes por la mañana acompañandole su Magd con los Sermos Infantes Don Carlos y Don Fernando, y llegáron aquella tarde á St Lorenzo el real. Luego á la noche procuró el Duque de Boquingan verse con el Conde Duque, asistiendo solo Don Gualtero Montegu Cavallero Ingles para que les sirviese de interprete, y el intento de esta platica fué reconciliarse con el Conde Duque, de manera que fuesse esta despedida quedando en toda amistad. Respondióle el Conde Duque que miu de voluntad vendria en ello con que de su parte asegurase dos cosas:—la una que dexaria correr el tratado de este matrimonio de la manera que iba encamienado hasta llegar á su conclussion, sin opponerse á este:—la otra que las relaciones que en Inglaterra hiciesse de lo que acá havia passado en este negocio fuesen puntuales y ajustadas al mismo hecho; porque en caso de ser differentes

(como podria temerse) vendria á ser de gran perjuicio esta amistad que agora pretendia, pues podria valerse della para calificarlas.

Detuvose el Principe en St Lorenzo otros dos dias por ver en ellos algo de las grandezas de aquella cassa, y pidiendole despues apretadamente con recaudo de su Mag^d que aguardase allí otro dia mas, por no poder estar á punto antes las prevenciones que se estaban haciendo para esta jornada en que su Mag^d queria acompañarlo, nada pudo acabarlo con su Alteza, y assí haviendo de partir á 12 por la tarde firmó allí poco antes los poderes que dexaba á su Mag^d y al Sr Infante Don Carlos, para que en su nombre se pudiesse desposar con la S^{ra} Infante, ó su Mag^d, ó su Al^a luego que llegassen los depachos que se esperaban de Roma, si bien limitando el tiempo de poder usar dellos hasta la Navidad siguiente, y firmados los entregó en presencia del notario y testigos al Conde de Bristol, para que á su tiempo hiciesse dellos lo que se le ordenasse. Este mismo dia de la partida por la mañana juntó el Conde Duque á los dos Embaxad^{res} del Rei de la Gran Bretaña, y delante del Capitan de su Guarda, el Baron de Quensinton, que aora es ya Conde de Olam, les pidió con instancia le dixessen si de parte de su Mg^d les parecia que quedaba algo por hacer en orden á que el Principe llevase cumplida satisfacion en todo; y ellos respondieron, que aunque lo hecho hasta entonces podia bastar para esto, juzgaban que no quedaria ia que dessear para el intento si su Mag^d se sirviesse de significar por escripto al Principe en esta ultimo ocasion las vers y firmeza de su voluntad para con su Alt^a; y assí le escribió este dia el papel que aquí se verá luego, juntamente con su respuesta.

A las tres de la tarde este dia salió el Principe de St Lorenzo, iendo con él su Mg^d y los S^{res} Infantes, y algo antes (despidiendose primero de su Mag^d) el Duque de Boquingan se quiso ir solo saliendo á cavallo, y como por la posta, aunque eran bien grandes el sol y el calor del dia. Llegados su Mag^d y su Alt^a al sitio del campillo anduviéron cazando un rato, y luego se pusiéron á merendar en el campo como solian otra veźes; despues retirandose un poco hiciéron allí su ultima despedida, estando presentes á ella el Conde Duque, el Marques del Carpio y los dos Embaxadores de Inglaterra, siendo de todas partes con grandes demonstraciones de affecto, y la sustancia de lo que se dixéron de palabra su Mag^d y el Principe es la que con estilo mas dilatado contienen sus papeles, siendo este él de su Mag^d:—" Ser^{mo} Señor. Pues no me ha^a sido posible por la brevedad grande de la partida de V. Alt^a que ya pueda ir haciendole compania hasta la mar (como quisiera) me ha parecido de cirle en esta despedida,^{b} que me hallo tan obligado á V. Alt^a y al Ser^{mo} Rey de la Gran Bretaña, que todo el poder del mundo junto no me apartará un punto de cumplir puntualmente todo lo acordado y asentado con V. Alt^a, y quanto puedo haver que asentar de nuevo para mas estrechas prendas de amistad y alianza; y offrezco á V. A.

---

^{a} no ha.   Copy in *State Papers: Spain.*
^{b} parecido en esta despedida dezir.   *Ib.*

de arrancar y deshacer qualquiera estorvo ó, impedimento que se oponga á esto en mis Reynos; y de **V. A.** y del Ser^{mo} Rey de la Gran Bretana fio y espero harán lo mismo, siendo nuestros intentos unos, porque en todo quiero y desseo lo mismo que **V. A.** y el Ser^{mo} Rei de la Gran Bretaña quieren y desean;ᵃ y en prenda de estaᵇ confidencia y amistad verdadera protesto todo lo dicho, y doi á **V. A.** mi mano y mis brazos, en St Lorenzo á 12 de Septt^{re} 1623." Luego que recibió el Principe este papel respondió á él con otro de su mano que es este. " Cierto es que yo me holgara infinito de haverme podido detener todo lo necess^{rio} hasta la ultima conclusion del casamiento, y aguarda á llevar tan buena compania como la de la S^{ra} Infante ; pero, pues esto no ha podido ser, ni el tiempo por los calores que hace permite que **V. Mag^d** se alexe, mas quiero decir tambien á **V. Mag^d** á mi partida que todo el poder del mundo que se opponge no me estorvará que dexe de cumplir en todo ni en parte lo capitulado concertado y acordado con **V. Mag^d**, y todo lo demas que puede haver que asentar de nuevo para mas estrechas prendas de amistad y alianza; y offrezio á **V. Mag^d** de arrancar y deshacer todo lo que dificultare í impidiere esto, y se opusiere á su cumplimiento en los Reynos del Rey mi S^r y padre, y fio y espero de **V. Mg^d** que hará lo mismo, pues son nuestros intentos unos, porque en todo queremos y deseamos la Mag^d del Rey mi padre y yo lo que **V. Mag^d** quisiere y deseare, y en prenda desta confidencia y amistad verdaderá protesto lo dicho, y doy al Mag^d mi mano y brazos:" y lo que mas debe admirar en el empeño de estas confianzas y palabras de Principes es que de su propio motivo quisiese revalidarlas despues (y no una vez sola ni con estilo menos encarecido) quando pudo hacerlo de su volunt^d sin provocacion alguna; porque en muchas de las cartas que escribió á su Mag^d desde el camino, y llegado ia á Inglaterra refiriendose á esta promessa la confirmó de nuevo, protestando estar y permanecer en ella, como parece por cartas suias destas fechas de Segovia á 13 de Sept^{re}, de Olmedo á lo 15 del mismo, de Carrion a los 18, de Roiston en Inglaterra a los 18 de Ott^r, y de Londres á los 16 de Noviemb. Con estas cartas de su Mag^d solian venir tambien algunas del Principe para la S^{ra} Infante, y cerradas como vinian se guardáron todas con las joias hasta ver el fin que tenia este matrimonio.

Hecha esta suppossicion viene á ser tanto mas notable lo que se estaba haciendo al mismo tiempo y quiza á la misma hora que el Principe escribia á su Mag^d desde el camino alguna de estas cartas, porque juntamente hiço entonces de secreto la primera revocacion de los poderes que havia dexado para el desposorio, y la embió al Conde de Bristol usando desta traza. El Duque de Bocquingan despachó para Madrid desde Segovia á un criado suio que le era mui confidente mandandole que se fuesse derecho á la possada del Conde de Bristol, y le dixesse que venia á ciertos negocios de su amo en que seria posible detenerse algunos dias, que entre tanto se sirviesse de admitirlo en su casa que el procuraria despacharse quanto antes, y la verdadera que el fin unico desta venida y del hospedaxe eran para que estuviesse á la mira de si llegaba de Roma lo que se esperaba para celebrar luego el

---

ᵃ quisieren y dessearen. Copy in *State Papers: Spain.*   ᵇ prendas desta. *Ib.*

1623.

desposorio, y que en saviendo que se señalaba dia para él, uno ó dos antes (y no de otra manera) diesse al Conde de Bristol la carta que le trahia porque consistia en esto toda su negociacion. El Conde que desde luego entró en sospechas, y mas viendo que se andaba ocioso sin hacer nada este criado, procurando ganarle (que no fue mué dificultoso) le sacó diestramente este secreto, y con él la carta en que halló que le decia el Principe que estaba con un grande escrupulo acerca de este desposorio por haverle advertido que aun despues de hecho le quedaba libertad á la S^ra Infante para entrarse en religion, y assí hasta asegurarse de esto le mandaba que suspendiesse el entregar los poderes. En llegando el Principe á Londres algunos, alcanzaron por allá á entender tambien esto mismo con todas sus circumstancias sabiendo que havia sido en Segovia, y que la ocasion que allí tuvo el Duque de Boquingam (demas de sus buenos deseos) para apresurar tanto esto revocacion de los poderes por este modo, fué al haverlo encontrado allí el Secretario de la Condesa Palatina que le trahia particular embaxada de aquella Princessa mui importante para el Duque, y no menos á proposito para obligarle á lo que hiço. Conoció luego

Entendióse que el fin desta Embaxada era offrecerle en casamiento para su hija unica al hijo heredero de Palatinado como dispusiese de manera que tambien viniesse á ser successor en los Reynos de la Gran Bretaña.

el Conde de Bristol (sin deber en esto mucho á su sagacidad) que este tan fingido escrupulo y todo el artificio de esta diligencia tiraban a no solo faltar ya á lo que tam poco antes havian capitulado y jurado, sino á hacer esto quando huviesse de ser con maior nota; y assí previniendo á una infamia tan grande, despacho luego un correo á su Rey dandole cuenta de todo, para que antes de succeder lo ataxase con el mas conveniente remedio. Aunque fuera de lo que era cumplir el Conde con la obligacion y fidelidad proprias y del officio, poco ó nada se prometia ya desta prevencion, por que colligia bastantemente destas premissas lo que podria ser en llegando á Londres el Principe y el Duque. Estaba el mundo tan ageno de pensar que esto pudiese ser, que al mismo tiempo tenia su Mag^d particular cuidado y atencion á disponer en el mejor modo que fuesse posible el cumplimiento de lo capitutado, y en orden á esto mando por su real decreto que Don Fr. Inigo de Brizuela, Obispo de Segovia, de su Consejo de Estado, y su Presidente de Flandes; y los Maestros F. Fran^co de Jesus, y F. Ju° de St Aug^n sus Predicadores, cada uno de por sí hablasen retiradamente á la S^ra Inf^e algunos ratos los que su Alt^a tuviesse por bien, para exhortarla y advertirla de todo lo que conviniesse saber antes del desposorio, para que este acto fuesse mas firme y verdadero, y mas meritorio para con Dios, y para que tambien entrasse su Alt^a en este nuevo estado donde eran tan de temer los peligros con mas entero conocimiento de sus obligaciones y major zelo de cumplirlas; y esto se hacia quando para faltar el Principe á las suias buscaba pretextos tan frivolos. En virtud pues de la dicha carta (sin darse por entendido della ni de lo que contenia) comenzó á mudar estilo en su negociacion el Conde de Bristol juntamente con Don Gualtero Aston Embaxador Ordinario, y assí ambos de conformidad significaban el tener nuevas ordenes de su Rey para apretar mas que nunca en lo del Palatinado, y con esto mostraban tambien gran deseo de que el desposorio se dilatase hasta Pascua de Navidad, ó por lo menos hasta poder dar cuenta á su Rey de la approbacion de su S^d quando llegase, para que supuesta ella les mandase de nuevo lo que debian hacer.

Respondiósele á esta propuesta lo mucho que se les estrañaba qualquiera de sus partes, porque quanto á la primera del Palatinado, parecia que pretendian agora su acomodamiento ó restitucion como condicion requisita para este matrimonio, cosa que hasta aora no pudo caher en pensamiento de nadie, pues dado que su Mag^d desseaba y procuraba con todas veras dar satisfacion en esto al Rey de la Gran Bretaña, no era por razon del casamiento, ni porque pendiese dél en manera alguna, sino solo por buena correspondencia y amistad, y quanto á la otra parte de dilatarse el despossorio faltaba admiracion para la devida á esta novedad; pues, haviendo tan poco que daban prissa á él con tan extraordinarios modos, agora que ya estaba como en su mano querian de suio interponer dilaciones, haciendose en ello á sí mismos y á su verdad tan manifiesta opposicion. Pero que, no obstante esto, estaba su Mag^d resuelto á cumplir puntualmente lo que le tocaba deste contracto, y que siendo uno de los capitulos acordados con el Principe que dentro de diez dias de como viniesse el despacho de Roma se celebraria el desposorio, se haria así sin mas dilacion, principalmente haviendo entendido que los mal intencionados que havia en Inglaterra hechaban voz ya que el intento de esta corona en todo el discurso deste tratado, y mas agora á lo ultimo dél, solo era affectar dilaciones que lo embarazasen siempre, y assí hacia su Mag^d caso de reputacion el convencer de lo contrario con las obras al Rey de la Gran Bretaña y al Principe de Gales su hijo: dixoseles tambien que aunque estas dilaciones que agora intentaban era bastante indicio de menos voluntad á este negocio respecto de la que tan ansiosamente havian mostrado á el assí el Rey como el Principe, no reparaba ya su Mag^d en esto (como lo hiciera á tener las cosas otro estado) solo por atender al cumplimiento de lo que les havia offrecido, para que en caso de haver alguna falta estuviesse toda de su parte; con lo qual se les denegó esta novedad que aora pedian, y aunque el mysterio della no se acavaba de penetrar por entonces, no mucho despues se supo por diferentes medios que era procurar hacer tiempo con esta dilacion para que les pudiese embiar á mandar su Rey si executarian, ó no, la suspension de los poderes que el Principe havia embiado al de Bristol en la forma ya dicha.

Sin havèr desistido los embaxadores de esta instancia, ni mejoradose la respuesta que se les dió á ella, llegó en este estado á los 24 de Noviembre lo que se aguardaba de Roma tantos dias havia, que no pudo venir antes por la larga enfermedad de su S^d desde luego que salió del conclave donde fué electo ; y la summa de este despacho fué un Breve, por el qual approbaba su S^d las condiciones en que el tratado de este matrimonio se havia aventaxado de nuevo, y daba su sancta benedicion para que devaxo dellas (y no de otra manera) sa pudiese celebrar el desposorio en virtud de la dispensacion de su predecessor. Mandó su Mag^d dar luego aviso de todo á los Embaxadores del Rey de la Gran Bretaña, y ellos apretados con esta nueva volviéron á hacer majores esfuerzos con el Conde Duque para que el desposorio se dilatasse, á las quales se les respondió en la conformidad que antes, que su Mag^d no podia faltar por caso ninguno al cumplimiento de lo que le tocaba, y que siendo uno de los articulos capitulados y jurados que dentro de diez dias de como se le entregasse esta approbacion de su S^d seria con effecto el desposorio, no parece que podia ni debia

1623.   hacer ya en esto otra cosa, pero que si todavía querian que no se executasse assí este capitulo, vendria su Mag^d en ello, con tal que quedase libre de esta obligation. Replicáron los Embaxadores que ellos no tenian orden de su Rey para alterar en algo de lo capitulado; si bien holgarian mucho por algunos respectos de poder le dar cuenta antes que se celebrasse el despossorio del dia que se señalaba para él, pero que, pues la voluntad de su Mag^d era la que se les significaba, estaban promptos para su execucion en la parte que debian.   Con esto se procedió luego á que su Mag^d hiciesse el juramento á la sede Ap^{ca} que ella havia pedido desde el principio como necessario para la seguridad de todas las condiciones tocantes á religion, y sin el qual ni el Nuncio podia entregar la dispensacion ni celebrarse sin esta el despossorio, siendo pues esta la ultima diligencia que ya quedaba para que se hiciesse tan acordadamente como convenia, se sirvió su Mag^d de escribir un papel al Nuncio, y que se le llevasse con él todo lo capitulado por razon de este matrimonio en favor de la religion Catholica (assí en las condiciones como en sus seguridades) para que reconociesse si eran bastantes para poder caer sobre ellas el tal juramento, y haviendolo visto el Nuncio respondió tambien por escrito, que su Mag^d podia muy bien jurar en la forma que lo pedia la sede Ap^{ea}, pues en lo accordado y contratado no hechaba menos ninguno de los reqisitos que para esto eran menester.   Ordenóse este acto para los 29 Noviemb^e por la noche, y el Nuncio subió al aposento de su Mag^d para recibir este juramento en nombre de la sede Ap^{ca} delante de los testigos que se halláron presentes, y su Mag^d le honrió en esta ocasion, mandandole dar silla en que estuvo sentado mientras duró esta ceremonia.   Luego aquella misma noche representó el Nuncio á su Mag^d por un papel qui ia era llegada la ocasion (conforme á la instrucion que tenia) para poner en sus reales manos la dispensacion; y que para cumplirlo assí suplicaba á su Mag^d le mandasse lo que debia hacer.   Su Mg^d ordenó que la pusiese en manos de Juan de Ciriza Secretario de Estado, y él con esto se dió por entregado della, y porque ia desde este punto corria el termino de los diez dias dentro de los quales se debia celebrar el despossorio, alargando este lo mas que se pudo, señaló para él su Mag^d el Sabb^o que eran 9 de Diziembre.

Otro dia se mandó decir á los Embaxadores del Rey de de la Gran Bretaña que el Nuncio havia entregado ya á su Mag^d el breve de la dispensacion, supuesto el juramento que hiço primero á la Sede Ap^{ca}, y que con esto le corria ya obligacion por uno de los articulos capitulados y jurados á hacer como el desposorio se celebrasse dentro de diez dias, y así estuvo á cumplirlo, que viesen si de su parte se offrecia algun impedimento en contrario ó si estasen llanos en proceder á su execucion, y si tambien lo estaba el Conde de Bristol entregar los poderes que le quedáron, para que usando dellos se conclusiesse este negocio.   Respondiéron los Embaxadores, que holgaran infinito de que este aviso fuera á tiempo que ellos le pudieran dar con un correo al Rey de la Gran Bretaña, y al Principe de Gales su hijo, de manera que se hallaran prevenidos con él, para poder celebrar allá la fiesta de este desposorio en el mismo dia que acá huviesse de ser, haciendo alegrías publicas y otras grandes demonstraciones de gusto, que apurados de razones con que poder dar algun color al intento de la dilacion hechaban ya mano de esta ; pero que ia pues esto no era

posible, tan poco havia alguno otro impedimento de su parte, para lo que era cumplir la dicha capitulacion, y assí estaban prestos para esto, estandolo tambien el Conde de Bristol, para entregar los poderes quando fuessen menester. Teniendo pues este estado las cosas, llegáron Miercoles por la mañana á seis de Diziembre tres correos de Inglaterra dirigidos al Conde de Bristol. Sabida su venida se presumió luego lo que podian traer ; pero á la tarde acabó de entenderse por lo que ambos Embaxadores fuéron á decir al Conde Duque ; aunque quando entráron á hablarle reconociendoles en el semblante alguna turbacion les ganó por la mano diciendoles, " Debe de haver venido ya la revocacion de los poderes," y ellos confessandola comenzáron á proponerla por algunas quexas de lo del Palatinado, que fué el pretexto desta accion, y en particular las diéron de la Sᵃ Infᵃ Dᵃ Isabel Governadora de Flanders por haver entregado de nuevo el Berghestat al Elector de Maguncia en lo qual los ataxó luego el Conde Duque con responderles que aquello se havia hecho sin haverlo su Magᵈ ni sus ministros, y que al punto que llegó á su noticia, se embió luego orden para que en todo caso se repusiese, y esto solo por dar en ello tan anticipado satisfacion al Rey de la Gran Bretaña como constaria del mismo despacho que les hiço referir; y quanto á la suspension ó revocacion de los poderes declaráron la orden que tenian; á que el Conde Duque les dixo que no les respondia hasta saber la voluntad de su Magᵈ A la tarde mandó su Magᵈ que Juan de Ciriza su Secretario de Estado embiasse un papel al Conde de Bristol para entenderse con él por escrito, y preguntarle si con les correos que havian venido este dia de Inglaterra tenia alguna novedad contra lo acordado, y en particular acerca del dia que estaba ia señalado para el desposorio. El dia siguiente que fué á 7, le respondió el Conde de Bristol tambien por escrito que la intencion del Rey de la Gran Bretaña su Senor era y siempre havia sido que antes de llegar al desposorio se asentasen primero algunas cosas muy necesarias, para que la paz y alianza que por medio deste matrimonio se pretendian entre estas dos coronas fuesen mas fermas y durables, de las quales daria cuenta á su Magᵈ muy presto y por escrito. Entendióse con esto (declarandolo tambien el Conde assí) que su Rey queria aora que fuessen dependientes estas dos materias tan separadas la una de la otra, á lo menos como hasta aquí lo eran la del matrimonio y la del Palatinado.

Este mismo dia á siete por la tarde se juntó el Consejo de Estado para ver esta respuesta del Conde de Bristol, y despues de haver conferido acerca de todo mandó su Magᵈ que el Consejo subiesse á su aposento, donde en su presencia fué diciendo cada uno lo que se le offrecia, y haviendolos ia oido á todos preguntó su Magᵈ al Secretario Juⁿ de Ciriza, si en algun tiempo (desde que esto pudiera ser) se havia asentado ó pedido por razon de este matrimonio algun capitulo ó condicion que mirase á la restitucion del Palatinado ? A lo qual respondió el Secretario, que no solo no havia alguna, sino que ni de lo tal se havia tratado nunca hasta aora. Su Magᵈ mandó entonces al mismo Secretario, Juan de Ciriza, que en la dicha conformidad respondiesse al Conde de Bristol por escrito, diciendole en el papel :—" Su Magᵈ me manda que diga á V. S. I. que mandó juntar Consejo de Estado para saber si aora, ó en algun tiempo se ha articulado ó capitulado por condicion del matri-

monio de la Ser^mo Infante su hermana con el Ser^mo Principe de Gales las preten-
siones y restitucion del Conde Palatino, y haviendo entendido que in todo el tratado
deste matrimonio no hai capitulo ni clausula que desto hable, viene su Mag^d en lo
que V. S. I. ha propuesto de parte de los Ser^mo Rey y Principe de la Gran Bretaña
en quanto á que no se celebren los desposarios el dia que estaba capitulado, y que
á lo demas se le responderá á V. S. I. En Madrid á 7 de Diziembre 1623." Sin ser
todo esto parte para que de la de su Mag^d se hiciesse novedad alguna en el cumplimiento de lo que le tocaba se tuvo por conveniente que no la huviese en el tratamiento de los Embaxadores, respecto de la asistencia que se les permitia en el
quarto de la S^ra Infante, sino que pudiesen continuarla como lo hiciéron hasta que
se cumplió el termino de los dichos diez dias que su Mag^d se havia puesto para dar
effectuado el matrimonio.

A los 9 de Diziembre dió ia el Conde de Bristol el memorial á que se havia
remitido, y con él propusó mas al descuvierto la pretension de su Rey en la restitucion del Palatinado apretandola, con tomar ya no tanto por medio como por torcedor
de ella el estado que hoi tenia el matrimonio. Respondiósele á esto derechamente
sin dependencia ni respecto alguno al matrimonio, que este negocio de la compossicion del Palatino havia mudado totalmente forma con el nuevo camino que se havia
procurado introducir, pidiendole como por condicion matrimonial, y assí no se
offrecia á su Mg^d que decir en este punto mas de que en todas ocasiones deseará los
buenos successos del Ser^mo Rey de la Gran Bretaña, y que haga libremente aquello
que mas conviniere para su seguridad y mejor acierto de sus negocios; que su Mag^d
quedaba pensando en la buena direccion no solo de esfos que tocan al Palatino, sino
tambien en la de todos los demas que podrian impedir en lo futuro la amistad y
buena correspondencia entre estas dos coronas.

Pudose conocer bien aquí quan gran descubridor de la verdad es el tiempo por mas
que se la oculten disimulaciones ó aparrencias contrarias, porque presumiendose
luego de recien llegado el Principe á esta corte que pudiéron traherle mas que lo
que se decia otros interesses de estado, y entre ellos este de la resticion del Palatinado, deslumbráron tanto de esto (á lo menos aquellos primeros dias) aun á los
mas atentos las finezas tan afectadas que se hacian entonces por solo el matrimonio
que fuera mui posible el quedar asentada esta opinion para siempre, á no haver
vuelto por sí la misma verdad con procurar descubrirse ajudada del tiempo para
esto, y assí vino ya á manifestarse de manera (aunque por estos rodios) que desde
hoi ninguno pudiese dudar que los mas ciertos fines deste matrimonio havian sido
los intereses mas disimuladas hasta aquí, y tanto mui se debe esto admirar advertida
una cosa, y es que desde que el Rey de la Gran Bretaña comenzo á interponerse con
su Mag^d para que á su hierno se le hiciesse la restitucion del Palatinado, previno
con particular cuidado que se tratase este negocio como totalmente separado dél del
matrimonio, y assí, quando embió por Embax^or Extraordinario al Conde de Bristol
para que solicitase ambas cosas (digo el matrimonio y la dicha restitucion) el punto
que mas apretadamente le encarga en la Instrucion que sobre esto le dió por escrito
á 4 de Marzo 1622, es él que dice en estas palabras, "querriamos que por todos

medios apretasedes la restitucion del Palatinado sin que hagais de manera que el casamiento dependa de ella," y en carta de 30 de Diziembre del mismo año vuelve otra vez á encargarle que no apriete de manera la restitucion del Palatinado que parezca condicion necessaria para haver de tener effecto el matrimonio. Atrevióse el Conde de Bristol á revelar estos secretos (que claro es que no se alcanzáron á saber sino dél solo) provocado de los cargos que se le hiciéron luego que llego á Londres el año siguiᵗᵉ; porque haviendolo puesto en este aprieto la emulacion declarada que el Duque de Bocquingan le tenia hasta hacerla el mismo los cargos; en uno dellos que es él de 18 le pone, que haviendo determinado aquel Rey el juntar ambos tratados, él del casamiento, y él del Palatinado, y estando ia advertido dello el dicho Conde de Bristol, como á este mismo tiempo se convino con la parte de España en que se señalasse dia para el despossorio; y mas siendo el termino tan breve que no bastara diligencia ordinaria para prevenir que el desposorio no tuviesse effecto? A lo qual respondió el Conde lo que queda dicho, y lo que ia excede toda admiracion, mereciendo quedar por testimonio perpetuo á los siglos venideros es que, aun despues de declarados aquel Rey y sus ministros en hacer negociacion con el matrimonio para la restitucion de Palatinado, no les hiciese estrañeza ni horror el prosiguir como antes en las disimulaciones passadas sin reparar ya en contradecerse en aquello que al mismo tiempo afirmaban; porque siendo de 13 de Noviᵉ el despacho de aquel Rey para el Conde de Bristol en que suspendia el tratado del matrimonio hasta que se acomodasen las cosas del Palatinado; de allí á quatro dias en una larga audiencia que dió aquel Rey sobre las mismas materias, al Marques de la Inojosa del Consejo de Estado de su Magᵈ y su Embaxador Extraordinario á quien se le encomendáron con este titulo, le dixo mas de una vez, que el casamiento seria cierto sin dependencia de las cosas del Palatinado solo con que le asegurase que las entregas de la Sʳᵃ Infᵉ serian ciertas para el tiempo que estaba capitulado. Pero al mismo tiempo le decia al Marques el Duque de Bocquingan que estaba presente, que se desengañase que no havia de haver casamiento sin Palatinado, y lo que mas es aun despues de executada con este pretexto la suspension del desposorio, y despues tambien de haver embiado el Principe nuevos poderes, para que se pudiesse celebrar para el Marzo siguiente, si para entonces estuviese acomodada la restitucion del Palatinado, y sus Embaxadores siguiendo aquí el mismo estilo variaban notablemente en sus palabras y en su negociacion; porque despues de haver declarado en memorial firmado de ambos la revocacion de los poderes, y que en ella era el intento de su Rey y del Principe que no se hiciesse el desposorio hasta estar acomodado lo del Palatinado y despues tambien de haver gastado lo restante deste mes de Dizᵉ en nuevas replicas con que apretaban mas este punto que primero se acomodase lo del Palatinado que se celebrase el desposorio, se determináron á dar otro memorial en nombre de ambos su fecha á 29 del dicho mes, en el qual lamentaban mucho su desgracia en que su Magᵈ y su Consᵒ de Estado tomasen la propuesta hecha por ellos en el memorial de 9 de Dizᵉ (es en la que declaráron la revocacion de los poderes hasta que se acomodase lo del Palatinado) en la forma que daban á entender por su respuesta, siendo assí que solo havia nacido de la sinceridad del

1623.   animo de su Rey y del amor grande con que desea que sea verdadera y perpetua la
amistad entre estas dos coronas, y deber á solo su Mag^d el acomodamiento de lo del
Palatinado, y no paró aquí esta tan grande contradicion que se hacian, porque en
otro memorial de 30 de En^ro siguiente que dió acerca, de esto mismo Don Gualtero
Aston, Embaxador Ordinario que ya tenia él solo esta negociacion por su quenta, dice ;
que su amo no havia pedido la restitucion del Palatinado por condicion necesaria
para el matrimonio, sino por la buena amistad y correspondencia que tan merecidas
le tenia á su Mag^d ; á lo qual si le mandó responder dos cosas ; la una, que este
memorial no obligaba á mas respuesta acerca de lo del Palatinado que la que ya se
le havia dado ; y la otra, que advirtiesse la contradiccion con que procedia en este
tratado, pues no pender el casamiento del Palatinado y revocar los poderes para el
desposorio hasta el acomodamiento eran cosas que se implicaban desmintiendo la
una á la otra.   Tantas como esto eran la realidad y firmeza con que se procedia en
un tan grande negocio despues de tantas palabras y juramentos quando se llegó á lo
mas immediato de su conclus^n.

En estos ultimos dias del año fuéron apretando mas los Embaxadores con memo-
riales las cosas del Palatinado ; y haviendoles offrecido de parte de su Mag^d que
haria con el Emp^r su les todos los buenos offi^s de intercession y de mediacion para
que quanto antes fuesse con effecto la restitucion del dicho Palatinado, y esto por
solo satisfacer á los respectos de buena amistad que deseaba conservar con el Rey de
la Gran Bretaña y no por alguno otro, se atreviéron á intentar y á proponer, que
en caso que el Emperador no se moviesse con los dichos officios á la tal effectiva
restitucion, su Mag^d les offreciesse desde aora para entonces que estava dispuesto á
ajudar con sus armas al Rey de la Gran Bretaña para que á fuerza dellas recobrasse
el Palatinado ; la respuesta que á esto se les mandó dar de pensado fué con esta
templanza ; que era punto este nada necesario para lo presente, y en este y en
qualquiera otro tiempo impracticable, por ser tan extrechas las obligaciones así de
sangre como de amistad que su Mg^d professaba tener á la Cesarea, que xamas
faltaria por ningun successo, y que haviendosele dicho este propio al Principe de
Gales quando aquí provó á mover la misma platica para ver como le salia pudieran ellos tenerlo entendido desde entonces, y mas despues que haviendola intentado
tambien á aquel Rey con el Marques de la Inojossa y oido de la misma respuesta,
havia quedado convencido y satisfecho.   Esta ultima resolucion dió fin al año y
principio á otros successos que della se fuéron siguiendo.

Año de 1624.

A los tres di Enero se mandó despachar correo á los Embaxadores que su Mag^d
tenia cerca de aquel Rey ; que, demas del Marques de la Hinojosa que era extraordinario, hacia el officio de ordinario (y con gran satisfacion) Don Carlos Coloma
Governador de Cambray, y del Consejo de Guerra de su Mag^d ; porque de intento
no se les havia despachado ninguno desde que llegó aquí la revocacion de los poderes

por mostrar hasta en esto lo poco que commovia una novedad tan grande. Con este pues se le escribió, que en las materias del Palatinado respondiessen y hablasen en la conformidad que acá se hacia considerandolas absolutamente por sí solas, y sin algun respecto al matrimonio, y en quanto á este que si á caso se les dixesse ó tratase algo de nuevo lo oiessen sin responder nada ni obligarse á dar acá cuenta de ello.

Fué tambien á la entrada de este año el embiar á llamar el Rey de la Gran Bretaña al Conde de Bristol, quitandole desde luego de las manos la negociacion de estas materias que tenia tan á su cargo con muestras de poca satisfacion de su modo de proceder en ella, y este despacho recivió á 20 de Enº. Reconocióse luego, que era cierto effecto este de la persecucion que executaba contra el Conde el Duque de Bocquingam, y esto mismo hacia estrañar mas el estilo de aquel Rey, pues haviendo fiado del Conde este negocio desde sus primeros principios, y haviendose mostrado siempre tan satisfecho de su diligencia ; pues sin duda procuró con ella en todos tiempos que este matrimonio se hiciesse con las majores ventaxas de su parte y las menos de la nuestra que pudiesse; constandole esta verdad al Rey le hiço obrar contra ella la oppresion que padecia. Hizo al fin el Conde su jornada governandose en ella con tanta destreza que se apareció de repente en Londres, sin haverle podido detener ni descubrir antes, aunque eran grandes las prevenciones que para esto se havian hecho ; pero luego en llegrando fué tratado por orden del Duque como reo, no per- mitiendole que viesse al Rey ; y despues de algunos dias poniendole veinte y dos cargos trazados y formados tambien por el Duque, todos en orden á culpar su fidelidad en el tratado de este matrimonio como que en el huviesse pretendido la ruina de aquella corona y de su falsa religion para maior augmento de la Catholica; mas pudo muy bien estimarse mucho esta ocasion, para que con ella declarasse el Conde lo que no pudiera de otra manera, esto es, los puntos mas graves de esta materia y que mas procuraban occultar los ministros de aquella corona, y sobre todos el Duque de Bocquingham, y aunque fué tan con su riesgo, no pudo dexar de confessar el Conde en sus descargos (mostrandolo con papeles originales) que las quexas que se afectaban contra España acerca de los procedimientos con que de su parte se havia tratado este matrimonio eran calumnias tan mal fundadas que por esto debieran rehusar el salir en publico.

Casi á este mismo tiempo ordenó aquel Rey una Junta de algunos Consejeros de Estado y de otras algunas personas tales á instancia del Principe y del Duque de Boquingam, para que viesen si de parte de España se havia faltado en algo de lo que debia haver hecho ó cumplido en todo el discurso de los tratados de este matri- monio hasta su fin; y aunque sebreviniéron á las demas noticias las relaciones con que fuéron informados de ambos, nada bastó á oscurecer la verdad ; y assí se resolvió por la maior parte que no hallaban que España huviesse faltado á algo de lo que debia hacer, ó que huviese offrecido cumplir. A los 30 de Enero Dⁿ Gualtero Aston, como Embaxador Ordinario que hacia ia solo este officio, dió el memorial á su Magᵈ que queda referido arriva, protestando en él que su Rey no havia pedido en los me- moriales passados la restitucion del Palatinado por condicion necesaria para el matri-

1624. monio, sino para la buena amistad y correspondencia, que tan merecidas le tenia á su Mag^d. La respuesta fué la que tambien queda notada, y repitense aquí ambas cosas, lo uno por darles su propio lugar, y lo otro porque se reconocerá de nuevo la implicacion de esta protesta con tanto como se ha ido viendo despues en contrario.

A los ultimas de este mismo mes de En^{ro} se publicó en esta Corte la jornada de su Mag^d para Andalucía, con intento de dar una vísta á aquella provincia, y visitar tambien sus Armadas ; aunque pudo ser mirada la concurrencia de estas materias, que para alexarse dellas se tomaba esta ocasion imposibilitandose ya su Mag^d con ella al cumplimiento de lo capitulado para Marzo en razon de las entregas de la S^{ra} Inf^e como cosa ia dexada totalmente.

Seis dias antes de esta jornada de su Mag^d que fué á 8 de Febrero procuró hablar al Conde Duque el Conde la Rochefort Embaxador de Francia, y por fin de esta platica le dió el papel siguiente en nombre de su Mag^d Christianissima. " Dice el Embaxador de Francia en nombre del Rey su Señor que su Mag^d Xptianissi^a participa por razon del parentesco y buena correspondencia que desea tener con su Mg^d Catholica de todos los accidentes que puede tener, y en particular dél que toca á la S^{ra} Infante que la estima no menos que hermana, y que como por sus fines podrian hacer creer los Inglesses que Fran^a huviesse de dar oidos al casamiento y parentesco con ellos, su Mag^d Christianissima por termino de buena correspondencia, y por no entretener estos zelos, promete en palabra real de no dar paso en esta materia, ni admitir cosa alguna, sino quando juzgare y lo declarare su Mag^d Catholica por conveniencia y acierto de ambas las dos coronas." Visto y considerado este papel, respondió á él por orden de su Mag^d el Conde Duque con otro en que le decia; " que en quanto á no admitir su Mag^d Xptianissima ninguna propossicion ni tratado de matrimonio que huviessen movido, ó moviesen los Inglesses con la hermana de su Mag^d Christianissima y aquel Principe, conociendo y estimando su Mag^d Catholica este officio nacido de la buena y sincera voluntad que tanto en ello demuestra su Mag^d Christianissima, lo acepta con particular estimacion y gusto, conociendo la obligacion grande en que le pone, y por la voluntad y amor particular que tiene al Rey Christianiss^o con summo affecto de mostrarle al mundo en quanto se le offreciere siempre, como lo verá el Rey Christianissima con la experiencia todas las vezes que quisiere valerse della, y por esta particular obligacion en que le pone aora, promete su Mag^d Cath^a de no proseguir en el tratado del matrimonio de la S^{ra} Infante su hermana, ni effectuarle sin primero dar cuenta á su Mag^d Catholica digo Christianissima asigurandole que assí en esto como en qualquiera otro negocio atenderá siempre su Mag^d Catholica á mostrar quanto estima el gusto y satisfacion de su Mag^d Xptianissima, y la que desea darle, correspondiendo siempre á esto con buena y hermandad y amistad." Algo antes que el Embaxador hiciesse aquí este offrecimiento en nombre de Rey Christianissima, le havia hecho ia en Paris su Secretario de Estado Mons. de Pisieux á un agente de su Mag^d para que lo escribiese acá, como lo hizo al Conde Duque en carta de 5 de Enero diciendole: " Mons. de Pisieux me dixo que para dar su Mag^d Xptianisma majores muestras de la buena y sincera voluntad, con que entrañablemente quiere á su Mag^d Catholica, impeñaba su real

palabra de que, en caso que por algun accidente no pudiese tener effecto el casamiento de la Sᵃ Infᵉ con el Principe de Gales, no trataria su Magᵈ Christianissima de casar á Madama su hermana con dicho Principe en tiempo alguno, y me mandó lo escribiesse assí á V. E., para que se asegurasse de esto su Magᵈ," y assí quedáron de acuerdo ambas coronas en el particular deste matrimonio; dado que por la de Francia huvo despues el successo que se dirá.

Y dióse principio á él por estos mismos dias con un medio y modo tan extraordinarios como se vee en el aviso secreto que dello se tuvo, que dice assí:—" Pocos dias ha que llegó aquí á Paris un hombre en havito de fraile Franᶜᵒ, y en audiencia que pidió y tuvo de la Reyna Madre, le dixo que venia de parte del Duque de Bocquingam á proponer á su Magᵈ que, si era contenta de casar á Madama su hija con el Principe de Gales, él tenia dispuesto este negocio de manera que se pondria en execucion luego en sabiendo la voluntad de su Magᵈ. La Reyna le respondió que no era aquella proposicion que su Magᵈ havia de oir dél, ni de otra mientras el Rey su hijo no la admitiesse, y que assí no la hablase mas en ella; que si queria limosna para su camino se la mandaria dar. Este fraile (si lo era) se volvió luego á Londres, y dixo á Boquingham, que la Reyᵃ havia admitido la platica con mucho gusto y que le estaba mui obligada y agradecida; llegando esto á noticia del Conde de Tyllers Embaxador allí del Christianissimo escrivió luego al Rey y á su madre con mucho sentimiento de que esto corriese sin su intervencion, refiriendo tambien toda la historia, y ofendida della la Reyna Madre procuró que se apurasse la verdad, como se hiço, y hallóse que era lo que aquí se apunta: en Paris á 16 de Febrero de 1624.

Antes que su Magᵈ hiciesse su jornada para el Andalucía, dexó ordenado que el Mʳᵒ F. Diego de la Fuente se despachasse luego para Inglaterra, persona de la approbacion y partes que ya en el discurso de este hecho se ha tocado, para que en nombre de su Magᵈ, y valiendose de la aceptacion que siempre tuvo acerca de aquel Rey, excitasse su buen zelo en procurarlo enterar de la verdad en estas materias y en otras, cuio desengaño le huviera importado poco menos que la vida; que para que á su Magᵈ no le quedasse ya nada por hacer en orden á la satisfaccion de su sinceridad assí para con aquel Rey como para con el mundo, eligió este ultimo medio de summa conveniencia para todo. Salió pues de esta corte el dicho Padre Mʳᵒ á 17 de Febrero con animo de ganar en el camino todo el tiempo que pudiesse, y atravesando por la Francia para embarcarse en Cales le succedió tres dias antes de llegar aquí, que en lo mas despoblado de aquella Provincia de Picardia Miercoles á 27 de Marzo á las 10 del dia le saliéron al encuentro seis hombres de á caballo con sus pistolas, y haciendole apear del coche le dixéron que venian por orden del Rey Xptianissimo á reconocer las personas y la ropa, por estar informado que contra las leies del reyno sacaba dél gran cantidad de oro y de joias, y sin que bastasse ninguna razon ni cortesía se hiço este examen tan rigurosamente que aun hasta el breviario le miráron oja por oja; pero despues de visto todo no tocáron en el dinero ni en alguna otra cosa, sino solo en el pliego del despacho de su Magᵈ, que era por él que venian; el qual se lleváron, sin que para dexarlo de hacer sirviessen de algo las protestaciones de la immunidad que violaban contra todo el derecho de las gentes.

1624. Despues se supo de Paris que el Marques de Amuila havia sido el auctor desta faccion acostumbrado á otras tales, gran amigo y confidente del Duque de Bocquing^m, que fué quien le previno para que la hiciese temeroso de lo que podria resultar de esta ida de F. Diego de la Fuente. Gran demostracion hiço de su poca fee, quien assí llegó a quebrantar la publica, y grandes consequencias dió de sí en esta materia con semejante accion.

A los 23 de Febrero dió principio el Rey de la Gran Bretaña al Parlamento que muchos dias antes havia mandado convocar á instancia del Principe su hijo y del Duque de Boquingam, que para necesitarse á hacer lo que desseaban les pareció unico este medio como en effecto lo ha sido para aquellos Reyes, quando para salir de algun empeño de que no podian sin faltar á su palabra hacian esto con la voz del Parlamento, y deste de agora se pudo presumir esto mucho mas por una gran novedad que se pidió por requisito para entrar en él, y fué que la gente noble (que son los votos que llaman de la Casa superior) hiciessen antes de ser admitidos el juramento de primacía, reconociendo en el al Rey por suprema cabeza en lo spiritual y temporal, cosa tan abominable como monstruossa ; porque desde el tiempo de la Reyna Isabella solo se les pedia este juramento á la gente comun (que es la que llaman de la Casa inferior) haviendolo ella introducido por ley el segundo año de su reynado no sin notable tyranía ; y aora creció esta mucho mas quanto fué major la violencia ordenada á que no quedasse por voto del Parlamento ningun Catholico; y assí succedió, pues muchos de los nobles Catholicos quisiéron antes no ser admitidos que serlo con tan iniquo juramento; y entendióse luego que esto se affectaba por dos fines; el uno, para desconfiar á los Catholicos de qualesquiera perrogativas que se prometian por razon de este matrimonio, pues entraban privandolos de una tan justo, tan comun, y tan asentada ia con el tiempo;—y el otro, que en la causa de este matrimonio que pensaban tratar, no tuviesse voto ninguna de los mas interesados en sus conveniencias, sino solos aquellos que por obstinacion en sus setas le aborrecian mortalmente, haciendo en esto la major parte los Puritanos.

En la proposicion solemne que hiço el Rey este dia como se acostumbra, descurrió sobre el tratado de este matrimonio con tal estilo y palabras como si todo fuera compuesto por el Duque de Bocquingham; remitiendose al fin á la relacion que él haria despues de todo lo sucedido en España, el qual de allí á tres dias vino para esto al Parlamento, y tomando su narracion bien de atras (sin decir cosa de sustancia en la materia, como menos informado en ella) acabó en dos cargos, que parecian ser el fin principal de su intento, approbandolo todo el Principe, que se halló para esto presente:—El primero, que haviendo su Alt^a y él venido á España con presupuesta de que ambas coronas estaban ia convenidas en las condiciones matrimoniales, y mas en aquellas que por razon de este casamiento se pedian en materia de religion, lo hallaron todo tan á los principios como el mismo Conde Duque le havia dicho á él luego de recien llegados:—El segundo, que queriendo saber de su Exª que condiciones eran necesarias para haver de tenir effecto, le respondió, que era menester asentar y asegurar primero la libertad de los Catholicos, y dar satisfacion á los Irlandesses de las haciendas que havian perdido

por España. Estos no son cargos sino confirmacion de la verdad mas cierta y mas asentada que hai en esta materia desde su principio, y es que el fin principal de este matrimonio ha sido siempre la dicha libertad de la religion Catholica, con tanta consequencia en el pedirla y tratarla; y mas en tales ocasiones que el haverlo hecho assí el Conde Duque, demas de que era tan devido, cede en alavanza suia. Continuandose el Parlamento, en un dia de los ultimos de Marzo, que asistió el Principe á él, hiço una protestacion publica de que nunca vendria en condicion alguna que fuesse favorable á la religion Catholica ni consintiria el libre uso de ella, per razon de qualquier casamiento que hiciese, sino solo que permitiria esta libertad á la muger con quien casase en caso de ser Catholica, y debaxo de este presupuesto se introduxo la platica del casamiento con Francia.

Volvió su Mag᷎ á esta Corte de su jornada de Andalucía á los 18 de Abril, y con su presencia volviéron tambien á sus negociaciones los Embaxadores de otros Reyes que aquí havian quedado, y assí á los 28 de este mes vino él de Francia á continuar con el Conde Duque la platica en materia de casamientos que havia comenzado antes de la jornada, y en esta consequencia le dixo que havia tenido cartas del Rey Christianissimo escritas de mano propia con orden de que en su nombre dixese á su Mag᷎ y á su Ex᷎ que era falso quanto se decia en las cosas de Inglaterra (estaban ia publica por el mundo las negociaciones que de ambas partes se hacian por el casamiento entre Francia y Inglaterra) porque su Rey desseaba en primer lugar la amistad y buena correspondencia con el Rey su hermano; y que atendiendo á esto no havia admitido quanto se le havia propuesto de parte del Rey de la Gran Bretaña, así en materia de Estado, como de casamiento, respondiendo á todo que no tenia oidos.

A 30 de Abril acudió tambien á hablar al Conde Duque Don Gualtero Aston Embaxador Ordinario de Inglaterra con orden de aquel Rey, para decir de su parte á su Mag᷎ y á su Ex᷎ lo mucho que siempre havia desseado la buena correspondencia y amistad con esta Corona, verificando esta voluntad con algunos successos, y que haviendo juntado su Consejo para tratar de lo que le convenia, le havian aconsejado todos que no admitiesse la respuesta de su Mag᷎ acerca de lo del Palatinado; y aora ultimamente juntando tambien en el Parlamento los dos brazos de su Reyno que son la nobleza y el pueblo, le havian aconsejado todos, sin faltar voto, que no pasase adelante en el tratado del matrimonio, ni admitiesse la respuesta que le daban en lo del Palatinado; y que no haviendo exemplo alguno de Rey, que dexase de hacer lo que en tanta conformidad le aconsejaba su Reyno; él se havia determinado á seguirlo, y assí embiaria luego sus armas á la recuperacion del Palatinado, y esperaba que no se lo impidirian las de su Mag᷎, por entender que no ajudarian contra su razon á nadie. El Conde Duque dió al Embax᷎ por respuesta que dixiesse todo esto á su Mag᷎ por escrito para que en la misma forma se le respondiesse.

En medio de tantas negociaciones tan encontradas entre sí y con la verdad que se pudiera temer al turbarla ó oscurecerla, nuestro Sanctissimo Padre y S᷎ Urbano Octavo, que estaba á la mira de todo, quiso dar della un mui illustre y perpetuo testimonio; porque constandolo el zelo de la religion Catholica sin mirar á otros fines con

1624. que el Conde Duque havia propuesto y aconsejado siempre á su Mag^d que en la conclussion de este matrimonio por ningunos otros respectos cediesse de aquel solo y
unico que se havia llevado desde el principio, que era consiguir por su medio la
libertad de la misma relig^n, approbando y engradeciendo su S^d esta resolucion para
exemplo de otros Principes en semejantes tratados, mandó expedir este breve para el
Conde Duque á los 27 de Abril quando ia se estaba negociando en aquella corte la
dispensacion que era menester para el casamiento de Francia.

Urbanus P.P. VIII. Dilecte Fili Nobilis Vir salutem et Apostolicam benedictionem.
Plaudit consiliis nobilitatis tuæ consentiens Hispaniarum Provinciarum vox, quarum
fælicitati accrescere existimatur quid tibi auctoritatis accedit, neque laudes Olivari-
ensis Comitis tacet nuntia veritatis fama quæ predicatione virtutum tuarum
Europam implet et Romanam Ecclesiam consolatur. Nos profectò quæ jamdudum de
nobilitate tuâ acceperamus vix dici potest quantâ cum animi jucunditate intellexerimus
ex sermone dilecti filii religiosi sacerdotis Fratris Zachariæ a Salutio Capucini. Ille
enim fide suâ testatur a te bonum nomen divitiis multis anteferri, et religionis pro-
pagandæ studium existimari Hispanæ potentiæ munimentum, et Catholici Regis
decus. Proinde ea consilia a tuâ pietate proficisci ait quæ domi tuæ cœleste patro-
cinium, et Hispanis Regnis perpetuam felicitatem comparare possunt. Diceris enim
in Anglicani matrimonii negotio ea christianæ pietatis documenta dedisse, ut discere
ex te potuerint exteri Principes quam eximiis virtutibus Catholica religio filios suos
exornet, quibus majori curæ est divini nominis gloria, quam terrenæ potestatis in-
crementum. Hæ laudes optimi sacerdotis testimonio confirmatæ tantum Pontificiis
solicitudinibus solatium obtulerunt, ut id Apostolicis literis testari voluerimus. Perge
nobilis vir, atque operam da ut inter incolumitatis publicæ et ecclesiasticæ ditionis
præsidia Hispanæ nationes recensere possint auctoritatem nobilitates tuæ, cui Ap^{cam}
benedictionem impartimur. Datt. Romæ apud Sanctum Petrum sub annulo Piscatoris die xxvij Aprilis 1624. Pontificatus nostri anno primo. JOANNES CAMPOLUS.

A los 29 de Mayo havia ia dado á su Mag^d por escrito el Embaxador de Inglaterra, lo que á los 30 de Abril dixo al Conde Duque de palabra, si bien estendiendolo
mas con diferentes pretextos de quexas que tenia su Rey de lo tocante al Palatinado; y en el particular del matrimonio dice que por ultimo medio havia juntado el
Parlamento (que es el cuerpo representativo de su Reyno) y deliberado con él lo que
podria fundar, ó no, en la ultima respuesta de su Mag^d á lo de la restitucion del
Palatinado, y acerca de otros tratados; y con mucha deliberacion y opinion unanime
sin haver siquiera una voz discrepante le havian dado parecer de disolver los tratados assí del casamiento como del Palatinado; en lo qual ha venido, no haviendo
hallado exemplo de Rey alguno que haia rehusado de conformarse con el Consejo de
todo su Reyno. Visto este papel mandó su Mag^d que se le respondiesse á él tambien
por escrito, la siguiente:—

" Que por ser resolucion y no propuesta lo que el memorial dado en nombre del
Rey de la Gran Bretaña contenia, no se le offrecia á su Mag^d que decir, mas de que
holgaria que fuese tan acertada para el bien y augmento de la Christiandad, la que
ha tomado en los dos tratados como se debe desear, y que él que á su Mag^d toca

approbar le apprueba desde luego con muy buena voluntad; porque Dios á quien nada se esconde sabe que en el uno y en el otro tratado nunca ha mirado á conveniencias propias, sino solo al major bien de la Christiandad, y á la paz de Alemania; pero siempre con particular atencion de satisfacer en quanto pudiese al Rey de la Gran Bretaña, y que si todavía la dicha Mag^d se hallare en la misma resolucion que su Embaxador ha representado en lo tocante á Alemania, su Mag^d continuando los intentos ia dichos governará sus acciones y sus armas de manera como lo verán el dicho Rey y el mundo todo, sin pretender mas en lo que hiciere que cumplir con las obligaciones en que Dios le ha puesto, procurando el bien de la Iglesia y la paz y quietud de la xptiandad."

Poco despues de esto procuró audiencia de su Mag^d el Embaxador de Francia para darle cuenta (como lo hiço) de parte del Rey Xptianissimo de la proposicion que los Embaxadores de Inglaterra le havian hecho en razon del casamiento del Principe de Gales con la Princessa hermana de su Mag^d Xptianissima sin acordarse ni atender ya en medio de esta platica á los offrecim^{tos} y protestaciones que sobre la tal materia havia hecho el mismo Embaxador en nombre de su Rey, á los 2 de Febrero y á los 28 de Abril, y demas de lo que su Mag^d le respondió á esto de palabra, y por major no mas mandó que tambien se le diesse esta respuesta por escrito :—" Estimo la demöstracion hermandad y buena correspondencia con que el Rey Christianissimo mi hermano me da cuenta por v^{ro} medio de la proposicion que se la ha hecho de casamiento por los Embaxadores de Inglaterra entre el Principe de Gales y la Ser^{ma} Princessa su hermana y mia, y podréis asegurarle en mi nombre lo que holgare siempre de todo quanto pueda á ser satisfacion suia y de aquella corona, y en quanto á esta proposicion no se me offrece que decir por aora, mas de que si bien con particular atencion y deseo de satisfacer al Rey de la Gran Bretaña (cujos buenos successos y entera felicidad he deseado siempre) lo principal que procuré encaminar con el casamiento que estuvo effectuado y ia está deshecho de la Ser^{ma} Inf^e Maria mi hermana y aquel Principe fué el bien y augmento de la relig^n Catholica sin atender á ning^n interes ni fin temporal, y assí si los tales bien y augmento de la religion se consiguieren (como será cierto) por el casamiento que aora se trata con la Ser^{ma} Princessa su hermana y mia seré igualmente contento, y no puedo esperar menos de un Principe tan grande y de tales partes, y tan zeloso de la religion Catholica, ni fuera justo el proponersele con menos, ni el aceptarle su Mag^d Xtianisssima."

Haviendo pues llegado ia á estos fines representáron á su Mag^d los consejeros y ministros por cujas manos havia corrido este tratado hastà aora, que para salir del empeño dél con la misma justificacion con que se havia entrado no quedaba ia que esperar, y menos en la causa de los Catholicos tan pretendido por medio de este matrimonio (pues ni del animo de aquel Rey ni de la disposicion de aquel Reyno havia ia que prometerse); y reconociendo su Mag^d en esta conformidad lo mismo, sin poder hechar menos algo de lo que bastara para cumplir á toda satisfaccion con las obligaciones divinas y humanas que le pudiéron mover á sustentar tantos años

1624. esta platica, se determinó á romper ia de todo punto él y lo de ella, lo qual mandó hacer á los 15 de Jullio en esta forma.

Depositáronse en la Guardajoias de su Mg^d las que dexó aquí el Principe de Gales para quando pudiesse recibirlas la S^{ra} Inf^e; y tambien se fuéron guardando cerradas las cartas que iba escriviendo á su Alt^a desde el camino para quando llegase la ocasion de poderselas dar; ordenósele pues á Don Andres de Prada y Losada, de Consejo de su Mag^d, y su Secretario de Estado, llevase á Don Gualtero Aston, Embaxador Ordinario del Rey de la Gran Bretaña assí las joias como todas las dichas cartas, y que tomase certificacion dél de como quedaba entregado cumplidamente de las unas y de las otras, y assí lo hiço, aunque el Embaxador lo rehusó quanto pudo, y con esta accion se dió en el dicho dia el ultimo fin á este tratado, en cuio discurso ha ido haciendo la verdad tan grande demonstracion de su pureza que puede quedar segura, por mas que la calumniassen de afuera, del juizio que della ha de hacer el siglo presente; y por lo menos le deberán los venideros el advertimiento y exemplo que les dexa, con los quales sin duda se hará respetar y admirar de todos.

NARRATIVE

OF THE

SPANISH MARRIAGE TREATY.

1604.

THE first beginnings of this affair reach so far back that it is necessary to look for them in the year 1604, when the Constable of Castile, Juan Fernandez de Velasco, went to England to conclude and settle the treaty of peace which was to be capitulated and sworn to between the Crowns of Spain and England. Upon this occasion the continual communications between the Constable and the King and Queen grew more confidential every day, so that the Queen was able secretly to bring forward a scheme for the marriage of her son, Prince Henry, with the Lady Infanta Donna Anna, at that time the only daughter of our Sovereigns. This she did many times, and the engagements entered upon on the part of that King went so far that the Constable, being anxious that they should be energetically proceeded with, and being himself unable, on account of his immediate return to Spain, to give any assistance in prosecuting the matter, thought it necessary (being already ready to embark at Dover on the 9th of September) to leave a secret instruction for Don Juan de Tassis, Count of Villamediana, who remained in England as the ordinary Ambassador, so that, if this negociation were proceeded with, he might understand what were the conditions upon which it could be admitted, and especially what were those principal ones by which the cause of the Catholic religion and its prosperity would be affected; as may be seen in the said instruction, of which the following is the first clause ;—

" Her Majesty the Queen of Great Britain having, in the audience which she granted me, opened her mind to me more at length with respect to her desire of seeing a marriage between the Prince her son and Our Lady the Infanta than she has done to your Lordship on other occasions, and she having understood from the reply which I gave, in accordance with the orders of our Lord the King, that the proposal would be most favourably listened to by His Majesty (always supposing that assurance would be given for the fulfilment of the conditions relating to religion and education), the Earl of Northampton spoke to me in the same strain on Lord Cecil's behalf; and, although it is to be supposed that men of such sense and understanding will have considered and admitted beforehand the evident necessity of conceding both points, if they are to enter upon a negociation of such a nature, I have nevertheless resolved to [2.] leave these remarks with Your Lordship, in order that you may direct your course in whatever circumstances may present themselves, in accordance with that which appears to you to be best for the service[a] of God and of His Majesty."

Immediately afterwards, in the next clause, he thus proceeded:—

" Before coming to other particulars, your Lordship will point out to them the impediment of religion, which it is impossible that His Majesty can pass over, nor can any one on his part listen to such a proposal, he being the principal column of the Church, and being so Catholic in his profession and in reality, and these titles being so esteemed in the Crown of Spain that his own subjects would not consent to the Most Serene Infanta[b] marrying a prince of a different religion, contrary to the ancient custom of

[a] " To the service of His Majesty, and I hope that your Lordship will arrange it all with your usual great prudence and dexterity."

" In the first place, pursuing the negotiation which has been opened, your Lordship will show that there is on His Majesty's behalf an equally good disposition and inclination to carry it to a successful end ; but, when they come to particulars, you will, before going further, point out to them the impediment," &c. p. 2, note [a].

[b] " Infanta, especially having the hope of succession to her father's kingdoms, marrying," &c. p. 2, note [b].

those kingdoms. It is, therefore, fitting that this point should be settled before any other is treated of."[a] Then, expressing himself still more clearly on this matter in some of the other clauses, he pointed out the form and manner in which the conversion of the Prince was to be arranged and agreed upon in such a way that sufficient security might be taken for this result.

The negotiation thus commenced remained in this state for some years, without either advancing or falling back; it being sustained on the one hand by the desires of those who were interested in it, and much impeded on the other by its own difficulty and importance, so that it did not proceed further than this first beginning. It was, therefore, not till 1611 that, after some years, anything considerable or noteworthy occurred.

1604.

1611.

At the beginning of July in this year Sir John Digby, an English gentleman of birth, arrived at Madrid, the city of his Majesty's residence, with the title of Ambassador of Great Britain; and, in the audience given him by his Majesty on the 13th of that month at the royal palace of the Escurial, he put forward anew, in virtue of his letter of credence, the proposal made by that King for the marriage

1611.
July $\frac{3}{13}$.
[3.]

[a] " And when they are prepared for the education of the Prince in the Catholic religion your Lordship will dexterously give them to understand that, as this point is of such importance for the establishment of the succession and the security of the States, it is fitting that all doubt and suspicion should be taken away, in order that the aforesaid states and kingdoms may assure themselves with certainty that the husband of the Lady Infanta is of their religion."

" And, in order that they may not become at all suspicious, you will omit to propose to them the manner in which this security is to be given; and, if they propose the education of the Prince in England under the charge of Catholic and confidential persons, your Lordship will answer with those reasons which show that this cannot be accepted as a satisfactory method."

" And upon this you will open the way to a proposal for his education in Spain, adding everything which may be needed to assure them against any suspicion of particular designs on our part, taking care in no case to consent to the education of the Prince out of Spain," &c. p. 2, note [c].

CAMD. SOC.   P

of his son the Prince Henry with the Lady Infanta Donna Anna. His Majesty answered that by this time he had already gone so far in engaging himself in another negociation of the same kind with the Most Christian King, that the most that he could do for friendship's sake was to tell him so plainly; but, for the same reason, he would also let him know that, as he had other daughters whom he loved and esteemed no less than the eldest, he could give with either of them sufficient pledges of the love which he desired to show to the King and Queen of England and to the Prince their son, although before opening the negociation it would be well that he should know in the first place what the Prince would do in matter of religion; since, if he should determine to become a good Catholic, both King and kingdom would be much pleased with such an alliance. With this he dismissed the Ambassador, begging him to let him know how this reply was taken in England.

His Majesty immediately ordered that his Ambassador in England, Don Alonso de Velasco—afterwards Count of Revilla—should be informed of all that had passed, so as to speak to that King in the same style, and to signify to him particularly the disposition which there was to treat of this marriage, in regard to the person of the Lady Infanta Maria, though only on the before-mentioned conditions. When the Ambassador executed this order, that King made great demonstrations of the estimation in which he held this new offer, and answered to it that there were two difficulties which compelled him to hesitate—the one, the tender age of Her Highness, which would oblige him to put off the chance of succession in his family; and the other, which in his opinion was even of greater importance,[a] was the necessity for his son to forsake the religion in which he had been instructed. It therefore appeared to him that they might content themselves in Spain with the concession to the Lady Infanta and her household of liberty to live in England in the Catholic religion. In reply to both these objections the Ambas-

---

[a] " menor " in the MS. " of less importance," evidently by mistake.

sador said that the first would be easily overcome by time, of which
he had enough to spare to enable him to have descendants as soon as
usual; and that as to the second it was certain that His Majesty would
never consent in any manner whatever to give any daughter of his
to a Prince who was not a Catholic. Finally the King ended the
conversation with an urgent entreaty to the Ambassador to inform
His Majesty accurately of that which had passed between them.

Upon this the treaty was for a long time suspended, though afterwards the Ambassador learned that the reason of its temporary
discontinuance by the English was merely a point of honour, they
being unwilling to appear to be in an inferior position to the French
by contenting themselves with asking for the second daughter, at a
time when the eldest was being given to that Crown; though it was
their fixed intention to return some months later to their original
demand, and that too with such eagerness that, merely with this
object in view, they would consent to grant a tacit liberty of conscience of such a nature as would be sufficient to bring about the
reduction of that kingdom to the Catholic Church.

1612.

In the beginning of the following year His Majesty directed that
orders should be given to Don Pedro de Zuñiga, Marquis of Flores
d'Avila, who had formerly served with great satisfaction to both
Crowns as his Ambassador to the King of England, directing him
to return as Ambassador Extraordinary to give account to that
King and Queen of the marriages already arranged between the   [4.]
Crowns of Spain and France. He was also to make such an offer of
good correspondence as was due in response to that which had been
made the year before through Sir John Digby; and particular instructions were given him, that he might be prepared with an answer
if, as seemed most probable, he was spoken to on the subject of the
marriage. In one of the first clauses he was told that if the propo-

1612.　sition made by the English Ambassador at the Escurial the year
before and the reply given to it were mentioned, he was to vindi-
cate the friendliness and sincerity of the latter with as much truth as
that with which it had been made, it being impossible, as matters
now stood, that any better answer could be given in Spain, or expected in England, if the standard of reason was to be applied.
Afterwards, in other clauses relating to the same subject, it was
pointed out that it was always intended that the marriage should be
upon the basis of the Prince's becoming a Catholic, without which
it could not be proceeded with ; and in the very next clause it was
declared that, in case they could come to an agreement about the
Prince becoming a Catholic, the English were at once to be asked
to take into consideration the question of giving sufficient security
for the accomplishment of their promise, and also what security they
would wish for the certainty of the marriage itself.

Although the Marquis carried out his instructions, his embassy
was without result in this particular, excepting so far as it enabled
the King and Queen, as well as the Prince their son, to understand
fully your Majesty's zeal, and the holy purposes on account of which
you had permitted yourself to be spoken to in this affair.

1613.

1613.　At the beginning of this year the King of England opened a fresh
negociation for a different marriage, namely, for one between the
same Prince Henry and the Lady Catherine, Princess of Savoy.
His chief object in this was to contract affinity with the royal blood
of Spain in the nearest degree possible, now that a marriage with
one of the Infantas of that Crown appeared to be no longer attainable. This at least was what the King himself said some years
afterwards to Don Diego Sarmiento de Acuña, since Count of Gondomar, at the time when he was ambassador at his court.

The Duke of Savoy gave account forthwith of this proposal to

His Majesty, in order that he might be pleased to declare his royal
wishes ; and with this view His Majesty ordered a junta to be
formed of grave theologians and jurists at the house of Don Bernardo Sandoval y Rojas, Cardinal Archbishop of Toledo and Inquisitor General. Having examined and discussed the matter with
the zeal and attention which it deserved, they unanimously resolved,
after due consideration, that this marriage ought not to be allowed
or entered upon, as the conditions offered for it in favour of the
Catholic religion were so moderate and superficial, that the acceptance of them would be a great disgrace and danger to it ; and this
they represented at greater length in their consulta. In this
opinion His Majesty concurred as a ground of the answer to be sent
to the Duke of Savoy, and finally it was resolved to ask the Pope's
opinion on the case, assuring the Duke that the safest way to succeed
in a business so difficult, and accompanied by so many and so dangerous contingencies, was to trust the entire ordering of it to the
oracle of that holy See, and to follow its direction. However he
may have acted in consequence of this advice, it is certain that the
King of Great Britain said some years afterwards to the Count of
Gondomar, that this marriage was so entirely settled on both sides,
that it was only hindered by the death of Prince Henry, which
happened at that time.[a]

1613.

[5.]

[a] In his despatch of the $\frac{\text{27th of August,}}{\text{6th of September,}}$ 1613, [Sim. MSS. 2590, 6] Sarmiento writes
that James had grown suspicious of the sincerity of the French Government, and
had therefore lent a favourable ear to the proposals of the Savoyard agent, Gabaleone. Gabaleone was supported by Rochester and had offered a portion of 800,000
ducats (200,000*l.*), with an explanation that if this were not judged sufficient, his
master would do anything that was possible. To this James replied that he must
have 900,000 ducats (225,000*l.*) at least. In this and in matters of religion Gabaleone went very far (*se ha alargado arto*), placing himself in the King's hands, and
declaring that it would be sufficient if the Princess and her household could hear
mass secretly and privately. The Spaniard heard this from Gabaleone himself, who
added that he had written to his master, but had as yet received no answer; he
could however assure him that the Duke would not proceed in the matter without
permission from the King of Spain.

1614.

About the same time (the year 1614 having already begun) the negociation in France for the marriage of the same Prince[a] with the Lady Christina, sister of the Most Christian King, became known; and in a few days it was in so forward a state that the Duke of Lerma, in order to prevent the evils which were already threatening so soon to arise from it, took those steps to avert them of which he April ²⁄₁₉. himself speaks in a letter written on the 19th of April to his nephew at that time Count of Castro, and afterwards of Lemos, who then served in the Embassy of Rome, using these words: " The Ambassador of France visiting me yesterday, I told him that His Majesty was informed that the marriage of the Lady Christina with the Prince of Wales was already agreed upon in Paris, and that I was much surprised that this had been done without any account being given to the Vicar of Jesus Christ, and without his licence; and that the Queen Regent had contented herself with a private chapel for those persons who were to accompany her daughter, making the number less than that which would have gone from Spain with the Infanta; so that when these either died or returned home, in a short time the Princess would find herself alone in the midst of heretics, especially as power is left to the King of England to appoint to the higher offices of her Court as being an affair of his own, a terrible matter indeed thus to deliver up to such evident danger a girl of eleven or twelve years. Then coming to temporal matters, I told him that the worst thing for his master was that which was apparently aimed at by this marriage, namely, the consolation of the heretics of England in the same way that the Spanish marriage was intended to console the English Catholics, and also the support of the French Huguenots, whereby they would be encouraged to enter upon dangerous designs. ' Take care, then, Sir Ambassador,' I said to him, ' since the disasters of the Crown of

---

[a] Prince Charles.

France, and the murders of its Kings by villains, and especially of one so valorous as Henry IV. were the judgments of God occasioned by such actions as the one which it would seem the Queen is about to commit if she arranges this marriage without obtaining the approbation of His Holiness, and without first securing from the King of Great Britain a grant of liberty of conscience in his Kingdom.' The Ambassador replied that he had not learned that the affair was so far advanced; and I answered that the Queen for her part held it so far ended by her offer of 800,000 ducats of portion that it now only rested with the English to make up their minds, and that the reason why His Majesty had not married his daughter to the Prince was because he demanded before everything else that His Highness should become a Catholic, and that the Pope's blessing should be first obtained;—this being what I had myself said in His Majesty's name to the Ambassadors of that King. I know that the other day the Ambassador despatched a courier, as I had requested him to do, in order that he might write everything that I had said to him; and we are therefore waiting to see what will be the effect of it."

At the same time the Count of Gondomar,[a] Don Diego Sarmiento de Acuña, was in England, performing the duties of the embassy; in whose hands the original scheme which had been proposed some years before by the King of England was so quickly brought to life [b] again, that, although the negociation for a similar object was carried on in France at the same time, yet the King was able to

[6.]

[a] Improperly so called by anticipation.

[b] On Jan. ¹⁵⁄₂₅ [Sim. MSS. 2592, 1] he wrote that Cottington had come to him two or three days before on behalf of Somerset and Lake begging him to seek an audience of the King. He had answered that he would speak to the King, though he was afraid that it would only hasten the conclusion of the French marriage. He would however do whatever his friends advised. Cottington replied that whatever he did he must keep it secret from all except the King, Somerset, Lake, and himself; that the majority of the council and some of the unmarried Bishops were Catholics [que aun en el Consejo la major parte eran Catholicos, y que tambien lo son algunos de los Obispos que no son casados]. It was plain from this sudden help, Sarmiento said, that his cause was the cause of God. If he had been the first to touch upon the scheme, people would have said that he did so only to get rid of

1614.
April 29.
May 9.

give the Count such pledges of his sincerity that, upon the faith of these engagements he wrote on the 9th of May[a] that the King was so desirous of marrying his son Prince Charles to the Lady Infanta, that it would be well to keep up this negociation, in order not to throw him into despair; and that besides, he saw that the affair had reached a point at which much better terms were to be expected. He principally founded his hopes on the excellent character of the Prince, and he added that it would be a great pity if they were now to throw away that which might so easily be gained.

Upon the receipt of this advertisement, His Majesty's holy zeal

the French alliance. But now he could go on with security and reputation. The French marriage was advocated in the council by Lennox, Fenton, Zouch, and Cæsar. The Savoy match by Northampton, Suffolk, Nottingham, Knollys, Wotton, and Worcester. Abbot and Ellesmere stood alone for a Protestant Princess.

On the $\frac{2nd}{12th}$ of February [Sim. MSS. 2592, 16] Sarmiento wrote again. In the beginning of the last October, he said, the French marriage was as good as concluded. On the $\frac{11th}{21st}$, the Queen Mother decided to give her consent to it, and in January she told Edmondes, the English Ambassador, that she would accept all his master's demands, and would be satisfied with liberty of conscience only for her daughter and her household. As to the portion she could not publicly give more than her son had received from Spain, but in this she would place herself in the King of England's hands.

Edmondes came over to England with this offer and arrived at Theobalds $\frac{Jan. 21.}{Feb. 10}$ The King told him that there was no hurry, and that he should have his answer the next day. In the meanwhile Sarmiento was very anxious. Somerset and Lake pressed him to speak to the King. But he replied that it would be of no use. Every one would charge him with doing so merely in order to overthrow the plans of France.

On the $\frac{5th}{15th}$ of February [Sim. MSS. 2592, 17] the Spaniard wrote again that the King had laid the matter before the Council and had directed five Councillors to discuss the marriage articles with Edmondes.

[a] There seems to be a mistake in this reference to the feelings of James. The purport of the despatch of the $\frac{29th of April,}{9th of May,}$ [Sim. MSS. 2592, 69] is to lament the favour with which the King at that time looked upon the French marriage, though it goes on, as is stated above, to recommend the keeping up the negotiation for the Spanish match in order that the King of England may not despair of it. James had told Edmondes that he could give no answer till Parliament was over. See Appendix, for extracts from this despatch.

grew so warm that, before communicating it to the Council of State, or to any Junta outside it, he determined to give account of it by anticipation to the Pope, and to ask him at once to give him his advice as to that which would be best for him to do in this business, it being presupposed that he aimed at no other end than the advantage of the Catholic religion. Writing to His Holiness in a letter of the 19th[a] of June, he expressed himself as follows:—

" I am writing to the Count of Castro, my Ambassador, to speak on my behalf to your Holiness on the business of which you will hear from him; and I am giving to him a very full account of that which has passed about it, and of the state in which it is at present; in order that, when your Holiness has heard of it from him, you may be pleased to give me your opinion, which I am confident you will do, as much on account of the pious and holy zeal of your Holiness, as because my good will deserves that you should advise me what is best for me to do, especially as you see that my object and desire is nothing but the service of Our Lord, and the greater good and augmentation of our holy Catholic faith." He also wrote in a similar strain to the above-mentioned Ambassador, who was then, as has been already said, Don Francisco de Castro, Count of Castro, but who is now also Count of Lemos, ordering him by a letter of the same date what to do, and giving him directions in these words: " Before I proceed with this business, I have wished to place it in His Holiness' hands, that, having first commended the matter to God, he may advise me what to do; understanding that I am determined to do everything possible for the advantage of our holy Catholic faith, and you will understand that this negociation is to be carried on with the secrecy which its nature requires."[b]

The Count immediately advertised in his letter of the 14th of

---

[a] I have here corrected the mistaken date of June 14, which is printed at p. 6 as it stands in the MS.

[b] A French translation of this letter has been published by M. Guizot: " Un Projet de Mariage Royal." 43.

Q

1614.
July 4.
[7.]¼

June 9/19.

July,[a] that His Holiness had already been informed of everything, and had from the very first shown himself adverse to the scheme. Having, however, taken time to commend it to God and to think it over at greater length, and consenting immediately to keep the matter secret as he was requested, he had at last given this answer: that he gave infinite thanks to His Majesty for having, in so Catholic a manner, shrunk from entering upon such a negociation without

[a] " In accordance with that which your Majesty commands me in your letter of the 19th of June to say to the Pope about the state of the proposition for a marriage between the Lady Infanta Donna Maria and the Prince of Wales, and about that which Don Diego Sarmiento de Acuña has last written concerning the advantages of keeping alive between the two crowns a negotiation for a marriage; although at the first audience His Holiness gave me to understand his aversion to such a proposition, he did not give me any resolution at that time, because I begged him to think over the affair, and to commend it to God. To this the Pope readily consented, as well as to the request which I urgently pressed upon him that he would keep the business secret; and so, at my second audience, he answered that he gave infinite thanks to your Majesty for having, in so Catholic a manner, shrunk from entering upon such a negotiation without first applying to that Holy See, and for the honour which was shown to his own person by your Majesty's application he was most grateful; in return for which, and in fulfilment of the obligation put upon him, he said to your Majesty that he did not know, as matters stood, how to give a better answer than the substance of the admonition lately given by the Duke of Lerma to the French Ambassador in a conversation similar to this, in order that you might judge that it was not well to treat at present for giving your Majesty's daughter to the Prince of Wales, he not being a Catholic; and this he founded upon four reasons : first, because the Lady Infanta would be exposed to manifest risk of losing the faith if she were once married to a heretic ; the second, because the children born from such a marriage would, without doubt, lose it, and would follow the sect of their father ; the third, because a door would be widely opened for commerce and communication between the two nations, a thing which would be very prejudicial to the purity with which our holy religion now maintains itself alone in Spain; the fourth, because the Kings of England, as is well known, hold divorce to be lawful, and practise it when their wives do not give them any children. To this he added that liberty of conscience tacitly connived at was nothing, or so little that it was by no means right to give any weight to the offer."—Page 6, note [a]. In line 12 of that note I have inadvertently allowed the word " Real" (Royal) to stand without remark, as it is in the copy which I took at Simancas. It is evidently a mistake, possibly owing to the original secretary inserting the word which he was accustomed to use when speaking of the King, possibly also to an error of my own.

first applying to that Holy See, and that for the honour which was   1614.
shown to his own person he was most grateful; and, in part payment
of the debt under which he lay, he said that at least for the present
it was not advisable to treat of giving His Majesty's daughter to the
Prince of Wales, he not being a Catholic, and that for four reasons:
the first, because the Lady Infanta would be in manifest danger of
perversion in her faith; the second, because the children of the
marriage would without doubt go astray, following their father's
sect; the third, because the communication which would spring up
between the two Crowns would be so prejudicial to the purity of
religion in which that Crown has hitherto maintained itself; the
fourth, because it is known that the Kings of England hold divorce
to be lawful, or at least practise it when their wives are barren. The
letter concluded by saying that the tacit liberty of conscience which
had been spoken of was worth nothing at all, or so little that they
should not, under any circumstances, give any weight to the offer.

All this having been examined by the Council of State, a con-
sulta[a] was agreed upon on the 30th of August, to the effect that   Aug. $\frac{20}{30}$.
                                                                       [8.]

[a] " The Council, having examined the letter with the attention due to its contents, is of opinion that, although His Holiness has answered thus, yet the quality
and importance of the affair obliged them to urge him anew, and to represent to
him of how much greater importance it was to obtain for the Catholics the toleration
which is aimed at in England than to have the general liberty of conscience which
is also sought for; as the latter will comprehend all nations and sects, whilst toleration will directly favour the Catholics ; by which means they will be freed from
their wretched misery, and from the oppression which they undergo, and will be
wafted into a position of superiority. Perhaps, too, the wife will attract her husband by the grace of God, this being so much the more to be expected because the
Queen of England, who gives such evidence of being a Catholic, will be a good
mediator between them ; and because the King her husband is not so confirmed in
his error as he formerly was, and shows a great desire to seek your Majesty's friendship. Besides which, it is very convenient to have him for a friend, and it is necessary to enter by the door which is opened for such benefits as would result from the
victory of the Catholic religion in that kingdom. Nevertheless, the new efforts
which are to be made at Rome should be postponed till we have seen what is the
opinion of the Junta which your Majesty commands to be held in the house of the
Cardinal of Toledo, in which it will be well that the Count of Castro's letter should

representations should again be made to His Holiness that it was not advisable to drop the negociation at once, as it would be better to keep it up, pressing the point of the toleration of the Catholics till that article had been pushed to its extreme limits; and that there was no doubt that if such a toleration were once permitted it would soon turn into liberty. It might also be shown how important it was that the Catholic religion should enjoy this privilege completely alone, and not on an equal footing with the many different sects which now make havoc of that kingdom, as by this means its advancement would be the greater. This hope they founded upon an advertisement arriving at that time from the Count of Gondomar, in which he said that the King of England had offered to sell to His Majesty the towns which he held in Holland, and that he would give such toleration to the Catholics as would give satisfaction.

They were the more likely to think of prosecuting this idea with June 23.
July 3. some confidence, on account of another letter dated on the 3rd of July, which had just arrived from the same Count, in which he transmitted a paper written to him by Sir John Digby, who was then in London, having returned the first time from Spain. This June 7/17. paper was dated the 17th of June, and amongst other things the writer said that the conditions of the marriage should be such as His Majesty could very well accept in honour and conscience, and that all other Catholic princes would be content with them. At the same time the Count advertised that he understood that the June 23.
July 3. King and the Earl of Somerset (at that time his favourite) had seen the paper, making alterations and additions to it; and a little after-

not be seen, lest they should be embarrassed by it, though it will be well to lay before them the rest of the contents of the consulta upon the letter of Don Diego Sarmiento de Acuña, and especially that which relates to the threat of the King of England, that he would sell to your Majesty the towns which he holds in the Dutch territory, and would give toleration to the Catholic recusants in order that the members of the Junta may know what are the great advantages which would result to the Low Countries from this plan; and the Cardinal should be told to give an express charge to all the members of the Junta ordering them to keep the secret, on account of its great advantage in this affair." Page 7, Note a.

wards the Count went on with his relation thus: " After this they have given me to understand that the Royal Chapel in the Palace shall be as public as your Majesty's in Madrid, that the Divine offices shall be celebrated in it with all publicity and solemnity, and that they will go so far as to give toleration of religion to the Catholics, and that this being all that the King could do for the present, the Catholics will thereby in a very short time become much more numerous than the rest of the population, and the principal men amongst them will have sufficient authority to make what changes they please. By which means, therefore, that which is aimed at will be obtained, as Parliament will be summoned as soon as a majority of Catholics can be had, and liberty of conscience will be secured by law, the King not being able to grant it in any other way." 1614. [9.]

At the end of the letter he adds the following confirmation of what he had already said: " To-day a Privy Councillor told me that he was himself astonished to see the excellent position of affairs, it being now possible to do for God and the Church the greatest service which has been done for it since Jesus Christ came into the world; and he added that our right method was to engage the King in it, and to place him under obligation, by the love and esteem shown towards him, so that he may himself be the contriver and doer of the work, no one else being able to overcome the difficulties, though even he cannot do it suddenly, but only by degrees." Lastly, the Count gave his opinion that everything would be attainable, short of an actual agreement that the Prince should become a Catholic. Copies of this letter and paper were at once sent to Rome.[a]

About the same time the Count wrote three other letters in which he enforced his own opinion, and of all this a consulta was made for

[a] The whole of the minutes of these despatches will be found in the Appendix. Unfortunately I have not seen the despatches themselves. It must of course remain uncertain how much of the above proceeded from the King, and how much from Somerset.

1614.
Aug. $\frac{21}{31}$.

His Majesty by the Council of State on the last of August,[a] in reply
to which he directed under his royal hand that a junta of theologians and jurists should be immediately formed in the presence of
the Cardinal of Toledo, in order to give him their opinion of the
advantages of this negociation; and he also ordered that copies of
their resolutions should be sent to Rome. He then proceeded to
say that " Don Diego Sarmiento should be written to to use
language with that King and Queen and their ministers in
accordance with his directions, that is to say, to speak both affectionately and clearly with respect to our Holy Catholic Faith
without engaging himself in particulars till the answer arrives from
Rome." [b]

The Junta was immediately formed; and, after having conferred
at length and with the gravity befitting an affair of such importance,

Sept. $\frac{11}{21}$.

a consulta was drawn up on the 21st of September [c] to the effect

<hr>

[a] I have not seen this consulta; but there was a discussion in the Council of
State on $\frac{July\ 29}{Aug\ 8}$ [Sim. MSS. 1518, 1] tending to the advice that the proposed
marriage should be taken into consideration. About a week later, on Aug. $\frac{6}{16}$, the
Council, upon Lerma's proposition [Sim. MSS. 2581, 3] agreed to the summoning of
a junta of theologians, whose opinion should be sent to Rome. On Aug. $\frac{20}{30}$ the
Council drew up a consulta on Castro's despatch of the $\frac{4th}{14th}$ of July, which I have
printed at p. 7, note [a] (p. 115, note [a]), and this must have been followed the day
after by the consulta mentioned above.

[b] In a letter written by Philip to Sarmiento on $\frac{Aug.\ 27}{Sept.\ 6}$ [Sim. MSS. 1572, 53], he
says, that though he is not to say anything about the reference to Rome, he does not
think the English will be much astonished at so natural a step if they hear of it
from some other source.

[c] " But that now, considering the substance and the circumstances of the present
case, it seems to them that it is very different from the past one [i.e. that of the
Savoy match], because that was a simple proposition without any condition, in
accepting which they would have had to run the risk of whatever might happen,
without having guarded themselves against the dangers which were chiefly to be
expected, whereas the present proposition is accompanied with such considerations
and with newly presented reasons of so great importance, and with the offer of
advantages as well for the spread of the Catholic religion and the welfare of

that, if they could treat on the basis of the conditions which were necessary to justify the marriage, and which ought to be demanded from the very beginning, especially those which were offered in the letter from England for the advantage of the Catholic religion and the good of Christendom, not only did they think that there should not be any scruple felt in listening to the proposal, but that a scruple might well arise if they were to reject it; and with respect

Christendom, as for the prosperity and preservation of this monarchy ; and, above all, with such security that there shall be no danger of the faith of the Lady Infanta, and with such hope of the good education of her children, that the Junta thought not only that there should not be any scruple felt in listening to the proposal, but that a scruple might well arise if it were rejected, it being pre-supposed that the conditions necessary to justify such as have been offered by that King and Queen as appears by the letters of Don Diego Sarmiento, and the other concessions which may be expected to follow, will be demanded on our part. It therefore appears to the Junta in the first place, that there can be no doubt about the validity of the marriage, as both parties have been baptized ; and, in the second place, that, with respect to its lawfulness, it is considered certain that marriages between Catholics and heretics are prohibited by the canon, the Divine, and the natural law ; and that with the prohibition of the canon and positive law His Holiness can dispense, if there are causes for it, as there are of the greatest weight in the present case, being those which Don Diego Sarmiento has represented, and which relate to the universal welfare of all christendom, and the great fruit which may be hoped for in that kingdom from reconciliation, and the evils which will in this way be averted."

After remarking that the Pope could not dispense with a prohibition of divine and natural law, the theologians argue that this prohibition only applies to the danger of the perversion of the Infanta or to the heretical education of her children, neither of which dangers are to be found in the present case. They then proceed as follows :—

" It also appears to the Junta that the condition which secures everything is that of the toleration of religion granted to the Catholics in that kingdom, they being permitted to live as such without any molestation, and that this is not of less importance than liberty of conscience ; besides which the Lady Infanta will be allowed to carry with her the whole of her household composed of Catholics, and to have in the palace a public chapel where mass and the Divine offices may be celebrated; and it is known what is the inclination of the nobility and principal men towards our Catholic religion, according to the information of Don Diego Sarmiento de Acuña, whereby the greatest difficulty in the way of our embracing the offer is levelled to the ground."

1614.

[11.]

to this and the toleration which it was proposed to offer to the Catholics, they said that they thought that it would be very fitting that the said toleration should commence immediately that the terms of the marriage were agreed upon, in order that they might see some progress made, and that matters might be so arranged that when the time came for the departure of the Lady Infanta the world might see upon what grounds and with what hope of reducing that kingdom to our holy faith your Majesty had delivered her up ; and, if the putting in force of this toleration cannot be had for a longer time before the aforesaid delivery (the

"As for the education of the children who may be born of this marriage, which is one of the essential points which ought to be considered here, and which gives rise to the greatest difficulty on account of the presumption which it carries with it, it seems that we should take care to obtain as much as is necessary by means of the aforesaid conditions, although we may not be able to secure it altogether ; and that by means of the public demonstrations which will be made in the palace of those sovereigns of the profession and ceremonies of our holy religion, as well by the concession of the chapel as by the numbers who will accompany the Lady Infanta and will thus ordinarily be in her society, and also by means of the power which a wife has to win over her husband to her religion, as we know from experience and the Sacred Scriptures, it is to be hoped that the Prince will be converted by the Lady Infanta, especially as he is of so tender an age, and of so good a disposition and inclination as the Ambassador Don Diego Sarmiento assures us ; and that this will bring about the good education of the children which he may have. It also seems that it would be very convenient if the toleration of our religion could commence immediately that the terms of the marriage are agreed upon, in order that the progress made might be seen, and that affairs may be so settled that, when the Infanta sets out, the world may see upon what grounds and upon what good hope of the reduction of that realm to our Catholic faith your Majesty delivers her over, and that it is by your great zeal for this object and for the spread of religion that you have been moved to do it. Nevertheless it is to be considered that, as many years will have to pass before the conclusion of the marriage, for which reason it is likely that there will be much repugnance to grant this concession, it will not be well to propose it as a necessary condition, but only as a thing which is to be desired as being very advantageous. Yet it will be very necessary that the aforesaid toleration should begin some time, perhaps a year, before the marriage, as it will be the chief means by which your Majesty will be able to learn what is to be expected.

"Of all this account is to be given to the Pope, &c."—Consulta of the Theologians, Sept. $\frac{11}{21}$, 1614, p. 9, note [a].

importance of which would be great,) they thought at least a year 1614. would be necessary in order that His Majesty might know what he had to look to for the future. It is a circumstance worthy of note that two Inquisitors General took part in this Junta, namely, the Cardinal of Toledo, who at that time filled the office, and Don Andres Pacheco, Bishop of Cuenca, who now holds the post.

With this opinion the Council of State agreed, drawing up a consulta upon it on the 27th of November,[a] and resolving that Nov. $\frac{17}{27}$. letters to the same effect should be written to the Ambassadors in Rome and England,[b] in order to save as much time as possible in a business which was so much for the service of God and the welfare of the Catholic religion in that kingdom.[c]

[a] " The Council having seen the inclosed consulta of the theologians and jurists according to your Majesty's orders, and having attentively considered its contents, completely agrees with its resolutions upon the affairs of the English marriage, and, if your Majesty is so pleased, letters in accordance with them might be written to Rome and to Don Diego Sarmiento without loss of time, it being well to be speedy in a matter which so much concerns the service of God and the welfare of the Catholics in that kingdom, of which we may entertain great hope, as we see how little pleased they are in England with the French marriage, which might yet be had by the King for his son with very moderate conditions on behalf of the Catholics ; and when we consider that, though he knows that much more extensive concessions would be demanded by Spain, he yet prefers your Majesty's alliance to that of France. Besides, the Queen of England is a Catholic and her Lady of the Bedchamber most Catholic, and it is in the company of these two persons that the Princess will have to be, which will greatly lessen the inconvenience of the attraction of the wife and children to the husband. Moreover we cannot forget the friendship which England generally professes towards Spain, of which great proof has been made on many past occasions, or that the last wars were as completely forgotten on the day when peace was made, as if they had never been; besides which, they alway seem to desire the continuance of a good understanding with us in all matters and especially with respect to the affairs of France and Flanders."—Consulta of the Council of State, Nov. $\frac{17}{27}$, 1614, p. 11, note [a].

[b] Writing to Sarmiento on the $\frac{7th}{17th}$ of December [Sim. MSS. 2572, 70] Philip informed him that he had ordered the Count of Castro to consult the Pope, and that he wished him to keep the affair going in England till he could have an answer.

[c] On Nov. $\frac{10}{20}$ Sarmiento wrote [Sim. MSS. 2591, 32] that he had seen Somerset on the $\frac{4th}{14th}$, who complained of the Spanish delays. The negociation for the French

1615.

At the beginning of this year Sir John Digby arrived in Spain for the second time, having returned with the same title of Ambassador as on the former occasion. He brought with him orders to approach the business more seriously than before, though not altogether openly. The result of his conversations with the Duke of Lerma[a] was that his Majesty ordered another Junta of theologians to be immediately formed in the presence of the Cardinal of Toledo like the preceding ones, to give advice upon the answer to be returned to the said Ambassador, and he ordered that before

match, said the English favourite, was far advanced. He himself did not desire it, and he had taken part in persuading the King to postpone its conclusion in hopes that an arrangement might be come to with Spain. To this Sarmiento replied with declarations of good will, and added that he believed that, if only things could be settled about religion, his Majesty would willingly listen to the proposal. Somerset left him with assurances that he would do everything in his power to help it on. It would therefore be well, wrote the ambassador, to take pains to convince Digby of our sincerity, for they will be governed in England principally by his report.

On Dec. $\frac{7}{17}$ Sarmiento again wrote [Sim. MSS. 2591, 33] that James was counting the hours till he heard of the arrival of Digby at Madrid, and that he would be directed by him. In a letter to Lerma of the same date [Sim. MSS. 2591, 34] he points out that prudent persons should be selected to confer with Digby on the point of religion, which was the only difficulty. If the concessions made in favour of the Catholics can be put in force immediately, it may be hoped that during the many years which must elapse before the delivery of the Infanta, the Catholic religion will gain such strength as to be a real security; for "all the Catholics affirm that when once these articles have been agreed upon, the affairs of religion will be placed by them in a better state, and that afterwards it may be that the Prince himself will take pleasure in visiting Spain and in going there to be married, and to hear mass and sermons in the church of Our Lady of Atocha." (Todos los Catolicos affirman que hechas las capitulaciones se mejorará sobre ellas las cosas de la religion, y que despues podria ser que el mismo Principe gustase de ver á España, y yrse á casar allá, y oyr missa y sermones en nuestra Señora de Atocha.)

[a] On the $\frac{9\text{th}}{19\text{th}}$ of January Lerma wrote to the Cardinal of Toledo [Sim. MSS. 2518, 12] conveying his Majesty's orders that he, together with a certain number of theologians, should listen to Digby's proposal in order that, after hearing what they were, a letter might be written to the Pope.

they met both the Cardinal and each of the other members separately should allow themselves to be informed of the state of the business.

This having been first done, they met on the 8th of February, when they all gave their opinions in writing; and, although in these opinions some points which had particularly to do with the security of the Lady Infanta and her household were minutely considered, yet the question which was placed in the first rank, and to which all fitting weight was given, was the general proposition that, though there were many difficulties in the matter there was no impossibility, and that these difficulties might be overcome in proportion to the extent of the advantages which might accrue to the Catholic religion. By this they intended to point out what ought to be the only object, and which in fact was the only object regarded in this marriage; and some of the theologians who then gave their opinions in writing apart affirmed that Sir John Digby had told them that they might go on to ask for all suitable conditions in matters of religion, if only they did not demand the conversion of the Prince.

Upon this consulta of the Junta, the Council of State drew up another agreement with it on the 13th of March, as follows:a— Your Majesty ought not to content yourself with asking the Pope at the proper time for his dispensation for the marriage, but should

---

a " The inclosed consulta of the Junta of theologians upon the proposal of a marriage between the Prince of Wales and the Lady Infanta Donna Maria having been seen by the Council, according to your Majesty's orders, it is thought best that the Cardinal of Toledo, who was one of the Junta, should first be heard, to see if any other particular matter occurs to him, and the Council is of opinion that since your Majesty has heard the aforesaid Junta of theologians, and since they are agreed upon the possibility and the duty of carrying on the negociation, your Majesty should not be content with asking the Pope to give his dispensation at the proper time, but should at once beg him to give permission and approval to your giving ear to all that the King of England may say, and to that which his Ambassador has said to give information to the Junta; and that your Majesty should say that, as you esteem and reverence the person of the Pope and his opinion in all kinds of matters, so especially in this, and that you beg him to send you his decision. Also,

1615.

immediately ask his license to listen to everything which the King of Great Britain may say to you about it, and to that which his Ambassador here has said; and your Majesty should inform the members of the Junta, that, as you esteem and reverence the Pope and his opinion in all things, and especially in this matter, you intend to beg him to send you his advice.

The reply of the Junta was also given in writing to Sir John Digby, and as far as the particular points contained in it were concerned he gave way at once, writing in the margin opposite to each article a promise to accept it and to carry it out;[a] but he refused to take account of the general proposition which related to the common benefit of the Catholic religion, although he knew well what it was that was expected of him. It was therefore determined that a reply should be given him on the part of the Junta, in the same general terms as before, that is to say, requesting him to go further in respect of religion than he had already done.

[13.]

Sir John Digby remained in Spain during the remainder of the year, pressing on the business in hand with great ability ; and at the end of the year he returned to London, leaving behind him a confirmed opinion that he would be more urgent than ever with his master to bring him to consent to everything that had been demanded of him. It was not, however, till the following year that any result appeared of his efforts.

in order that His Holiness may understand all that has passed, a copy should be sent to him of the letters of Don Diego Sarmiento, and of all that the English Ambassador has said and proposed, as well as a copy of that which the theologians said in the Junta. It was also resolved that the despatch should not be sent either to the Count of Castro or to the Pope till it is possible to add to it the last reply and resolution to be given by the English Ambassador to the Duke of Lerma upon all the matters advised on in the Junta. It will be well to ask him for this, and then the despatch can be sent."—Consulta of the Council of State, March $\frac{3}{13}$, 1615, p. 12, note [a].

[a] A translation of these notes, and of James's remarks upon them, is printed in a paper of mine on Gondomar and Somerset in vol. xli. of the Archæologia, where will be found an extract from Sarmiento's despatch of April $\frac{18}{28}$, giving an account of his interview with Sir R. Cotton. Further extracts will be found in the Appendix to the present volume.

1616.

On the 25th of May in this year, Sir John Digby [a] wrote to the
Duke of Lerma, telling him how the King and Queen of England,
and their ministers, had already determined to treat of the Spanish
marriage only, so as to break off the French one, which had been put
forward and supported with extraordinary urgency by those ministers
through whose hands the negociation passed; but that, nevertheless,

---

[a] After James had announced his determination through Cotton on the $\frac{2nd}{12th}$ of
June 1615 (Appendix), Somerset's disgrace threatened to bring about a change
of policy. On the $\frac{7th}{17th}$ of November (App. to paper on Gondomar's letters in
Archæol. xli.) Sarmiento describes Somerset's enemies as eager for the calling of a
Parliament, the necessary condition of success in which would have been the com-
plete abandonment of the Spanish marriage. But the next day he wrote to Lerma
[Sim. MSS. 2594, 54] that, though he was very doubtful of the King's real intentions about the marriage, yet he had received by Fenton a message from him since
Somerset's committal, asking him to go on with the negociation. Up to that time,
however, Fenton had not come to particulars. In a later despatch of the $\frac{10th}{20th}$ of
December, he says that on the $\frac{7th}{17th}$ Fenton came to tell him that the King asked him
to remember the messages which he had sent in the summer by Sir Robert Cotton,
and to assure himself that their interruption had merely been the result of the confusion
consequent upon Somerset's fall, not of any intention to change his mind. Again,
on $\frac{Jan.\ 22}{Feb.\ 1}$ 1616 Sarmiento wrote [Sim. MSS. 2595, 33] that he had had an audience
of the King on Jan. $\frac{3}{13}$, and that before going in he had spoken to Fenton. When he
entered the presence the King was sitting with his gouty foot on a stool. Nevertheless
he rose and came forward two steps to receive him, saying that he had counted the days
till he could see him. After further compliments, the Ambassador came to business,
and complained of false news spread of the approach of Spanish fleets, &c., such
stories being contrived by his enemies, who wanted to frighten him. After magnifying the benefits of the Spanish alliance, Sarmiento proceeded to tell James of
certain information given to the King of Spain by a person about the English court,
to which Philip had refused to listen. When he heard this, James rose from his seat,
took off his hat, and took God to witness that he knew how friendly the King of Spain
was. After some abuse of the Dutch the conversation turned upon France and the
merits of the young Queen. James remarked that women were indeed well educated
in Spain, and, continues Sarmiento, "looking at me very attentively he asked me
whether, if he wished to court a lady in Spain, I would assist him in it. I told him

　they thought that it would be inconvenient at present to make any declaration concerning conditions which were put forward as indispensable in point of religion, till they were certain of the Pope's dispensation. To the same purpose also the Count of Gondomar wrote in his letter of the same date, and in some others which he despatched about that time.

that I was glad to find him in so good a disposition, that I confessed that I was useless for anything except as a pimp, but for that reason I should be the safer. At this he burst out into loud laughter. Pardieu, he said, I am in the same state, and it is therefore necessary for me to find a substitute if the love-making is to come to anything; and I have already found one in my son, who will, I hope, content you." The rest of the conversation went on the same strain, and is chiefly noticeable because the part which I have quoted in full may perhaps cause some hesitation in those who still continue to believe the prurient babble about James and Sarmiento which was current amongst their contemporaries. The Ambassador concluded his despatch by saying that Fenton and some other unnamed person had advised him to win over Pembroke and Villiers by dividing 20,000*l.* between them. With his usual caution, however, he recommended Philip to content them with hopes, and not to pay till service had been rendered.

In another despatch of April $\frac{17}{27}$ [Sim. MSS. 2595, 55] Sarmiento writes that James had informed his Council of the inconveniences of the French marriage, and that Lennox alone had raised any objection to breaking it off. Digby arrived in London on March $\frac{19}{29}$. He was closeted with the King for a long time, and the next day he was more than three hours with Coke. It was said that he had done bad offices against Somerset and the Earl and Countess of Suffolk, and that, if Lake had not been already sworn in, he would not have had the Secretaryship. Digby had, however, advised the King not to make public the information which he brought about the Spanish confidants, and to be content with depriving Sir W. Monson of his office as Admiral of the Straits. "Sir John Digby also gave the King many reasons to show how much more honorable and profitable it would be to marry his son in Spain than in France ; but that, if your Majesty would do nothing without the Pope's orders, and was unwilling and unable to proceed without advancing the affairs of the Catholics in England, (*ni querrá ni podrá hazerlo sin aventajar aquí las cosas de la religion Catolica,*) the best thing would be to marry the Prince to the daughter of some German Prince. With this advice the King was so pleased that he at once made Digby Vice-Chamberlain." On May $\frac{10}{20}$ [Sim. MSS. 2595, 81] Sarmiento says Digby had been ordered by the King to write to Lerma expressing a hope that some pledge would be obtained from the Pope that he would dispense if the conditions was satisfactory.

On the 21st of June the Duke of Lerma replied to Sir John Digby,[a] urging him to try to persuade the King of Great Britain to go as far as he possibly could in point of religion, for it did not seem reasonable to treat with His Holiness for the dispensation till the conditions asked for in favour of religion had been accepted. Then, proceeding to point out what was the object which His Majesty wished to secure by means of the match, he said, " That upon which the success of this marriage, in my opinion, depends, is the application of proper means to the accommodation of matters affecting the Catholic religion in England."

Nevertheless His Majesty, wishing to gain time by giving satisfaction to the King of Great Britain in a matter which he had so much at heart, was pleased to order a letter[b] to be written at once on the

[a] I have not seen this letter, but on $\frac{June\ 29}{July\ 9}$ there is a despatch [Sim. MSS. 2572, 157] from Philip to his Ambassador, directing him to say that nothing could be done with the Pope till they had such articles as would be accepted in point of religion. It would be impossible to obtain any pledge beforehand from the Pope.

[b] " Some time ago a proposal was made on behalf of the King of England for a marriage between the Prince of Wales and my second daughter, the Infanta Maria, and, although an answer was given to it on my part that it was impossible to speak of it without first receiving the pleasure of his Holiness and obtaining his dispensation, and that I would undertake to ask for this if the advantages conceded in point of religion were such as to place his Holiness under an obligation to grant it, and if they would give pledges of their desire for it by treating the Catholics better than they had hitherto done; yet Don Diego Sarmiento wrote to me on the 10th of June that the aforesaid King had sent for him, and had told him how desirous he was to keep up true friendship and union with me, and that he would be glad to learn what efforts had been made on my part with his Holiness with respect to the dispensation, and what hope there was of obtaining it. Besides this he said that it would please him if I would despatch to Rome a person expressly to treat of this business, and to dispose his Holiness to give it a favourable consideration. When he arrived, this person might at once treat of the conditions relating to religion; for, as he knew that his Holiness had been unwilling to dispense in the case of the marriage which had been treated of with the sister of the Grand Duke of Florence, he was afraid that he would make the same difficulty now; and thus, if the negociation and the conditions upon which it was undertaken were published abroad without any result appearing, he would be placed in a bad position with those who take part in the government of his kingdom, and would lose much influence with them and with all the heretics, the consequence of which would be very damaging

10th of September to his ambassador the Cardinal de Borgia, directing him to give an account once more to His Holiness of the state
of the business, and to inform him of the answer given by his
Majesty to the entreaties of that King, which was, that he would not
enter into the treaty without the consent of the Pope, or speak a
word about the dispensation till he had on his part given such evidence that he really intended to favour the Catholic religion as
would be sufficient to influence the mind of His Holiness. The
Pope was also to be told that it nevertheless seemed necessary
to apply to him already, because the King of Great Britain had
again been urgently entreating to know the decision of His Holiness,
in order that he might himself declare his intentions with respect to
the conditions relating to religion, in accordance with the answer
which he received.

After listening to this message His Holiness took some time to
think about it and to commend it to God. He then gave the Cardinal the answer which he reported to his Majesty in his letter[a] of

---

to the Catholics; because, if he were angry and irritated with the failure of his
scheme, he would revenge himself upon them to please the heretics. I have wished
to advertise you of all this in order that you may understand what is passing, and
to charge you to give account of it for me to his Holiness, and to no other person.
You will recommend him strongly to keep it a secret, and will engage him to consider the matter with his holy zeal, and to tell you what he thinks of it, in order
that I may proceed with respect to the proposal in accordance with his opinion;
and you will also magnify my great confidence in his paternal love."—Philip III. to
the Cardinal de Borja, $\frac{\text{Aug. 31}}{\text{Sept. 10}}$, 1616, p. 13, note [a].

[a] " Immediately upon my receiving the letter which your Majesty ordered to be
written to me on the 10th of last month, I set out for Frascati, where his Holiness
was at that time. I gave account to him, according to your Majesty's orders, of
the proposal made by the King of England for a marriage between the Lady
Infanta Maria and the Prince of Wales, and told him that, after your Majesty had
answered that you would not treat of it without the consent and good disposition of
his Holiness, and unless the King would first give such evidence of his intentions
in matter of religion as would be sufficient to engage his Holiness, the King of England had made fresh entreaties that your Majesty would learn the mind and disposition of his Holiness, as, if he should oppose this marriage, as he had opposed the
one which was fruitlessly negotiated with the daughter of the Grand Duke, he did

the 21st of October, namely that the reply which he had ordered to be given to that King was very worthy of his Majesty and of his Christian and holy zeal; but that His Holiness could not but blame the marriage, as he had before done at Rome through the Count of Castro, and at Madrid through his nuncio the Archbishop of Capua, for other reasons which were easily to be understood, and in particular for those four special ones of which he had spoken to that Count in 1614. His Majesty ought, therefore, to continue to insist upon the answer which he had given in 1612, by his ambassador,

not wish to go further in offending the heretics in his declaration on points of religion. His Holiness, after taking time to consider this business, replied that the answer given to the King of England was very worthy of your Majesty's Christianity and holy zeal, and that he could not but continue to blame this marriage, as he had done at other times through the Count of Castro, and through the Archbishop of Capua his nuncio in Spain at present; as he considers it unlawful and prohibited by the sacred canons and councils, and exposed to mortal sin, and to great dangers on account of the intercourse and communication with the heretics, from which there would result great scandal to other Princes. Besides all which, three very strong arguments concur against it: the first being derived from the danger which the Lady Infanta may run in her opinions by the company of the Prince and her intercourse with other heretics; the second, from fear lest the children of that marriage, being your Majesty's grandchildren, should grow up as heretics; the third, from the inconveniences which might arise from the custom of divorce in England ; for which reason His Holiness judges that your Majesty ought to insist upon the answer given in the time when Don Alonso de Velasco was ambassador in England, namely, that the marriage should take effect if the Prince of Wales would submit himself to the Catholic religion, and if its use and exercise were permitted in that kingdom, and that, if this were not done, His Holiness could not dispense in a case which was unlawful, as this was, and which would co-operate in causing mortal sin; nor could he listen to such a proposal unless conditions were offered which were very just and of evident advantage to the service of God and of the Catholic Church. If such were proposed to him, he would give them his serious consideration, and would take that resolution with which God might be pleased to inspire him; and as to the inconveniences which the King of England thinks will result from His Holiness, he answers that they are frivolous pretexts, and very suitable to the fraudulent nature of heretics; as neither on the part of your Majesty, nor on that of His Holiness, will there be any breach of their obligation to secrecy.—Cardinal de Borgia to Philip III., Oct. ¹¹/₂₁, 1616, p. 14, note ᵃ.

CAMD. SOC.   S

1616.

Don Alonso de Velasco,[a] namely, that the marriage might take place if the Prince of Wales would submit to the Catholic religion, and would allow its free exercise in that kingdom. As for the present pretext of the King of Great Britain for refusing to declare himself on those conditions which were now asked in favour of the Catholic religion, it ought to be treated as frivolous.

Before this letter of the Cardinal arrived, there came two from the Count of Gondomar, the first written on the 2nd of September, in which he related at length a conversation on this matter which he had with that King at a country house on Wednesday the 27th of July, at the end of which he gave him his right hand and promised that he would do all that he could to give his Majesty satisfaction in matters of religion.

Aug. 23.
Sept. 2.
July $\frac{17}{27}$.

He also said that immediately after he left the King he spoke to Sir George Villiers (now Duke of Buckingham, and at that time Gentleman of the Bedchamber and Master of the Horse to the King), who, after assuring him how much he desired to forward the marriage, said that he wished the beginning and the end of his good fortune might be established upon the true friendship of the Crown of England with his Majesty, speaking sensibly of the advantages which might follow.

Sept. $\frac{20}{30}$.

The second letter from the Count was dated the 30th of September, in which he advertised that, when he spoke of the chief points demanded in Spain on behalf of the Catholic religion, the King had said to him seriously that the paper contained terrible things, upon which the Count at once signified his opinion thus: " That which I understand is, that the King recognises the great authority and other advantages which he will derive from this marriage, but that he wishes to have it clogged with such clauses and conditions that the Catholics may find no advantage in them. But his knowledge that he cannot have the marriage without great

[16.]

[a] P. 3.

concessions to the Catholic religion chokes him and takes away his 1616.
breath, though I am told that the great temporal gains offered him
make him open his eyes."

During the remainder of the year letters continued to pass between
the Duke of Lerma and Sir John Digby,[a] of which the chief object September.
was to gain some advantage in the principal point, namely, in that
of religion, till it became possible to obtain all that was desired—the
rate at which the negociation was carried on being as slow as possible, for fear of letting it slip altogether.

[a] The following is the only letter of this correspondence which I have met with:
"James R.
"Wee do approve that you send a letter to the Duke of Lerma to the effect here
under written; and that, receaving answer therof from him, you bring it unto us.
Theobalds, the 18th of September, 1616.

"I have much esteemed your Ex^{cies} letter of the 22nd of July, which I have
receaved by the hands of Don Diego Sarmiento de Acuña, as well for the favor you
are pleased therein to do me as for the continuance not only of that noble disposition I have ever found in your Ex^{cy} of doing all good offices betwixt their Maties,
but particularly for your present desire and inclination of working a stricter correspondency, and assisting for the procuring of a nearer tye and alliance betwixt their
Maties and their crownes, the which, according to my obligation, I have not fayled
to represent unto the King my master, whose kynde and gratefull acceptance of your
respect and affection towards him he hath given me charge to represent back unto
your Ex^{cy}.

"Touching the marriage and those articles to which your Ex^{cy} in your letter
required answer, I have had many conferences with Don Diego Sarmiento de
Acuña, both concerning them as likewise of the present estate of buisinesses here,
whereof I am certeyn he will give you an ample and full account ; yet I shalbe bold
to add to his relation that I may now fully give your Excellency assurance that his
Ma^{ty} is free from all treatyes in other parts, that he really desireth to match with
Spaine, and meaneth to proceed to a direct treatye and propounding of the business
in case that he may first understand that the King of Spaine doth likewise desire it;
and that in those difficulties that may occurre in poynt of religion he will on his part
endeavor to accommodate them as farr as possibly may be with honor and conscience as the King my master will sincerely perform on his part, so that it may
appeare playnely to the world, in case that the match should not meet that success
as is wished, that there is no other defect or cause that hath hindred the effecting
of it but the impossibilitie of the business itself by reason of the irreconciliableness
of the differences in religion; but otherwise that their Maties have done all that

1617.

1617.

This year opened with a new Junta, which his Majesty commanded to be formed again in the presence of the Cardinal of Toledo, in order that it might once more examine this matter with all the study and attention possible; and for this reason, although there were found in it some of the theologians who had been members of former Juntas, others were specially named to take part in the discussions for the first time. Moreover, in order that they might the better comprehend the whole state of the business, they began by inspecting all the letters which had come from England the year before, both those of the Count of Gondomar and of Sir John Digby; the paper containing the points touching religion, given to the latter in 1615, together with his answers to each of them written in the margin; and especially the letter written to his Majesty a few months before by Cardinal Borgia, giving account of the opinion expressed by his Holiness Paul V. about this marriage, when his Majesty proposed it to him the second time, and of the aversion which he then showed towards it. These persons, after considering the whole matter with sufficient deliberation, thought fit to correct some of the clauses, making them more strict and comprehensive, whilst in the principal matter of liberty of conscience they spoke with clearness and resolution, insisting that without it this marriage neither could nor should be effectual; and as to the

fittingly they might, sutable to the desire that both of them profess of uniting themselves in greater neerenes and alliance.

"When the King my master shalbe assured of the Kinge of Spaines desire of the match and promise in the generall of laboring to reconcile the difficulties and differences that may arise in the said buisines within the said limmitts of honor and conscience, I may confidently say unto your Ex^cy that it is the King my master's purpose and resolution to send thither an Ambassador of purpose who shall treat of particulars and propound the buisines, so that what will first be expected from thence wilbe in the generall the assurance of that King's inclination to meet the King my master half way both in his desire of the match, and in his endeavors of accommodating the difficulties."—Sir John Digby to the Duke of Lerma, September 1616, Sherborne MSS.

manner of obtaining security before the delivery of the Lady Infanta,
they considered that nothing would stand in the place of the actual
execution of the engagements, and that too not for a short and
indefinite time, but for some years.   This they represented to his
Majesty in a consulta, which was drawn up on the 1st of February;
when, after reference to particular authorities and arguments, Fray
Francisco de Jesus, the King's preacher, urged the necessity of taking
sufficient security for the liberty of conscience which they asked for,
and advised that it should be put in execution for three years at least,
whereby the actual doing of the thing would become the security
for its own continuance, so that it could not be retracted afterwards.
He then proceeded to say that it would be well to come to an agreement as soon as possible with the King of Great Britain on this
point, without allowing any more time to elapse, lest afterwards he
might affect to discover new inconveniences in the delay of these
three years, it being remembered that after it has been arranged
there will be twice as many during which they will be obliged to
wait on account of the tender age of the Lady Infanta.

His Majesty and his Council of State saw this consulta; and he,
finding that his principal designs in this marriage were so strongly
recommended in it, was pleased to direct by royal decree that a
Junta should be formed of Fray Antonio de Sotomayor, at present
the confessor of Our Lord the King (who was then Prince), and of
the aforesaid Fray Francisco de Jesus, to draw up and arrange in
articles, out of this consulta and the other particular papers which
had passed about the business, all conditions touching religion
which were held necessary for the justification of this marriage, in
order that His Majesty might make use of them when occasion
needed; and His Majesty then immediately ordered copies to be
sent to Rome and England.[a]

At this very time the Count of Gondomar advertised, in his letter

---

[a] The final report of the Junta was drawn up on Feb. $\frac{17}{27}$ [Sim. MSS. 2859, 23].
The chief part of their recommendations were subsequently embodied in a paper
which will be found in Appendix V.

of the 30th of March, that the King of England had formed a commission of some persons of his Privy Council, and of others most
noted for their rank and official position, to give him their opinion
on the advantages of the marriage; and that they had all unanimously resolved that it was impossible to propose anything to the
English Crown so important or so honourable for the advancement
of its fortunes, and that it would therefore now be well to carry on
the negociation openly, sending an ambassador for the purpose.
Soon after this, the Count proceeded to say, the King directed a fresh
nomination soon afterwards to be made of Sir John Digby, ordering
him to return again with the title of Extraordinary Ambassador for
this business only. Very ample powers were given him, of which
the Count of Gondomar had a copy, and sent it at once to His
Majesty. By these he was authorised to carry on the negociation
to its conclusion, and to demand and accept conditions without any
limitation even in the case of those which might touch upon religion; and as for the ratification of his actions, the King obliged
himself by his royal word to stand to everything to which he might
give his consent, and to put it in execution without fail.[a]

July ²⁄₁₂. The Count of Gondomar also wrote in his letter of the 12th

[a] " First wee thinke good to lett you know that if att your arrivall att that Court
you shall fynd by good probabilitie and other circumstances, that there is in the
said King and his ministers as ready a disposition as formerlie you have to proceed
further in such a treatie, you may open unto them that you are come accompanied
and authorized with power sufficient on our part to treate and conclude; but, if you
do discerne any alteration or coldness from the former demonstration of a syncere
meaning and of a very great desire to give us satisfaction, you may then forbeare to
make use of your commission (which wee must refer to your discrecion), and advertise us what you perceive.

" If you shall fynd things in such case as you shall have cause to treate of particulars, then for your direction therein you shall understand that this business doth
consist of two principall parts, the one concerning matter of religion and the other
of civill considerations, as matter of portion and other charges on their part, and
dower and assurance of dower on our part.

" The matter of religion is to us of most principall consideration, for nothing can
be to us dearer than the honour and safety of the religion which wee profess; and
therefore, seeing that this marriage or allyaunce, if it shall take place, is to be with

of July that Sir John Digby, being about to set out for Spain,
told him in great confidence that his master had assured him
very secretly that if, after he had arrived in Spain and had taken
note of what was being done there, he could inform him that
the marriage was likely to take place, he would at once settle the
affairs of his kingdom in such a manner that, in the point of religion, everything should be done to satisfy his Catholic Majesty,
and that no one would dare to speak against his proceedings, for he
would put a strong bit in the mouth of the Puritans. It would not,
however, be prudent to declare himself before he was certain of the
marriage, as it would only result in his losing the support of his
allies and of those of his religion. The Count also advertised that
the King had ordered all the original papers, containing the commissions, instructions, and letters relating to the French marriage,
to be placed in Sir John Digby's hands, and to remain with him

a ladie of different religion from us, it becometh us to be tender, as on the one part
to give them all satisfaction convenient, so on the other to admitt nothing that may
blemish our conscience or detract from the religion here established; and, although
we cannot for the present give you precise and particular direction and warrant for
all the poynts that will come in question in this subject of religion, yet in general
we have thought good thus far to authorise you:—That whereas while you were in
Spayne, certayne articles for matter of religion, after a consultation had by some of
their divines, were delivered to you as poynts they were like to insist upon, which
seeming to you unworthie to be by us hearkened unto, you did utterlie reject and
refuse, yet afterwards upon a private conference betweene you and some others to
whom that cause had been committed there was betweene you a qualification con-
ceaved therein, though never delivered as a matter approved there.

" We have perused these articles, and added something to them by way of explanation and for our clearer satisfaction, and have signed them with our hand in a
schedule hereunto annexed, and doe let you know that, if they shall be admitted
there as wee have signed them, and no further matter in poynt of religion urged,
wee can be content you proceede and expresse your liking, and that you hope it will
give us satisfaction, and that you will speedily advertise us; but you shall not so
far consent or conclude as to bynd us until you have advertised us, and receaved our
express pleasure and assent.

" But if you fynd any hesitation or doubt made upon them, or any new matter
added to any of those points which you shall fynd to vary from the true sense of
them, you shall suspend your proceeding to the approoving of any such alteration,
and advertise us thereof, and attend our further direction and pleasure."—Instructions to Sir J. Digby, April 4th, 1617, S. P. Spain.

1617.

as long as his negotiation lasted, in order that with their help he might be able to assure the Spaniards how completely that treaty was broken off, and amongst them he had the letter written by the King himself, with his own hand, to Lord Hay (now Earl of Carlisle), who at that time [a] performed the office of Ambassador in Paris, in which, speaking of this matter in very remarkable words, he commanded him to put an end to the negotiation. Immediately afterwards the Count of Gondomar wrote in his own words: " I both am and shall be of opinion that, before bringing this business to a conclusion, your Majesty should take sure pledges that there may be no mistake or deception in that which is being done here. For this would be most prejudicial to your conscience, your reputation, and your estate; experience having up to this time shown us that whilst this King gives us in word good hopes in matters of religion, his actions are ever persecution and still worse persecution." Then, after showing how the liberty of conscience, for the sake of which such efforts were being made, lay entirely in the King's power to

[18.]

grant, the Count went on to say: " Everything here depends solely on the King's will. This I have told him to his face in speaking about this matter, and that he has nothing to fear, as he has sufficient authority in England to introduce the sect of the Turks and Moors if he pleases."

July $\frac{1}{11}$.
Oct. $\frac{6}{16}$.

Sir John Digby set out from London for Spain on the 11th of July, but, having been detained on his way, he did not arrive at Lerma, where His Majesty then was, till the 16th of October. His Majesty, however, had been so well informed of the proper method of carrying on the negotiations with the Ambassador, by the relations and advertisements which he had received, that immediately upon his arrival he resolved that no one but his confessor, Fray Luis de Aliaga, should listen to him,[b] and that everything relating to this negociation should pass through his hands; and, with this

[a] He went on an extraordinary embassy in 1616, but was now in England.

[b] He being one who was understood to throw difficulties in the way of the marriage (Consulta of the Council of State, Sept. $\frac{4}{15}$, Sim. MSS. 2859, 18), and was therefore, I suppose, not likely to be too yielding.

object, he sent to direct some of the theologians who had taken part
in the Junta which had been formed in the beginning of the year,
and with whom Sir John[a] was accustomed to converse, that, if by
chance he applied to them, they were not to give him any explanations whatever.   It is possible that a letter written about this
time by the Count of Gondomar had something to do with this
order, giving advertisement that it was published in London, that
his Majesty was negociating a marriage for her Highness with the
eldest son of the Emperor; and that Sir John was coming in a
suspicious humour, and intent to discover the truth in this affair,
and that it would therefore be well to restrain him to a negociation
with a single person.

Sir John then, commencing his negociation with the aforesaid
distinguished person, at once laid before him the principal objects
for which he was commissioned to treat, in a paper given in on the
17th of December, and containing these three points: First, that   Dec. $\frac{7}{17}$.
since he brought a commission to conclude the marriage, and knew
how far his sovereign would go in matter of religion, it would be
well to come to an agreement upon the articles; and that, in case
of their asking for anything which was not fit to have a place in the
treaty, his Majesty, if he thought right, might afterwards make a
special request for it to the King of Great Britain.   This caution
was thrown out with a view to the demand for liberty of conscience.   The second point was that, if the King of Great Britain
acceded to all that was reasonable in the matter of religion, and if
other things were agreed upon, it would be but just that his Majesty
should then declare his purpose of giving satisfaction about the
portion, two million crowns being the sum demanded.   The third
was that, as soon as their Majesties were agreed on the matter of
religion, his Catholic Majesty should take it upon himself to adopt
measures to obtain the Pope's dispensation; or at the least that, in
the same way that the King of Great Britain gave his royal word

---

[a] A paper of conditions to be presented to Digby was drawn up by theologians on
Sept. $\frac{5}{15}$, and will be found in Appendix V.

1617. to accomplish his own engagement, his Majesty would also give his that he would really do everything in his power to induce the Pope to dispense.

As soon as the Ambassador had delivered this petition in writing, he was much pressed for a declaration on the principal point of liberty of conscience, and on the security to be given for its execution. To this he replied, that not only was this point not included in his commission, but that he was not even empowered to concede a suspension of the laws against the Roman Catholics of that kingdom. To this declaration he resolutely adhered, giving it to be understood that he wished to return to England, there to await the person whom his Majesty would be pleased to send to treat with his master upon this business, conjointly with the Count of Gondomar.

The Ambassador's paper, containing the above-mentioned points, was laid before the Council of State ; and after that body had on Dec. 20/30. the 30th of December delivered to his Majesty their consulta on the particular point of the three millions of portion, he answered as follows, with his royal hand: " We ought to consider deeply the service to be rendered to our Lord by improving the condition [19.] of the Catholic religion in England. If, therefore, we can have assurance that satisfaction will be given on this point, together with the necessary security, the question of temporal interest will be easily settled. The Ambassador may accordingly be told that, if we can agree upon matters of religion, we shall not fall out about the portion." Thus, in order that no means might be left untried in a cause which was undoubtedly that of God and His Church, His Majesty took a final resolution to continue to persist in his demand for liberty of conscience, even when he had to buy it with a great sum of money, thus overpowering, by an appeal to the interests of the King of England, the difficulties which he raised under the pretext of the impossibility of doing what was required of him.

1618.

This answer was given to the Ambassador on the 13th of January, and that, too, in so formal a manner that it was put in writing,
in order that not a word might be added or omitted. To this,
however, he replied at once, asking for a declaration that the crowns
of which those two millions were to be composed should be reckoned
at twelve reals a-piece, according to the English custom;[a] and further asking that on the day on which their Majesties were agreed
on points of religion His Catholic Majesty should be bound to give
by anticipation to the King of Great Britain a sum of half a million[b]
from the said portion, this being what he wished and demanded.
In order that this might be done, he offered to give ample security
for the restitution of the money, in case of the marriage failing,
through any accident, to take effect, and to pledge his kingdoms
and the estates and revenues of his subjects, to make actual restitution of this half million within twelve months after it was demanded. The pretext used by the Ambassador for asking this was,
that if the King of England once declared in favour of the principal
point, and of the others required of him with respect to religion,
he would be separated from his friends and allies, and also from all
those who were of the same religion as himself. He therefore desired His Majesty to help him with the half million to discount his
risk and to be prepared for the events which he must fear.

Upon this answer of the Ambassador, His Majesty received a
consulta from his Council of State on the 6th of February, to which
he was pleased to reply thus with his royal hand: " The crowns
of the portion shall be of twelve reals, to be paid when the marriage
is effected (the granting of our terms standing in the power of the
kingdom of England, rather than of the King), for it does not
seem to be a fit time for giving the money, all that is necessary to

[a] That is to say, at six shillings to the crown, instead of five, thus making the
whole sum £600,000.

[b] £150,000.

1618.   satisfy the Pope in matter of religion not having yet been accomplished." To this the Ambassador made a fresh reply, urging
strongly that the time when their Majesties were agreed on the
point of religion should be fixed upon as the term at which the
advance was to be made rather than to postpone it till the Pope had
been informed, and had expressed his satisfaction; and pretending
that there might be danger in further delay, as the King of England
would run some risk from the moment that he declared his intention of gratifying your Majesty. The Commissioner[a] with whom
the negociation was carried on held the argument to be of such
weight that he intimated his intention of representing it to His
March $\frac{12}{22}$. Majesty, as he did on the 22nd of March. His Majesty, however,
finally resolved that it was not fitting to appear to be beginning
to pay his daughter's portion before he had the assent and approbation of His Holiness, as the world would be led thereby to suppose
that he looked upon the affair as settled before he had received the
approbation of the Pope.

[20.]   The Ambassador then proceeded to urge his demands on the
point of money to the utmost possible length, by asking that the
aforesaid two millions of portion might be paid in the same way as
that which had been accustomed in England with the Queens and
Princesses, that is to say, that it might be annexed to the Crown,
so as not to return whither it had come, either on account of widow-
hood or of any other accident, nor to be recovered by the lady by
whom it was brought, by which means those two millions would in
any case be alienated to that crown for ever. In the same paper in
which this condition about the portion was proposed he also offered
that Parliament should approve of all the other particular conditions
touching religion, and that the form of doing this should be that,
since they had made up their minds that liberty of conscience was
to be granted for the whole kingdom,[b] and, as it was necessary for

    [a] Aliaga.

    [b] It must be remembered that this was not a matter on which Digby was to treat,
and that anything which he may have said was merely conversational. In a long

this to be put in effect by Parliament, the other particular conditions might be settled and approved in the same way. Thus, in proportion as His Majesty gave way in matters which concerned his own private interest, he showed more strongly than ever that he was influenced by his wish to obtain liberty of conscience for the English Catholics.

Having thus satisfied the Ambassador, His Majesty, desiring to make known his reasons for so doing, directed his confessor to declare them; and further, that the Count of Gondomar might be informed of all that had passed, ordered the following letter to be written to him: " My confessor here has spoken clearly to Sir John Digby, and has told him that the marriage cannot be effected without liberty of conscience; and, although he makes a show as if he would not dare to propose it to his sovereign,[a] it is thought that a great impression was made upon him by the argument that, as Queen Elizabeth had driven the Catholic religion out of England in seven months, his master was much more able to grant liberty of

memoir on the state of the negociation drawn up at Madrid about this time (Sim. MSS. 2859, 36) we are expressly told that Digby had not made any concession about liberty of conscience " because he says that he has no commission for it, and that for the present he cannot agree to the aforesaid point, nor settle anything in writing about it, because it is contrary to the laws of the realm, which cannot be repealed excepting by Parliament; and that to summon Parliament and to treat of this business there would bring great inconvenience with it (*y que el juntarle y trattar desto traesen muy grandes inconvinientes*). He has, however, offered to facilitate it in England as much as he can." Later in the memoir the writer returns to the subject: " And although Sir J. Digby has made great difficulties about the point of liberty of conscience, he has not rejected it, but rather goes with the intention of facilitating it. It is, however, known that the King cannot concede it without his Parliament, and therefore consideration must be had that when it is granted that the assent of the Parliament be obtained (*de que quando le conceda, ha de ser con el dicho Parlamento*), and that the laws to the contrary be repealed in it."

Digby, I suppose, was holding up the Parliament as a terror to the Spaniards, in the same way as they held up the Pope to him.

[a] This looks as if Digby had spoken more strongly of the impossibility of obtaining the consent of Parliament than would appear upon the face of the memoir quoted in the last note.

conscience by means of his Parliament, if he first arranged matters as it was well known that he could, and in such a manner as you might learn from the Catholics in England." And a little afterwards His Majesty went on to say: "I do not think that it can do any harm to speak clearly, as it is well that they should understand that I have no wish to shrink from my engagements, but that the difficulties thrown in the way of the execution of the treaty which is here so much desired arise in England."

That which His Majesty wished to effect by this example of Queen Elizabeth was to demonstrate clearly that the excuses made by the King of Great Britain about his inability to concede the liberty of conscience which was demanded proceeded from mere hypocrisy; seeing that that Queen, finding her kingdom Catholic at her accession, and the Catholic religion not only introduced into it, but actually established in it five years before, and that too with valiant and zealous prelates, whilst almost all the councillors and ministers were Catholics, and all the nobility and the greater part of the people were declared followers of the Catholic religion, nevertheless, not being deterred by all this, immediately upon receiving the Crown made it her first enterprise to uproot that religion from her kingdom and to introduce another as new, and at the same time as false and frantic, as that of the Protestants. And as to that which might have been the greatest difficulty in her way, that is to say, the Parliament, before she had reigned two months she contrived by various means that the elections should be so managed that the greater part of the members of the Lower House were Protestants. This secret has been revealed by her own historian : " *Plures* *e Protestantibus datâ operâ tum e comitatibus tum e civitatibus et burgis fuisse electos;*" and those who went about trafficking in votes for their private ends were the Duke of Norfolk, the Earl of Arundel, and the Secretary Cecil. By this means the Queen obtained her object in such a way that, although at the time when the miserable and violent destruction of the Catholic religion was proposed in Parliament, it was opposed by all the Bishops in the

[21.]
Camdenus in
Annalibus
Reginæ
Elizabethæ,
an. 1559.

Upper House and by some of the nobility as well, yet at last she got her wish by the majority of votes in the Lower House, and on the 31st of March, 1559, all the laws of Henry VIII. and Edward VI. in favour of the Protestants were renewed and established anew. The time in which this took place was even shorter than that which His Majesty speaks of in his letter, since from the death of Queen Mary on the 17th of November 1558 to the 31st of March the following year was little more than four months, so short a time sufficing for so great a change, and in this case the words deliberately used by Floremundo Remundo were verified, that it will always be found in similar conjunctures between those Kings and their subjects, that there is no nation in the world so ready as the English to give up an old religion and to adopt a new one at the instigation of its Kings. It is therefore evidently to be seen that it will be far easier for the King of England to grant liberty of conscience by his Parliament, if he took a time so sufficient for his purpose as a whole year, than it was for his predecessor to abolish the Catholic religion.

Tom. 2, lib. 6.

Yet, after this had been said clearly to the Ambassador Sir John Digby by His Majesty's directions, he so far drew back from the agreement entered upon as to be further than ever from conceding this point ; for when they came to treat of the church which the Lady Infanta was to have near the palace, in order that Her Highness and all her household should have free exercise of the Catholic religion, he insisted strongly that it was not to be called a church but only a chapel, with the intention of imposing under that name any limitations which they pleased, such as that there should in such a chapel be only one altar, and that the most holy sacrament should not be continually in it; all this being very different from the offer made to the Count of Gondomar in 1614, as has been related under that date ; and, as to liberty of conscience, finding himself cut off from asserting it to be impossible to grant it, he gave two answers : the first, that the most fitting manner of introducing it would be by arranging that the marriage and delivery of the

1618. Infanta should precede it, so that, after Her Highness had arrived
in the kingdom, a commencement might be made of putting it into
execution, as it would then be rendered more easy by Her Highness's example, and by the obligations of her subjects towards her;
the second, that, this liberty being forbidden by the laws of the realm,
as the Parliament alone, and not the King, was able to revoke
them, it would be necessary to summon Parliament for the purpose,
and that, therefore, much time would be needed to dispose the minds
of the electors in this direction.   Not only, however, were these
excuses rejected, but he was pressed with evidence that the truth
was on the other side ; and he then made his escape by saying that,
even if the aforesaid modifications of the plan were admitted, it was
not fit to make the condition of the liberty of conscience a matter
of public capitulation, it being rather a point to be agreed upon in
secret between their Majesties, and that the King of Great Britain
would give his loyal word so to order matters in his kingdom as
that the object of liberty of conscience might be finally attained.

[22.] He also said, that he entertained suspicions that His Majesty's
reason for insisting so much upon the point was that he wished to
keep up a feeling of gratitude and dependence towards himself in
all the subjects of the King of England who were to enjoy that
liberty.

To his first answer it was replied that it would be not only unworthy of His Majesty's greatness, but actually scandalous, if he
were to agree upon the grant of liberty of conscience being settled
in such a manner.   For the world would see that His Majesty had
married his daughter to a Prince who was not a Catholic, giving
with her a portion of 2,000,000 of crowns, and paying 500,000 of
them in advance, without seeing at the same time and in the same
public manner that done with equal publicity which was the sole
and only object which had moved him to an action so rare and
unexampled.   As to the second point about the suspicions raised by
his urgent demands for liberty of conscience, lest he wished to keep
the King of England's subjects in dependence upon himself, it was

declared that His Majesty had no other object whatever than the augmentation of the Catholic religion, and that the King of England might arrange the affair in such a manner that the Catholics would recognise the benefit as proceeding from his hand alone, and that too with securities so sufficient that when the marriage capitulations came to be made it would not be necessary that it should be any longer asked as a condition on His Majesty's part. At last the Ambassador, having no more to reply, said that, as he had nothing further to negociate, he wished to return to give account to his Sovereign of the points which had been settled, and to recommend him to consent to those further ones for which he was now asked.

Of all this conference a written relation was drawn up, and His Majesty commanded it to be sent to the Count of Gondomar, together with a letter of his own of the 2nd of April, giving him leave to return to Spain, and at the same time advertising him of that which he was to try to obtain before he left. Amongst other things he said, " The principal point in which you are to speak is that of liberty of conscience, and you are to endeavour to obtain from that King its concession with all necessary conditions." The carrying of this despatch was entrusted to Sir John Digby himself.

On the 17th of May Sir John arrived in London, and on the 30th of June he wrote to the Duke of Lerma and the Father Confessor of His Majesty, telling them how well he had been received by his Sovereign, and what account he had given of all that had passed; he did not, however, touch directly upon the principal point of which he had taken such charge in Spain, nor did he speak either of it or of anything else excepting in generalities. But he afterwards returned afresh, and with greater insistance than ever, to the advance of the 500,000 crowns out of the portion, urging their payment immediately after their Majesties had come to an agreement in matters of religion, without waiting for the approbation of His Holiness. On this point and others he referred to Mr. Francis Cottington, secre-

Margin notes: 1618. March 23. April 2. May $\frac{7}{17}$. June $\frac{20}{30}$.

1618.

June ⅟₂₆.

May ⅟₃₁.

[23.]

tary[a] of the King, who was then at Madrid, and to the Count of Gondomar, who was hastening his return to Spain.

In a letter of the 26th of June, the Count of Gondomar advertised everything that had passed with the King of England on the occasion of Sir John Digby's arrival, and how on the 21st of May he had himself had a long private audience, the King having wished that the Marquis of Buckingham only should be present. The King had told the Count with much expression of pleasure and with many oaths that he might readily trust the Marquis, who was as much a Spaniard as the Ambassador himself. Upon entering upon business, the King said that he had seen the twenty articles agreed upon by Sir John Digby in Spain, and the five which had been added afterwards, and that, to speak plainly, he thought that the affair was in very good train. He would not haggle over it like a merchant, but would do everything in his power, as would soon appear. In answer to this, the Count said, amongst other things, that His Majesty took pride in his clemency, and he believed that he did so with justice; but that yet there were many persons who were incredulous, his designs and actions having an appearance to the contrary, as he had kept up a persecution of his subjects so terrible that if the Pope and the Catholic princes had no hope of a remedy, both his person and his Crown would be in great danger. He therefore begged him to consider well that, if in one thousand six hundred and eighteen years of persecution it had been found impossible to put an end to the Catholics, or in more than eighty years during which the persecution had lasted in England, it was certain that His Majesty would be much less likely to put an end to them. He also bade him consider how much he was able to accomplish in his kingdom in matters of religion without having anything to fear, and that this would be much more the case if he were united with the Crown of Spain. The distrust which had arisen as to His Majesty's intentions had made it necessary to speak about this marriage at Rome

[a] Agent.

and in other parts in a very different way than that which could be wished, namely, that during the King of England's reign more martyrs had suffered under him for the Catholic religion than in Morocco and Constantinople, or in all the other parts of the world. His Majesty, therefore, being so Catholic a king as he was, and thinking so much of matters of religion, had gone far in merely giving ear to this proposal of marriage; but in order to bring him to give his actual consent to it, and to obtain the Pope's dispensation, some evident proof of the benefit to accrue to Christendom was needed. The Count ended by saying that with the confidence which he derived from his own service in England, he wished in the presence of the Marquis of Buckingham and of Sir John Digby (who was summoned expressly for the purpose at the Ambassador's request) to remind His Majesty of the promise which he had made at the beginning of the negociation, namely, that he on his part would do all that he possibly could in matters of religion, in the same way that Spain would on its part do all that was required of it; whereas, now that the Spanish Crown had assented to everything, His Majesty had not only not begun to act, but had allowed the persecution of the Catholics rather to increase, especially in Ireland.

The King having listened to this discourse with attention, showed by his words and actions that he was well satisfied with it, and confessed also that what had been said about his actions hitherto was true, and that he had behaved thus because he had thought it inconvenient to innovate in matters of religion before he was satisfied of His Majesty's intentions; but that, now that he understood what they were, his proceedings would be very different. To this the Count returned a reply still more urgent than before, to which the King answered that he saw the matter in the same light, and would show that he did so by his deeds and actions, as far as he possibly could.

At another audience, granted to the Count on the 27th of May, the King asked him to have an interview with the Commissioners

1618.   who were entrusted with the negotiation of this marriage, in order
to hear from them their approbation of the twenty articles, and of
the five which had been added, and which Sir John Digby had
brought with him from Madrid, but asking him to say nothing to
them about the principal point of religion and the liberty of the
Catholics, because the King wished to treat of that privately with
His Catholic Majesty, and to see if they could come to an agreement.   Upon this the Count thought, as was really the case, that he
should be neglecting his duty if he did not answer that it was impossible for him to listen to anything about the articles without
adding that the principal matter which had to be arranged and
secured was the general point, since in no other manner could either
His Majesty agree to the marriage, or the Pope dispense; and he
therefore spoke in this manner at the meeting which took place
between himself and the aforesaid Commissioners; and they declared
that they would, on their part, help to facilitate and to bring about
this liberty of conscience.

[24.]   The Count had a third audience on the 1st of June, and after a
May 22.   long conversation with the King he begged him, as a first pledge
June 1.   of this so much desired liberty of conscience, that he would take
away from the pursuivants (who are in England what the alguazils
are here) the commissions which they hold of the Bishops, and of
other Judges, to arrest the Catholics, and to vex them in other
ways, and that he would revoke them all, giving orders that the
pursuivants should no longer proceed against the Catholics without
a special order from at least six Privy Councillors and a Secretary.

May 25.   The Count returned to another audience on the 4th of June; and
June 4.   a little before it, being alone with the Marquis of Buckingham, that
nobleman spoke to him very openly and familiarly, and amongst
other things said that he wished that the point of religion could be
settled, and he assured him that the King was resolved to recall the
pursuivants, but was desirous that the Catholics themselves should
ask for it, and be grateful for it to him.   Immediately after this the
Count went in to his audience, and represented to the King the

weighty causes which hindered the Catholics from discovering
themselves, and from asking him for anything. The King replied
that he promised really to take away the pursuivants, but that he
was sure that the Count would think it well that it should not be
done till he had left the kingdom, in order that the Catholics might
not be grateful to any one but himself; and declaring at the same
time that he was now resolved upon this marriage, and had embarked
in pursuit of it, and that he would do for it and on account of it
everything that was possible. The truth then forcing itself upon
him with the help of all the arguments on its side, he raised himself, as it were, by their help above his own cowardice, and repeated
a short time afterwards these words: " Well, then, let us in God's
name do that which I wish to do on my part, as far as is possible to
be done." With this the Count of Gondomar set out for Spain in
the month of July following, and on account of the long detention
which was caused on his journey by his bad health before he
arrived here, and on account of the continued presence of Sir John
Digby in London, nothing noteworthy happened about the marriage
during the remainder of the year.

1619.

At the beginning of this year the Count of Gondomar was in
Spain, and spent many months in giving information of all that he
had learned of the gravity and importance of this business, and of
the position in which it stood, as well as in taking part in the
juntas[a] which were held to consider what was the best way to carry

---

[a] In December 1618 Gondomar and Aliaga were directed to form a junta to examine
into the English business. They met twice a week, and made their first report on the
$\frac{3}{13}$th of January, 1619. The part of this consulta which relates to the marriage will be
found in Appendix VI. Gondomar's consulta on the affairs of Germany, printed in
the first series of the *Relations between England and Germany*, was dated on the following day. On the $\frac{10}{20}$th of April there was another consulta (Sim. MSS. 2518, 44)
by Gondomar and Aliaga, written just after the news of the death of the Emperor
Matthias had reached them, from which it appears that at that time they antici-

1619.   it on. For this reason it was thought necessary that the execution of the resolutions taken should pass through his hands, and it being also thought advisable to save as much time as possible, His Majesty was pleased at the beginning of August to direct the Count to return at once to England, and to continue his services as Ambassador; and in the instructions which he gave him, dated at Lisbon

July 28. (where he happened to be at that time), on the 7th of August, in
Aug. 7. order that he might the better understand his royal intentions in the matter, he expressed himself in the first clause as follows: " The principal point which is to be achieved, and without which this marriage cannot be concluded, is that of liberty of conscience, which the King of England has to grant generally in all his kingdoms, both to natives and to foreigners ;" and, a little afterwards he repeated in another clause: " It is well that you should understand that this marriage is not to be effected unless the King of England

[25.] grants liberty of conscience, and gives sufficient security that he will execute what is agreed upon here."

And in order that in proportion to the urgency with which this demand was to be dexterously pressed, in accordance to His Majesty's

---

pated that either the Imperial election would be postponed, or a Prince not of the House of Austria would be chosen. This would be the plan of the Elector Palatine, and there could be little doubt, they thought, that James would support him, would break off his negociations for the Spanish marriage, and would begin to persecute the Catholics. They therefore advised that in this case he should be asked at once to grant liberty of conscience, and to abstain from persecution, and that this demand should be public, so that, if it received a favourable answer, the English Catholics might be grateful to the King of Spain for the alleviation of their sufferings, and, if it were rejected, they might know, if war broke out, that it was for their sake that it was declared (*si rompiesse la guerra supiessen que era por su causa*). Before it came to this, however, they had better think whether His Majesty's arms were sufficient for the conquest of England, Ireland, and Scotland. In this purpose the Earl of Argyll would be of great use. It would not be well to allow the enemy to choose his time, but rather to anticipate him, and to be first in the field.

On the other hand, it would be well if the affairs of Germany could be settled without war, and it might therefore be thought better to go on with the negociation for the English marriage.

will, its acceptance might be facilitated by considerations of interest, **1619.**
His Majesty was pleased to give orders to the Count that, in case
that they again spoke to him of the advance of the 500,000 crowns
of the portion, he might offer to accede to their wishes if he saw
that the proposed object would be more easily gained by this means.
" The day that the King of England," he said, " agrees upon the
points relating to religion, and gives security for the fulfilment of
his engagements, the aforesaid 500,000 crowns shall be given him
without waiting for the answer from Rome, and he must also give
sufficient security for the repayment of the money in case that the
marriage does not take effect."

In the last four months of this year the Count set out for London,
and, partly through the slowness of his own progress, and partly
through the illness of His Majesty which happened at Casarubios,
as he was returning from Portugal in the month of November, nothing occurred worthy of note in this matter except a letter written
by His Majesty from Guadalupe to the aforesaid Count on the 2nd
of November, in which he set forth the resentment which he would
be justified in feeling towards the King of Great Britain, and
directed him to speak clearly in the most convenient form, according
to the position in which he might find the affairs which he had to
treat of; especially charging him to see that the King changed his
evil ways before the treaty of the marriage was taken up.[a]

Oct. 23.
Nov. 2.

1620.

At the beginning of this year it was rather long before the Count **1620.**
of Gondomar sent any advertisement of the state in which he found
the business, because he needed greater time and consideration to

[a] In a letter to Ciriza, written on November $\frac{11}{21}$ (Sim. MSS. 2599, 184) Gondomar recounts the wrongs done to Spain by England, and suggests that it will
be necessary to change " instructions and arguments into preparations of ships and
arms."

examine matters closely. At last, in a letter[a] of the 9th of April, he said that the King had much desired his presence, hoping that he would bring with him a resolution upon the negotiation, and supposing that they would content themselves in Spain with that which had been offered on his part. In order to answer the urgent demands made on this point by the King, the Marquis of Buckingham and Lord Digby,[b] he had many times read and carefully considered the orders which he brought from His Majesty, and every time he did so, had paid particular attention to the direction that without liberty of conscience there was to be no marriage. Yet he had found the King of England very far from being willing to concede it; and he had therefore thought it fit to help on the negotiation by reminding him of the offer which he had made through himself to His Majesty to do everything that he could in matters of religion, and to tell him that it was therefore his business to declare how far he would go, in order that they might consider in Spain whether his offer was sufficient or not. He also used the same language with the Marquis of Buckingham and Lord Digby, laying weight, in speaking to all three of them and to the other ministers, upon the great suspicions formed in Spain that they were not treating this business with fitting sincerity. These suspicions, he told them, had arisen, because as soon as they came to this point they made use of so many equivocations and cautions, and instead of making the persecution of the Catholics lighter were making it heavier every day.

In another audience on the 30th of March the King showed a desire to satisfy the Count on this head, begging him to try to gain over the Prince, by visiting him frequently with this object; as, though he was well inclined in his own nature, he had many around him who every day said horrible things to him against

---

[a] The most important part of a despatch of March $\frac{15}{23}$ will be found in Appendix VII.

[b] So created after his return from Spain in 1618.

Spain. After reporting this, the Count added that, if he could believe the apparent earnestness with which the King had spoken to him on this occasion about accommodating matters so as to please him and to give satisfaction of His Majesty, some good might be hoped for; but that whenever he left his presence he found everything so contrary to that which he had gathered from his words that on this occasion he had felt constrained to say to him:—"Sire, here in this room in which we are, everything goes on very well; but outside, where are the things that have to be done, everything goes on very ill."

The Count then affirmed that after all this had passed between them, the King asked him very earnestly about the advance of the 500,000 crowns, and, explaining briefly the position in which he stood, declared his opinion about it in these words:—"I have never thought, nor shall I ever think, that this marriage can be effected without very great advantages in benefit of the Catholic religion, and very full security for the accomplishment of the engagements made."

The Count, continuing these advertisements, wrote again still more to the point to His Majesty on the 22nd of May, in a letter May $\frac{12}{22}$. which may stand in the place of any other narrative. In it he says that he has had an audience of the King and the Prince almost every day since he arrived in England; and that he believed that he might draw from all that he had seen the almost certain infer- ence that, though the King desired the marriage much, he wished to have it without doing anything against his own religion, so that the offers which he made were worth little. There was therefore no security whatever to satisfy his Majesty, either in conscience and reputation, or in point of policy, that the King of England would not either fail to carry out his engagements, or repent that he had bound himself by them. After this the Count relates a long con- ference which took place on the 8th of May between himself and April 28. the Marquis of Buckingham, who told him that the business was May 8. prospering in his hands, the Prince having become so well affected towards the marriage, and so desirous of obtaining it, that, on an

CAMD. SOC.   X

occasion when he knew that the Marquis was going to take part in the negociation, he had accompanied him to the gate of the garden, and had bidden him to manage matters well, telling him that he should himself in the meanwhile commend to God the success of his efforts. Afterwards the Marquis went on to offer on the King's part, that in future the pursuivants should be ordered to execute no commission against the Catholics without a special warrant naming the person, the fault which he had committed, and the house in which he lived; from which it appeared that the King had not yet begun to put in execution the promise which he had made in more ample terms to the Count of Gondomar in 1618, when he was leaving London for Spain, though he gave him his word that it should be carried into effect as soon as he left the realm, and that the news should overtake him at Brussels at the latest. What was worse, the offer was now made in a very different manner, and with many limitations. To this the Marquis added, that evil-disposed persons should be removed from the household of the Prince, and good ones put in their places, and that the same thing should be done in the general government, laying great stress upon that which was being done in this matter, and upon the impossibility of doing more in the present state of affairs. He therefore argued that, after this, and the acceptance of the twenty articles with the five which had been added, and after the King's consent had been given to the enlargement of the Lady Infanta's church, the Count ought to be satisfied, and to persuade His Majesty to be satisfied also.

To this the Count replied, that he was not satisfied, and that His Majesty could not be satisfied either; and upon this he entered upon a long discourse, demonstrating with what bad faith they had disregarded the engagements made in the treaty of peace to which they had sworn, from which it was easy to gather what was to be expected of their observance of conditions which would take so little root beneath the surface, and which were exposed to such cavils. He [27.] further protested that they must admit it as a fixed maxim of this marriage, that His Majesty would not give his daughter without

such securities as were proper and necessary in such a case, and without seeing them first fulfilling their promises by doing everything that was possible for them to do in matters of religion; since, in order to make their own way easy, and also to supply to their King the revenue which he would lose by giving up the fines of the Catholics, His Majesty had offered 2,000,000 ducats of portion. The Count then asked them plainly upon what other foundation His Majesty could build, if this resolution was not to be carried out, seeing that he was to give one daughter with 500,000 ducats of portion to the King of France, a Catholic, who was already on the throne, and 2,000,000 with his second daughter to the Prince of Wales, who was a Protestant. For this was a thing at the mere hearing of which people in Spain would be astonished and scandalised: whereas if they carried into effect their offers in matters of religion, the 2,000,000 would be very well employed, and that this would be the least that his Majesty could do for the King and for the Prince his son. And, although the Marquis was much vexed with this reasoning, yet he recovered himself and said in answer that he could not deny that the Count was right, and that the proper remedy for the mistakes which had been made in England was to amend them; that the King would do all that he could for the conservation of peace, and for the effecting of the marriage; that the King had been hindered from setting to work by a suspicion that he would be made a laughing-stock in the end, but that now he would begin doing something, and that too at once. The Marquis and Lord Digby went at once to give account to the King of that which had passed; and he being vexed at the conversation summoned the Count to an audience on the 16th of May, and, referring to that which the Marquis had told him, made a long discourse in disculpation of himself, saying that the principal reason why matters had changed for the worse in England was that there had been delay in the replies from Spain. It was all his bad luck, he said, speaking in a very artful manner, with great vehemence and at much length. In reply, the Count pressed him anew with stronger reasons, and he found that he had nothing left

to say, except that as far as religion was concerned he gave him his hand and his word that from thenceforward the Catholics should live unmolested in his kingdoms, with the same quiet and security as his other subjects. Then, putting his hand often on his breast as he spoke, he proceeded to declare that he would not be a Christian or an honest man if he failed to love and respect His Majesty above all the kings in the world, and to swear that he would do as he had said.

Immediately after this the Count, giving true information of the things which were passing before him, said that the King of England was trying to make him believe that he would do much more than he really thought of doing. He knew, however, that he used a different language with his confidants. Moreover, judging by the designs which the King was following in his own government, and in every other way, with the object of overthrowing the Catholic religion, it was very doubtful whether he would ever be brought to acknowledge its authority, or even whether there was any security that he would continue to wish to use moderation towards the Catholics, unless God should convert him miraculously and change his heart. As an example of his conduct the Count adduces his behaviour about a marriage which had been planned between his favourite the Marquis of Buckingham and Lady Catherine Manners, only daughter of the Earl of Rutland, who was well known to be a Catholic. Yet the King refused to allow it to take place till the Marquis and his mother brought away the bride from the house of her father, after which the King spoke to her twice, persuading her and preaching to her till at last he perverted her. Finally, the Count said that from the conversations in which he had lately taken part, and from the things which he had seen in [28.] England since his return, he considered that there were two things necessary to be obtained in security for the concessions demanded in matters of religion. The first was, that everything should be previously approved by Parliament; the other, that the Catholics and their religion should enjoy liberty for a year before the Lady Infanta set out for England, in order that it might first be seen

what the increase of religion was, and what strength it had to put
forth in its own defence.

At the same time with this letter from the Count of Gondomar
another arrived from His Majesty the King of Great Britain, which
had been placed in the Count's hands by the Marquis of Buckingham and Lord Digby, at the time of their long conference with
him on the 8th of May. It was accompanied by the paper containing the twenty original and the five additional articles, which
that King was to put in execution; and they expected that, with
this and with the contents of the letter, His Majesty would be so
satisfied that he would ask for nothing further. They accordingly
urged the Count to send this despatch by a courier who would return at once with a reply ; and the Count advertised that the
paper had been so carefully considered and so deliberately framed
by the King that he had kept in his possession for a fortnight, continually making alterations, not only in its substance, but even in
the language.

April 28.
May 8.

In order that the reader may form a more correct judgment of
this letter, it will be well for him to have it here before his eyes:

" Jacobus Dei gratiâ," &c.[a]

The Most Reverend Father, Fray Antonio de Sotomayor, at present His Majesty's Confessor, having read this letter with the
respect and attention due to it, afterwards drew up some considerations and remarks worthy of his zeal. He first observed that, the
principal or rather the sole intention of this letter being to give
satisfaction to His Majesty in that which was his chief and only
purpose in this marriage, namely, in the attainment of liberty for
the Catholic religion in that kingdom, it yet not only failed to
give any direct answer to this demand, but did not even speak of it.
What was worse still was, that it left completely unmentioned even
the plan of granting a toleration to the Catholics, which was of
much less importance, and which was entirely in the King's power

[30.]

---

[a] This letter, dated $\frac{\text{April 27}}{\text{May 7}}$, has been already printed at p. 28.

1620.   to grant, as it consisted solely of the suspension of the penal laws. The second point to which he referred was that even to the Lady Infanta and her household this liberty was not fully conceded, being barred by limitations which were ignominious to the Catholic religion itself, as may appear by the clause :—"prorsus æquum censeo atque statuo, propter istam quæ intercedit illis religionis discrepantiam liberum ut Infanti suæque toti familiæ immune suæ religionis exercitium seorsim intra parietes domesticos in Principis aulâ permittatur,"[a] by which Her Highness and her household are allowed the use of their religion, not absolutely, not in a public church, nor wherever she pleases to be, but only in the Prince's palace, and there separately, in privity, and within four walls, so that in the midst of the liberty of heresy the Catholic religion may be seen to be rejected and abased, and that this may be attested by the royal blood of Spain. Even this, too, is not granted by the King with the assurance of a contract, but is simply proposed as a thing which he judges convenient, and is thus made a matter of courtesy, without any further obligation. In the third place, the Friar said that with respect to the toleration of the Catholics, the King spoke so cautiously as merely to assure them that the penalties of death for the sake of their religion should not be exacted from them, as appears from these words :—" neminem juramentis ad rem religionem attinentibus (quibus in capitis discrimen vocari poterint) dehinc in posterum adactum aut irretitum iri ;"[b] so that he would leave them subject to the other penal laws, which are many, and would give them toleration with respect to this one only. In the fourth place, he pointed out the notable equivocation used by the King when he speaks a little afterwards of those other penal laws against the Catholics, because, after having promised the suspension of the penalty of death, he says that he will use moderation and lenity in the execution of others, it not being in his power to repeal the laws by which the punishments are appointed. It appears, therefore,

---

[a] P. 28, l. 2 from bottom.   [b] P. 29, l. 5.

that the law by which the penalty of death is inflicted, being in
precisely the same position as those imposing pecuniary fines, he
nevertheless offers to suspend the former altogether, but only to exercise moderation in the latter, giving as an excuse for his shortcoming
in the one case a reason which applies equally to both. His words
are " alias vero leges nostrates quæ mulctam Catholicis Romanis non
mortem irrogant, aboleri aut rescindi a nobis seorsim non posse,
leniri ita posse, cum erit usus, exploratum habebit serenitas vestra;"
and it may therefore be easily gathered from these extracts that the
King of Great Britain has shown himself to be so far from consenting to yield that liberty of conscience which is asked of him, that
he does not even grant it to the Lady Infanta and her household ;
nor does he promise toleration in the breach of the laws to the other
Catholics, and for that little which he does concede he gives no
security. After all this, it is well to consider that so many details
must be arranged before this marriage can be either lawful or expedient, and so many others again to place them under proper security, that it is impossible to discuss them all, or to overcome the
difficulties in the way without the abundant grace of God, and His
special illumination.

His Majesty then waited for fresh advertisements in order that he
might be better advised before replying to this letter of the King of
Great Britain;[a] and he learned by a despatch of the 17th October
from the Count of Gondomar how great was the perplexity of that
King till he could hear how far his offers had given satisfaction.
Besides, the Count said that the Marquis of Buckingham and Lord
Digby had confided to him their inward grief, declaring to him that
they did not wish or desire that the Lady Infanta should come to
England till the religious and political arrangements were agreed
upon and put in execution to His Majesty's satisfaction. This, how-

1620.

Oct. $\frac{7}{17}$.

[31.]

---

[a] The letters in which these fresh advertisements are asked for were written on
$\frac{\text{August 23}}{\text{September 2}}$. On the same day another secret despatch was written to Gondomar, in
which the real sentiments of the Spanish Government appear. Both will be found
in the Appendix.

ever, they said was impossible, as the King was unable to do anything till he was convinced that the marriage would really take place.

Two days afterwards, on the 19th of the same month, the Count wrote again, and, forming his judgment upon the existing state of affairs, he again expressed his opinion more strongly than ever that it was neither possible nor right for the marriage to take place without the firm establishment of liberty of conscience, and without securing for its maintenance as well as some probable hope of the conversion of the Prince. Immediately afterwards he wrote that, in order to give some satisfaction to his entreaties, the King had summoned his two Secretaries of State and had directed them without replying to him to give orders that no Catholic should be molested for his religion, saying that it was right to punish an Arian, or any other such sectary, but that it was not just to inflict penalties on a Catholic, if he committed no fault on other matters. He then turned to the Count, who asserts that the King, full of satisfaction at that which he had done, said to him :ᵃ—" What can a good King do more than this?"

His Majesty ordered his Council of State to take these two letters into consideration, in order that, having understood the true position of affairs from them, and from the King of Great Britain's letter, (to which His Majesty had not yet replied,) they might advise him what they thought most expedient to be done in the matter. On the

4th of December they returned a reply. Upon seeing which, and upon the consideration that, after trying various methods with the King of Great Britain, it had been impossible (as was evident from his words) fairly to extract from him that liberty of conscience which was the sole object of this marriage, and also understanding that the delay which had been caused by this obstacle had really been produced by the desire of that King to throw the blame upon His Majesty, His Majesty was pleased to resolve to apply to His

---

ᵃ The sentence as printed from the MS. is evidently corrupt. Don Pascual de Gayangos has kindly suggested that the reading should be " Volviósse para el Conde, y afirma " or " y este afirma."

Holiness as a last resource in order to beg him to grant the dispensation, holding it to be certain that, before he gave his consent, he would first ask such conditions in favour of the Catholic religion as would include liberty of conscience.

It now appearing that the fit occasion for answering the King's letter had arrived, His Majesty was pleased, amongst other things, (in order to give him satisfaction by a reply which he so much desired, and for which he had so earnestly begged,) to write him this admonition:—that if he was afraid lest inconveniences might present themselves in the execution or settlement of the things necessary to the business, he should consider the matter well before entering upon it, His Majesty not being able in conscience or honour to urge the Pope to dispense in any other manner, nor would His Holiness grant the dispensation.[a] After this warning, the grant of the dispensation for the marriage, the execution of that which was necessary for obtaining it, and the abbreviation of the time required for its issue would depend upon the King of England. By this means His Majesty wished to make him understand that since he was so eager for him to demand the dispensation from the Pope, before he had himself established liberty of conscience, he would have no one but himself to blame if the Pope made difficulties or refused the request, as it was most certain that he would; or if the said liberty were again asked for, coupled with enlarged demands for other liberties as well. His Majesty also said in his answer, that in compliance with the King's wishes, (as a thing for which he had shown a desire, and which he has several times proposed,) he had directed that the Dominican Fray Diego de la Fuente[b] should be dispatched to Rome to give assurance to the Ambassador there in soliciting the dispensation in the name of His Catholic Majesty. Up to this time this friar had remained in London in the train of the Count of Gondomar during the whole of

[a] The letter to Gondomar of $\frac{\text{November 30}}{\text{December 10}}$ with which this was accompanied will be found in the Appendix.

[b] Known to English writers as the Padre Maestro.

CAMD. SOC. Y

his embassy as his Confessor, and by his great knowledge and experience, by the favour which he had acquired with the King through
his modesty and prudence, and by the esteem which he had gained
from all by his religion, his learning, and his zeal, he seemed very
fit to be entrusted with so great a business. He had arrived from
England a few days before, having been summoned for the purpose.
The year closed as his mission was first taken into consideration,
and it was not till the next that he was actually sent.

1621.

On the 20th of January, the aforesaid Fray Diego de la Fuente
was despatched with particular orders from His Majesty to set off
at once for Rome, saving all the time possible in starting and on
the road. In the instructions according to which he was to conduct
himself, His Majesty was pleased to direct that he should be told
that, in the first proposition which he made to His Holiness in this
business, he should represent the objects with which the first offers
to open the negotiation had been listened to, and with which it had
been allowed to go so far; namely, the desire of the exaltation of
our Holy Catholic faith, and the restoration of the realm of England
to the bosom of the Roman Church. He was then to say that,
although all possible efforts had been made to induce the King of
Great Britain to consent to that which was necessary, they had met
with no success as yet, though some of his well-intentioned ministers
did not mistrust the final concession of the demand, if a way could
be made towards it by degrees, that is to say, by engaging the King
gradually till he was brought to that point. Now, however, that
the affair was referred to the supreme judgment of His Holiness,
His Majesty would submit to it, and would approve of anything that
he might be pleased to determine about it.

In the same way he wrote still more clearly to His Holiness in
the letter of credence, in which he requested him to give ear in this
matter to his Ambassador, the Duke of Alburquerque. This letter

was drawn up in the following terms:—" Immediately that these
offers of marriage on the part of the King of Great Britain were
laid before me, I advertised your Holiness of them by the Cardinal
de Borja.   In listening to these offers I looked only for the benefit
which might accrue to the Catholic religion, by its introduction
into England; and in order to attain this object, I have done everything that has been possible, as my Ambassador the Duke of Alburquerque will more particularly inform Your Holiness, to whom I
refer myself in this matter.   He will also point out to you what is
the present state of the negotiation, and what is desired and looked
for by its means.   I beg Your Holiness to give him entire credit,
and to be pleased to act in the matter in that way in which, as an
obedient son of the Apostolic See, I am bound to expect you to
proceed, those things to which Your Holiness gives attention with
such holy zeal being accustomed to result in the greater service of
God and in the good of Christendom."

The aforesaid Fray Diego de la Fuente arrived in Rome with
these despatches after the death of His Holiness Paul V. to whom
they were directed, and, although they were renewed as soon as the
election of His Holiness Gregory XV. was known, yet, as the death
of our Lord Philip III. who is in Heaven, occurred two months after-
wards, on the last day of March, the business was for a long time in March $\frac{21}{31}$.
suspense before it was possible to open the negociation at Rome,
although within a week after the accession of our Lord the King,
whom God preserve, he informed the Ambassador of the King of
Great Britain of his desire that the negotiation should be proceeded
with, sending this message by his Secretary of State, Juan de Ciriza,
and ordering at the same time that the letters of credence carried   [33.]
by the friar should be made out afresh.   From this time Fray Diego
de la Fuente carried on his negotiation without intermission, and
the King our Lord desired him to commence it by representing to
His Holiness the motives which had induced him to take up the
affair afresh, writing as follows to his Ambassador:—" My object
in continuing this negotiation, which my father had begun, is no

other than the exaltation of the Catholic religion, and the hope of
seeing whether it is possible by this means to reduce the kingdom
of Great Britain to the obedience of the Holy Apostolic See; and
this you may say to His Holiness when occasion offers."

In the month of May in this year, 1621, Mr. George Gage, an
English Catholic gentleman, arrived at Rome, having been sent by
the King of Great Britain to assist in this negotiation, and to have
an eye upon that which was being carried on on His Majesty's part.
The pretext of his journey was that he came in the name of the
Catholics of that kingdom to ask that the dispensation might be
granted for their sake.   After His Holiness had given him his first
audience on the 16th of June, at which time he only received a
general answer, he came back to a second on the 8th of July, when
the affair was spoken of with greater particularity.   Mr. Gage pressing his demands on that occasion, as he himself afterwards affirmed,
the Pope, changing his countenance and the tone of his voice, answered
that this business was a difficult one, and that if it was to be brought
to a successful issue it was indubitably necessary that the King of
Great Britain should be prepared to do many things which were not
taken into account at present.   By these words Mr. Gage understood
that they were aiming at liberty of conscience and the conversion of
the Prince of Wales.

It happened that it was at this time that news arrived in Rome
that the persecution of the Catholics in England was again raging,
and that the Parliament, which was then in session, was renewing
with terrible laws the ancient rigour against them; and, the aforesaid
Don Juan de Ciriza bringing a specific charge on this point in a
letter written on the 11th of July to Mr. Francis Cottington, who
was assisting the English Ambassador at Madrid, told him that the
Nuncios in France and Flanders had sent letters to Rome giving
information of the persecution of the Catholics in England, and that
this had gone so far that the sons of some noblemen had been taken
from them to prevent their being brought up in the Catholic religion; that the husbands of Catholic wives were compelled to pay

800 reals[a] a month for their refusal to appear in the Protestant Churches, and that the Parliament had passed fresh laws against the Catholics more rigorous than the old ones. This news gained ground, and continued to spread till the beginning of the following year, when Father Fitzherbert of the Company of Jesus, by birth an Englishman, and Rector of the English College at Rome, received a letter assuring him that new informations had been laid against Catholics, and that the quiet which they were said by public declarations to enjoy in that kingdom was neither certain nor of the kind that was said. By this news Mr. Gage was much disturbed, and he tried with the greatest diligence to have it kept a secret amongst those who knew it, in order that it might not interrupt the negotiation. All those however who heard it were astonished (attributing it, as was reasonable, to a Higher Power,) when they found that the King of England's dissimulation failed at the time when he had most need of it.

In the midst of the confusion caused by these rumours, Mr. Gage received a letter written by Lord Digby on the 31st of July from the Emperor's court at Vienna, where he was Ambassador. From this it appears that he was aware of the persecution which his Sovereign had begun against the Catholics, and that he did not deny it. At the same time he proposed to Mr. Gage means by which the dispensation might be more easily obtained, and the embarrassment caused by his master's proceedings might be avoided. The King, he said, would do everything that was possible in matters of religion; and immediately afterwards added that since the Lady Infanta and the portion were in Spain, the English did not desire either the one or the other till all the matters which they had to perform were made certain and put in execution, and till they were on their part assured of obtaining the dispensation, so that Spain might no longer be able to escape upon that ground. It was believed that Lord Digby had written thus by the orders and at the instigation of the King, as he would not otherwise have dared to say what

[a] 20l.

1621.

he did. These words Mr. Gage resolved to take as the basis of his negociation.

After His Holiness had given several audiences from the beginning of his Pontificate to the Duke of Alburquerque, to the Fray Diego de la Fuente, and to Mr. Gage, so as to understand the state and position of the whole business, though never without pointing out its great difficulties, he determined to answer, by a brief dated on the 18th of August, to the letters which His Majesty had up to this time written to him.

Aug. ₈/₁₈.

" Gregorius P. P. XV." &c.[a]

Aug. ₁₁/₂₁.

Immediately on the 21st of the same month of August, His Holiness, to show that he was going on with the business with some hope of taking a resolution, named, at His Majesty's request, a congregation of Cardinals, in which it was to be considered and deliberated on. Those who were named were the Cardinals Bandino,

[35.]

Melino, Santa Susanna, and Sacrato. Lord Digby continued to urge them in the most pressing manner from Vienna to facilitate

Aug. ₁₈/₂₈.

the dispensation; and so in his letter to Mr. Gage, of the 28th of August, he told him that he was to recommend haste to the Cardinals, telling them how well the Catholics were now treated in England, and adding that, if the Count of Gondomar had not assured His Holiness and His Majesty that the Catholics had never enjoyed such rest before, he had not done those good offices which

Aug. 26. ───── Sept. 5.

were expected of him. Afterwards, in a letter of the 5th of September, he urged him anew, saying, that if his master could be sure of the dispensation he would do much more than could be demanded of him, and even more than that which Lord Digby himself thought it well to speak of. Such were his precise words.

During the whole of the month of September the negotiations with the Cardinals of the Congregation deputed for this object were begun and carried on with great vigour, and, in order to facilitate the business, those who had the burthen of it upon them gave information to each of the Cardinals separately; and Mr. Gage espe-

[a] Printed at p. 34.

cially, making every effort, did much to persuade them by means
of a letter written by Lord Digby from Vienna on the 31st of July,
the Cardinals being very pleased to hear that it was intended that
the Lady Infanta should remain in Spain, and that the portion was
not to be paid till the articles agreed on and everything else which
could reasonably be asked from the King of Great Britain had been
put in execution. By this means, and also by adding that he would
ruin the Puritans, which was also one of Lord Digby's promises, that
King had already gained many supporters in Rome. In this manner
Lord Digby continued urging them to activity in his letters from
Vienna, holding out hopes with mysterious and ambiguous words, and
thus, confirming what he had said before by another letter received
on the 1st of September, concluded by saying, in confirmation of his
former declarations, that all the world would see how faithfully his
master would accomplish that which he had offered to capitulate in
favour of the Catholics. With all this Mr. Gage was so confused that
he gave out that either his master had agreed afresh with His
Majesty upon some condition in favour of the Catholics which he
did not know of, or at least that he had yielded to that which
had been asked of him about liberty of conscience.

At the beginning of October certain difficulties appeared which
caused some trouble to the Cardinals as soon as they went thoroughly
into the business. The principal of them were two ; the one that the
twenty articles, with the five additional ones which had been laid
before them, as having been already granted by the King of Great
Britain, only touched upon the point of religion as far as the Lady
Infanta and her household were concerned, without including anything in favour of the Catholics of that kingdom, to whom it was
right to pay great attention. The second was, that it was necessary
for the King to give sufficient security for the fulfilment of his
promises in such a way that he could not afterwards alter it.

On the 16th of the same month His Holiness named Cardinal
Ludovisi, his nephew, to take part in the congregation appointed

1621.
July ²⁴/₃₁.

Aug. 22.
Sept. 1.

Oct. ⁶/₁₆.

1621.

for this business, and at this time news reached Rome that Viscount Doncaster had arrived in France as Extraordinary-Ambassador of the King of England to treat, though in secret, for a marriage between the Prince of Wales and the sister of the Most Christian King.[a]

Oct. $\frac{21}{31}$.

[36.]

On the last day of October the first congregation of the Cardinals to whom this business had been entrusted took place, in which there were only discourses held by way of conversation about the conveniences and inconveniences which were to be hoped or feared from the marriage. Afterwards, Cardinal Bandino, as the senior member of the assembly, having given account of what had passed in it to His Holiness, he replied that it was necessary to obtain some conditions favorable to the Catholics, and to consider what security ought to be demanded for all that was offered. He therefore recommended them to discuss these points at the next congregation, and to consider the advantages of the different methods and forms of settling the business.

The Cardinals at once decided that liberty of conscience was indispensable, and they wished to ask for it openly. It seemed, however, from that which the King had previously offered about it, that, though they could not content themselves with less, it would be more pleasing and more safe for them to obtain the engagement which they needed by firmly maintaining on their part in general terms (as they had done before) that it was necessary for him to do more than he had done already in favour of religion, and to give security for everything.

Nov. $\frac{15}{25}$.

On the 25th of November an English priest named John Bennett arrived at Rome accompanied by another priest, and both of them brought letters of credence from the clergy of England to His Holiness, and to some of the Cardinals. Publicly, it was given out that they had come in the name of the English clergy, to assist in

---

[a] There was no truth in this. Doncaster's mission related solely to the war against the French Protestants.

soliciting the dispensation. This was the pretext of their journey, but it was privately supposed that they had come, not only with the knowledge and approbation of the King, but with some design on his part: and in the passport given on the 12th of September by the Secretary Sir George Calvert, to the aforesaid priest, something of the kind is signified, as it is said in it that the journey made by John Bennett across the sea was " specialibus ex causis Majestatis suæ negotia concernentibus." When they arrived at Rome they began their negotiation by saying that the King was well inclined towards the mass, which was news which had much influence upon all who heard it.

1622.

The Cardinals had already held two congregations, the one on the 28th of November, the other on the last day of the year, in which they could do no more than bring into clearer light the insuperable difficulties which this business presented in its own nature, and that so much the more as the news which reached them from England through various channels was every day more doubtful and less favourable to the Catholics. Thus, in addition to the continually increasing weight of argument, the teaching of experience shewed them how impossible it was to settle this affair properly without liberty of conscience, and that too not without security. Being unable either to dispense with this condition or to supply its place with any other, they yet thought, as was indeed the case, that to ask for it resolutely would be the ruin of the whole negotiation; and that, by this means, the last hopes for the good of that kingdom which had been vividly entertained for so many years through the activity of such holy zeal would at once and in one moment be extinguished in their hands. Having therefore deliberated some days on the means by which their object might be the better obtained, and impediments removed from its way, they began to think

of a plan which appeared to them, as was really the case, to be suggested by inspiration; namely, that they should send to ask the King of Great Britain for the declaration and extension of some points about religion, which he had already conceded in favour of the Lady Infanta and her household, and should take advantage of this occasion to ask him what he would do in favour of the Catholics of his kingdom; and to request him to go as far as possible, as it was now time to descend to particulars by entering into a final
[37.] engagement upon those points concerning which he had given so many promises. In this way they hoped to bring the King to offer of his own accord that which it was their duty to ask, and to offer it in such a way that his subjects, Christendom, and the whole world should recognise that the glory was due to himself alone.

It was with no little satisfaction that the Cardinals adopted this plan; this new proposition appearing to them not only to be superior in point of courtesy and politeness to that which had been determined on in the third congregation (namely, to ask the King of Great Britain plainly for liberty of conscience for the Catholics, and for the conversion of the Prince his son,) but even to be identical with it in substance. Here, however, a fresh difficulty occurred about a person to be chosen to make this demand, and the rather because the Roman Church had always maintained the custom of entering into no communication with those who had separated themselves so completely from it. They accordingly began from the beginning of April to consider who would be a fitting person to undertake a business of such importance.

In the meanwhile, Mr. Gage was continuing his negotiation every day with greater and more pressing urgency, representing on the King of England's behalf that something fresh had occurred of a nature to facilitate an agreement. He now, in order to hasten the action of the Cardinals, informed them of that which the King had done against the Puritans and their designs, by dissolving Parliament, without taking into account its protestations of his breach with the Dutch, he having ordered the Earl of Oxford to put to sea

and to seize whatever Dutch vessels he might meet with. Mr. Gage also said that in the second letter of the two which the King had written to the Parliament, after having shown how offended he was, (as indeed he had done also in the first,) he touched upon the deeds of the Palatine in Bohemia, calling his resolution a rash one, stigmatizing the invasion and usurpation of that kingdom as unjust, and admonishing his subjects not to approve or imitate such examples. In the same letter the King also charged the Puritans with rebellion against his mother the Queen of Scotland, and with the sentence and execution of her death. Besides this, the Dutch having sent orders to their Commissioners to ask him for the money which they had given the Palatine for his maintenance, he had replied to them that he did not intend to give them a sixpence; for it was only just that those should bear the burthen whose counsels had been the cause which had brought the Palatine into such misery. The King too had introduced into the Prince's service Sir Thomas Savage, a notorious Catholic, and had placed him as one of his council.[a] On the other hand, Mr. Gage, as an argument for haste, produced a letter written by Lord Digby on the 23rd of December, Dec.$\frac{13}{23}$1621. in the preceding year, and by pointing out a sentence in which the writer said that the King would not wait longer than the beginning of September, and that, if the marriage were not arranged and settled by that time, he had sworn to marry his son at once, even if it were with one of his own subjects. Lord Digby lastly said that the King of France was making fresh offers of his sister to the Prince, and was urgently soliciting their acceptance through Viscount Doncaster, the Extraordinary Ambassador of England in Paris; aiming thereby at thwarting the negotiation which was being carried on with the Crown of Spain, and availing himself of the suspicions which were abroad that Spain only treated of the affair with the design of spinning it out at length. All these machinations were employed to hasten the Cardinals, and to persuade them to content themselves with less stringent conditions.

[a] One of the Commissioners for managing the Prince's revenue.

They held the congregation which had been appointed to meet one day after Easter, on the 30th of March, and it was then prorogued on account of the ill health of the Cardinals Melino and Ludovisi, after which its meeting was postponed for many days on account of the long illness of the Pope. Yet, though this delay was forced upon them, it was very advantageous, for the more fully that the matter was considered by the Cardinals the more necessary did circumspection and delay appear to be, in order that time might afford proof of those things which others had asked them to believe on such slight evidence.

On the 13th of June the Cardinals met to go on with the business; and, having confirmed afresh the resolution which they had taken some time before about the proposition to be made to the King of Great Britain, they at once agreed that the person to whom it was best to entrust the business was Mr. Gage himself, he having hitherto negotiated it on his master's behalf. They considered that no one else would be so pleasing to him or so fully acquainted with the secrets of the affair, for, as on the one hand he valued himself on being a faithful subject of the King of England, and on being especially attached to his service, so on the other he had been an eye-witness above suspicion of all that had hitherto passed in the bringing this important affair to a point. In his mouth, therefore, the truth which he would speak to the King would carry greater weight than it would have for its own inherent value, and he would be able to force him, in opposition to those who were ill-inclined towards this business, to acknowledge the truthfulness and sincerity which had directed the effort made to carry it to a successful issue. It was also known both to His Holiness and to the Crown of Spain that Mr. Gage had come to this Court not only with the King's knowledge, but also by his command, in order to observe the actions of His Holiness and of the others. The Cardinals, however, instead of involving themselves in secrecy (as they would surely have done had they been actuated by different motives,) chose the opposite course, bringing their cause in every

possible way before the eyes of the world, and gaining this advan- 1622.
tage by the way that the King of England sent to Rome to negotiate, and was himself the first to solicit the opening of communications with the Church. These were the reasons, given almost in
their own words, which induced the Cardinals to take this resolution,
with which, when they had given account to Mr. Gage, he was
delighted beyond measure. They then, in order formally to draw
up his instructions for his mission, appointed another congregation
for the 27th of June. They met on that day, and made arrange- June 17/27.
ments for the despatch of Mr. Gage, who began to prepare for his
journey to London. He was especially urgent that some letter of
credence might be given him for the King. This was, however,
for good reasons refused him by the Cardinals, although, in order
that he might be better acquainted with everything that he was to
say, Cardinal Bandino, the senior member of the congregation,
determined to speak to him particularly in the presence of Fra
Diego de la Fuente. For this purpose he appointed the morning
of the 14th of July, the day of Saint Bonaventura, after he had July 4/14.
said mass. That which he then said was substantially this:—

That, although His Holiness and the Cardinals did not enter into
communication with the King of Great Britain on account of his
separation from the Church, they were yet very well pleased with
this occasion; and the more that it had made it necessary that the
account of that which had been agreed upon in this affair should be
carried to him by so faithful a subject of his own, and so honest a
gentleman. For he would be able to testify both to the spirit and
zeal which had conduced to the successful conclusion of the business,
and to their high estimation of the King, as one who was so wise
and learned in all matters as they judged him to be, even in those
things which related to the sacred college. As therefore his master
knew what their obligations were, he would not think it strange
that they had not shrunk from fulfilling them, though they had
tried to do so in the most courteous way possible, especially as [39.]
the business of this marriage was of the greatest importance; its

dispensation unprecedented, its results doubtful even after it had been accomplished, as, in a word, it was the affair of the greatest consequence with which Christendom was now concerned, and that which ought to cause the greatest anxiety to the Apostolic see.

The King of Great Britain being so well read in Catholic books, he had without doubt found in them that the Pope could not dispense in such a marriage as this without the hope of some great public good. This was, however, not to be discovered in the articles which had as yet been conceded to the Lady Infanta and her household ; and it was in order to obtain this public good, in which the Catholic religion ought to be interested, that they had determined to ask for liberty of conscience for it in all those kingdoms, with sufficient security. Nevertheless, having understood that the difficulties in the way would be more promptly and more easily overcome if the concession proceeded from the King himself, as of his own motion, they had at last thought it better to convert their demand into the courtesy of a prayer, that he would do effectively whatever he could for the benefit of the Catholics. They took for granted that, in answer to this, they would obtain the aforesaid liberty. If however something less were conceded, they would then be able to consider whether or not it was enough to justify the dispensation. And to speak plainly about the King himself, the Cardinal could not but think that he, being so skilled as he was in controversies in matters of religion, must, without fail, have come to acknowledge that the Holy Apostolic Roman faith was the only ancient and true one in which alone men could be saved; and that if anything held him back from embracing it and submitting to it, it must be two things:—the first, his reputation, as it would seem to him that he would lose it by changing the religion which he had professed for so many years ; although he might demonstrate to himself the contrary by the example of Henry IV., King of France, who, being persuaded of the truth of the Catholic religion, was not hindered from following it by any thought of this inconvenience, nor checked by the judgment which

the world might form of his change; and thus gained so much more
credit that, being above all others " The Great " in respect to temporal matters, and there only remaining one way of becoming
greater, namely, by conquering himself, he achieved this victory
with the highest glory; and it was now in the power of the King of
Great Britain to hope for the like in his own case, and that too
perhaps in more glorious circumstances still, if he would perform a
similar action; by which means he would emulate his glorious
predecessors, although there was in them, in this respect, so much
that was worthy of imitation. The second reason which might
make it difficult for him either to submit to the Roman Church or
to grant that liberty of conscience which he was now asked to
bestow upon the Catholics, was the danger which he might think
was to be feared from his subjects, that is to say from those who
were averse to the Apostolic see, and especially from the Puritans,
as it was believed that they would oppose this resolution by every
means in their power. It was, however, well known that the King
had in his hands means to anticipate and to ward off that danger,
the first and principal being that which was derived from his own
estate, since, being a prince so prudent, and so skilled in government, and in the art of obtaining from his subjects whatever he
wished (as he had shown in other enterprises not so reasonable as
this, and far more violent) it was certain that, if he wished, he could
smooth away these difficulties in a shorter time than any one else ;
and the world would never be persuaded to the contrary. The
second means was to be found in the assistance which he might
have in resisting this danger, and in the first rank was to be placed
the help of God, which would not be slight in a cause so much His
own; and in the second rank that of the Catholics themselves, who, [40.]
counting both those who now professed their religion openly, and
those who would do so upon the abatement of the rigour of those
laws the terror of which now intimidated them, would be the half
of the kingdom and the greater part of the nobility ; and besides

1622.   this, if he looked abroad, it was clear that the power of Spain, being united to his by such a bond, would be put forth on his behalf to the utmost of its extent, and that the other Catholic princes would assist in this work, whilst the Apostolic see would surpass them all with every kind of demonstration of its goodwill. It was impossible that the King of Great Britain should fail to perceive this, or to judge what was the better course merely for his own political advantage. If, therefore, on account of the many reasons, divine and human, which would induce him no longer to resist the inspirations of Heaven, he should determine to become a Catholic, he might promise himself from thenceforth everything that he could hope from the Apostolic see, both in honour, and in the other temporal commodities which were connected in memory with the title of Defender of the Faith and of the Holy See, to the favour of which he and his ancestors owe that appellation which they gloried so much in possessing. Yet, great as that title was, the Holy See would set to work afresh to exalt his crown to higher honours still, and if he pleased to come to Rome, a legate would go forth to meet him as far as Flanders, and His Holiness would travel to Bologna to receive him, whilst all the Cardinals would count it a high honour to serve him. If, however, he could not altogether persuade himself to take so Christian and vigorous a resolution, it was to be hoped that at least he would give permission and assistance to the conversion of the Prince his son, in order that His Highness might experience all these advantages.

After this the Cardinal turned to Mr. Gage and begged him to kiss the King's hands on his behalf, and to signify to him with how great affection he desired his real good and his true service, it being no less than that by which, as he must have perceived, the whole of the Sacred College was animated. All this he was to represent vividly to the King on those occasions when it would be July $\frac{15}{25}$. of the greatest use. In this way and with these words the Cardinal ended his discourse ; and on the 25th of July Mr. Gage started for

England, taking his journey by a direct course, after which the negotiation at Rome was suspended for some time to wait for the answer which he would bring back.

At this time Lord Digby returned to the Spanish Court with the same title of Extraordinary Ambassador which he had held before. He was not only to continue his efforts about the treaty of marriage, but was also to urge the restitution of the Palatinate. Having arrived in the beginning of July, he at once wrote to Mr. Gage of the manner in which he had been received and treated since his disembarcation, and of the magnificence of the hospitality shown to him ; he said that it was impossible that more could be done for any Ambassador in the world. All this he laid to the account of the value which was placed in Spain upon everything belonging to the marriage.

Mr. Gage was so diligent in his journey that he reached London on the 4th of September, making a good beginning in his negotia- tion. At the same time that this was known in Rome, news also arrived that the King of Great Britain was going once more to summon his Parliament for the month of October, although he had so lately dissolved the last one without allowing it to finish the session, and that rumours were current that his sole object in calling it together was to obtain a repeal of the laws established against the Catholics, and that, in order to obtain sufficient votes in it to aid him in this, the Prince of Wales had taken it upon himself to beg the noblemen and the chief men in the counties to use diligence and dexterity to avert the election of Puritan members, and to bring about the choice of Catholics, or, at the least, of such Protestants as were well inclined to the King's service. This news was believed at Rome on account of the credit given to it by the English and Irish who were there, and especially by the Archbishop the Primate of Ireland, who, on this point, presented a paper to His Holiness warning him of an impediment in the way of the meeting of a Parliament after this manner, namely, that since the fifth year of Queen Elizabeth there had been in that kingdom a law that no

41

1622.

member of Parliament should sit in it till he had first taken the oath of supremacy, acknowledging the King to be Supreme Head even in ecclesiastical and spiritual matters, and that it would therefore be necessary that the King should suspend that law in order that his intention might take effect. As soon as this advertisement reached His Majesty, in order that nothing might be left undone by his religious and holy zeal, he wished to assist in so excellent a work by his intercession with that King, and by asking him to make it to be a part of the principal condition which was desired for the marriage treaty, that the Catholics should not, merely on account of their religion, be incapable of entering Parliament. It was soon however shown, by time and by succeeding events, that this news and other intelligence of the same description had been fabricated for objects which may easily be understood.

Sept. $\frac{7}{17}$.

In a letter of the 17th of September Mr. Gage wrote that he had already had three long audiences of the King and the Prince his son, that he had been well received by both, and that at last he had obtained from them that which he thought would give satisfaction

Sept. $\frac{8}{18}$.

on all sides. On the following day, the 18th, the steward of Lord Digby, who had now become Earl of Bristol, was to start for Spain. By his hands the King sent to his Ambassador the articles and other papers which Mr. Gage had brought, and gave him information of that which he thought of doing in the matter. When the Earl of Bristol received these despatches from his steward he began, without saying anything about them, to be so urgent that he even exceeded himself, especially in a memorial which he presented to

Oct. $\frac{2}{12}$.

His Majesty at the Escurial on the 12th of October, laying before him the following points[a]:—

1. That it was already five years since the articles concerning religion demanded for the marriage had been agreed upon in Spain, an opinion upon them having been first given by the theologians

[a] The paper on which this is founded is printed in Prynne's Hidden Works, 18. It is there dated October $\frac{3}{13}$.

who were summoned by the orders of His Majesty who is now in Heaven.

2. That the King of Great Britain had readily assented to them all, and that with these and with that which he had promised by word of mouth everything had now been accomplished. Besides, in a letter written by that King to His Majesty on the 27th of April, 1620, he had declared particularly what he would do in favour of the Catholics, in consequence of which it had appeared that the affair was sufficiently settled for a request to be made to the Pope for his dispensation, and Fray Diego de la Fuente had accordingly been despatched to Rome to solicit it.

3. That what had now occurred seemed to his master very different from that he had expected, for two reasons: first, because it had been agreed that the dispensation should be upon His Majesty's account, and that the King of England should not have to negotiate with the Pope at all; and that, in case that His Holiness had any answer to make, he should communicate it to His Majesty, by whom the dispensation was sought, and not to the King of Great Britain, who had so little to do with it; secondly, because he thought that, by the aforesaid articles which had been agreed upon and by the rest which had been promised, the question of religion was settled, and that too upon conditions which the theologians agreed to be such that His Holiness was both able and bound to grant the dispensation upon them. He was therefore astonished that new and impossible things were now asked of him.

42

On account of all this he had orders from his master to explain to His Majesty that, as it was of great importance to himself and to his kingdoms that the Prince his son should marry immediately, he being twenty-three years of age, and having waited six years for the conclusion of this match; he now, as it appeared that he had not done enough to give satisfaction, hoped that His Majesty would declare his intention immediately, in order that he might dispose of the Prince his son without losing any more time.

If we turn our eyes a little to the preceding years we shall see at

1622.   once how far this paper is in contradiction to the facts; for, as to the first point, it is evident that the articles settled in matters of religion by the opinion of the theologians in 1617 were not sufficient, and that they never gave them out as such, but that they only put them in shape without settling them finally, (much less agreeing upon them,) but rather dealing with them as a first sketch, to see, in case they gained what they asked for here, in what way they might attain to their principal object and ultimate design, that is to say, to liberty of conscience; and the Earl of Bristol knew well, and so did his master, how often they had been told and assured on His Majesty's part, after a copy of the articles had been given them, that without the aforesaid liberty of conscience the marriage could not take effect.

As to the second point, he supposes that the letter of the King of Great Britain to His Majesty gave satisfaction with respect to the demand made in matter of religion, whereas it was so far otherwise that none of the other phenomena of this negotiation gave rise to so much suspicion as this letter alone, in which that King tried to pass the affair off with mere words without giving any assurance that they would ever be fulfilled, or doing anything whatever; and, by the remarks which were made some time back in the proper place on this letter, this may be seen to have been the case; and it was this last want of confidence, and not any belief that the business was already settled, that induced His Majesty to send to Rome to ask the Pope for the dispensation, since, being certain (as one that so highly venerates that holy see) that the necessary conditions for obtaining it must first be asked, and being convinced that those which had been offered were not of this nature, he tried this last chance of obtaining liberty of conscience, being ready, if it happened on the contrary that the Apostolic See did not ask for it, to be as obedient in this as in everything else.

The charge which the Ambassador brings in the third point may justly give cause for wonder, as, although His Majesty took the dispensation wholly upon himself, the King of Great Britain, without

being asked or requested by anyone, but merely in order to conceal
his intentions, thrust himself of his own accord into the greater part
of this business by means of Mr. Gage, as His Holiness understood,
as well as the Sacred College, all Rome, and even all the world—a
thing which no one thought of asking him to do, or would even
have dared to suggest to him.   If, then, His Holiness, who had to
ask for that which was necessary for the dispensation, thought to
oblige the King of England by making use of one of his subjects to
whom he had given his confidence in the matter, and who was so
well informed about it, how does that affect His Majesty, for he had
no share in that which was done at Rome, and he certainly could
not have prevented it?   The real cause of that which took place
was merely the King of England's resolution to have at Rome a
person by whose means he might take part in the settlement of so
great a business.   If all that the Earl of Bristol complained of
so bitterly was that, in this way, his master, having received a mes- [43.]
sage from the Apostolic See, was obliged to put himself in communication with it, he had little reason at the time to make so much
of the matter, since at the moment at which he was complaining in
Spain his master in London was speaking in high praise of Mr.
Gage's mission, with the object of inducing him to write to Rome
of his reception, as indeed he did, as will be seen when we come to
speak of the rest of this year.

As to the fourth point there is nothing further to be said than
that which has been already stated with respect to the others, except
that the things which the King of Great Britain held to be impossible
come to no more than liberty of conscience for the Catholics, and that
we were desirous, by such frequent repetition, to compel him to understand that this was what we wanted, it being certain that the insuperable obstacles, if there were any at all, arose merely from his
want of will, not from his want of power.

In the last clause he is eager to obtain from His Majesty a resolution in this business, although it was still in His Holiness' hands;
so that, if by chance His Majesty had replied to this demand, as he

1622.   was asked to do, he would have brought disgrace upon himself; for
if he had declared himself to be content with the last offers of the
King of Great Britain in point of religion, before His Holiness also
was satisfied, he would in some measure have failed in the obedience
and subordination which he has always shown in everything to the
Apostolic See; and if, on the other hand, he had declared himself
not to be content with them, besides placing himself in the same
danger (it being possible that His Holiness might have been satisfied), a new ground would have been supposed to have been discovered for the ordinary complaint, that His Majesty was always
spinning out the negotiation, without ever coming to a conclusion.
He therefore determined not to answer immediately, but rather to
be on the watch to see what would be disclosed by the further
course of the negotiation.

It thus appeared that the King of Great Britain was labouring in
this affair in contrary directions at the same time, for whilst at
Madrid he was daily striving with great earnestness, and with fresh
devices, to obtain a definite answer, without waiting for a reply
from Rome, he was delaying sending the message which was to be
carried by Mr. Gage; for, though he had already despatched him
Oct. $\frac{4}{14}$.   towards Rome on the 14th of October, he nevertheless gave him a
secret order to linger, upon his arrival in Italy, at Parma, Bologna,
and Florence, until he received new directions what he was to do.
Accordingly those in London who knew this at the time judged
without doubt that the King was using these machinations for two
objects: the one, that which has just been mentioned, namely, to
obtain a resolution from His Majesty in the matter of the marriage
before His Holiness pronounced the dispensation; and the other, to
give time for the Earl of Bristol first to negotiate the restitution of
the Palatinate, for which he was making such vehement efforts that
he did not leave a stone unturned. As to the success of the plan,
it had been so exactly arranged by the King, that Mr. Gage, being
$\frac{Oct. 22.}{Nov. 1.}$ at Paris on his way to Italy on the 1st of November, only reached
$\frac{Jan. 31.}{Feb. 10.}$1623 Rome on the 10th of February following.

On the 26th of October the Count of Gondomar arrived at Madrid, on his return from his embassy, the Earl of Bristol having anxiously expected him to assist him in his negotiation, in accordance with the charge given him by his master, from whom the Earl had already received notice of his return. Not many days afterwards, and about the beginning of November, Mr. Endymion Porter, a gentleman of the Prince's Bedchamber, also arrived at Madrid from London, to make every effort (as he had been instructed) to hasten on the business. The King was able to promise himself great success from his diligence, both on account of the name of Catholic, of which he made an open display whilst he was in Spain, and because a few years before he had served in the chamber of the Count of Olivares, Duke of San Lucar, in whose favour he was far advanced in proportion to the zeal which he displayed for the Catholic religion. Before the time which he remained here was at an end he was able to recognise the sincerity and truthfulness with which the negociation was conducted, and it is believed that upon his return to London he helped on the arrangements for the journey of the Prince of Wales, which took place shortly afterwards.[a]

On the 2nd of December Mr. Gage arrived at Madrid, having been finally directed by his master to take his journey to Rome through Spain. The King, he said, was confident that, by the sincerity with which the marriage was desired in England, the path would be made smooth before him, and that his object would be

1622.
Oct. $\frac{16}{26}$.

[44.]

Nov. 22.
Dec. 2.

---

[a] The object of Porter's mission was to see whether the negotiation was in a sufficiently forward state to authorise this journey. What may have passed between Gondomar and Charles before the Ambassador was preparing to leave England I do not know; but on the $\frac{6}{16}$th of May, 1622, Gondomar wrote thus (Sim. MSS. 2603, 35) to Philip: "This Prince has offered to me in strict confidence and secrecy that if, upon my arrival in Spain, I should advise him to come and place himself in your Majesty's hands, and at your disposition, he would do it, and come to Madrid incognito with two servants." (*Este Principe me ha offrezido en mucha confiança y secreto que, si llegado yo á España le aconsejase que se vaya á poner en las manos de V. Mag*[d] *y á su disposicion lo hará y llegará á Madrid yncognito con dos criados.*)

more quickly attained, by reason of the satisfaction which he expected to give to His Majesty by the resolutions on the religious
difficulty which had been given to Mr. Gage to carry to the Pope in
answer to his demands. The negotiation was thus divided into
several parts, all of which were under the control of the Earl of
Bristol, who availed himself of them as he could best turn them to
account, reaching to the highest pitch of insolence when he tried to
induce His Majesty to look askance at the intentions of the Pope,
by telling him that, if His Holiness made such difficulty about the
dispensation, it was because in his character of a Temporal Prince
he was extremely frightened at the prospect of the union which
would result from this alliance between the Crowns of Spain and
Great Britain, and that it was in order to hinder it that he was
interposing so many difficulties. He ended by saying, that His
Majesty would see what was right for him to do in such a case; he
also suggested this argument to the chief ministers of his master, in
order that they might make use of it whenever they thought fit, in
speaking to His Majesty's ambassadors; and even the Prince of
Wales himself touched upon it once, but His Majesty always kept
himself so far from giving way to the slightest suspicion of anything of the sort, that this trickery only served to confirm him the
more in the confidence which he reposed in His Holiness.

Whilst this was passing in Spain Mr. Gage was keeping up the
expectations of the Court of Rome with the hopes which he gave
them of his master's future proceedings, and with other such proofs
of his good intentions as were sufficient to obtain acceptance, and
even to conciliate the good will of those to whom they were
addressed. At the end of October he wrote to Cardinal Ludovisi,
telling him under what obligations his master was placed towards
him by his high esteem for his person and for his party, and
assuring him that the truth of this and of the King's gratitude for
the good offices which he had done towards the granting of the
dispensation would appear more clearly from a letter which he
brought with him. He also said that the result of his negotiation

by which he had tried to bring his master to finish the business was such that it would appear how seriously the King was disposed to do everything that was possible on his part, and how earnestly he hoped to give His Holiness and the Cardinals all the satisfaction that they could possibly expect.

To Cardinal Bandino he also wrote in the same fashion, adding, that he was bringing for him a letter from the King, by which he would see how great was his affection and gratitude towards him ; and that as to the discourse made to him at his departure from Rome, to be repeated to his master, he had had it put in writing, and when the King read it with attention he had been greatly delighted, thinking that he would be able to accommodate the whole matter.

His Holiness, knowing that the King of Great Britain had written these two letters to the Cardinals, took it as a certain pledge that he would completely agree to everything that had been asked ; and it happened that at that time Marco Antonio de Dominis, Archbishop of Spalatro and Primate of Dalmatia, arrived in Rome. This man, pretending to have repented of the miserable apostacy into which he had fallen two years ago[a] (leaving his own See and the Catholic Church, and betaking himself to England), now came back with hypocritical demonstrations of penitence, pretending to be desirous of abjuring all his errors. His public confession took place on the 24th of November in this year, being altogether a mere piece of acting, as appeared by the miserable tragedy two years later, in which he was declared a heretic after his death. Being, however, at that time consulted by His Holiness about the marriage, and being asked under what conditions it would be advisable to agree to it, he answered, that the conditions must certainly be such as would be of advantage to the Catholic Religion, although these would have no effect unless, first, liberty of concience were granted to the Catholics. He then said that he, better than any one else,

[a] Six years ago. He came to England in 1616.

could assert this to be possible, having seen the liberty allowed by
that King to every kind of sect, however contrary they might be to
one another, and that even the Anabaptists enjoyed it, being those
who, of all the heretics of the time, had invented the most detestable
and degrading errors, and that too in such a manner that one day
the King of Great Britain himself related to him that the Anabaptists had held their conventicles in London, and that a woman
had preached and had administered their sacraments. He added,
that such as these not only enjoy liberty in England, but are
neither excluded from the churches of the Protestants, nor from
the other particular privileges of their religion. It was therefore
certainly a matter of grave consideration, as a thing which must
afflict every zealous person, that in a country where the Anabaptists
had this liberty, the Catholics were deprived of it, and that their
religion alone, being the true and pure one, was subjected to discou-
ragement, captivity, and oppression. The Archbishop, however,
suggested that, in case the King excused himself from giving this
liberty to the Catholic religion at once, it might be well to ask him
at least to grant a legal hearing to the Catholics, they having been
dispossessed with such violence from the exercise of the religion
which they had inherited from their ancestors, and which had been
established in their possession from such antiquity, and that too by
a judge so incompetent as Henry VIII., who proceeded by way of
fact, without trying the cause; and it was therefore certain that, if
only they were heard, they would obtain the restitution of that
which they had lost. Yet, though there were many who approved
of the means proposed, it was thought that it was too late to make
the attempt.

At the end of this year a book was published in London by an
author named Michael Duval, which reached Spain about this time.
Its object was to set forth and celebrate the conveniences of this
marriage for both Crowns, and in it the objection which might be
brought from the supposition that the Lady Infanta might convert the

Prince of Wales to the Catholic faith was answered in this way:—   1622.
" Periculum nullum," &c.[a]

It was altogether unreasonable for any one to suppose that, even   [46.]
if this book could have been published without the knowledge of
the King of Great Britain, it could have been spread abroad so publicly as it was, both at home and abroad, without his being aware of
it. Considering, therefore, the particular attention which he always
paid to things of this kind, so that it would be an insult to suppose
that he would do anything without a special object, who could avoid
being startled and frightened by the intentions which were disclosed
by these facts? And by this occurrence, and by the urgency used
by all who had to do with the negotiation, the confusion was greatly
increased; for the more closely we looked into the business the more
evident were its dangers, and the more completely did the securities
against them vanish.

The exigence of the English reached its highest pitch in another
memorial given to His Majesty by the Earl of Bristol on the 6th of   Nov. 26.
December, and written with excessive audacity, as appears from the   Dec. 6.
words in which it was couched. The Earl commenced by saying
that he had been sent by his master as an Ambassador Extraordinary, solely to treat upon two principal affairs: the one that of the
marriage of the Prince of Wales, the other that of the restitution
of the Palatinate. As to that of the marriage, the King his master
did not see that they had taken a step in it, or had gone beyond
the general terms in which it stood six or seven years before, though
he had expected Mr. Gage to bring him the dispensation from Rome,
as it was two years since the Friar Diego de la Fuente had set out
from Spain to ask His Holiness to grant it. Instead of this, however, he had brought nothing but fresh difficulties; and accordingly,
it being very inconvenient to the King to lose any more time in
marrying the Prince his son, his master, instead of coming to
an immediate resolution in the matter, had directed him to repeat

[a] Printed at p. 45.

to His Majesty the representations which he had made five weeks before, to which no answer had as yet been given.

It will be easy, with the slightest consideration, to perceive how many things were aimed at by these words, after the fashion of the Ambassador's own peculiar manner of negotiating, and how completely he distorted the truth, so as to compel it to place itself upon its own defence; for he committed a terrible fault in daring to affirm that not a step in the negotiation had as yet been taken, and that it was left still in general terms, for such steps had been taken, and those too under the eyes of the whole world, so that even the most distant could count many of them. The first step, and perhaps the most difficult one, was for His Majesty to meddle with the business, even so far as to listen to it at all; and it was a step of no less importance for him to bring himself, as if it had been he who was in need of the marriage, to ask and to beg in every possible way for that which he sought for as its consequence—that is to say, the advancement of the Catholic religion, which he had treated as if it had been his own cause. A further step which had been made publicly known had been the offer—made with a liberality hitherto unheard of—of 2,000,000 crowns for the portion, and of 500,000 in anticipation, in order that the King of Great Britain's interests might help on the conclusion of the marriage; and finally, much had been done by the pains taken by His Majesty at the time when he referred the affair to Rome, in order to ask for the dispensation in his own name, it being a horrible suggestion that His Majesty should not propose it there,[a] and one which would abase all his greatness, which consists so much in the renown of being the Catholic King—a title which he prizes more than anything else; and, as to the general terms in which the business is said to have stood for years, it is evident that the contrary is the case, since it would be impossible to have particular terms demanded for this marriage more clear or more substantial than those which have

[a] This appears to be the sense of the passage, but I suspect that some words have dropped out.

been made, and in which it has been represented so many times, that without liberty of conscience nothing can be done. If this were granted everything else would be immediately settled. Not only must the dispensation be issued by His Holiness, but his approbation must be given, before the marriage could be settled; whilst, without these, nothing which had hitherto been agreed upon would take effect, nor would any resolution be binding at which they might hereafter arrive. If, indeed, the Spanish ministers had sometimes spoken with less precision on the point of liberty of conscience, the reason was, that they wished to leave the rest to politeness and courtesy, and in this way to bring the King of England under obligations. They had, however, never done anything to cast a doubt upon their intentions, and therefore the generalities complained of had had no existence, excepting on the part of the King of Great Britain, seeing that to all the demands which had been made to him on the point of religion they had never been able to obtain anything but ambiguous and general answers, such as, that he would do in the cause of the Catholics everything that was consistent with his honour and conscience—that the business would prosper as time went on—that they should leave him to act— that perhaps they would gain their ends sooner than they thought, or that they might hope everything from his clemency. As a final proof of the truth of these assertions, it would be easy to retort upon the Earl of Bristol by means of his own papers (reference to all of which has been made under their proper date), for whenever he came to speak of this point of liberty of conscience, he did it with words still more general and confused, such as might mean a great deal, but in which there was nothing to take hold of.

To return now to the Ambassador's memorial and its style; it would seem that he could not have intended anything except to cause irritation, with the hope of hurrying on the affair till a certain and decided reply was given him without waiting for the answer of His Holiness upon which it depended, all the more because His Holiness had asked for some new conditions in matters

of religion on which he had not yet received satisfaction. As therefore it appeared well to undeceive the Earl of Bristol and to show him that he would not obtain the thing for which he was seeking with such dissimulation, His Majesty was pleased to direct that a conditional answer should be given him on both points, as follows:—That His Majesty, both in Spain and at Rome, had always tried as much as possible to overcome the difficulties which stood in the way of that real union between the two Crowns through the marriage which was so much desired, and that he would continue his efforts by making fresh and more pressing demands; and that, as everything depended on the dispensation of His Holiness, he would order the immediate despatch of a courier, who should return at once with the answer, in order to hasten the resolution which the Pope might be pleased to take ; and that, in the meanwhile, they might treat of the temporal conditions for the marriage.   As to the restitution of the Palatinate, considering that it depended upon the will of the Emperor, and of others who were interested in it, His Majesty referred to the last despatches which he had written in this business with the intention of bringing about an accommodation in the dispute.   It was not possible to answer these demands at that time at greater length, or in a dif- ferent manner.   Nevertheless the Earl of Bristol refused to acknow- ledge that his demands has been satisfied, whilst his intentions were still more baffled.   In this way he drew an occasion for fresh exigences from every answer which fell short of a definite resolu- tion, and he and his friends pushed matters to such extremities about both affairs, that his violence almost led to a total rupture.

The Count Duke, with that application to affairs of such import- ance which was peculiarly his own, had paid sufficient attention to this business to be aware of the dangers which it might bring, con- sidering, on the one hand, the risk of carrying out this marriage without the immediate grant of liberty of conscience and of suffi- cient security for its maintenance, and seeing, on the other hand, [48.] that in proportion to the efforts which were made to obtain real

concessions the King of Great Britain tried to divert them by greater and more subtle dissimulations. Besides this he perceived (what was of more importance still) that the Lady Infanta, having understood how imperfect were the conditions offered to the Catholics of that kingdom on her account, sent her lady of honour Donna Margarita de Tavara to the Count Duke, to tell him to look, at all hazards, for some decent way of escaping from the business, as she would rather enter a convent of barefooted nuns than be married with such defective conditions. If she had not shown repugnance to the treaty from the beginning, it had only been on account of those hopes of obtaining some public good for the Catholic religion in that kingdom which, as she had always been assured, would be the result of her marriage. Moreover, with respect to that other affair of the Palatinate, the Count Duke considered deeply that, although it seemed to be merely a temporal matter, it nevertheless was closely connected with those religious questions to which attention ought to be given rather than to anything else. He saw that in both aspects the person most interested was the Emperor, and that if this difficulty could not be accommodated by a common agreement between His Imperial Majesty and the King of Great Britain, it was impossible to settle their differences, the latter King being equally eager about the marriage and about the Palatinate, and being unwilling to allow them to be separated. The Count Duke therefore hit upon a plan for giving him satisfaction in both points, in such a way that the settlement of one should be helpful to the settlement of the other, and that by which all those great benefits which had been aimed at in both negotiations might be obtained at the same time; namely, that of religion, of state, and of the amity which was so much desired between both Crowns;—and that too an enduring and permanent foundation which would leave nothing further to be desired. The plan was that they should proceed to arrange the whole affair in the following way:—

Let the Lady Infanta marry the Prince who is the Emperor's

heir,[a] let the Prince of Wales be married to the eldest daughter of the Emperor, and the Prince who is the Palatine's heir[b] to the younger daughter of His Imperial Majesty on condition that the Palatine's son be immediately delivered to the Emperor to be instructed in the Catholic religion, and let the Palatinate be afterwards restored to him whenever this marriage may take effect. The Count Duke proposed this to His Majesty in a paper apart; and because of the secrecy which was kept about it, and because the events which rapidly followed it did not allow anything more to come of it, it failed at the time to achieve those results which should rightly have followed. In the first place it was never carried into practice, though experience has since shown how well it would have been if it had been put in execution. In the second place it never received the approval of the King of Great Britain, which was justly due to a proposal which would have satisfied all his wishes, as may be seen by the paper itself, which was dated on the 8th of December:—

" Sir,—I have considered the state in which the treaty of marriage between Spain and England is, and I am certain, as has been ascertained from the ministers who treated on this business in the time of our Lord Philip III. (may he be in glory!) that his intention never was to conclude it *unless the Prince became a Catholic*,[c] but only, as far as the King of Great Britain was concerned, to extend the agreement and its articles till it included the conditions at which he aimed, and for the rest to preserve his friendship, which is advantageous in every way, and particularly in the present state of the affairs of Flanders and Germany, and of the obligations under which we are to him as regards the latter. It is also the case, as I suspect, that your Majesty is of the same opinion, although you have not given any sign to that effect, my suspicions being founded on

the assurance which has reached me that the Lady Infanta Donna

---

[a] The Archduke Ferdinand, afterwards Ferdinand III.

[b] Prince Frederick Henry, accidentally drowned before his father's death.

[c] The words in italics are in all the Spanish copies which I have seen, but are omitted in all English translations.

Maria has resolved to join the Barefooted Nuns the day on which your Majesty compels her to this marriage *without the above-mentioned conditions.* I have therefore thought it well to represent to your Majesty that which has been suggested to me on this occasion by my zeal for your Majesty's service, and that which, as I judge, will also be for the greater satisfaction of the King of Great Britain, knowing that your Majesty both desires and ought to give him satisfaction, it appearing to me to be a fit season to bring it before your Majesty's ears, in order that, after communicating with those ministers whom your Majesty may choose, you may take such a resolution as may seem most convenient.

" The King of Great Britain is at this time equally engaged in two affairs, of which the one is that of this marriage, to which he is moved by the advantage which he finds in your Majesty's friendship, in contracting an affinity with the Catholics in order to assure himself of those Catholics whom he believes to exist in secret in his realm, and also in marrying his son into the House of Austria, the Lady Infanta Donna Maria being in fact the lady of the best blood in the world. The other affair is the restitution of the Palatine, in which, although he is more deeply engaged, because, besides that he has pledged his reputation for it, he is also bound by the ties of love and interest to his grandchildren, the children of his only daughter, whom by every law of nature and of policy he is bound to prefer to every kind of advantage which might result from his allowing matters to go on as they have. I do not enter upon the question whether the King of Great Britain has been actuated in this affair by art or by pure friendship. I believe it to be undoubted that both these motives have combined in him; nevertheless, as a matter not proper to this discourse, I will say no more about it. I hold it to be an undisputed maxim that these two affairs in which he is engaged are inseparable, since, even if the marriage takes place, he will not be able to be remiss or to fail in that which in my opinion is more necessary to him, that is to say, in the restitution of his grandchildren. Under these circumstances,

if the marriage is concluded on the terms on which we are now treating, your Majesty will find war broken out between the King of England on the one hand and the Emperor and the Catholic League on the other, so that it would either be necessary for your Majesty to declare against the Catholic League and the Emperor, a thing of which the mere hearing in this uncertain way will offend the pious ears of your Majesty, or else, if your Majesty declares, as you certainly will, for the Emperor and the Catholic League, to find yourself at open war with the King of England, and that, too, after your sister has been married to his son. By these considerations an end is put to all those arguments which have been urged for the expediency of this marriage. If, on the other hand, your Majesty should remain neutral, as some may possibly propose, it will in the first place cause the very greatest scandal, since hitherto, on occasions on which there has been less opposition of principle than in a war between Catholics and Heretics, the arms of this Crown have followed the most pious side without regard to political expediency; and even now, though the French are fomenting rebellion in Holland against your Majesty, your piety has sent your arms against those who have rebelled against that Crown, postponing all high considerations of policy to the sole fact that these men are enemies of the Faith and of the Church. Besides your Majesty would give occasion to the states of the League to avail themselves of the help of the King of France, and of other Catholic princes ill affected to this crown, it being impossible for them to act otherwise under the circumstances in which they will be placed; and those states which now give support to the Heretics against their own religion, and assist them through hatred of us, will doubtless turn to the other side solely in order to leave Your Majesty under a disgrace to which no King of these realms has ever stooped. The King of England too will be disobliged and offended when he finds he has not got that in which he was interested, and that his alliance with this crown has not brought him any good, and

[50.]   he will have a pretext for special ill feeling when he sees that he has

left his son and grandchildren to be ruined through us. And although the Emperor is very well affected and under great obliga- tions to us, yet when he comes to deliberate on this affair of the translation (the Duke of Bavaria being in the position in which he is, and having the whole of the States in his power), even if he should wish to dispose of other things so as to suit our convenience, he would be unable to do so. Such at least is the general opinion, and will also be that of Your Majesty, this being the only inference to be drawn from the memorial presented yesterday to Your Ma- jesty by the Emperor's Ambassador ; for Your Majesty will see in the note of the number of soldiers who have to be paid every year by each member of the League, that the Duke of Bavaria alone pays as many as all the others together. From this we may see how great his power is, and may infer that his intention is to main- tain himself by a continuance of the war in a superiority to the rest. The Emperor is now at the Assembly, and the business of the trans- ference of the Electorate will be settled there.

" What I propose under these circumstances is, that the discussion of the methods to be employed should be reserved to be debated amongst Your Majesty's ministers with their usual capacity, zeal, and prudence, of all of which they will certainly stand in need, as the difficulty consists in our having to find a way to set matters straight as they now stand ; for if there is any delay, as I have already said, our power to control them will slip away with the loss of time. Pre-supposing, however, that the Emperor, as Your Ma- jesty knows from his Ambassador, is desirous of a marriage between his daughter and the son of the King of England, and that there is no doubt that he will be very glad to marry his second daughter to the son of the Palatine, I next propose that these two marriages should take place, and that they should at once be brought about ; and that in order to induce the King of England to consent, we should give way to him in all those particular propositions which he has made for a closer union and correspondence with us. For I take it for granted that by this other marriage he will, without

exception, obtain all the advantages which would be likely to result to him from an alliance with us; and that it will bring with it the advantages of a better security, as he will thereby settle the affairs of the Palatinate, and the succession of his grandchildren with reputation, and that too without drawing a sword or spending a penny. In this way the Emperor will become interested in the affairs of the King of England and of the Palatine, thus offering what, in my judgment, is the only way of escape from the great evils which threaten to result from the continued postponement of an accommodation in Germany, and the only means of diverting him from carrying out those prejudicial intentions which he has adopted on account of his engagements with the Duke of Bavaria, and of the satisfaction which he still owes to him.   Moreover, I reduce to the obedience of the Church that Prince and Elector who is now its enemy, by educating his children in the Emperor's Court in the Catholic doctrine.   The affair is great, and I have felt myself obliged to represent to Your Majesty its difficulties, which are perhaps the greatest which have ever presented themselves in such an undertaking, I will try, if I should receive Your Majesty's command, to say that which occurs to me about the best method of carrying out the scheme, and I hope that all these things being furthered by the great ministers by whom Your Majesty is served, and by the particular knowledge of the Count of Gondomar on these matters, as well as by his zealous devotion, it may be that God will open a way to a thing which is so much to His service and to that of Your Majesty."

Nevertheless the Earl of Bristol continued his urgency, coming down to this at last, that he asked his Majesty to be pleased to look at the paper containing his master's answer to the demand of His Holiness for a further explanation and extension to be made in some of the articles relating to religion; and also at the reply which he had given on the general point with regard to the common benefit of the Catholics ; saying that this was the furthest to which his master could go in the matter, and begging His Majesty that

if he were satisfied with it, and approved of it, he would think fit
to send it to His Holiness by the courier which he had offered to
despatch, it seeming to him that by this means an immediate resolution might be obtained with regard to this dispensation. Upon
this His Majesty, being desirous of satisfying their pressing demands,
ordered that this paper containing the answer given by the King
of Great Britain to that which was required by His Holiness, should
be considered ·in the Junta of State, to which this matter was
referred, the Count of Gondomar being admitted to be a member of
it.   After the Junta had seen and considered it, it yielded so far as
to be satisfied with the King of England's offer, and upon this basis
the matter was settled.   The answer which they gave to the Earl
of Bristol was as follows:—That His Majesty would try to get the
dispensation, and would solicit His Holiness for it so as to obtain it
in the following March, or by the end of April at the latest.   That
within forty days after the arrival of the dispensation the marriage
should be celebrated; that twenty days later the Lady Infanta
should set out on her journey for her embarcation; that the
Comptroller of her Household should be Don Duarte of Portugal,
brother of the Duke of Braganza, himself being Marquis of Frechilla,
and a Grandee of Castile (this charge falling upon him, although the
Count of Gondomar had been looking forward to it as the final
conclusion of his negotiation, because the Count was hindered by an
extraordinary embassy to Germany, to which he was appointed by
His Majesty, although it afterwards came to nothing): and that
before the arrival of the dispensation they should discuss and
settle the articles relating to temporal matters.   On this day therefore, which was the 12th of December, the marriage was so completely settled on our part that, but for the occurrence of so great
a novelty as the arrival of the Prince of Wales, it would without
doubt have been concluded without any further effort on the part of
England beyond the mere waiting whilst the time elapsed.   It was
under this impression that His Majesty wrote a letter afterwards to

his Ambassador, the Duke of Alburquerque, in a letter of the 30th of December, and, sending to him at the same time the above-mentioned paper which had been presented by the Earl of Bristol, he said:

" This Ambassador has given me on behalf of his master the paper which accompanies this despatch by a courier who is to go and return, in order that you may show it to His Holiness and may request him on my part to look at it with attention, and to order the Congregation of Cardinals to which this business is referred to do the same, and, after having earnestly commended it to God as is fitting in a business of such weight, and of so great importance to all Christendom, to see if he thinks it enough and sufficient for the grant of the dispensation; for, neither in small things nor in great do I wish to do anything which is not well pleasing and satisfactory to him. Do you, however, also inform him that this Ambassador has asked me to fix some limited and short time within which the dispensation is to be granted, leaving his master free, in case of longer delay, to marry his son as he pleases." [a]

His Majesty also directed him, before giving account of all this to His Holiness, to communicate to the Cardinals Borja and Trexo, and to the Friar Diego de la Fuente, the paper sent by the King of Great Britain, with the general and particular articles agreed with the general concession to the Catholics. It will be placed further on, under number 12 [b] of the following year, in order that his offers and the last replies of His Holiness on the whole matter may be seen at once.

1623.

This year opened with the return of Mr. Endymion Porter to London, and with that of Mr. Gage to Rome. The latter continued his journey from Madrid, when he found there was nothing more to be hoped for there; and he arrived at Rome at the same moment

[a] Another letter of the same date is printed in Appendix VIII.
[b] See p. 51, note.

with the courier who carried His Majesty's despatch, that is to say, on the 10th of February. Immediately upon his coming to Rome he began to press for an answer all the more earnestly, because he knew what orders had been sent from Spain. The very day of his arrival a courier from the King of Great Britain brought him fresh and more pressing directions to give strong assurances, both on the King's part and on that of the Prince his son, that every promise made by them in matters of religion would be fulfilled.

Mr. Gage brought with him two letters from his master, the one for Cardinal Bandino, the other for Cardinal Ludovisi; and, although they accepted them, they would not open them without first sending them sealed to His Holiness, who opened them and read them with astonishment at the demonstration of friendship made by that King to the Cardinals of the Roman Church. To the other members of the congregation the King sent a message through Mr. Gage telling them how grateful he was to them, and how much he desired the conclusion of this marriage in order that he might keep up a better correspondence with them. On the 18th of February the Duke of Alburquerque had an audience of His Holiness to speak to him on this matter, as he did in conformity with His Majesty's letter of the 30th of December. He also gave him the paper of the articles on religion, which had been given in by the Earl of Bristol as the furthest to which his master could go. His Holiness, being informed of all this, answered that he would earnestly commend this affair to God, as was due to its importance and to his own desire to come to a right determination, although he immediately signified by his nephew Cardinal Ludovisi that he had noticed how little security there was of the fulfilment of these articles. Now, however, in order that the business might be treated of with fuller deliberation and discussion, His Holiness was pleased to add to the congregation deputed for the purpose the Cardinals Barberini and Ubaldini, the first for his great and universal knowledge of all matters of conscience and policy, for the clearness of his judgment, for his devotion to the public good, for the protection of the Kingdom of

1623.

Jan. 31.
Feb. 10.

Feb. $\frac{8}{18}$.

Dec. $\frac{20}{30}$, 1622.

Scotland with which he had been charged by the Apostolic See, and finally in order that, as the successor already destined by God to the See, he might take part in this business from the beginning, as being bound to become perfectly acquainted with it: and the second, because he had already become well versed in questions relating to this marriage, during the years in which he was Nuncio in France, when there was much debate on the subject with a view to bring about a marriage with that King's sister, although the conditions then asked and demanded in matters of religion were very different.

March $\frac{8}{18}$.　　On the 18th of March the first congregation was held to examine the points contained in the Earl of Bristol's paper, and at the same time to settle the necessary conditions upon which the dispensation could be granted. They began to discuss the form of oath which was to be taken by the Catholics to the King of Great Britain, and at last agreed that it ought to be such that the fidelity promised should only relate to matters of State, and should not extend further to anything which might be contrary to their religion or conscience. And here, as was reasonable, much stress was laid upon the value which that King ought to put upon the concession made to him on [53.]　account of this marriage and its accompanying conditions. For, whereas the Apostolic See had absolved his subjects from the oath of allegiance, from the time of Queen Elizabeth till the present; yet now, though the same cause still remained in existence, the Holy See not only allowed, but even, as it were, commanded the Catholics to swear allegiance to him in matters of State, in the same way as they did to other Christian Princes.

March $\frac{3}{13}$.　　On the 13th of this month Mr. Gage was informed that this point of the oath must be settled with proper precision and distinctness, and that the same course was being taken with those points which related to the education of the children who might proceed from this marriage, and to the servants of the Lady Infanta, at which his perturbation was so great that he wished to send a despatch at once to his master to undeceive him, and to recommend him to break off the treaty, it seeming to him that they were asking for extreme

concessions; and that even at such a time as this, and in the merest trifles, matters of religion were being very daintily treated. Fresh representations were accordingly made to the Congregation more urgently than before that the security offered by the King of Great Britain was little or nothing, and that it would be well for His Majesty to ask for some greater security than he had already offered, and such as might be held sufficient. His Majesty's ministers, to whom this proposition was made, answered that His Majesty had placed the whole business in the hands of His Holiness in order that he on his part might point out the security which ought to be asked for, so that the demand might be made in his name.

The urgent attempts of the Earl of Bristol to hasten the business not only did not cease, but were every day seeking out new channels of which to avail themselves the better, and on the 4th of March he chose to beg His Majesty to write a letter to the Pope about the affair, and to put it in the form which he had proposed in a memorial which he gave in to the following effect:—" The Earl of Bristol has represented to me the pleasure with which the King his master has agreed to everything which has been asked on your Holiness's part in matter of religion, and that he has in substance conceded that toleration of the Catholics which has been demanded; and that, as he has only one son who is twenty-three years old, it is important to him to marry him at once on account of the succession to the Crown, for, if he dies without leaving children, the Crown of that kingdom will fall to the Palatine, whose inclination with respect to the Catholic religion is well known. It has therefore seemed well to me to remind your Holiness of this, and humbly to beg, as I now do, that you will be pleased to direct that a speedy and good resolution may be taken about the dispensation which has been asked for on my behalf."

Immediately after this His Majesty was to add in his own hand: " I supplicate your Holiness to be pleased to take a speedy resolution in this business as a matter which so much imports the good of Christendom."

1623.   In this way the King of Great Britain had the instruments of his negotiation disposed for his service in all parts, so that his efforts responded to one another, and all conspired to hurry the business on in order that there should be less notice taken of the facts of the case, and that they should be passed over, as everything is which is done in haste; and when it appeared that his contrivance had surpassed itself, he brought to light unexpectedly the most powerful instrument for the conclusion of the business that the human mind could conceive, namely the journey to the Spanish Court of his son the Most Serene Prince of Wales, Charles Stuart, which was of so much the greater effect in carrying out his intention as it was sudden and never expected by this Crown.

[54.]   It seems that the King resolved upon it about the time that Mr. Endymion Porter returned from Madrid to London, and, without giving account of it to his Privy Council or to any of his other ministers (as the Prince and his companions related), he put Feb. ¹⁷⁄₂₇. it in execution on the morning of the 27th of February. Four hours before Sir Francis Cottington, a member of the King's Privy Council,[a] and secretary to the Prince, and Mr. Endymion Porter, a Gentleman of His Majesty's Bedchamber,[b] set out by post, giving out that they were going to Spain with despatches from their master. At eleven the Prince started accompanied by the Marquis of Buckingham, and both of them wore masks[c] to prevent them being recognized. With the same disguise and secresy they continued their journey by way of France, stopping two days and no March ⁷⁄₁₇. longer in Paris, and on Friday the 17th of March, between eight and nine in the evening, they arrived at Madrid, alighting at the house of the Earl of Bristol. Within two hours the Count Duke was informed of this by the Count of Gondomar, and he immediately carried the news to His Majesty, who passed the remainder of the evening in the astonishment befitting so unheard-of an event. The next morning His Majesty ordered a junta to be formed under the

---

[a] This is a mistake.   [b] Of the Prince's bedchamber.
[c] i.e. false beards.

presidency of the Count Duke to meet in his chamber, referring to its consideration everything that might occur either at the time or afterwards in a business of so great importance. Those who were appointed to take part in it were, Don Augustin Mexia, the Marquis of Montesclaros, and Don Fernando Giron, all three being members of the Council of State, Fray Inigo de Brizuela, Archbishop of Segovia and President of the Council of Flanders, His Majesty's Confessor Fray Antonio de Sotomayor, and the Count of Gondomar. They met that very morning at nine o'clock, and the first thing that they ordered was that in public prayers much thanks should be given to our Lord for this journey, and that he should be earnestly supplicated to direct aright the intentions with which it had been undertaken, though what those might be they had not yet even an inkling further than those general hopes which were conceived by all. Charge was given to the Count of Gondomar to try to learn something from the Marquis of Buckingham and from Sir Francis Cottington, and at least to insinuate a suggestion of that to which the desires of the people already aspired, by speaking of this journey as one which would redound to a great and most signal service to the whole Church. That same day in the afternoon the Count Duke arranged to make his first visit to the Marquis of Buckingham, letting him know through the Count of Gondomar that, although he would prefer to go immediately to visit him at his house, he thought that, in order to avoid for the present the clamour of publicity, it would be more convenient that the Marquis should go out in a concealed manner into the country to meet him. This was done, the Marquis coming between four and five in the afternoon in a closed coach to the gardens of the Palace called those of the Prioress, accompanied by the ordinary and extraordinary Ambassadors of his master[a] and by the Count of Gondomar, where the Count Duke alighted, and, after having exchanged great courtesies and compliments with the Marquis, they entered together into the coach, and drove out into the country. Then, returning to

[a] Sir Walter Aston and the Earl of Bristol.

the Palace from that direction as night was drawing on, the Count Duke took the Marquis to the North Gallery to kiss the hand of His Majesty, who was waiting for him in the new room, and received him there with very particular demonstrations of good will and favour.

March $\frac{9}{19}$.   On Sunday the 19th of the said month, at four in the afternoon, their Majesties and their Highnesses[a] drove out in a coach by the Calle Major to the Prado amidst the crowd which had come together in such numbers to witness the meeting, that it was almost impossible for them to pass. The Prince of Wales waited for them, concealed in a coach, at the gate of Guadalaxara ; yet, as he took

[55.] up such a position that their Majesties and their Highnesses could recognise the coach, they paid him very particular attention. From thence the Prince, driving through other streets, went as far as the Prado, where the crowd of people which had come in the hope of seeing him was much thicker. By driving about in different directions he was able to meet, as if by chance, the coach of their Majesties and their Highnesses, which came as far as the Convent of the Augustinian monks, and which afterwards, upon its return to the Palace, when night was coming on, again met the Prince's coach. The Count Duke, who was in another coach accompanying His Majesty as Master of the Horse, passed to it; and, although His Highness pressed him to take a place with him in the back seat, he refused, and remained on the step, keeping up in this, as in all other things, the same ceremony which he used with His Majesty, even so far as to kneel before him, and to ask for his hand to kiss, without sitting down or putting on his hat, although His Highness was very earnest with him on both points, and even kept his own hat off whilst the Count Duke did the same, and also bowed to him, and went out to meet him when he came to pay a visit. At this time the Count Duke, having accompanied him till he left him in his own lodgings, he went out again immediately into the country with the Marquis of Buckingham, as having understood from him that he wished to speak with him alone. They took with

---

[a] The King and Queen, and the infants Charles and Ferdinand.

them no one, except Mr. Endymion Porter as an interpreter, who had been in the service of both of them, and was now of the Prince's Bedchamber. After having been together for some time, they returned to be present at the meeting of His Majesty and the Prince, which had been arranged to take place at nine. The Count Duke had already told the Prince that His Majesty wished to visit him in his lodgings, or anywhere else that he might please; and His Highness would only consent to go out to the Prado to wait in a coach for His Majesty, who was to come in another. As to the courtesies with which he was to be addressed, although they were left to the Prince's choice, yet on consideration that His Majesty could not address him except as His Highness, he proposed that from that time he should always take that title with His Majesty. The attendance upon the coaches was performed by the Count Duke in such a graceful manner, that after telling the Prince to take with him his two Ambassadors, he immediately added: "And in order that the Spaniards and Englishmen may be of an equal number, the Marquis of Buckingham and I will accompany His Majesty." So it was done; a thing which at the time was thought much of by His Highness and the others.

The Count Duke, the Marquis of Buckingham, and Mr. Endymion Porter then set out for the Palace, in order to come back in His Majesty's company; and whilst they were waiting for him in the gardens of the Prioress, the Count Duke having already sent to inform him, they saw a man coming alone towards them through one of the walks. Upon this the Count Duke said to the Marquis of Buckingham, "It is the King;" and he answered merrily with astonishment, "Is it possible that you have a King who can walk like that? It is wonderful." Then hastening his steps he knelt at His Majesty's feet, asking for his hand to kiss, and that in an impetuous way, succeeding at last in doing it. The King, accompanied by the three, reached the Prado as soon as the Prince, who came with his two Ambassadors and with the Count of Gondomar and Sir Francis Cottington. His Majesty and the Prince alighting

1623.   at the same moment met one another and embraced with great
signs of affection; and His Majesty invited the Prince, with great
compliments, to enter first into his coach, and to take the right
hand, as he did, the same form being afterwards followed on other
occasions whenever they met.   They remained in the coach with
only the Earl of Bristol as an interpreter, and after the visit had
lasted half an hour they separated, well pleased with the compliments which had been paid, and again embracing one another.
The Count Duke agreed with the Marquis of Buckingham that on
[56.]   this occasion, and on others, they should perform their duties as
Masters of the Horse by exchange.   Accordingly the Marquis
always did service to His Majesty, and the Count Duke to His
Highness, and to the end, in this matter and in all others as well,
the same ceremonies of courtesy and affection were kept up towards
the Prince as were used towards His Highness at this first visit.

The letter of credence which the Prince brought for His Majesty
from the King his father, written entirely with his own hand, was
this :—" Serenissime Frater, &c." [a]

The other letter referred to in this one was that which the Marquis
of Buckingham carried with him to give him credence, and which
also was written entirely in the King's hand.   In it he said to His
Majesty, in recommendation of the Marquis: " Non opus habeo,
&c." [b]

March $\frac{16}{26}$.   The public entry of the Prince was arranged for the 26th of
March.   Never had a more solemn reception been given on any
occasion by Spain to its Kings; the greatest thing being not that
which was done ostensibly by authority, although the display was
very great, but that which could not be obtained by arrangement
or compulsion—that is to say, the unanimous resolve to celebrate
this journey with such heartfelt demonstrations, that it was easy to
see that they could not possibly spring from anything else than the
expectation of the people, which, being unable to find any other
object proportionate to the Prince's enterprise, had instinctively

[a] Printed at p. 56.   [b] Ibid.

come to the very reasonable conclusion that it was impossible but that he had come with the resolution of submitting to the Catholic Church. Nor is it surprising that those who looked with sincerity upon these things from an external point of view should come to such a conclusion, as even the Earl of Bristol, who was so intimately conversant with these matters, was so dazzled by the suddenness of the Prince's arrival, that he formed the same opinion, and so persuaded himself of the correctness of the supposition, that on one of the first ten days, whilst the Prince was still in his house, he took occasion to speak to him alone about it. At which time it is known that he used these words to him: that the thing which His Highness had done was so unusual and so strange, that even the most extraordinary motives which could be imagined would seem too little for it; that amongst those which had presented themselves to his mind he had only found one which was of sufficient importance, and that was, if His Highness had come resolved to smooth away all the difficulties in the way of the marriage, by taking occasion to become a Catholic. If his conscience were already fixed in this direction, he would beg and supplicate His Highness to declare it as soon as possible. If he did this he would gain everything at one blow.

[57.]

By these hopes the world was kept in suspense, having made up its mind that they would be realised very shortly, so as to take it ill that there should be any delay in that which it desired so much. Besides, the general appreciation of the greatness of the prize inclined some to desire to use means to win it, whilst others thought that more would be done by leaving the action to originate with the Prince himself, so that the victory might be his alone. Every one therefore was aiming at this object, and though it was only due to the Prince, on account of his greatness, to leave the matter in his hand, yet the desire which was felt was so strong that every one was in too great a hurry to gain the credit for himself. For this reason they did not allow any occasion to slip by in which they could introduce religious conversations with His Highness, in

order that by this means they might gradually discover something of his intentions. Accordingly the Count Duke followed this course with great zeal and with much dexterity whenever an opportunity offered; and he did it so opportunely, that the second time that he was with the Prince, just after his arrival, he brought before his memory the example of his grandmother, the Catholic and illustrious Queen Mary of Scotland, whose blood, shed for the Roman Church, and feeling its own loss which it was suffering in its own succession, did not cease to cry to Heaven till it could recover and bring it to the true knowledge of that faith. The Prince was moved so far by this recollection, that he related some other particulars which then occurred to him; and His Highness offered to the Count Duke a portrait of his holy grandmother, and said that he would look out for the newest account of that event in which those extraordinary events were more fully represented.

The Count Duke continued this care, doing his best to find opportunity for such conversations, even amongst walks and huntings and other entertainments, and on one of these occasions he declared that he had formed so excellent an opinion of the good disposition and intelligence of the Prince, that he promised himself not only His Highness's own conversion, but also that of his kingdom. This he did with the intention of making it more easy for him to make some declaration; but it was so taken by the Marquis of Buckingham, that he afterwards brought it as a serious charge against the Count Duke, that he had spoken of the Prince in such a way as to compare him with his father, and by his self-willed efforts the hopes formed of the Prince were baffled beyond calculation.

It was gradually discovered that His Highness had not come with the settled intention which had been imputed to him; and in the eyes of the people it was considered as an important evidence of this, that when he became the guest of His Majesty in his Royal Palace, he did not behave with any moderation in matters in which he might have appeared, if not well affected, at least less contrary

to the Catholic religion. Enough will however be said when it is 1623 remembered that he felt so little the respect due to those walls, which up to that time had been so pure from this contagion, that they alone could pride themselves on having never witnessed it, resembling in this the Crown of France before Vigilantius corrupted it, it having been praised for this by St. Jerome, " Sola enim Gallia hujusmodi monstra non habet." From this time all the first hopes which made the coming of His Highness so joyful declined, and were changed into fears of some greater mischief which it might cause.

His Majesty, with a resolution worthy of his holy zeal, thinking it fit not to desist from his intentions, but rather to make the [58.] attempt more openly, gave it in charge to the Count Duke efficaciously to persuade the Marquis of Buckingham that it was only right that the Prince should allow himself to listen to information in our Holy Catholic Faith till he became capable of receiving its truth. There was however to be no shadow of compulsion on our part which might leave his choice less free ; though it would be disrespectful to the Holy Faith if he were to refuse even to listen to it, after having, as it were, entered its gates. With this the Marquis professing himself satisfied, of his own accord informed the Count Duke that he had brought orders not to hinder the Prince from being spoken to on such matters whenever he was asked; yet before it came to this, although the Count Duke wished to save as much time as possible, the Marquis asked that the first trial might be made in his own case, but at the same time declared that the thing must be done in great secrecy and privacy, especially from his own countrymen, and he laid great stress upon the inconveniences which might result from the opposite course. Accordingly the Count Duke arranged that this work should begin on Thursday in order that the devotion of that day might be helpful ; and so, on the evening appointed, the Count Duke and the Marquis of Buckingham betook themselves to the royal apartments at St. Geronimo with Fray Francisco de Jesus, Preacher to His Majesty, who was pleased to choose him for the purpose, and with a very confidential

interpreter, a Catholic named James Wadsworth, an Englishman, who had been for some years a leader of the sect of the Puritans, and had afterwards been converted to our holy Catholic faith. Here there was a long sitting for more than four hours, in which time the most important points were touched upon which might arouse the Marquis from his deception ; and he, being evidently convinced by some of them, as soon as those general replies failed him with what he had been prompted before he came, took out a paper (which was apparently an instruction informing him what he ought to do), and looked at it to see if he could find any better aid ; so that it was very easy to perceive that what he did was merely out of compliment, and that his conversion depended on the will of another than himself. Nevertheless the Count Duke arranged that a second meeting of the same persons should take place in the palace seven days afterwards. In this one, however, just as much time was thrown away as in the first, and, upon a good occasion offered to him, the Count Duke spoke for some time so much to the purpose that, in some of his arguments he showed how much he desired the good of the Marquis, although he had no greater success than before.

Some difficulties having been overcome which they pretended to raise about ceremonies and other things of no greater importance, in order to delay the coming forward of the Prince to listen to anything of our holy faith, it was finally arranged that the meeting April 23. should take place in the afternoon of the 3rd of May, the day of the May 3. Invention of the Cross. At the hour appointed His Highness came to His Majesty's apartments, who came out to receive him, and to accompany him, as at other times, till the time came for opening the discussion. But when that arrived His Majesty retired, although the Prince urgently begged him to remain. This, however, he refused, saying to his Highness with great firmness, that neither for the present reason, nor for anything else, would he ever allow himself to listen to a word against the Catholic religion.

There remained in company with the Prince the Count Duke, the Marquis of Buckingham, and those who had to speak with him on

the matter for which they had been summoned, namely, the Father
Confessor of His Majesty, and the Friar Zacharias Boverio de
Saluzo, a Capuchin well known for his writings, and two Provincials
of that order, the one of Castile, Diego de Quiroga, and the other
of Arragon, Pedro de Balbastro. As soon as they were all seated,
the Prince on his seat and the others on benches, after they had
waited for His Highness to begin by proposing something, or
by putting some question, he said that he knew of nothing upon
which they could speak, as he felt no scruple whatever. The
Count Duke replied that the intention of the meeting was rather to
give His Highness light upon the truths of our holy religion, of
which he was without information, and that it would therefore be
well for them to talk of something which would serve this purpose.
The Father, after a complimentary introduction, proceeded to touch
upon the controversy about the Roman Pontiff:—How far he is the
Vicar of God upon earth, and the Head of His Church? After this
came Father Zacharias, who quoted that passage of the Gospel in
which Christ said to Peter, " Simon, Simon, Satan hath desired to
have you that he may sift you as wheat, but I have prayed for thee
that thy faith fail not ; and thou, when thou art converted, strengthen
thy brethren." Upon this the Prince pointed out that he was doing
violence to the text, and asked the Father to repeat it twice in
French (he having been introduced chiefly because they both understood that language), after which the Prince spoke twice in English
with expressions of the same feeling to the Marquis of Buckingham,
who was so disturbed by these demonstrations, slight as they were,
that he at once went down to a place where he could be alone, in
order to show his extreme indignation, going so far as to pull off
his hat and to trample it under feet. Thus, although a few days
afterwards the Count Duke attempted to plan a second conference,
the Marquis would not allow it, partly from fear and partly from
desire of revenge which he wished to take in this affair, having now
begun to resist the firmness of the Count Duke on any point of
religion which might be connected with the marriage. He therefore

excused himself by saying that he had brought an order not to allow the Prince to speak of matters of religion, and, when they retorted upon him with his own words, he having said the contrary when he first came, he openly denied it ; and to satisfy his feelings the more he was very active during these days in attempting to induce the Prince to go to the Earl of Bristol's house to hear the preaching of one of the two ministers of Calvin's sect who had at that time come from London, and who were kept by the Earl as his guests, though the Ambassador afterwards affirmed to the writer of this narrative that he had resisted it because of the great scandal which would follow, and because the business would be thrown backwards by it. It may be that they did not dare to take those preachers to the Prince's apartments, because the Count Duke taking means to guard against the attempt which he suspected would be made by them to enter secretly through the gardens, sent for Sir Francis Cottington, and told him that this must by no means be done, as they were determined to go to the uttermost in resisting it. These preachers had been sent by the King of England as his chaplains, and he had ordered them to take with them their dress, caps, surplices, chalices, and ornaments, such as are used in the supper of Calvin, and all the other things pertaining to the Roman Church which the Protestants at present use in that kingdom by a new royal ordinance, in order that on some occasion, if it had been possible, they might show by these external forms how little, as they say, is the difference between themselves and us.

As yet nothing had been said of the particulars of the marriage treaty, as they were expecting the determination of His Holiness about the dispensation, which was still in suspense, and were waiting for his answer; although on the Prince's part an effort was made, by means of a Theologian, to ask that on account of the courtesy due to his arrival they would not put off any longer the arrangements for the marriage, seeing that even if it took place
before the dispensation was granted it would still be valid.

Already on the 25th of March the advertisement of the arrival

of the Prince in Spain had reached Rome, and the whole city was 1623. thrown into commotion by the news of an event the least part of which was its novelty. Whilst many prognosticated most happy results for the Catholic Church, there were some who expressed themselves very differently with respect to the political mischief that it would cause, especially the Ambassadors of Kings and Republics who were in attendance upon that Court, who were unable on that day to disguise their confusion, or to avoid expressing it with very exaggerated words. Being therefore desirous that so much happiness for the Church might not be retarded by any longer delay in granting the dispensation, and fearing on the other hand lest, if they were to hasten it for this reason, the time might fail which was necessary to examine and to look into the conditions and securities which ought to precede it, the Cardinals inclined, from this motive, to remit to His Majesty the adjustment of these points, in order that they might be arranged at Madrid with the Prince and his ministers, although in a congregation held on the 29th of March to look at April $\frac{19}{29}$. the point of security, upon consideration of the difficulty of agreeing to anything which would be sufficiently binding, they determined to direct the Nuncio Monsignor Innocentio de Massimi, Bishop of Bertinoro, through whose hands the dispensation would pass, to represent to His Majesty, as he did, that he should trust to no other security than that which would be given by time, and that for this purpose it was especially desirable that the delivery of the Lady Infanta should be postponed till it could be seen how far the conditions asked in favour of the Catholic religion were actually put in execution.

In the night of Thursday the 4th of May a courier arrived from April 24. Rome with the despatch containing the dispensation, the date of May 4. which was the 12th of April. In the packet was the brief of the dispensation itself, which His Holiness ordered to be deposited with his Nuncio to be by him retained till the fitting conditions and securities had been agreed npon; a secret instruction for the Nuncio, with directions about everything which he was to do and to require

1623.   in the name of the Apostolic See ; and a letter in form of a brief
for His Majesty, in which His Holiness plainly gave his consent to
this marriage, extending to it his holy benediction, and promising
himself great advantages for the Catholic Church. He then exhorted
His Majesty to seek and to promote them, referring them to his
Nuncio for the rest which he had to propose. His Holiness also
sent the 26 articles of the points touching religion, which the
Earl of Bristol had given in here in last December in his master's
name, in order that they might be forwarded to the Pope as a reply
to the demands of His Holiness. Of these His Holiness signified
his approval, with fresh additions, alterations, and explanations to
some of them, and he declared them all to be necessary if the dispensation was to be granted upon them. In order that it may be
known what they were, and that it may be understood at a glance
what was the subject of so many years' dispute with the King of
England and his ministers, they are here formally inserted, a note
being placed in the margin where it is needed to point out what
were the additions made by His Holiness. [a]

*   *   *   *   *   *   *

[64.]   In the secret instruction for the Nuncio there were two very
notable points to be remarked. The first was that the Nuncio was
to say to His Majesty on behalf of His Holiness that he had granted
the brief of the dispensation, because, when he had it once safely in
Spain, he would find less difficulty there in obtaining the condition
required for putting it into effect, that is to say, public liberty of
conscience in England, together with the free and open exercise of
the Roman Catholic religion, which should be first approved of by
the Privy Council, and afterwards confirmed by the Parliament. In
case that this were granted, they should proceed immediately with
earnestness in the conversion of the Prince, going as far in this
attempt as they could, His Holiness having firmly resolved that, as
this dispensation was to be an example to all future ages (there being

---

[a] In order that the different forms of the treaty may be compared together, I have
transferred the translation of the articles to the Appendix.

none of the kind to be found in past times), he would neither be able nor justified in granting it without some motive of sufficient importance to redound to the notable benefit of the Catholic religion in Great Britain ; and that this could be none other than that which he had already proposed.

The second thing which was enjoined upon the Nuncio was to go in the name of the Apostolic See to ask His Majesty as a necessary condition, without which the dispensation would be null, to give assurance upon oath to the Holy See that the King of Great Britain and the Prince his son would fulfil everything that, for the sake of this marriage, they might promise to do in matters of religion ; and, that it might be better understood what it was that was comprehended in this oath, its performance was divided into three parts. First, His Majesty was to take an oath as security for the accomplishment of everything that the King of Great Britain had promised to do in his own name, and in that of his successors, in such a way that it should extend to the posterities of both Kings, so far as it was applicable to one or the other. Secondly, within one year the King of Great Britain was to have the whole of the conditions relating to religion confirmed by the oath of his Privy Council and of the Parliament. Thirdly, in case that the King or Prince might break their words with regard to any of the conditions, His Majesty was to keep his forces in readiness to compel them to fulfil them. By this means the Apostolic See intended to oblige His Majesty (after first examining carefully the dangers which might arise from that side) to see that the securities given by the King of England were such that he could himself take such an oath with a good conscience and with reputation.

The Prince and his ministers were at once acquainted with the arrival of the dispensation, but, for the time, they only heard in a confused way of the particular conditions by which it was accompanied, till it had been examined in the Council of State held for the purpose on the 13th of May, at which it was agreed that certain Commissioners, which His Majesty would be pleased to name, should

1623.

[65.]

May ³⁄₁₃.

be sent to give the Prince and his ministers a full account of everything; and those who were appointed for that purpose were the Marquis of Montesclaros, a member of the Council of State and of War, and President of the Treasury, the Count of Gondomar, also a member of those Councils, and a Steward of His Majesty, with Juan de Ciriza, Commander of Rivera and Secretary of State.

Orders were given then, that before they entered upon any conference upon the business, they were to request the Prince, on His Majesty's behalf, that he too would name such ministers as he thought proper to take part in it. Those whom he appointed were George Villiers, Marquis of Buckingham, Admiral of England, Knight of the Order of the Garter, Master of the Horse, Lord High Chamberlain[a] to the King of England, and a member of his Privy Council; John Digby, Earl of Bristol, Vice-Chamberlain of that King, member of his Privy Council, and Ambassador Extraordinary; Sir Walter Aston, Ordinary Ambassador; and Sir Francis Cottington, Secretary to His Highness. The Commissioners were told by the Count Duke that for greater accuracy of procedure in so important a matter, in which there might be danger in a word more or less, both the demands and the replies must be given in writing.

At the meetings at which the Prince's Commissioners appeared His Highness also wished to be present, and the first was occupied with the mere proposition of the form of oath by which His Majesty was to give security for the articles respecting religion granted by the King of Great Britain and the Prince His Son. At the second, His Highness declared his resolution that he himself and the King his father would in their own name and in that of their descendants take the oath for the suspension of the laws against the Catholics, and that they would attempt to obtain as soon as possible not only the confirmation by Parliament of all that had been agreed upon, but also the repeal of all those laws. Upon this the Prince, being asked to signify some certain term within which all this should be done by the Parliament, promised that it should

a The last title is a mistake.

be within three or six months, or a year, but infallibly within three years, and this security he offered as sufficient to enable His Majesty to take the oath.

At the third meeting they took into consideration the articles containing particular arrangements about religion, which had come with alterations or additions made by His Holiness, that is to say, with those slight changes which were marked in the copy given a few pages back.[a] When the Prince heard them read, he observed upon the difficulties contained in each, as if they had been insuper- able, especially upon those of Article 16,[b] which asks for a distinct engagement that the wet-nurses of the children who may spring from the marriage shall be Catholics, and upon those of Article 19,[c] which appoints that the education of the children shall be in the hands of the Lady Infanta till the age of twelve ; and upon those of the last Article which requires that the Catholics of that kingdom shall have the free exercise of their religion in the church or chapel of the Lady Infanta. His Highness being unwilling to go further than that which had been at first conceded by the King his father, showed a desire that an attempt should be made on His Majesty's behalf to have the Articles changed back to their original form.

A relation of what had passed at these three conferences was made to the Council of State at its meeting on the 16th of May ; a paper being laid before it which had been given in by the Prince in reply to all that had been proposed to him ; and, considering that His Majesty had nothing to do with the particular articles as they came from Rome, excepting to obey them, it was at once most prudently determined, as it were afresh, that, with respect to the security which the Prince now offered to give, it was impossible by this means alone to comply with the intentions of His Holiness; it being in substance, and even in words, the same which his father had sent to propose at Rome in the paper which the Earl of Bristol gave in at Madrid for that purpose, as appears from Art. 24,[d] in which it is

[a] In the notes to Appendix XI.   [b] 19, in the Appendix.
[c] 22, in the Appendix.   [d] Secret article at the end of the treaty.

CAMD. SOC.   2 F

contained; since, if His Holiness had thought it enough, he would not have been obliged, and that in so unusual a way, to ask for such other greater safeguards as would be sufficient to justify His Majesty's oath.

They were therefore of opinion that this decision should be communicated to the Prince, and that he should be at the same time informed that as the question whether His Majesty would take the oath or not was a point to be determined by the Theologians, and as the case in which it was necessary to ask their advice had already arisen, it would be well in every way if His Highness would be pleased to consider and to resolve what was the furthest point to which he could go, in order to facilitate the oath which was required of His Majesty by the Apostolic See, so that when his resolution had been laid before the Theologians who would be directed to examine it, they might advise His Majesty what was possible and right for him conscientiously to do, it being understood that he would charge them to avoid making difficulties, as far as was compatible with his conscience. Finally, His Majesty pressed His Highness most urgently, as being himself equally desirous of the conclusion of the business, to declare at once what he could do, without keeping back anything that was possible, so that delays might in every way be avoided. Upon this the Count Duke, thinking over the most suitable securities, and the most certain which could be demanded, according to the nature of the case, when the time arrived for coming to the point, represented them in particular to His Majesty in a paper in which he set them forth with the zeal and prudence which may be seen in his words themselves :

" SIR,—In the present case no conclusion can be drawn from those verbal confirmations which are generally asked by one Prince from another, because the great estimation and repute in which such promises are held will not give any force to the present engagement, nor has their fulfilment ever been owing to words alone ; but when temporal objects and particular political advantages are treated for, in which the contracting Princes are equally interested, those

very advantages and interests form the motive which compels the accomplishment of the agreements made, and they remain in force as long as these advantages and interests last. On the other hand, it would be possible to remind Your Majesty of many instances which show how little is the binding force of mere words, in the case of divers very great Princes of Europe who have been of the same religion with each other, and that too the Catholic, some of which Princes are nearly allied in blood to Your Majesty. If, then, we were now considering how to ask for security in a matter in which there were common interests, Your Majesty might yield, in consideration of them, to expect the fulfilment of this promise and oath. The King of England, however, so far as he is now entering into engagements with Your Majesty in matters of religion, [67.] is acting altogether in contradiction to his own political advantages, if we suppose that it is not by any means to be expected that either he or the Prince intend to become Catholics. For there is nothing which can be more dangerous to him than to allow the growing up in his kingdom of a religion so contrary to his feelings and his conscience, especially at a time when he does not allow the other side to gain equal strength so as to hold the balance. It must be therefore that his object is one of these two : either not to keep a single word of those which he utters in favour of the Catholics, and by this means to keep them in the same state of subjection as that in which he has always held them ; or else to make an attempt by means of this tolerance to discover what he can about them, and then, according to that which he may see, to take a resolution to grant them liberty of conscience, or if he does not think that he can do otherwise, to take it in hand again to force them to become Protestants, by renewing the oppression which they are under at present. In this he may be proceeding maliciously, as is rather to be supposed from his present mode of life, and from his inclination, opposed as it is to our religion; it being no argument to the contrary that he declares that he does not wish to offend us ; since he now says, in answer to many things which we ask of him simply

1623.

for the sake of security for his toleration of the Catholics, that they are impossible ; and if we are content with his word without asking him actually to put in practice his present offers, he will hereafter reply in the same way, that he finds it impossible to carry out his engagements, and, as no promise can bind any one to do what is impossible, he will hold us to be satisfied. And since we are at present offering to him the friendship, the confederation, and the other advantages which are to be his after the marriage is over, and he does not accept our offer, it is certain that he is treating of the marriage with some other end than that of gaining our friendship and affinity. I do not indeed believe that he is directly opposed to us and to our religion; but that on the other hand his actions are done merely for the cause of religion and the good of the Catholics, whilst he has never shown the slightest good will nor inclination towards them, is what he does not believe himself, and he knows that there is no one in the world who can reasonably argue that this is his motive. His intentions therefore are doubtful, and it is to be judged that he is acting without any fixed object, and that he has not determined either on one side or the other, but merely wishes to see which will turn out the best for him. My opinion therefore is that, with respect to the delivery of the person of the Lady Infanta, Your Majesty ought to act in the same manner, that is to say, that she should not be given up till either the engagement into which he enters or the actual state of the Catholics in England is such as to give us sufficient security."

May ₇/₁₇.

The following day, May 17, the demands made on this point by the English became so pressing that the Council was obliged to discuss them afresh. Its members all agreed that the marriage should be concluded without any further restriction, and without waiting for the execution of the conditions asked in favour of the Catholics. The Count Duke was alone in his opinion, and it seems necessary to insert here the protest which he delivered, as it was identical with the sentiments which were subsequently adopted by

the Junta of Theologians without any knowledge of that which he
had said :—

" As I take it for granted as a settled principle that Catholic
Princes who, attending to temporal objects for their private ends,
conclude or negotiate marriages with Princes of a contrary religion
(a thing forbidden by divine and human laws), justly deserve to
lose the advantage at which they aim in such a way, it may be
inferred as beyond dispute that Your Majesty has sought for a dispensation in the treaty of this marriage, solely on account of your
zeal for the augmentation of the Catholic religion in the kingdoms
of England, Scotland, and Ireland. Upon this undoubted and
undeniable supposition therefore I will declare my opinion.

" This marriage is, without doubt, of greater importance than any
event which has occurred for a very long time, it being certain [68.]
that by its means alone, if it were effected in proper form, it would
be possible to resuscitate Your Majesty's kingdoms from the constrained position in which they are, and to raise them to better
fortunes, since, if these two monarchies were united and if their
interests were combined, they could help one another so much that
all the remaining strength of Europe together would be unable to
hold the balance against them. This, however, ought to be considered with that attention and ripe counsel which Your Majesty
has been pleased to give to it, in order to take the most fitting
resolution after deliberating what are its inconveniences, and what
are the proper means of attaining to a successful issue in a manner
suitable to the importance of so weighty a business.

" Lawful marriages are the best means for assuring friendship,
because the force of kindred results from them, and this, being
added to other binding interests, helps without doubt to their better
observation, and to the forming of an additional bond of love
between Princes so united. This is shown by reason, and it has
often been proved by experience. But neither reason nor experience
have ever shown that friendship cannot be obtained without this
bond of marriage, or that it is in itself so strong as to give security

and confidence when other advantages and interests have ceased to exist. For in the consideration of these lies the fundamental principle upon which monarchies are governed, no instance being to be found of a fixed and settled friendship between monarchies whose interests are opposed, although there may be all the strongest possible pledges of blood relationship between them ; and this is so settled a proposition that it needs no examples, and it is therefore not worth while to give them.

" Between Spain and England there has always been good will, and a disposition very suitable to friendship between the two nations; and, although this has been changed by particular accidents, yet naturally the nations are not adverse to each other, and it has been adopted as a settled maxim by many ancient statesmen that there should be an agreement, union, and good correspondence between the two Crowns. At the present time, therefore, this ought deeply to move Your Majesty's royal mind to a great eagerness in desiring this agreement and good correspondence, on account of the demonstration of friendship made by the Prince of Wales in coming to the Court and house of Your Majesty, and by the King of Great Britain in sending his only son ; and on account of the risk of sending the Prince, as well as that to which his health is exposed in a climate which is new to him and which differs so much from that of his own kingdoms. It is impossible therefore to bring against this marriage and alliance the exception which may be taken against others, for it is to be concluded upon the basis of such great friendship as these Princes have professed to Your Majesty, with the further evidence of those demonstrations which we have seen, and of the fact that the nation is not one naturally opposed to ours, but rather, as I have said, one with which we are certain to be upon good terms. Besides this, all requisites are here to be found which should concur in order that kindred may strengthen friendship, and that it may be followed by those results of good correspondence which are to be desired and hoped for between two monarchies.

" The point of the difference of religion between the Lady

Infanta and the Prince of Wales, and of the difficulties and matter 1623.
of conscience which may result from it, is a matter totally foreign
to my profession, and it is on account of this that, in order to ask
for the dispensation and to carry it into effect after it is granted,
Your Majesty will have the opinions of great theologians and of
persons of authority who may quiet Your Majesty's royal conscience,
and give to these kingdoms and to the world the satisfaction which [69.]
Your Majesty owes to your pious and religious zeal for the Catholic
cause, the sole pillar upon which is founded the greatness and security
of your mighty and extensive monarchy ; and the only point to
which Your Majesty ought to pay attention in this and in other
great affairs, without considering or aiming at any political objects
whatever, but always postponing them to the least scruple which
may arise in your conscience, for Your Majesty may be assured
with great security and peace of mind that the very day on which
you neglect and risk all your kingdoms and lordships in order to
avoid yielding the least jot on a point of religion, will be the one
which will secure you from the dangers and hazards which may be
expected from any political quarters whatever ; and you may
promise yourself not only security from such hazards, but even the
increased power, authority, and greatness of your kingdoms and
lordships. I now therefore supplicate Your Majesty (even though
I know it to be needless, as being one who has learned all that is to
be said or understood on this head at Your Majesty's royal feet, and
who has heard it from your mouth, as God is my witness,[a]) that you
will be pleased to find it in your mind, and to resolve to make this
offering to God, namely, that you will prefer to lose all your states
in order not to risk the slightest possible inconvenience which may
arise from the mere appearance of giving way on a single point of
the rigorous observance of religion, rather than to gain the rest of
the whole world by excusing yourself even in a doubtful point on a
matter so sacred and so duly appreciated and respected by Your
Majesty. In accordance, therefore, with the great and special

[a] This perhaps refers to the scene in Appendix X.

1623.   obligations which bind me to Your Majesty and to your royal
service, I will speak my precise sentiments in this business which is
now on hand, and in which you have asked my opinion.

" I acknowledge the great political advantages of a closer union;
I have already spoken of them, and I know what they are. As to
the religious side of the question, it belongs altogether to His
Holiness, and to the Professors of Sacred Theology and the Canon
Law. I will therefore only produce an argument which makes, at
the same time, against the assumed political and temporal advantages
of the marriage, if we look at the form and conditions with which
the present treaty has been negotiated; namely, that if it be allowed
without contradiction to be a settled principle that there is no tie
of friendship between monarchies other than community of political
interests, it is certain that such a community exists between these
two Crowns to such an extent that it would be impossible for any
minister of either of them to say that there could be anything more
advantageous to either than the friendship of the other. From this
it follows that the marriage, even if it were lawful, is not necessary;
and whereas the entering upon the treaty would only be advantageous if it led to the strengthening of our common interests, in
which case it would have been proper to negotiate it, and most
advantageous to carry it into effect; on the other hand, if a necessary
consequence of the conclusion of the marriage should be to introduce
a contrariety of interests in this friendship where there has hitherto
been a community, the opening of the negotiation has been perni-
cious, and its conclusion will soon be worse.

" This marriage is not absolutely lawful in itself, so that it can
not be regarded as simply a confirmation of existing friendship, nor
can it be judged fit to enter upon it for that reason. It would be
an argument on the other side if it should happen that fresh interests
would arise between both Crowns in consequence of it. This is
however what is beyond my comprehension, and against which my
understanding struggles, without finding any satisfactory solution to
quiet it; and I should be much pleased (desiring, as I am so bound

to do, the prosperity and peace of Your Majesty and your kingdoms) if I could find that the error was in my reasoning, and that the marriage was not itself so disadvantageous as I imagine it to be. If the danger only related to a point of politics, I should easily keep silence and leave the matter alone, yielding to the authority, the experience, and the intelligence of such great ministers as have judged the contrary.

"Sir, Your Majesty, as I have said, does not need this marriage for any political object, it having been entered upon for the sake of religion; and thus Your Majesty is treating solely with a view to the good of the Catholics of England. The King of Great Britain, though he desires it with evident anxiety, and with that earnestness which may be seen from the pledges which he has given, says, nevertheless, that he cannot give more in His kingdoms than a tolerance of the religion of the Catholics, and that, too, without force of law, or anything to give it confirmation; and, though the security of his word, and of the word of the Prince is great, yet if their judgment of what is right is opposed to its fulfilment, there will be nothing to oblige them in conscience, especially after so many oaths to the contrary have been imposed and established by law in so many Parliaments. Besides, it is to be supposed that everything that he now does is for the sake of the marriage; and, if with this desire, and with his great eagerness for it, he is not sufficiently powerful to do more, and would not, if the people should grow turbulent, be even strong enough to give his consent to this simple connivance,—what argument or reasoning is there to persuade the mind of any one that, after the marriage is once effectuated, either the King or the Prince will preserve and favour in their kingdoms a religion which they believe in their conscience not to be good, and which is contrary to their own; and that too when, as they give out, that religion is so weak that even with the favour of the King and Prince they cannot now introduce its free exercise into their kingdoms? How will they act, after the marriage is once concluded, towards a religion to which they do not wish well; which is contrary

to their own, and is opposed to the liberty of their mode of living, to their interests, and to their habits, when they are certain to have in their possession such a pledge as the Lady Infanta, to secure them from the dread of anything that we on our part can do? And, as to the political question, what advantage in the world can there be, or what argument can be produced to show that a firm and secure amity can be established, when one of the parties is bound by his simple word, without any security in confirmation of it, to labour for the support, conservation, and augmentation of that which he regards as evil and injurious to himself; whilst the other party is bound, under penalty of loss of reputation, by the promise which he has received, to make his friend keep that word which he has given, as has been said, against his own opinion? If I knew that the King and the Prince, or either of them, were Catholics, or were about to be so, or offered to be converted, or if I could believe that their present hanging back from doing all that we desire was the result of want of power to do more, and that, in order to spread the religion which they were either desirous of professing or did profess, they would go on gradually to act by means of the great and religious personages who are to accompany the Lady Infanta, and of Your Majesty's power, then this effort of theirs might receive assisstance, and be placed in a condition to prevail. But to suppose that they will labour in opposition to their own religion, and for the spread of ours, is beyond my comprehension, it being a supposition with which I am unable to quiet my scruples, especially when I see that though the Prince has come as a wooer to a Court so Catholic as this, and has brought with him so great a number of gentlemen, yet not one of them is a Catholic; and when it is certain and indubitable that at a time when they had so many reasons to show favour to the Catholics, and to support themselves on the party which might be raised amongst them by their offers for the future, neither the King or his son the Prince had placed a single Catholic in any office of confidence, except a single Councillor of the Prince named Sir Thomas Savage, and that even he had not accompanied

[71.]

him on this occasion, a certain sign of the little interest he has, and
of the little esteem which his masters place in him. Nor can it give
us any satisfaction to hear that there are many other Catholics in
the King's service, for they are such as held similar offices in the
days of Queen Elizabeth, which was the time of the greatest persecution, namely, such as keep their religion secret, without declaring
it or publishing it, and perhaps without either the King or the
Prince knowing anything about the matter.

" From that which has been already said it appears that the conditions of this marriage, which is not in itself lawful, will not only
not conduce to a community of interests, without which it could
not be the means of ensuring friendship; but, on the other hand, it
seems that all the conditions requisite to obtain its conclusion are
contrary to the political and religious interests of the King and the
Prince, as they understand and observe them; and so, to sum up
my opinion, I say that, if this marriage were absolutely lawful
without any dispensation, it would be most useful and advantageous
as a means of gaining those political objects which have been under
consideration; but as for our binding ourselves in conscience and
reputation to the accomplishment by that King and Prince of their
promises to the Catholics without failing in a single point, my
understanding is unable to conceive how there can be any hope of
anything which is not firmly and absolutely settled now without
depending upon their will and pleasure. Nor can I see how this
treaty can be a means of obtaining a close friendship, your Majesty
having to enforce the accomplishment of the conditions. I do not
indeed lay any stress on the novelty of the example or upon other
things which might be said, leaving this point to any one who
chooses to take it up, because I do not desire to make difficulties,
but rather much regret that I am forced to make them in those
points upon which I am called to give my opinion, although I have
much wished that it might be otherwise for the greater quietness of
these kingdoms, for which it is so important to embrace and follow
after peace by every possible way in which it can be obtained.

1623.   " With great pleasure I should abandon this opinion if the King
or the Prince would offer to become Catholics, or if the tolerance
which they offer, together with some additional particulars such as
would not be very difficult to grant, were confirmed by the King's
Privy Council and Parliament, and were converted into law, and if
they would entrust some offices of rank and confidence to those
Catholics who make public profession of their faith, the delivery of the
Lady Infanta being delayed till after the fulfilment of the conditions
which are here considered, the marriage taking place immediately,
by which means the Catholics, being secured, might so grow in
numbers that neither the fulfilment nor the alteration of their privileges would depend upon the simple will of a Prince ill-affected in
religion, but political interests would oblige the King and Prince
to temporise with them, and would perhaps even move them to
submit themselves to their religion.

" It being certain that my wish has not been to be singular, nor
to desire to appear so in anything, I have not been able to abstain
from complying with my duty, which is to represent those inconveniences which my understanding is unable to overcome, though I
have desired, for my better credit, to conform to the opinion of the
Council as being so much more fit for me to adopt."

After the consultas given at that time to His Majesty had been
seen, it pleased him to order the Commissioners to carry to the
Prince the reply which had been resolved upon by the Council,
being in substance a recommendation that His Highness should
form a deliberate opinion upon the limits to which he could go in
the way of security. His Highness, having considered the matter
[72.]   with his ministers, made a second offer in writing which was almost
the same as the first, limiting the security for which he was asked
to the words and oaths of His Highness and his father, of his Privy
Council, and the other chief ministers. At the same time he professed his readiness to interpose his authority to obtain from Parliament the allowance and confirmation of the whole; and in particular
the Prince promised of his own accord that he would on his part do

as much as was proposed to him, saying that it was necessary that the conditions desired for the Catholics should be gradually put in force in order to avoid the undoubted risk of disturbance or sedition in the kingdom. Further, the urgency of His Majesty at this time drew from the Prince two particular concessions which had not been mentioned before, without doubt because he supposed that there could be no risk in them. The first was that His Highness and the King his father would swear that neither by themselves nor by any other person would they directly or indirectly, in public or in private, attempt to persuade the Lady Infanta to anything contrary to our holy Catholic Religion. The second was that the Prince would promise His Majesty (giving him satisfactory assurances on this head) that whenever the Lady Infanta begged him to join Her Highness in listening privately to the conversations and discussions of Catholic theologians he would make no excuse.

And so, in order to satisfy him in this matter by making him understand that what he asked for could not possibly be done, and that it was no use for him to make any new replies, an order was issued by His Majesty to the Junta of State which had been formed to treat of this business, directing that the Nuncio should be admitted to its meetings, and that he should be present when this last reply of His Highness was examined, in order that he might declare whether he could dispense with the extension of the terms to which the Prince so resolutely refused to accede. The Nuncio, after reading the paper, said at once that he had no commission from the Pope to change a word of the articles, which had come from Rome, but that they must be agreed to and carried out precisely as they stood, as neither would the dispensation be valid upon any other conditions, nor would he give up the brief which contained it. During these days extraordinary importunity was used on the Prince's behalf with the Nuncio to induce him to interpose so as to make the way easy to the immediate conclusion of the marriage. One night the Marquis of Buckingham went to speak to him, affecting great secrecy in all that he was doing in order to enhance

its importance, for which reason he gave him notice that he would come without any companion excepting an interpreter, and must enter by a back door, so as not to be seen by any one; and, although the conversation lasted from eleven at night till two in the morning, nothing whatever came of it, as the Marquis betook himself himself to his own peculiar manner of negotiating, namely, to the utterance of threats, with vain ostentation of the arms of England; for, amongst other things, he told the Nuncio that, in his opinion, the only way to treat of this marriage was with the sword drawn over the heads of the Catholics. The Earl of Bristol also tried whether he could succeed better in an attempt of the same kind, and after holding another colloquy with the Nuncio, very privately and at great length (for they went out alone together into the country), he met with no better success. After hearing of all that had passed, His Majesty commanded the Commissioners to give the Prince the answer for which he was waiting; and to tell him that, without making a fresh application to His Holiness, it was impossible to alter the four articles in accordance with the wishes of His Highness, and that as to the principal point of the security offered, His Majesty would order it to be taken into consideration

by the Junta of Theologians which had been summoned at the time of His Highness's arrival to examine this matter, and that as the interests of religion were superior to all others at which they were aiming in the business, the decision of this body must be accepted as final.

The Count Duke then proposed to the Prince that he should choose one of two ways to put a speedy end to the difference which had arisen in agreeing upon the four articles; the one being to send at once to Rome simply to beg His Holiness to decide upon granting the concessions desired by the Prince; the other being that His Highness should send a confidential person to persuade the King his father to consent to the articles as they had been drawn up by His Holiness. After some days taken by the Prince to consider

this proposal, he answered, on the 21st of May, that he found great

difficulties both in the principal point, and in the two schemes suggested by the Count Duke ; that if there were still any other plan
by which the affair could be brought to an issue without further
delay, he begged His Majesty to put it in execution immediately.
If any such plan could be found he would always be under obligations to His Majesty ; though, if there were none, he would accept
the two suggestions of the Count Duke, and would therefore be
glad if His Majesty would be pleased to send a despatch to Rome,
and to intercede efficaciously with His Holiness to induce him to
consent to the alterations desired.   As to the negotiation which it
would be necessary to open with the King his father, he thought
that his own presence in England would be very necessary, and he
therefore begged His Majesty to give him leave to return, as he
considered that this was the only means by which a way could be
made open to the object which was desired.[a]

The next day the Marquis of Buckingham made another attempt
to take leave, for which purpose he sought for Fray Francisco de
Jesus, with whom, by His Majesty's special orders, he had been
placed in communication soon after his arrival at this Court ; and in
order to be able to speak to him about the present case, he began by
magnifying the expressions of good will which had been drawn from
the Prince by his present trial ; his vexation at the mere dread of
failing to obtain the fulfilment of his desires as quickly as he had
hoped having been so great as to cause him great sinking of heart
during the past night ; yet, as it was impossible for him to do more
than he had done, they had now so firmly determined upon returning to England, that they were making preparations for their
departure on the following day with great expedition, and would
excuse their proceedings by giving out that it was necessary for
them to go in order to agree with the King upon the new demands
which were now made.   He added that, although they were much
dissatisfied at having to go away after being treated with such dis-

[a] This should be compared with the account of these negotiations, printed in Guizot's
Un Projet du Mariage Royal, 132.

respect as would be visible to the world upon their departure, after failing to obtain that which they had hitherto looked forward to as sure and certain, they nevertheless wished that there might be no change in the friendship between them. He ended by begging the friar to go and inform the Count Duke of all that he had said, in order that His Highness and himself might count themselves as having taken leave by this means. Fray Francisco de Jesus put off carrying the message to the Count Duke till the evening, the conversation having taken place at mid day, and before he arrived the Count of Gondomar had anticipated him with a very different message which had been entrusted to him by the Prince and the Marquis, by which His Majesty was almost placed under an obligation to invite them to stay.

In the midst of this dissimulation the Marquis, both by his face and by his words, so completely disclosed the indignation with which his mind was filled, because everything was not done as he wished, that Fray Francisco de Jesus was able to perceive in this [74.] conversation sufficient indications of all that has since happened, and also to learn two things: the one, that the Marquis had come with such confidence in his power of overcoming all the difficulties in the way of the conclusion of the marriage, merely by the help of courtesy, and especially of that courtesy which was due to his own arrival and that of the Prince, that he looked upon all plain dealing as an injury to himself, however requisite it might be with respect to the points of religion which were involved in the business; and the second was, that his repugnance to the addition of the four articles at Rome was an artifice entered upon with the idea that if we put forth all our strength in obtaining their acceptance we should have so exhausted our powers as no longer to be able to urge the principal point of liberty of conscience or the securities which we demanded. This being understood by the Count Duke, and represented to His Majesty, he was pleased to order this message to be carried to the Prince : that the love which he bore him, and his desire of coming to a better arrangement in this business, obliged

him urgently to beg His Highness to be so good as to refrain from taking any resolution in opposition to the plans which had been proposed on His Majesty's behalf till he had given account of them to the King of Great Britain his father; and to assure him that in case that that King would not accept of them, His Majesty would at least be satisfied of His Highness's love and good correspondency, for which he was so much indebted to him; adding, that no one could consider this request to be extravagant, as, after seven years had been spent in negotiating the business, it was not much to ask for twenty more days to break it off; that it would be an act of prudence in His Highness to take this course, even if it were not asked of him, because the business was born and nursed up in the hands of his father, and it would therefore be well for every reason that it should end in them; and that the important point was, that His Highness should immediately name a person of authority who was likely to give satisfaction to the King his father, and who would go to treat of the same thing which His Highness wished to negotiate in person. The going and coming of this messenger might be accomplished in a very short time, and in the meanwhile they might take the same into consideration, going on with the business in the Junta of Theologians to which it had been committed. The Prince accepted this proposal, and immedidiately, in order to carry it out, named his secretary, Sir Francis Cottington, and urged His Majesty to give him his final resolution as soon as possible, that he might send him off with it. With this object His Majesty ordered the Junta of Theologians, which was called the Great one, to commence its sittings, and to continue them till it had given answers to the principal points laid before it. The persons nominated to take part in it were Don Francisco de Contreras, Grand Commander of Leon and President of Castile ; Don Andres Pacheco, Bishop of Cuenca and Inquisitor General ; Fray Inigo de Brizuela, Bishop of Segovia and President of Flanders; Don Juan Roco de Campo Frio, President of the Treasury; Don Juan de Villela, Governor of the Council of the

1623.   Indies; Don Diego du Guzman, Patriarch of the Indies, Archbishop
of Tyre, Chaplain and Chief Almoner of His Majesty, and Commissioner of the Cruzada;[a] Don Luis Fernandez de Cordova, Archbishop of Santiago; Fray Antonio de Sotomajor, His Majesty's
Confessor; the Licentiate Melchior de Molina, of His Majesty's
Council and Chamber; the Licentiate Balthazar Galimon, of the
body of the said Council; the Bishop of Guadalaxara in the Indies,
of the Benedictine order; Fray Antonio de Viedma, Bishop of
Petra, Morning Lecturer in the University of Alcalá for his order of
St. Dominic; Fray Augustin Antholinez, of the Augustinian order,
Morning Lecturer at the University of Salamanca, Bishop elect of
[75.]   Ciudad Rodrigo; Don Juan Ramirez, of His Majesty's Council of
the Holy General Inquisition; Don Alvaro de Villegas, Canon of
the Holy Church of Toledo, and Governor of its Archiepiscopal
See; Fray Simon de Roxas, of the order of the Holy Trinity, Confessor of our Lady the Queen ; Fray Juan Venido, of the Franciscan
order, Confessor of the Lady Infanta Donna Maria; Geronimo de
Florencia, of the Company of Jesus, Preacher to His Majesty, and
Confessor of the Lords the Infants Don Carlos and Don Fernando ; Fray Gregorio de Pedrosa, of the order of St. Jerome ;
Fray Christoval de Forres, of the Dominican order ; Fray Francisco de Jesus, of the Carmelite order; Don Francisco Sanchez
de Villanueva; Fray Hortensio Felix Paravicino, of the order of
the Most Holy Trinity ; Fray Balthazar de los Angeles, of the
barefooted branch of the Franciscan order, Confessor of the Royal
Convent of barefooted Nuns; Hernando de Salazar, of the Company
of Jesus; Fray Juan de San Augustin, of the Augustinian order;
Fray Juan de Arauz, of the Franciscan order, all of them preachers
to His Majesty; Dr. Juan de Hoces, Treasurer of the Holy Church
of Murcia; Don Andres Merino, Morning Lecturer in the University of Alcalá; Fray Antonio Perez, of the Benedictine order; Fray
Francisco Cornejo, Evening Lecturer in Salamanca ; Fray Banlio
de Leon, Lecturer in the same University; Fray Pedro Ramirez,

<hr>

[a] Of the tax so called.

of the Province of Andalusia, all three of the Augustinian order; Fray Francisco de Arauxo, Morning Lecturer in Salamanca, for his own order of St. Dominic; Fray Juan de la Puente, of the same order, and Chronicler to His Majesty and to his own order; Fray Diego de Lorenzana, Prior of Atocha; Fray Diego de Quiroga, Provincial of the Capuchins; Brother Luis de San Juan, Guardian of San Gil; Juan Frederico Geldes, Luis de Torres, and Pedro Gonzales de Mendoza, all three of the Company of Jesus.

They all met on the 26th of May in the hall of the Palace which is set apart for the Cortes; and each of them having placed in the hands of the President of Castile the paper which he had previously drawn up to bring with him, in order to show his opinion of the matter, they at once entered upon the two principal points to which they were asked to give a precise answer. The first question was whether this marriage, besides other arguments in its favour, was to be held to be useful and advantageous to the Catholic religion, which has been the only end which has ever been regarded with reference to it. The second question was, what kind of security His Majesty ought to demand for the conditions relating to religion, so as to enable him to swear to the Apostolic See that their fulfilment was a moral certainty. After grave conference upon these points, lasting some days, opinions of such great learning were delivered, with every kind of erudition, as to make their truth evident; and at last a resolution was almost unanimously come to that the following answers should be given to the two questions:—To the first, that the dispensation granted by His Holiness was a sufficient argument to justify the marriage; that the advantages which might result from it to the Catholic religion were very great, but that they would depend upon the conditions which were agreed upon, and which ought to be such as would on the one hand prevent the probable dangers, and would on the other hand lead to the growth of this Holy religion in that kingdom. To the second question they said that, looking at the present state of the said religion in the kingdom of Great Britain, and to the contingencies to which it was

subjected, they did not see how any kind of moral security could be asked from the King, other than would be afforded by the fact itself of the execution of the conditions agreed upon; and so it appeared to them that the extreme limit to which His Majesty could now push his concessions in favour of the Prince was to allow the immediate celebration of the marriage *per verba de præsente*, whilst its consummation and the delivery of the Lady Infanta were postponed for at least a year. During this time the treaty might be put in execution, so as to render it certain that it would actually take effect; for which purpose it was necessary, beyond all doubt, that there should be an immediate commencement, by the issue of a public edict suspending over the whole of the kingdom of Great Britain all the laws against the Catholics, and at the same time granting the free exercise of their religion in their own houses, and in those of their friends and neighbours. This must be done in such a manner that sufficient security may be at the same time given that these concessions will remain in force afterwards. The Junta also declared it to be necessary, in order that the whole treaty might receive a stronger confirmation, that the King and the Prince and their councillors should at once take the proposed oath to keep and carry out their engagements; and as for the rest, to which they had agreed as a final confirmation of this security, namely, to the assent of Parliament to the aforesaid liberty of conscience, all possible punctuality was to be demanded, so that they would have to perform their engagements within the year of the Infanta's detention, or at least to bring matters to such a state of forwardness that it would be impossible for them to draw back.

May 23.
June 2. On the 2nd of June this resolution of the Junta was laid before His Majesty in writing, and by his orders the Count Duke carried it to the Prince, although it was already ten at night, and besides that which he said by word of mouth to His Highness in regard to it, he left with him the following paper, which contains it all: " The King my master having seen the paper which your Highness

May $\frac{11}{21}$. was pleased to give in on the 21st of May, in answer to the proposal

made to him with respect to the articles added at Rome, saying,
that in case that the King my master could not find any shorter way
of overcoming the difficulties which had arisen about the additions,
you must urgently ask permission of His Majesty to give you leave
to return to solicit your father for the carrying into effect of these
conditions, and must beg His Majesty earnestly, and without loss of
time, to request His Holiness to be pleased to be satisfied with your
Highness's reply to the additional clauses. His Majesty, on account
of the great and real affection which he bears to the person of your
Highness, and his sense of the very extraordinary obligation under
which he has been placed by your arrival at this Court, being
desirous of giving satisfaction to the great friendship which he professes to your Highness's father the King of Great Britain, to whom
he is equally obliged, wishes to reply to this proposal of your Highness with the greatest possible brevity, and to offer everything that
is in his power, hoping that it will be to the satisfaction of your
Highness; and, so far as you are not completely satisfied, His
Majesty will be as much distressed as yourself. He therefore assures
your Highness that he is ready to postpone any point of policy, or
of temporal advantage, to the slightest desire of your Highness,
believing and confessing that, even if he should satisfy you at such
a price, he would not place your Highness under any obligation,
those obligations which he already acknowledges himself to stand
under to your Highness being so great, and of such a quality, that
all the greatest favours possible would be poor in comparison, for
there is nothing which is sufficient to reach up to the height of that
which, as he confesses, he owes to your Highness; and it is only his
knowledge of your natural parts which makes him desire to satisfy
you the more, they being such as justly to deserve all possible esteem,
love, and good correspondency. His Majesty, therefore, places in the
hands of your Highness the answer which has been given him by the
Theologians to whom, in accordance with his duty, this business was
committed, in order that they might decide upon his power to take
the oath, which was demanded of him before the brief of the dis- [77.]

pensation could be delivered to him; and he certifies your Highness that he warned them beforehand, giving them to understand how much he wished that the matter might be rendered easy, and that a way could be discovered in which he could accomplish the demands of his Holiness, without the necessity of asking afresh for conditions in any way differing from those which had been remitted from the previous negotiations and deliberations; for His Majesty esteems them, as he is bound, and values in them the great efforts made by your Highness to satisfy him in everything that touches the prosperity and augmentation of the Roman Catholic religion in those kingdoms, which is the principal part of the negotiation, and the only one which His Majesty desired to accomplish, and to which he has given his earnest attention. Now, therefore, in sending this resolution of the Theologians to your Holiness, he sends with them the articles of marriage, which, being accepted by your Highness and by the King of Great Britain, to whom your Highness has offered to communicate them before taking any resolution to the contrary, your Highness may hold the marriage to be concluded, knowing that His Majesty's mind is so attentive and submissive to the advice which is tendered him as a matter of conscience, that he postpones to it all political considerations; for, as your Highness sees, His Majesty, by delaying the delivery of the person of the Lady Infanta after the marriage has taken place, and by keeping her out of the hands of a Prince of such parts and so well thought of as your Highness, subjects the business to some risk; so that it is certainly evident that this resolution is so far from being a proof of any want of confidence, that there is no other way in which His Majesty could show greater confidence in your Highness. His Majesty therefore begs your Highness that, in case that you retain your former resolution to depart, you will first allow the conclusion of the marriage to be celebrated in conformity with the opinion of the Theologians, and the term of the delivery to be settled and fixed. He leaves it to your Highness to consider that, as this delay of the completion of the marriage is for so few months, this offer

can only serve to show his resolution to effect and conclude the marriage, seeing that your Highness, before you leave this Court, and the King your father, will receive what you have both deserved and seemed to seek so earnestly. It is also certain that His Majesty is equally interested with your Highness in all those accidents which may ensue upon your Highness's absence from your kingdoms, since his Catholic Majesty, and all who are his, are both now and here-after bound, under penalty of grave reproach, to preserve and save your Highness from all injuries which may result from this cause. His Majesty therefore will neither at this time or hereafterwards allow His Majesty the King of Great Britain to surpass him in the care and love with which he is continually inspired, so far as respects or can respect the person of your Highness in any of those chances of greater or less importance which may naturally happen; nor will he ever cease to desire for your Highness as much prosperity, success, good fortune, and contentment as your Highness can desire for yourself. As for the additions made in Rome to the articles, His Majesty in the first place repeats his appeal to your Highness that you would be pleased to accept them as they have come from His Holiness, and that His Majesty of Great Britain may also accept them through the intercession and mediation of your Highness. If, however, your Highness should persist in your objections, His Majesty will with all speed despatch a courier to Rome to the Dukes of Pastrana and Albuquerque to direct them to represent to His Holiness the answers which your Highness has been pleased to make, and to tell him that His Majesty is sure that His Holiness will come to a conclusion that the engagements offered by your Highness are, in some points, more advantageous than the demands made by himself, and that your Highness has at the same time sent a messenger, as you have offered to do upon these points, to the King of Great Britain. In the meantime, whilst the conditions are being settled and ratified at Rome and in England, and the powers to conclude the agreement, and to proceed to the marriage are on the way, it will be possible to treat and settle the temporal points

[78.]

here, and to prepare the leagues and confederations which are to display to the world the union and close amity which has been entered into by these two Crowns, which, being united, will be able to achieve actions much to the honour and glory of God, to the profit of the Church, and to the high renown and reputation of both Monarchs.   In all this he will attempt to show your Highness the love which he bears you, placing in your Highness's hands the choice of everything that is in His Majesty's own power, making no exception, save in matters of conscience, in which the King my master has no power to yield.

"This being the answer which the King my master gives your Highness, he trusts that you will accept it, as is due to the love and good will with which he makes the offer, and which may serve to show his sincere and affectionate mind towards your Highness.   The King my master therefore once more places in your Highness's hands the choice and disposition of everything in this kingdom, in order that your Highness may dispose of it all at your will and pleasure.   Whatever that may be, His Majesty will bind himself to carry it out in the form and manner and with the circumstances which your Highness may be pleased to choose, reserving solely, as has been said, the sacred part of conscience, of which His Majesty himself is not master, though, if he were so, he would place it in your hands without making any exception whatever, as a token of the gratitude and love to the person of your Highness which he professes and always will profess, and which he will bequeath as a maxim to his children and successors in these kingdoms, always manifesting his affection to your Highness by his acts, on every occasion that may offer.   Moreover he considers that this is the greatest proof of all, and the one which ought more than any other to oblige the person of your Highness to conclude this marriage upon the conditions offered by the Theologians, as he confesses to your Highness that it is a matter to which he would not accede for any consideration in the world, and the acceptance of which all obligations upon earth, not even excepting those which

bind him to your Highness and your father would be sufficiently powerful to bring him if it were not for his particular knowledge and experience of the person of your Highness, in which he places such trust and expectation that, without any oath or agreement or anything else beyond your mere word, he will commit to you in confidence the person of the Infanta and all his kingdoms with assurance and satisfaction, and will esteem and choose your simple promise as a stronger pledge of the fulfilment of your engagements than all the fortifications in your kingdoms. This he swears and declares to your Highness, thinking that he is unable with anything less to pay the debt which he owes to the excellent parts which he acknowledges, esteems, and loves in the person of your Highness."

The next day the Prince sent Sir Francis Cottington to tell the Count Duke in reply to this paper that he wished to know whether His Majesty would at once remit the promise which His Highness had given him that he would not go till he had given account of all to the King his father, and had received orders from him of that which he was to do. To this the Count Duke replied that His Majesty had already ordered him to say that he would in no way give his consent to it, as he also desired the success of the business, and that it should be treated in the best way possible. Upon which Cottington at once replied that in this case he was ordered to demand earnestly that the papers which he was to take with him might be got ready as soon as they could, for he was only waiting to set out till they were placed in his hands. He was accordingly told that all possible diligence would be used in preparing for his despatch.

All this haste of the Prince took a sudden change; for a day or [79.] two afterwards of his own accord he put off Cottington's despatch, as if his meaning in this delay would not be seen or discovered. Yet it was not done accidentally, but purposely, in order that he might make use of the time to try if it were possible by new and increased efforts to overcome the resolution of the Junta, attempting to induce His Majesty to use his influence against it, so as to bring

about the immediate conclusion of the marriage without the required conditions.

With this object a long paper was drawn up for His Majesty in the Prince's name,[a] the composition of which occupied those who took part in it two weeks, they being not few in number, and some of them not being English. At last it came to light, and in it the Prince spoke very like a Theologian in order to gain his object, which was to persuade His Majesty that the marriage ought not to be postponed for the reasons which had been put forward by the Junta, that the securities which were demanded with such precision should be entrusted solely to his own courtesy, to which rather than to the scheme proposed it was both possible and right to look for their being carried into execution without fail. He also argued that the marriage as offered to be concluded immediately but not consummated, could not fail to be attended with great risk, as Catholic Theologians said that it was a case in which the Pope could dispense, and in which, in fact, he had on some occasions actually dispensed, so that on this point it was impossible to give him entire satisfaction. For all these reasons, he begged His Majesty that in case that there had been any separate opinions delivered in by any of the Theologians of the Junta, advocating a simpler and shorter way by which the marriage could be immediately concluded without such difficulties, His Majesty would be pleased to follow them without troubling himself with the general opinion of the Junta. This was, in fact, to ask that, however much the question was one of religion, religion should have no part in it, but that everything should be decided by considerations of complaisance and courtesy, without reference to any motives higher than those which sprung from mere temporal reason of state, and even that not properly understood.

This paper of his Highness having been seen and considered by His Majesty, the desire to give him satisfaction had so much effect upon His Majesty's Royal mind, that he at once began to look about

[a] This answer will be found amongst the State Papers, Spain.

for fresh methods to do it, even beyond what was possible ; for,
although it was certain that the Junta had from the first considered
the matter with the greatest attention, he was pleased to command
by his Royal decree that, after first looking at the Prince's paper
which he laid before them, another conference should be held in
order to deliberate upon it, first taking into consideration the great
value which His Majesty would place upon their condescension to
the Prince's demands to the utmost possible extent; saving that fit
consideration for religion and conscience, the claims of which were
superior to everything else.

Accordingly the Junta was summoned to meet on the 20th of
June, and all its members, coming to it in that disposition which
befitted a question of such importance, examined the Prince's paper,
and after discussing its intention and its arguments, at once perceived that there was nothing in it to induce them to make greater
concessions than were warranted by the nature of the case.   They
therefore assured His Majesty in their answer, that this paper
served as a confirmation of two things ; the one, that their first
resolution was the furthest limit of indulgence to which the matter
would suffer them to go: and the other, that the most proper manner in which this marriage ought from the beginning to have been
proposed to the Prince, if they were to pay regard to the demands
of rectitude and propriety, was that they should at present only
agree and arrange for the future, postponing the marriage and the
rest till all the conditions bearing upon religion had been put in
execution, and that too in such a manner as could be looked upon
as sufficient security; and that if they had been content with less
than this, it had been with the hope of doing service to His Highness
as far as could possibly be done without contravening the claims   [80.]
of religion; for which reason it might be that His Highness had
gained confidence to suppose, that if he only pressed hard he
could make the obstacle give way; whereas it was certain that
neither would the matter allow of any further concession, nor
would they themselves dare to deduct a single day from the year

which they had demanded for the execution of the conditions before the consummation of the marriage.

In addition to the general answer thus given, His Majesty was pleased to ask for a more particular opinion in writing from Fray Francisco de Jesus, his preacher, who was a member of this Junta, and who had taken part in all those which had formerly met upon this business. In which opinion he represented, with all possible circumspection and reserve, how little there was in the reasons put forward in the Prince's paper to move them to change their determination, and how much His Highness ought to have acknowledged the propriety of the offer made to him. The answer was seen by the Council of State and by its Junta formed for the more particular consideration of this business, and they, having received it with singular approbation, determined to give it to the Prince in their own name and in that of the Junta,[a] for which purpose His June 30. Majesty commanded the Theologians to meet on the 10th of July; July 10. and, after having heard all that they had to say on this point, ordered, two days afterwards, that the Count Duke should give to the Prince the answer which he was expecting, and this he did, by word of mouth, substantially as follows: that, having respect to all those considerations of conscience to which they were bound to attend, the Junta had not found any way by which they could condescend to His Highness's demands. Upon this, seeing that the Prince gave signs of emotion, the Count Duke begged him not to answer a word till he had heard him to the end, none of those being present who were accustomed to be in his company. Then, as soon as they were left alone, he said: " Your Highness finds yourself now engaged in two undertakings, both of which are of great importance, and in which you must try to escape with reputation. The one is to marry, and this one is doubtless the greater of the two; and the other is to marry quickly, and as your Highness cannot get over this as speedily as you had hoped, you ought so to order yourself as not to throw away the principal object at a time

---

[a] The Junta of Theologians.

when it is in your power to obtain it, as it would be disgraceful to return without that for which you came; and, although your Highness may think that, in order to repay us for so disgraceful a return, it will be sufficient vengeance afterwards to send against us a fleet which may take from us Cadiz, or Lisbon, or Corunna, as in fact it would be, I must beg you to consider that the success of an undertaking of this kind is uncertain in proportion as we are forewarned of it a long time beforehand."

In order to oblige him the more to take time to consider what he ought to do in this case, the Count Duke offered to send him in writing, as he did two days afterwards, the answer drawn up to his paper in the name of the Junta, in which, besides the other points which were put forward and urged, particular stress was laid upon the argument about marriage ratified but not consummated, this being that which had most startled the Prince, as if it had been new and rigorous, and now for the first time proposed. The contrary was, however, shown to be the case by examples of Kings and Princes of the Crowns of Spain and England, and of others to whom it had never seemed to be a novelty, nor had they thought it a hardship to contract similar marriages, ratifying them *per verba de præsente*, and then postponing the consummation for some years; and that, too, not for such important motives as those are which refer to religion in a case when, as at present, it is involved in the marriage, but simply on account of temporal matters which they hoped to settle in this way. This last effort succeeded in drawing from the Prince's mind that which was most firmly established in it, although he concealed it and covered it up; and in this way he explained himself to the Count Duke, telling him that he could not agree to anything which had been proposed to him on behalf of the Junta, as his father's orders did not allow him to do so. With this he declared himself to be free from the marriage treaty, and he now took his leave, so as to be able to make preparations for his return. The same answer was made, though in a less composed manner, by the Marquis of Buckingham (who had at that time received the

[81.]

favour of the title of Duke, by which we shall from henceforward name him), and the Count Duke then took his leave of both of them, without making any reply to their resolution, it seeming to him that the matter in question did not admit of one.

On the 17th of the month the Prince asked for a time to be fixed at which he could take leave of His Majesty, and he informed the Earl of Bristol of it, in order that he might draw up a short argument in writing. When the Earl brought it the same day in the morning, the Prince showed signs of being dissatisfied with it, and said that he did not wish to say anything but that which might occur to him on the spot. In the evening His Highness went to take leave, being accompanied by the Duke of Buckingham and by his two Ambassadors; but when he began to speak to His Majesty it was in a style so different from that which the Ambassadors expected, that they were thrown into confusion by not having been acquainted with the secret of these dissimulations, it having passed entirely between the Prince and Buckingham. At last His Highness said with great outward show of sincerity that he had seriously made up his mind to accept the proposals made to him with respect to religion, and also to give the securities demanded for their due execution, and that this was the final determination of the King his father; for, although the difficulties in the way of both these concessions had been of so grave a nature that they had both tried many ways in hopes of being able to settle the business more easily, they were now nevertheless resolved to consent to everything, solely in order to obtain so close an affinity with this Crown. This resolution was held to be so unalterable that the marriage was in consequence given out to be as completely agreed upon as it appeared to be, although every one was with reason surprised at the manner and circumstances of the consent which was given; and, as the Prince had formed two such opposite decisions within so short a space as that of six days, there were some who were anxious to know, before time made the mystery plain, which of them was real, and which was given out for the sake of appearance.

Sir Francis Cottington had started for London so long, that the delay of his return began to be noticed; yet there had not as yet been any message sent to Rome on His Majesty's behalf, as it seemed that till the Prince had taken his final resolution there was no firm foundation to build upon. Now, therefore, he ordered a courier to be despatched with directions that everything should be told to His Holiness, in order that he might express his approbation afresh, and might once more give his holy benediction to the marriage. Before this courier arrived at Rome, another came from thence with the news of the death of our most holy father Gregory XV., from which there would necessarily result a delay in the answer to be given to His Majesty. On the 1st of August Sir Francis Cottington returned from London with a despatch containing the result of his negotiation with his master, which was, in fine, a public instrument written on parchment, certifying the oath which had been taken in London on the 20th of July by the King and his Privy Council, by which they engaged to keep and to fulfil the conditions touching religion which were demanded in respect to the marriage, and that they would observe the securities asked for in the form proposed to them.

As soon as Sir Francis had delivered this despatch, His Majesty commanded it to be laid before the Junta of Theologians that they might give their opinions on it; and, although some of them hesitated, because some of the conditions were not so fully stipulated as they should have been, yet they nevertheless judged that the state of the business did not admit of any further refinements, and so they answered in general that the despatch was sufficient. In accordance with this opinion His Majesty's ministers proceeded at once to draw up the stipulations of the marriage contract, including in them the twenty-five articles which had come from Rome with the other agreements to which the King of England had assented in point of religion. This contract was solemnly agreed to on the 4th of August, by which the Prince bound himself to observe and carry out all the said articles, specifying each one in particular, and the form in which it was done was as follows:—" I, Charles, approving,

1623.

July $\frac{10}{20}$.

[82.]

admitting, and accepting all and single of the contents of a particular writing of the date of the 2nd of June, which was given to me
by the King of Spain as containing the opinion and judgment of
his Theologians, and consenting to their being put in execution
and carried into effect, do accept them with satisfaction, and hold
them to be good." This having been done, His Majesty, in fulfilment of his part, in order that the marriage might be duly concluded,
at once offered that the ceremony should be celebrated within ten
days after the arrival from Rome of His Holiness's approbation, and
that the delivery of the Lady Infanta should take place in the
spring of the following year, in the manner and with the circumstances which were agreed upon.

Four days after these capitulations, His Majesty sent to offer the
Prince in writing that if His Highness resolved to remain in this
Court till Christmas, permission to consummate the marriage at
that time would be at once conceded to him, on condition that all
the rest which had been agreed upon should remain in force, especially that which related to the delivery of the Lady Infanta, and His
Majesty added that he had given his consent to this last plan, in
order that, through his great desire to satisfy the Prince in everything possible, His Highness might have nothing left to wish for.
Upon this the Prince endeavoured for some days to affect such a
settled intention of fulfilling his engagements, that he several times
gave his word that there should be no change in them, and that he
would not leave Spain or talk of returning home till he had obtained
the final object of his marriage ; and, besides having spoken thus,
and that too more than once, to His Majesty, he repeated it to Our
Lady the Queen in the presence of the Lady Infanta, paying them
a visit solely for this purpose. Nevertheless, the example and
counsels of some of them who were in the Prince's company urged
him on to the disgrace of breaking these promises, and he himself

was so inclined to do it, that on the 20th of August he came back
to beg His Majesty afresh that the year which had been fixed by
the Theologians for the execution and assurance of the condition

agreed upon, might be abbreviated and reduced to the remainder of the current year; upon which His Holiness would bind himself to put them all in execution within the above-mentioned term, short as it might be.   His Majesty was pleased to order the Junta of Theologians to consider the importance and value of this reply of the Prince, this being the quarter to which he had recourse whenever any difficulty arose, the matter being one so intimately connected with religion.   The Junta answered with a more fixed and determinate resolution than even before, that it was neither possible nor right to make any change in that which had been agreed upon on this point, because the more they thought about the matter the more they were confirmed in their opinion by argument, by past history, and by the experience which arose from the accidents continually occurring.   To this decision they were no doubt helped by three events which happened at that time.

The first was this:—Sir Francis Cottington having been attacked by a serious illness, brought on by the fatigues of his journey, and imagining himself to be dying, desired to be reconciled to the Catholic Church, as in fact he was by means of Fray Diego de la Fuente, who had by this time returned from Rome, to whom the Inquisitor-General gave authority for the purpose.   Nevertheless, as soon as he found himself free from his sickness, he returned to his old way of living.

The second case was as follows:—An English gentleman, one of those who had come in the Prince's service, being also attacked by sickness, without any hope of life, desired to die as a son of the Catholic Church with its sacraments; and sending for this purpose to a Catholic Priest of his own nation, Dr. Henry [Ballard] by name, some of the Prince's servants came up to hinder his entrance, and that too, as was understood, by His Highness's order. They went so far as to prevent the clergyman from coming in by force of arms, and one of them struck him a violent blow upon the face with his fist.   Nor would they have stopped here, but for the interposition of the Count of Gondomar, who had come up to appease

the disturbance, followed by a large number of people. This occurrence, taking place thus openly, was generally held as an intimation of the conduct which was hereafter to be expected from the Prince. For if he attempted in so violent a manner to deprive the Catholics of their liberty in a foreign land, he was much more likely to do the same in his own; and this opinion received support from a notable circumstance, namely, that this clergyman had been highly esteemed in London as a Catholic and a Theologian, having been for some years a pupil of the English College at Seville, and had been sent into Spain by the Duke of Buckingham as soon as he opened the negotiation of the marriage, in order that he, taking part in it as a Catholic, might hasten matters on, and might become the better acquainted with the position of affairs; which expectations were in fact fulfilled. This man now fearing lest the accident which had just happened might have thrown him out of favour with the Duke, went some days afterwards to give him satisfaction, and told him that though he had not sought for the occasion, he had been bound as a Catholic to act as he had done, and that, without failing in his duty, he could not have refused to come; nor could he have ventured to reject the request made to him even if the sick man had been in London, and within the Royal Palace instead of in Madrid, so that he would have risked his life in complying with this demand. For, if he were summoned in England in the same manner, he could not but come, considering his obligations as a Catholic. The Duke consoling him, and again assuring him of his favour, answered, amongst other things:—" The truth is, that a matter which so closely touches the religion which a man professes cannot endure to be treated in any other manner."

The third occurrence took place in the same week, and caused no less apprehension. A gentleman of His Majesty's chamber entering the Prince's apartment, found there by chance upon a sideboard a Protestant catechism, in which all their heresies and errors are taught, translated into Spanish, and richly and curiously bound. Taking this with him secretly, he gave account of it to our Lord

the King; and His Majesty, without seeing it, ordered it imme- 1623.
diately to be given up to one whom he directed to receive it; nor
did the Prince ever declare his knowledge of the loss, keeping the
matter a close secret.

It was after consideration of all these facts together that the
Junta of Theologians came to the above-mentioned resolution,
which was founded upon them all; and having thus not only satisfied all present demands upon them, but having provided for every   [84.]
question which might arise in future, His Majesty ordered them to
be dismissed on the 25th of August, assuring them that he was Aug. 15/25.
much pleased with all of them, especially because, without paying
attention to human considerations, they had looked only to those
which were due in the matter to God, to his religion, and to his
Church.

Nothing was sufficient to set the Prince's mind at rest. Having
now lost all confidence in his power of settling the business in his
own way, he began, as soon as he knew the answer of the Junta, to
talk of his return to London; neither arguments nor entreaties being
able to move him from his obstinate resolution; and, although he
was informed that, as news had already come on the 23rd of the Aug. 13/23.
month of the election of our most holy Father and Lord Pope
Urban VIII., it was very possible that a despatch might arrive in a
few days from His Holiness, giving permission for the celebration
of the marriage; yet, closing his ears to everything that could be
said, and standing in the way even of that which was most advan-
tageous to himself, he fixed the 9th of September for his departure, Aug. 30. / Sept. 9.
offering to leave powers for the celebration of the marriage in his
absence, if the expected permission did not arrive from Rome before
his departure.

With this haste to be gone the Prince's ministers and servants
were much dissatisfied, and they were all the more ready to condemn
it, as they knew his resolution to have been dictated by the Duke
of Buckingham, from whose passion and arrogance they already
expected further violence, and speaking to him on this point at

1623. that time, in the hope of holding him back, they reminded him of the respect which was due to the Royal word so often given by the Prince, and of the mistake which it would be to break it so openly, as, besides other inconvenient results which they prognosticated, he would at once lose his reputation in the most unworthy manner possible. During this conversation there was present an English fool named Archy kept to amuse the Prince, who dared to speak his opinion to the Duke with all the force of truth, blaming severely the manner in which the whole negotiation had been carried on without consistency or truthfulness. The Duke once or twice ordered him to be silent, and, finding that not to be enough, threatened to have him hung, if he did not hold his tongue. To this the fool replied in a way worthy of one of better sense: " No one has ever heard of a fool being hanged for talking; but many Dukes in England have been beheaded for their insolence."

As the time of the Prince's departure was now approaching, he

Aug. 28. arranged that on the 7th of September, which was two days before
Sept. 7. he left, he would swear conjointly with His Majesty to the marriage
July 25. contract as it had been drawn up on the 4th of August, and the oath
Aug. 4. which referred to it was this, " They ratify and accept all the
Aug. 28. articles, and have approved, accepted, declared valid, and ratified
Sept. 7. them, and have promised, with good faith, upon their Royal words inviolably, firmly, well, and faithfully to hold, observe, and execute them, and to cause them effectually to be held, observed, and executed without any subterfuge or contradiction, notwithstanding any opinions, judgments, or laws to the contrary, and this both of them have confirmed by an oath with their hands upon the Holy Gospels."

Besides this, the others took their oaths to carry out so much of the contract as concerned them, namely, the Ambassadors of the King of Great Britain, and the Duke of Buckingham, whose oath may be given as a specimen of the rest: " I, George Villiers, Duke of Buckingham, Lord High Admiral of England, Knight of the Order of the Garter, one of His Majesty the King of Great Britain's Privy Council, and his Master of the Horse, do swear that I will

rightly and fully observe, as far as regards myself, all and single the
articles which are contained in the treaty of marriage between the
Most Serene Charles Prince of Wales and the Most Serene Lady
Maria Infanta of Spain.   I also swear that that I will never, either
myself, or by any inferior minister in my service, execute or cause
to be executed any law against any Roman Catholic; or will exact
any penalty imposed by any such law, but will faithfully observe,
in everything that pertains to me, the orders issued by His Majesty
in that respect."

Immediately after this act the Prince sent to the Lady Infanta
the jewels which he had brought from England for this purpose,
being many and very precious.   They were at once deposited in
His Majesty's Jewel House, till the time came when they could be
given to Her Highness.   At the same time the Prince sent some
diamond ornaments worthy of his greatness to their Majesties, and
to the Lords the Infants, and immediately afterwards to the Counts
Dukes.   After that he gave away many, all of them being of great
value, amongst the Lords who were Gentlemen of His Majesty's
Chamber, and the Councillors and Ministers who had taken part in
this business, extending his liberality down to the inferior servants
of the Palace who had assisted in serving His Highness; having
first obtained permission from His Majesty.

On the 8th of September, the day of the Nativity of Our Lady,
the Prince came in public to take leave of our Lady the Queen, and
at the same time of our Lady Infanta, who was with Her Majesty;
and on this occasion he once more offered to Her Highness, with
every possible assurance which his word and promises could give,
that he would take the Catholics of his kingdom under his protection and favour, assuring her that for this reason they should suffer
no persecution or molestation any longer.   The Duke of Buckingham did not accompany the Prince, as he ought to have done at his
taking leave, because he wished to take leave afterwards alone,
asking for an audience apart for the purpose; his chief pretension
while he was here having been to be treated as one entitled to equal

1623.

[85.]

Aug. 29.
Sept. 8.

honours with the Prince; his failure in this respect being a principal cause, besides others, of his indignation and complaints. In anticipation therefore of the result which was to be expected from the Duke's feelings and from his ill-will, a declaration was drawn up of his proceedings during his visit here, and of the way in which he behaved towards the Prince in his manner, and life, and habits; in the style of his negotiation. In this, and for his general insolence, the evidence of his own actions was produced, and this paper (in which the whole subject was treated most comprehensively and distinctly, in order that the King of Great Britain might be made acquainted with these facts by its means,) was despatched in such good time that it arrived before the Duke.

At last, on the 9th of September the Prince left Madrid, accompanied by His Majesty and by the Most Serene Infants Don Carlos and Don Fernando. In the evening they reached the Royal Palace of the Escurial, and immediately, that very night, the Duke of Buckingham procured an interview with the Count Duke, at which no one was present except Mr. Walter Montague, an English gentleman who was to serve as an interpreter. He intended in this conversation to reconcile himself with the Count Duke, so that upon this leave-taking they might be friends. The Count Duke replied that he would very willingly consent if he, for his part, would assure him of two things:—the one, that he would allow the treaty of marriage to take its course in the way in which it was now carried on till it reached its conclusion, without opposing himself to it; and the other was, that the relation which he was about to make in England of those things which had passed here in this negotiation should be exact and in accordance with the facts; for, [86.] if they were of a different kind, as might be feared, then the amity which he now sought would be highly prejudicial, as he might appeal to it to give weight to his statements.

The Prince remained at the Escurial two days longer, to see some of the magnificence of that palace; and, though His Majesty sent a message to him, begging him earnestly to remain there one

day longer, because the preparations for the journey in which His Majesty wished to accompany him could not be sooner completed, he was unable to obtain His Highness's consent; and so, his departure having been fixed for the 12th in the afternoon, he, shortly before he set out, signed the powers which he was to leave for His Majesty and the Lord Infant Don Carlos, to enable either one or the other of them to espouse the Lady Infanta in his name, as soon as the expected despatches arrived from Rome, though the time for which they were valid was limited to the next Christmas. As soon as he had signed them he entrusted them in the presence of a notary and witnesses to the Earl of Bristol, in order that, when the time came, he might use them according to his orders. That same day on which the Prince was to set out, the Count Duke went to the two Ambassadors of the King of Great Britain, and, in the presence of Lord Kensington (who is now Earl of Holland), the Captain of the Guard, asked them earnestly to inform him whether they thought that anything remained to be done on His Majesty's behalf to give the Prince complete satisfaction; to which they replied, that, although what had hitherto been done was sufficient for the purpose, they judged that there would remain nothing to be desired to effect that object, if His Majesty would be pleased, on this last occasion, to signify to the Prince in writing the sincerity and constancy of his goodwill towards His Highness; and accordingly he wrote to him on the same day the paper which will presently appear, together with the answer given to it.

At three o'clock in the afternoon the Prince left the Escurial, accompanied by His Majesty and by the Lords the Infants; and shortly before, after taking leave of His Majesty, the Duke of Buckingham set off alone on horseback by his own wish, although the heat of the sun was excessively great. When His Majesty and His Highness arrived at the hunting lodge they hunted for a while, and immediately afterwards sat down to a meal in the open air, as they had been accustomed to do on other occasions; then retiring a little, they took leave finally of one another, in the presence of the

Count Duke, the Marquis of Carpio, and the two English Ambassadors, a great show of affection being made on both sides. That which His Majesty and the Prince said to one another was the same in substance with that which was expressed more at length in their letters; that of His Majesty being as follows:—" Sir: The great haste with which your Highness has entered upon your journey having made it impossible for me to accompany you as far as the sea, as I should have wished to have done, I desire to assure you at this your leave-taking that I am under such obligations to your Highness, and to the Most Serene King of Great Britain, that the whole power of the world together will not drive me a single step from the punctual fulfilment of everything that I have agreed to with your Highness, or of whatsoever may yet have to be accorded, in order to give the strictest possible assurance of our friendship and

[87.] alliance; and I now promise to your Highness to eradicate and efface every obstacle and impediment in my kingdom which may stand in its way; and I trust and hope that your Highness and the Most Serene King of Great Britain will do the same, our interests being one, as in everything I wish and desire the same thing as your Highness; and as a pledge of this confidence and sincere amity, I make this solemn declaration, and confirm it by my hand

Sept. $\frac{2}{12}$. and my embrace.   The Escurial, Sept. 12, 1623."

The Prince, as soon as he received this letter, answered it with this other one, under his own hand: " I should certainly have been infinitely pleased if I had been able to wait as long as was required, till the final conclusion of the marriage, and to have had the prospect of having with me such excellent company as that of the Lady Infanta; nevertheless, since this could not be, and as the season of the year, with its great heat, does not allow your Majesty to accompany me further, I too am the more desirous at my setting out to assure Your Majesty, that all the power in the world which may oppose itself will not turn me aside from carrying into execution, either in part or altogether, both that which remains to be done of the matters which I have capitulated, agreed to, and accorded with Your Ma-

jesty, and that which may have afterwards to be arranged for the firmer security of our friendship and alliance. I therefore declare to Your Majesty that I will eradicate and efface everything which may impede and hinder the execution of these promises in the kingdoms of the King my lord and father, and I trust and hope Your Majesty will do the same, our interests being one, as in every thing my father and I wish and desire that which Your Majesty wishes and desires; and, as a pledge of this confidence and sincere amity, I make this solemn declaration, and confirm it by giving to Your Majesty my hand and my embrace."

That which ought to cause the greatest astonishment in these confidential engagements entered into between the Princes, is, that His Highness afterwards gave them fresh authority (and that too more than once, and in a style of no less affection,) at a time when he was able to act in accordance with his own wishes without being in any way challenged to it. For in many of the letters which he wrote to His Majesty on his journey, and after his arrival in England, he referred to the promise which he had made, and confirmed it with a protestation that he would abide by it firmly, as appears from his letters dated from Segovia the 13th,[a] from Olmedo the 15th, from Carrion the 18th of September, from Royston in England the 18th of October, from London the 16th of November. Together with these letters for His Majesty there used also to come some from the Prince to the Lady Infanta, and these, sealed up as they came, were all kept with the jewels till it could be seen what would be the final agreement about the marriage.

Sept. $\frac{3}{13}$.
Sept. $\frac{5}{15}$.
Sept. $\frac{8}{18}$.
Oct. $\frac{8}{18}$.
Nov. $\frac{6}{16}$.

When all this is taken into account, there is the more reason for astonishment at that which the Prince was doing at the very time, and perhaps at the very hour, when he was writing to His Majesty one of the letters sent off in his journey. For at that moment he secretly revoked for the first time the powers which he had left behind for the marriage, sending the revocation to the Earl

---

[a] This is the first of the series of letters preserved amongst the State Papers; the one just given being there omitted.

2 L

of Bristol with the following contrivance. The Duke of Buckingham dispatched one of his most confidential servants[a] from Segovia to Madrid, with directions to go straight to the Earl of Bristol's house, telling him that he had come about some of his master's affairs, which might possibly detain him there for some days, and that, if he would be good enough to allow him to remain in his house in the meanwhile, he would try and finish the business as soon as possible. The truth, however, was, that the only object with which he had been sent to take up his quarters there was, that he might be on the watch for the arrival from Rome of the expected permission for the immediate celebration of the mar-
[88.] riage; and he was ordered that, when he knew what day was fixed for the ceremony, he should wait till one or two days before it, and should then, and not sooner, give to the Earl of Bristol a letter which he carried with him, and in which the whole of his business consisted. The Earl, who had from the beginning entertained some suspicions, especially when he saw this servant going about idly without doing anything, attempted to gain his confidence, and, succeeding without much difficulty, dexterously drew from him his secret; and, getting the letter into his hands, found that the Prince had written that he felt a great scruple about the marriage, because he had been told that even after it had taken place the Lady Infanta would still be at liberty to enter into religion, and that for this reason he commanded him to suspend the delivery of the powers till he had received satisfaction in this point.

Upon the arrival of the Prince in London, there were some there who managed to learn all this, with the circumstances by which it had been accompanied, discovering that the letter had been sent from Segovia, and that the opportunity which had been chosen by the Duke of Buckingham to enforce his wishes, and to obtain from the Prince the revocation of the powers in this way, had arisen from the arrival there of a secretary of the Countess Palatine, with a particular message from that Princess of great importance for the

[a] Edward Clerke.

Duke,[a] and very opportune to bind him over to act as he did. The Earl of Bristol, without being much indebted to his sagacity, at once perceived that this feigned scruple, and the artifice which had been used, indicated that the Prince intended not only to break the engagements to which he had sworn so shortly before, but even to do this at a time when his breach of faith might inflict the greatest possible insult; and he therefore, in the hope of guarding against such an infamy, despatched at once a courier to the King his master, giving account of the whole affair, in order that, before the mischief happened, he might anticipate it with the most fitting remedy. Yet, although in doing this the Earl only fulfilled the duty incumbent on him as a faithful subject and minister, he expected that his intervention would have little or no success, as that which had hitherto passed was a sufficient argument to show what was likely to follow upon the arrival of the Prince and Duke in London. So far, however, was the world from suspecting the truth that His Majesty was at the same time devoting particular care and attention to the arrangements for carrying out the agreements, which had been made in the best possible manner; and, for this purpose, he ordered by his Royal decree that Fray Inigo de Brizuela, Bishop of Segovia, member of his Council of State, and President of Flanders, Fray Francisco de Jesus, and Fray Juan de St. Augustin, his preachers, should each of them separately speak in private to the Lady Infanta as often as Her Highness should wish it, in order to exhort and admonish her of all that she ought to know before the marriage, so that this act of hers might be the more steadfast and truthful, and more meritorious in the sight of God, and also that Her Highness might enter into this new state, in which there were so many dangers to be dreaded, with a more thorough knowledge of her obligations, and with a greater zeal to fulfil them: and this was done at the time when the Prince was looking about for such frivolous pretexts to break those into which he had entered.

At this time, therefore, in virtue of the before-mentioned letter,

1623.

It was understood that the object of this message was to offer him in marriage for his only daughter the eldest son and heir of the Palatine, so as to arrange that he should succeed to the kingdom of Great Britain.

[a] In reality, to ask him to stand godfather to her child.

the Earl of Bristol, without giving out anything about it or its contents, began to change the style of his negotiation in conjunction with Sir Walter Aston the Ordinary Ambassador, and thus both of them together declared that they had received new orders from the King their master to hasten on the treaty about the Palatinate more than they had ever done before; and at the same time they showed a strong desire that the marriage should be postponed till Christmas, or at least till they could give account to their master of the arrival of His Holiness's approbation, so as to obtain his orders upon it afresh to direct them what they were to do.

[89.]   To this proposition His Majesty's ministers replied that they were much astonished at both its clauses. As to the first one, about the Palatinate, it seemed that the Ambassadors expected now its restitution as a condition of the marriage, an idea which had not hitherto entered into any one's thoughts; for however much His Majesty had desired, and earnestly strove, to give satisfaction in this point to the King of Great Britain, it had not been on account of the marriage, or as depending on it in any way whatever, but merely for the sake of good correspondence and amity; and, as to the other clause about the postponement of the marriage, they were unable to express sufficient astonishment at such a change, as that those who had so shortly before made use of such extraordinary means to hasten it on, should now, that it was as it were in their own hands, be desirous of interposing delays, thus manifestly turning round upon themselves and throwing doubt upon their own sincerity. Nevertheless, in spite of all that had passed, His Majesty was resolved punctually to execute every point of the contract; and, as one of the articles agreed upon with the Prince directed that the marriage should be celebrated within ten days after the arrival of the dispatch from Rome, it would be complied with without further delay, especially as it was understood that in England the disaffected were already giving out that the intention of this Crown in the whole treaty, and especially at the end of it, was only to imagine delays by which it might be continually obstructed; and for this reason His Majesty had made it

a point of honour to convince by his acts the King of Great Britain
and the Prince of Wales his son of the falsehood of this rumour.
The Ambassadors were also informed that, although the delays
which they now sought to interpose were a sufficient indication of
their ill-will towards the business, when compared with the eagerness shown by the King of Great Britain and the Prince, yet His
Majesty would take no notice of it (though he might well do so on
account of the change in the position of affairs), further than by
paying attention to the execution of the offers which he had made
them, so that, if there was a failure anywhere, it might be altogether
on their side. In this way the alteration which they now asked was
denied them, and, although the secret reason of their demand was
not discovered at the time, it was not long afterwards known in
various ways that their object was to gain time by this delay, so as
to be able to receive orders from their master, and thus to know
whether or not they were to carry out the instructions sent by the
Prince as aforesaid to the Earl of Bristol to suspend the delivery of
the powers.

The Ambassadors persisting in urging their demands without obtaining any better answer, the despatch which had been so long
expected from Rome arrived on the 24th of November, it having Nov. 14.
been delayed by the long sickness by which His Holiness had been
seized immediately upon his coming out of the conclave in which
he was elected. It contained a brief, by which His Holiness approved the excellent conditions to which the marriage treaty had
at last been brought, and gave his holy benediction, in order that
upon those conditions (and in no other way) the marriage might be
celebrated in virtue of his predecessor's dispensation.

His Majesty at once gave orders that the Ambassadors of the King
of Great Britain should be at once informed of this, and they, being
roused by the news, pleaded with the Count Duke more energetically than ever for the postponement of the marriage. But they
were told, as before, that His Majesty could not on any account fail
in the execution of anything that concerned him, and that one of the

articles agreed upon and sworn to, being that the marriage should actually take place within ten days after the delivery of the dispensation into his hands, it did not appear to him that I either could or
should act in any other way; but that, nevertheless, if they distinctly wished that this article should not be executed, His Majesty would give his consent, on condition that they would set him free from his obligation. The Ambassadors replied that they had no orders from their master to alter anything that had been agreed upon, although for some reasons they would be very glad to be able to inform him of the day fixed for the-celebration of the marriage before the ceremony took place; since, however, His Majesty's wish was that which had been signified to them, they were ready to carry it out so far as they were concerned. Upon this His Majesty proceeded to take the oath to the Apostolic See, which had from the beginning been required by His Holiness for the security of all the conditions relating to religion, without which neither was the Nuncio able to deliver the dispensation nor could the marriage be celebrated. This being the last action which remained to be performed, His Majesty, in order that it might be done as deliberately as possible, was pleased to write a paper to the Nuncio, and to order it to be accompanied by all the articles agreed upon on account of this marriage in favour of the Catholic religion, both with respect to the conditions and to the securities offered for their fulfilment, in order that he might consider whether they were sufficient to authorise him to take such an oath with regard to them. To this the Nuncio, after examining the papers, replied in writing that His Majesty might very well swear according to the form which was demanded of him by the Apostolic See, as he found nothing in the contract and agreement which fell short of that which was required for the purpose.

On the evening therefore of the 29th of November, the time fixed for the performance of this act, the Nuncio came to His Majesty's apartments to receive the oath in the name of the Apostolic See, in the presence of the witnesses who were in attendance. On

this occasion His Majesty showed him honour by ordering a seat to
be provided for him, in which he was seated whilst the ceremony
lasted.   Immediately afterwards, on that very evening, the Nuncio
presented to His Majesty a paper, showing that, in conformity with
his instructions, the time was now arrived for placing the dispensation in His Royal hands ; and that he now begged His Majesty
to direct him what he was to do in order to fulfil his duty.   His
Majesty ordered him to place it in the hands of Juan de Ciriza,
Secretary of State, who upon this acknowledged the reception of
it ; and, as the period of the ten days within which the marriage was
to be celebrated commenced at this moment, His Majesty, in order
to give as much time as possible, appointed Saturday December 9th
for the ceremony.

The next day he sent to the Ambassadors of the King of Great
Britain to tell them that the Nuncio had already delivered the brief
of the dispensation to His Majesty, on the ground of the oath which
he had first taken to the Apostolic See, and that, by one of the
articles agreed and sworn to, he was now placed under an obligation to cause the marriage to be celebrated within ten days.   He
was therefore now ready to fulfil his engagement, and he wished
them to consider whether there was any impediment on their side,
or whether there was nothing to hinder them from proceeding to
carry out the treaty, and to prevent the Earl of Bristol from delivering the powers which had been left in his hands, by making use of
which the business might be brought to a conclusion.   To this the
Ambassadors replied, that they would have been infinitely pleased
if this information could have reached them in time to afford them
an opportunity of sending it on by a courier to the King of Great
Britain and the Prince of Wales his son, so that they might be
advertised of it in order to celebrate the festivity in England on the
same day on which it was to take place in Spain, by public re-
joicings and other great demonstrations of satisfaction; for, having
exhausted their arguments for delay, they did not now ask for it any
longer, but, as that had proved impossible, they had no further

1623.

Nov. 29.
Dec. 9.
Nov. $\frac{20}{30}$.

[91.]

1623.

objection to bring forward to the carrying out of the agreement. They were therefore now ready to do so, and the Earl of Bristol was prepared to make use of the proxy as soon as it was wanted.

Matters then being in this state, on the morning of Wednesday the 6th of December three couriers arrived from England for the Earl of Bristol ; and as soon as their arrival was known the contents of their despatches were guessed.   In the evening, however, all doubt was at an end, both the Ambassadors coming to inform the Count Duke.   He, however, when they began to speak to him, perceiving some confusion in their faces, took them by the hand, saying: "The revocation of the powers must have come."   They, acknowledging it, began to allege some grievances about the Palatinate which were the pretext for this action, and complained in particular of the conduct of the Lady Infanta Isabella, Governor of the Low Countries, in having lately delivered the Bergstrasse to the Elector of Mentz. At this the Count Duke at once caught them up, replying that it had been done without the consent of His Majesty or of his ministers; and that, immediately upon its coming to his master's knowledge, orders had been sent to restore it immediately, and that too merely in order to give satisfaction by anticipation to the King of Great Britain, as would appear from the despatch itself which he laid before them.   As to the suspension or revocation of the powers, they declared the orders which they had received, to which the Count Duke said that he could not answer them till he knew His Majesty's pleasure.

In the evening His Majesty directed his Secretary of State, Juan de Ciriza, to send a paper to the Earl of Bristol in order to come to an understanding with him in writing, and to ask him whether the couriers who had arrived that day from England had brought him any news adverse to the treaty, and in particular affecting the day appointed for the marriage.

The next day, the 7th of December, the Earl of Bristol replied, also in writing, that the intention of the King of Great Britain his master was and always had been that some very necessary points

should be settled before the ceremony, in order that the peace and alliance between the two crowns which was hoped from this marriage might be more firm and durable, of which points he would very soon give account to His Majesty in writing. By this it was understood (and to this effect the Earl expressed himself,) that his master now wished to treat as dependent upon one another two questions so distinct (at least in the way in which they had been hitherto treated) as were those of the marriage and of the Palatinate.

That same day, at seven in the evening, the Council of State assembled to examine the Earl of Bristol's reply; and, after a conference upon the whole matter, His Majesty ordered the Council to come to his apartment, where each member declared his opinion in his presence. After hearing them all, His Majesty asked the Secretary Juan de Ciriza whether at any time, since such a thing had been possible, any article or condition tending to the restitution of the Palatinate had been agreed upon or demanded in respect of the marriage; to which the Secretary answered that not only had there been nothing of the kind, but that up to that moment no such proposition had ever been discussed. His Majesty then commanded the said Secretary, Juan de Ciriza, to make a similar reply in writing to the Earl of Bristol, in these words:—

"His Majesty commands me to say to your Lordship that he ordered the Council of State to meet that he might learn whether now, or at any time, there had been any article agreed to as a condition of the marriage of the Most Serene Infanta, his sister, with the Prince of Wales, giving assurance of an acknowledgment of the pretensions of the Count Palatine, and of his restitution; and having understood that in the whole treaty of this marriage there is neither article nor clause in which this is mentioned, His Majesty agrees to the proposition made by your Lordship on the part of the Most Serene the King and Prince of Great Britain, so far as that the marriage shall not be celebrated on the appointed day; and as to the rest an answer shall be given to your Lordship. Dated Madrid, the 7th of December, 1623."

1623.

[92.]

Nov. 27.
Dec. 7.

There being nothing in this to make His Majesty alter anything
in the fulfilment of that which concerned him, it was thought convenient that there should be no change in the treatment of the
Ambassadors with respect to the right of entrance permitted them
in the apartments of the Lady Infanta, but that they should be
allowed to retain it as before till the end of the period of ten days
appointed by His Majesty for the conclusion of the marriage.

On the 9th of December the Earl of Bristol gave in the memorial
to which he had referred, and in this he put forward still more
openly his master's pretension to the restitution of the Palatinate,
urging it in such a way as to make the present state of the marriage
a means rather of forcing than of presenting his demands.   To this
a direct answer was given, without any respect to the marriage, that
this affair of making an arrangement for the Palatine had altogether
taken a fresh shape, with the attempt to introduce a new course of
proceeding, by asking for it as a condition of the marriage, and that
therefore His Majesty had nothing more to say on this point than
that on every occasion he would desire the accomplishment of
the King of Great Britain's designs, and would willingly do whatever was most conducive to his security and to the success of his
affairs ; and that His Majesty continued to meditate how to order
for the best not only those matters which relate to the Palatine, but
also all others which might hereafter prove a hindrance to the amity
and good correspondence between the two Crowns.

          It might here be well perceived how great a discoverer of truth
is time, however much it may be overlaid with dissimulation and
false appearance; for whereas, at the first arrival of the Prince at this
Court, it was supposed that he might have been attracted by considerations of policy differing from those which were given out, and
especially by the hope of the restitution of the Palatinate, and although,
at least in those first days, even the most attentive were so puzzled
by his affected assurances that he had come for the marriage alone,
that it would have been very possible for this opinion to be finally
accepted, if the truth had not stood upon its own defence by dis-

covering itself with the help of time: yet his real intentions now manifested themselves in such a manner, (though it were by means of these subterfuges,) that from that day no one could possibly doubt that the most certain objects of that marriage were those interests which up to that time had been most completely concealed. For this reason there is one thing which ought to be noticed with great surprise; namely, that ever since the King of Great Britain began to mediate with His Majesty for the restitution of the Palatinate to his son-in-law, he took particular care that this business should be treated of as altogether separate from that of the marriage; and thus, when he sent the Earl of Bristol as Ambassador Extraordinary, to solicit the concession of both demands (that is to say, of the marriage and of the restitution), the point which was specially insisted upon in the instructions given him in writing on the 4th of March 1622, was that which was contained in the following phrase:—" We wish you to urge the restitution of the Palatinate by every means, without making the marriage to depend upon it:" and in a letter of the 30th of December of the same year the King of Great Britain again charged him not to urge the restitution of the Palatinate in such a manner as to make it appear a necessary condition of the conclusion of the marriage.

The Earl of Bristol ventured to reveal these secrets (it being evident that it was by him alone that they could be brought to light), having been provoked by the charges brought against him immediately upon his arrival in London in the following year. For at that time he was driven to great straits by the declared jealousy of the Duke of Buckingham, who went so far as to bring charges against him; in one of which, that is to say in the 18th, he asked how it was that when the King had determined to unite the two treaties, that of the match and that of the Palatinate, and when the Earl of Bristol had already taken knowledge of it, he had at that time agreed with the Spanish ministers for the appointment of a day for the marriage; especially as the term fixed was so short that no ordinary diligence would be sufficient to prevent the conclusion

1623.

Feb. 22.
March 4.

[93.]

Dec. 20/30.

1623.

of the marriage. To this the Earl answered that which has been already mentioned. But that which followed was indeed surprising beyond all bounds, and ought to be handed down in perpetual remembrance to future ages. For after that King and his ministers had united the negotiation for the restitution of the Palatinate with that of the marriage, they did not shrink with horror from going on as before with their old dissimulations, without shrinking from making contradictory statements at the same time. For whereas in

Nov. $\frac{3}{13}$.

the despatch written by that King on the 13th of November, he suspended the marriage treaty till the accommodation of matters in the Palatinate, it was only four days afterwards that in a long audience which he gave to the Marquis of Inojosa, of His Majesty's Council of State, and his Ambassador Extraordinary, to whom these questions were specially entrusted, he said more than once that the marriage should be certainly arranged without any dependence upon the affairs of the Palatinate, if he could only assure him that the delivery of the Lady Infanta should certainly take place at the time which had been agreed upon. Yet, at the same time, the Duke of Buckingham, who was present at the interview, told the Marquis to undeceive himself, for without the Palatinate there would be no marriage; and, more than that, even after the marriage had been suspended upon this pretext, and after the Prince had sent new powers for its celebration in March, on condition that the restitution of the Palatinate had been by that time effected, his Ambassadors here varied their declarations with their style of negotiation in a notable manner; for, after having declared in a memorial signed by both that the powers were revoked, and that the intention of their King and Prince was that the ceremony should not be performed till the accommodation of the quarrel about the Palatinate, and also after having wasted the rest of this month of December with new replies, in which it was urged more than ever that the business of the Palatinate should be settled before the celebration of the marriage, they yet determined to give in

Dec. $\frac{19}{29}$.

another memorial in both their names, dated the 29th of that

month, complaining much of the unfriendly reception by His
Majesty and the Council of State of their proposition of the 19th
of December, in which they had declared that the proxy had been
revoked till the accommodation of the affairs of the Palatinate.
They now, however, asserted in their reply that their proposal had
only sprung from their master's sincerity, and from his great desire
that the friendship between the two Crowns might be real and
perpetual; and that he might be indebted for the settlement of the
affairs of the Palatinate to His Majesty alone. Nor did their self-
contradiction cease here, for in another memorial upon the same
matter, given in on the 30th of January, by Sir Walter Aston, the
ordinary Ambassador, who at that time had the whole charge of
the negotiation, he says that his master had not demanded the restitution of the Palatinate as a necessary condition of the marriage,
but only on account of the good amity and correspondence for
which he was so indebted to His Majesty. To this His Majesty
ordered a reply to be given, touching on two points : the one,
that this memorial gave no ground for any other answer about the
Palatinate than that which had been already given; and the other,
that the Ambassador should remark how contradictory his proceedings had been in respect to the treaty; for to say that the marriage
did not depend upon the Palatinate, and, at the same time, that
the proxy was revoked till the accommodation of matters in Germany had been effected, were mutually contradictory assertions.
Such was the sincerity and firmness with which these men acted
in an affair of so great importance, after so many words and oaths,
when the time came for its immediate conclusion !

In these last days of the year the Ambassadors urged more
strongly than ever in their memorials that something should be
done about the Palatinate; and His Majesty having offered them
that he would use all good offices of intercession and mediation
with his uncle the Emperor to bring him to restore the Palatinate,
and that, too, merely in order to satisfy the demands of the good
friendship which he hopes to preserve with the King of Great

Britain, and for no other reason at all, the Ambassadors dared to propose that, as it might be that the Emperor would refuse to give way to these good offices, and to make effectual restitution, His Majesty, with a view to such a contingency, should declare at once that he was prepared to aid the King of Great Britain with his arms, in order that he might by this means recover the Palatinate.

The answer which His Majesty ordered to be given was designedly drawn up with moderation, informing the Ambassadors that the declaration which they demanded was unnecessary for the present, and that it was impossible to make it either then or at any other time, the bonds of blood and friendship between His Majesty and the Emperor being so close that he would never be wanting to them for any reason whatever; and that, as this very answer had been given to the Prince of Wales when he tried, during his visit here, to bring forward this proposal in order to see how it would be received, they might have taken it for granted that it would be repeated; especially as their master had proposed it to the Marquis of Inojosa, and, upon receiving the same reply, had acknowledged himself to be convinced and satisfied. The year came to an end with this final resolution, in which other results which followed originated.

1624.

Dec. 24 / Jan. 3, 162 3/4. On the 3rd of January an order was given for the despatch of a courier to His Majesty's Ambassadors with the King of England, that is to say, to the Marquis of Inojoso, Ambassador Extraordinary, and to Don Carlos Coloma, Governor of Cambray and member of His Majesty's Council of War, who performed the office of Ordinary Ambassador in a very satisfactory way; and they were told that it had been with intention that no courier had been sent to them before the arrival in Spain of the revocation of the proxy, in order to [95.] show how little so great an alteration was felt there. At the same time they were directed to speak and answer with regard to the

affairs of the Palatinate, with reference to anything that might be done in England, in such a manner as to treat them as absolutely independent and having nothing to do with the marriage. If anything new were said or proposed about the latter, they were to listen to it without answering, or even binding themselves to give any opinion about it there.

It was also at the beginning of this year that the King of Great Britain recalled the Earl of Bristol, taking at once from his hands the negotiation of these matters in which he was so completely versed, and this he did with demonstrations of dissatisfaction with his proceedings. This despatch arrived on the 20th January, and it was immediately perceived that it was evidently the effect of the Duke of Buckingham's persecution, and only made men wonder the more at that King's behaviour; he having trusted the Earl with this business from its first commencement, and having always shown himself so well satisfied with his diligence. For he had always tried to bring about the marriage with the most advantageous conditions for his own side, and with the least advantageous for us. Yet, though the King knew this to be true, he was driven to act against his knowledge by the oppression to which he was subjected. At last the Earl took his journey, arranging it with such dexterity that he appeared in London suddenly, without allowing himself to be detained or discovered before, although great efforts had been made with that object. Yet immediately on his arrival he was treated by the Duke as a guilty person, and was forbidden to see the King. After some days he was charged with an accusation in twenty-two articles drawn up and prepared by the Duke, with the intention of bringing blame upon him for his fidelity in the negotiation of this marriage, as if he had attempted by its means to bring ruin upon the Crown of England, and upon its false religion in favour of the Catholic. This occurrence may be indeed considered to have been very fortunate, as it caused the Earl to declare that which he could not have done in any other way, namely, the most important proceedings of the negotiation, and those which the

1624.

Jan. $\frac{18}{10}$.

ministers of that Crown, and especially the Duke of Buckingham, were most desirous of concealing; and, although it was at a great risk to himself, the Earl could not help confessing in his own justification, producing the original papers in evidence, that the complaints pretended against Spain with respect to its part in the Treaty of Marriage were calumnies so unfounded that it would be better not to allow them to go forth in public.

About the same time that King ordered a Commission to be formed of some Privy Councillors and other persons at the instance of the Prince and the Duke of Buckingham, that they might consider whether, on the part of Spain, there had been any failure in anything which ought to have been done or accomplished in the whole negotiation of the treaties of this marriage from beginning to end; and, although they had before them, in addition to other notices, reports which were drawn up to lead them to the desired conclusions, yet nothing was able to obscure the truth; and they therefore resolved by a majority that they did not find that Spain had failed in anything which it ought to have done, or had offered

Jan. 20/30. to do. On the 30th of January Sir Walter Aston, as Ordinary Ambassador, being now the sole representative of the King of Great Britain in Spain, gave to His Majesty that memorial which has been already mentioned, protesting in it that his master had not asked in the former memorials for the restitution of the Palatinate as a neces-

[96.] sary condition of the marriage, but only as a condition of the good friendship and correspondency which he deserved at His Majesty's hands. The answer to this has also been already noticed; and both the memorial and the reply are again mentioned here, in the first place to refer to them at their proper time, and in the second place, in order to show the contradiction of this protest, with so much to the contrary which has since been seen.

On the last day of this month of January His Majesty's journey to Andalusia was given out in this Court, and that his intention was to visit that province, and his fleets which were there; although it may be perceived that His Majesty took advantage at the same time

to remove to a distance from the scene of those other affairs, thus making it impossible for him to carry out the agreement for the delivery of the Lady Infanta in March, as being a matter now totally abandoned.

Six days before this journey of His Majesty, which he began on 8th of February, the Count of Rochefort, the Ambassador of France, asked to speak to the Count Duke, and when the conversation was at an end he gave him the following paper in the name of His Most Christian Majesty:—

" The Ambassador of France says in the name of the King his master, that on account of his relationship, and of the good correspondence which he desires to hold with His Catholic Majesty, His Most Christian Majesty sympathizes with him in all the accidents which may befall him, and especially in everything relating to the Lady Infanta, whom he esteems as not less than a sister ; and, as it is possible that the English, for their own ends, may cause it to be believed that France would be likely to give ear to a proposal for a marriage and family alliance with them, His Most Christian Majesty, as a condition of good correspondence, and in order not to give support to any jealousy on this ground, promises on the word of a King not to allow this affair to proceed, or to give allowance to anything of the kind, unless His Catholic Majesty should declare that he holds it to be of advantage to both their Crowns."

After this paper had been seen and considered, the Count Duke answered, by His Majesty's command, in another to this effect:— " That as to the declaration of His Most Christian Majesty, that he will not admit any proposition or treaty which has been offered, or which may hereafter be offered, by the English for a marriage between their Prince and the sister of His Most Christian Majesty, His Catholic Majesty, acknowledging and esteeming this offer, as sprung from that sincere good-will of which His Most Christian Majesty gives such proofs by his present action, accepts it with particular esteem and pleasure, acknowledging the great obligation under which it places him; and on account of the particular good-

2 N

will and affection which he cherishes towards the Most Christian King, and which he has the greatest desire to manifest to the world on every possible occasion, as the Most Christian King will see by experience whenever he may wish to avail himself of it; and also on account of this particular obligation under which he is now placed, His Catholic Majesty promises not to go on with the treaty of the marriage of the Lady Infanta his sister, nor to carry it into execution, without first giving an account of his proceedings of His Catholic— I mean to say, to His Most Christian—Majesty, assuring him that in this, as in all other matters, His Catholic Majesty will always try to show how much he esteems the pleasure and satisfaction of His Most Christian Majesty, and how much he desires to please him, always continuing to meet him with good and brotherly affection."

A little before the Ambassador made this offer here in the name of the Most Christian King, his secretary of state M. de Puisieux had already made a similar one in Paris to one of His Majesty's agents, begging him to write from thence to the Count Duke, as he $\frac{\text{Dec. 26}}{\text{Jan. 5}}$, $162\frac{3}{4}$. did in the following words in a letter of the 5th of January :

[97.] "M. de Puisieux told me that, in order that His Most Christian Majesty might give greater proofs of the sincere good will which he was most affectionately desirous of showing to His Majesty, he has pledged his royal word that if, in case of any accident the marriage of the Prince of Wales with the Lady Infanta could not take effect, His Most Christian Majesty would not at any time treat of marrying Madam his sister with the said Prince, and has ordered me to write this to Your Excellency, in order that His Majesty might be assured of it." Thus both Crowns came to an agreement upon the particular point of this marriage, although, as far as France was concerned, matters afterwards turned out as will be seen.

At this very time the first step was taken towards a change in the behaviour of the French by a most extraordinary proceeding, as appears by a secret advertisement which was received about it:— " A few days ago a man arrived here in Paris in the habit of a Franciscan friar; and, having asked and obtained an audience of the

Queen Mother, he told her that he was come on the Duke of Buckingham's behalf to inform Her Majesty that if she would be willing
to consent to a marriage between Madam her daughter and the
Prince of Wales, he would take care so to arrange matters as to
carry it into execution as soon as he knew Her Majesty's pleasure.
The Queen replied that she ought not to listen to such a proposition
nor to any other as long as the King her son had not given his consent to it, and that she would therefore say no more about it; but if
he wanted alms to help him on his journey, she would order it to
be given to him.   This friar,—if he really was one, returned at
once to London, and told Buckingham that the Queen had consented with great pleasure to the proposal, and that she was much
obliged to him for it.   This coming to the notice of the Count of
Tillières, the Ambassador of the Most Christian King in London,
he at once wrote to the King and his mother with much displeasure
at the interchange of such messages without his intervention, at the
same time relating the whole story; and the Queen Mother, taking
offence at this, requested that the truth might be investigated. This
having been done, it appeared to be as has been here set down.
Paris, Feb. 16, 1624."   Feb. $\frac{6}{16}$.

Before His Majesty set out for Andalusia, he left orders that Fray
Diego de la Fuente should be sent at once to England (he being a
person of ability, and acceptable in that country, as has been already
said in this narrative,) in order that in his Majesty's name, and with
the assistance of the favour which that King had always shown him,
he might revive his zeal by informing him of the truth of these and
of other matters, in which if he could only be undeceived it would
have been worth to him little less than his life.   It was therefore in
order that nothing might be left undone by His Majesty to prove
his sincerity both to that King and to the world that he chose this
final plan, which was likely to be in every respect the best.

On the 17th of February therefore the aforesaid reverend Father   Feb. $\frac{7}{17}$.
set out from this Court with the intention of making as much haste
as possible on his journey.   Whilst he was passing through France

in order to embark at Calais, it happened that, three days before his arrival at that port, whilst he was in the least inhabited part of Picardy, he was met on Wednesday the 27th of March, at ten in the morning, by six men on horseback armed with pistols. They made him descend from his coach, telling him that they had come by the orders of the Most Christian King to examine the persons of his train and his baggage, because they were informed that he was carrying out of the realm a great quantity of gold and jewels contrary to the laws. They then, without listening to reason, most uncourteously made their search so rigorously, that they even looked over his breviary leaf by leaf; yet after they had seen everything, they did not touch the money or anything else, except only His Majesty's despatch, which was that for which they had come. This they took with them, without paying the slightest attention to the friar's protestations of his immunity which they were violating con-

trary to the law of nations. It was afterwards known in Paris that the Marquis of Hamilton had been the author of this exploit, he being accustomed to such proceedings, and being a great friend and confidant of the Duke of Buckingham, by whom he had been excited to do it, on account of his fear of the result of this visit of Fray Diego de la Fuente. It was a great demonstration to make of his own want of faith, in thus violating the public faith; and it might well be inferred after such an action what his own character was.

On the 23rd of February the King of Great Britain opened the Parliament for which he had many days before issued writs at the instance of the Prince his son, and of the Duke of Buckingham, they considering this to be the only possible means to effect their desires. For indeed it has been the usual way with the Kings of that country to escape, with the assistance of a vote of Parliament, from engagements from which they cannot otherwise set themselves free without a breach of their word. At this time too it was more than ever expected that this would be the result, as, by a great innovation, it was required of the noblemen, that is to say, of the

members of the Upper House, to take the oath of supremacy before
they were admitted to take their seats, thus recognizing the King
as the Supreme Head in spiritual and temporal matters, a thing no
less abominable than monstrous ; for, from the time of Queen
Elizabeth this oath had only been required of the Commons, that is
to say, of the members of the Lower House, she having introduced
the custom by law in the second year of her reign, not without
notable tyranny, which tyranny was now greatly increased, much
greater violence being used in order that no Catholic should sit in
Parliament.   This result was obtained, many of the Catholic noblemen preferring to remain absent rather than be admitted to
their seats by taking so iniquitous an oath ; and it was understood
that this object was aimed at for two reasons : the one, in order to
put the Catholics out of hope of any of the advantages which they
had promised themselves by means of this marriage, now that they
were being deprived of one which was so just, so common, and so
long established.   And the other, in order that when the question
of the marriage, which they intended to raise, came to be discussed,
there might not be one present of those who were principally interested in the advantages secured by it, but those only who mor-
tally abhorred it, on account of the obstinacy with which they
adhered to their sects, the Puritans forming the majority.

In the solemn declaration made on that day by the King, according to custom, he discoursed upon the treaty of marriage in such
a style, and with such words, as if his whole speech had been drawn
up by the Duke of Buckingham, referring himself in the end to
the relation which that Duke would afterwards make of all that
had occurred in Spain ; for which purpose the Duke, three days
afterwards, came to the Parliament, and, beginning his narrative
very far back, without saying anything substantial about the matter,
as being ill-informed about it, he ended (the Prince being present,
and approving all that he said,) by bringing two charges, which
appeared to be the principal object at which he aimed.   The first
was that His Highness and himself having come to Spain upon the

supposition that both the Crowns were already agreed upon the conditions of the marriage, and especially upon those which were
demanded in point of religion, they found that the whole negotiation was only at its commencement, as the Count Duke himself had
told him immediately upon their arrival. The second was that,
when he wished to know of His Excellency what conditions were
necessary for the conclusion of the marriage, he had answered that
it was necessary first to establish and to secure the liberty of the
Catholics, and to give satisfaction to the Irish for the estates which
[99.] they had lost through their alliance with Spain. These, however,
are not really accusations, but rather confirmations of that truth
which is more certain and more evident than anything else in this
business from its very beginning: namely, that the principal object
of this marriage had always been the aforesaid liberty of conscience,
and this was demanded and negotiated with entire consistency,
especially on such occasions when to have done so must redound to
the glory of the Count Duke, besides its being clearly his duty.

The Parliament continuing in session, the Prince, being present
one day towards the end of March, made a public protestation that
he would never consent to any condition favourable to the Catholic
religion, nor to its free exercise, in respect of any marriage which
he might contract, but would merely permit this liberty to his wife
in case she were a Catholic ; and it was upon these terms that the
negotiation for the French marriage was opened.

April $\frac{8}{18}$.   His Majesty returned to this Court from his journey to Andalusia
on the 18th of April ; and, in consequence of his presence, the
Ambassadors of other kings, who had remained at Madrid, took up
April $\frac{18}{28}$.   the thread of their negotiations. So it was that on the 28th of
April the French Ambassador came to continue his conversation
with the Count Duke about the marriage, and told him that he had
received letters from the Most Christian King written with his own
hand, containing orders to assure His Majesty and His Excellency
in his name of the falsehood of the reports about English affairs (for
the negotiations begun on both sides for a marriage treaty between

France and England were already known in public), because His
Master denied in the first place to keep up his friendship and good
correspondence with the King his brother ; and to tell him that, for
this reason, he had not admitted the proposal made to him on
behalf of the King of Great Britain with respect either to affairs of
State or to the marriage, having answered to it all that he had no
ears for it.

On the 30th of April Sir Wàlter Aston, the ordinary ambassador   April $\frac{20}{30}$.
of the King of England, also came to speak to the Count Duke by
the orders of that King, in order to tell His Majesty and His
Excellency, on his behalf, how much he had always desired good
correspondence and friendship with this Crown, bringing forward
certain cases as evidence of his good will, and adding that, having
summoned his Council to consider what was fitting for him to do,
all the Councillors had recommended not to accept His Majesty's
reply about the Palatinate ; and having now finally summoned to
Parliament the two arms of his kingdom, that is to say the Nobility
and the Commons, they had unanimously counselled him not to
proceed in the marriage treaty, nor to accept the answer given
about the Palatinate ; and that, as there was no precedent of a King
failing to do that which was so unanimously recommended by his
realm, he had determined upon taking their advice, and he would
therefore send at once his forces to the recovery of the Palatinate,
and he hoped that His Majesty's troops would not hinder him,
though he could well understand that they would not give assistance to anyone against their own opinion. In reply to this the
Count Duke informed the Ambassador that he must repeat all this
to His Majesty in writing, in order that a reply might be given in
the same way.

Amongst such negotiations so contradictory to one another, and
so full of falsehood that it might well be feared that they would
overpower or obscure the real facts, our Most Holy Father and
Lord, Urban VIII. who had been watching all that had passed,
determined to give a conspicuous and perpetual testimony to the

1624.
[100.]

truth, for, having learned with certainty of the Count Duke's zeal
for the Catholic religion without any thought of other objects, with
which he had always advised and counselled His Majesty never, in
the conclusion of this marriage, to relinquish for the sake of any
other advantage that which had been the sole and only object aimed
at from the beginning, namely, the attainment by this means of
liberty for religion. His Holiness therefore, approving and magnifying this resolution as an example to other princes in similar
treaties, ordered the following Brief to be sent to the Count Duke

April ⅟₇. on the 27th of April, at a time when the dispensation needed for
the French marriage was being negotiated at that Court.

Urban P.P. VIII. &c.ᵃ

May ⅟₈. On the 29th of May the Ambassador of England gave in writing
to His Majesty that which he declared to the Count Duke by word
April ⅟₈. of mouth on the 30th April, although he lengthened it with various
pretended grievances of his master about the Palatinate; and, as to
the marriage, he said that, the King having as a last resource summoned Parliament (that is to say, the representative body of his
realm), and having deliberated with it upon the question whether
he could conclude from His Majesty's last reply that the Palatinate
would be restored, and also upon the other treaties, the Houses, after
a long deliberation, and without a single dissentient voice, had given
him their advice to break off negotiations with respect both to the
marriage and to the Palatinate; to which recommendation he had
given his consent, not having found any example of a king who
had refused to conform to the counsel of his whole realm. His
Majesty, having seen this paper, ordered a reply to be given it, in
writing also, in the following words:

" That, as the contents of the memorial given in the name of the
King of Great Britain was a resolution and not a proposal, there
was nothing for His Majesty to say except that he would be glad if
his determination about the two Treaties were as much for the
good and advantage of Christendom as is to be desired, and, as to

ᵃ Printed at p. 100.

that which His Majesty has to approve of, he does approve of it with very good will; for God, to whom nothing is hidden, knows that neither in one Treaty nor in the other has he looked to his own advantage, but only to the good of Christendom and the peace of Germany. This, however, he always did with particular desire to satisfy the King of Great Britain; and, if His aforesaid Majesty should hold to that resolution with regard to Germany which his Ambassador has represented, His Majesty, continuing his former intentions, will govern his actions and his arms in such a way as will be visible to that King and to all the world, without pretending to anything else in that which he may do than to fulfil the obligations under which he has been placed by God, aiming at the good of the Church and at the peace and quiet of Christendom."

A little afterwards the French Ambassador obtained an audience of His Majesty, to give him account (as he did) on behalf of the Most Christian King, of the proposition made to him by the English Ambassadors about the marriage of the Prince of Wales with the Princess the sister of His Most Christian Majesty, without giving any thought or consideration, now that he had entered upon this scheme, to the offers and protestations made in his master's name on this very matter by the same Ambassador on the 2nd of February and the 28th of April; and, besides the answer given to that proposition by word of mouth, and merely in general terms, His Majesty now ordered the following reply to be made to him in writing: " I esteem the demonstration of brotherly affection and good correspondency with which the Most Christian King my brother gives me account, through you, of the proposal made to him by the English Ambassador for a marriage between the Prince of Wales and the Most Serene Princess his sister and mine; and you may assure him, in my name, how rejoiced I always am at everything which may give satisfaction to him and to that Crown; and as to this proposition, I have nothing more to say now, excepting that, though I was particularly anxious and desirous in the Treaty now broken off for a marriage between the Most Serene

Jan. 23.
Feb. 2.
April $\frac{18}{28}$.

Infanta Maria my sister and the Prince of Wales to give satisfaction to the King of Great Britain (whose good fortune and entire felicity I have always desired), yet my principal object was prosperity and increase of the Catholic religion, without looking to any temporal interests or considerations; and I shall therefore be equally content if this prosperity and increase of religion shall follow, as is certain to be the case, upon the marriage which is now being negotiated between the Most Serene Princess the Most Christian King's sister and mine ; and I cannot expect less of a prince so great, and of such parts, so zealous for the Catholic religion, nor would it be right for His Most Christian Majesty either to propose or to accept less advantageous terms."

Matters having then come to such a pass, the councillors and ministers in whose hands the treaty had hitherto been, represented to His Majesty that, in disengaging himself from it with as complete a justification as that with which he had entered into, no further time was to be lost, there being nothing more to be expected for the cause of the Catholics, for which so much had been hoped by means of this marriage, as it was hopeless to expect anything more from that King's mind or from the disposition of the kingdom; and His Majesty, recognizing the truth of this, and not being able to [102.] fail in anything that would be sufficient to satisfy completely Divine July ⁵⁄₁₅. and human obligations which had been able to induce him to carry on this negotiation for so many years, determined to break it off altogether, which he commanded to be done on the 15th July, in the following manner:

There had been deposited in His Majesty's Jewel House the jewels left by the Prince of Wales to be given as soon as the Lady Infanta was able to receive them; and there also were kept with the seals unbroken the letters which he had written to Her Highness whilst he was on his journey, till the time came when they could be given to her. Don Andres de Prada y Losada, of His Majesty's council, and his secretary of state, was now ordered to carry both the jewels and the letters to Sir Walter Aston, the ordinary Ambassador of the

King of Great Britain, and to take from him a certificate of their
full delivery. This he did, although the Ambassador did what he
could to refuse the acceptance; and thus, by this action, the final
end was put to this treaty, by the narrative of which the purity of
the motives with which it was conducted has been so completely
established that, however much it may be calumniated abroad, it
will be sure of obtaining a fitting appreciation in the present age,
and that future generations will at least owe to it the admonition
and example which it leaves to them, through which it will doubtless be respected and admired by all.

APPENDIX.

I. Extract from a Despatch from Diego Sarmiento de Acuña to
Philip III.

[Simancas MSS. 2592. 69.]

$\frac{\text{April 29}}{\text{May 9}}$, 1614.

Sir John Digby arrived here on the 24th of last month [April $\frac{14}{24}$]. I visited him immediately, and he also visited me. Although he speaks very well, and with great respect, of your Majesty's person, and has acquainted me with his great desire to see the French marriage broken off, and one set on foot with Spain ; and although I believe that he will do all good offices in his power for this object, as he has done very ill offices in many other things, nevertheless, I am assured that the King is much inclined to the French marriage, especially as he sees that the disturbances of that country are settling down, and as his Scotch here are so urgent with him to effectuate it. It is therefore looked upon as certain that the King will conclude it, without taking into consideration the arguments which have been laid before him to show how advantageous it would be for him to put it off; and this is the opinion of Hector [the Queen?] and of the Cid [Northampton]. I have also been told by others that, as the King desires it so much, and has seen the difficulties which were suggested in the opinions of the majority of the Council, and of the Commissioners, he has been afraid, lest the same thing might occur in Parliament; and that, for this reason, he has not wished to give an account of the matter to the Houses, at

El Don Juan llegó aquí á los 24 del passado. Yo le vi luego, y él me ha visto tambien, y aunque habla muy bien, y con mucho respeto de la persona de V. Mag^d, y me ha mostrado grandes desseos de que se estorve el casamiento de Francia, y se encamine con España, y creo que para esto hará los buenos officios que pueda, segun los ha hecho muy malos en otras muchas cosas, pero certificanme que está este Rey tan inclinado al casamiento de Francia, y mas viendo que las inquietudes de allí se van acomodando, y sus Escoceses le dan tan gran priesa á que le effectue, que se tiene por cierto que el Rey lo concluyra sin reparar en las razones y conveniencias que le han propuesto que lo suspenda, y deste parecer es Ector y el Cid; y otros me han dicho que como el Rey lo dessea tanto, y ha visto la difficultad que ha hallado en los pareceres de los mas del consejo y de los Comissarios, ha temido lo mismo del Parlamento; y assí no ha querido dalle quenta á lo menos en la propossicion; y dizenme que va con disignio de no dezir agora nada deste al Parlamento, sino

least, in the way of a proposal. And I am also informed that he does not intend to say anything about it at present to the Parliament, but to shorten the session, and to put an end to it; and then he will immediately conclude the marriage with France; afterwards summoning Parliament again, if it is necessary, in order to give account to it of the way in which the thing has been done. The most likely thing, however, is, that he will not summon it. What he said in his speech to them agrees very well with this plan, for he charged the Houses to shorten their sittings, as he thought of summoning another Parliament in September, which should be of great importance for the prosperity and welfare of the realm.

II. Minutes of the Despatches of Diego Sarmiento de Acuña to Philip III.

[Simancas MSS. 2518. 1.]

Written June $\frac{20}{30}$, $\frac{\text{June 22, 23, 24}}{\text{July 2, 3, 4}}$. Read in the Council of State, $\frac{\text{July 29}}{\text{Aug. 8}}$, 1614.

He gives very particular account of that which had passed in the Parliament summoned by that King; of the bad conduct of the Puritans in it; of the King's dissatisfaction at their forwardness to seek to understand the state of his exchequer, the causes which had influenced him to issue edicts and rewards in favour of Scottish gentlemen, and other matters. The King seeing them so urgent, and that he could not quiet them, nor lead them in the way which he desired, (the state of affairs growing worse every day), sent Sir John Digby to visit Don Diego, and to tell him how troubled and disgusted he was at the Parliament and its evil proceedings;—that the King needed to choose a side to which he might betake himself;—that he wished to know if Don Diego thought that, in any event that might

---

abbrevialle y despedille, y luego concluyr el casamiento con Francia, y publicalle; y despues, se fuere menester, tornar á juntar Parlamento solo para dalle quenta como esta hecho; ó lo mas cierto será no juntalle, y viene bien con esto designio lo que dijo en la propossicion que fué encargallos que abreviasen mucho este Parlamento, porque para el mes de Setiembre pensava juntar otro de mucha sustancia para el bien y buen estado deste Regno.

Da quenta muy particular de lo que pasó en el Parlamento que juntó aquel Rey, lo mal que han procedido en él los Puritanos, la poca satisfacion que tiene el Rey dellos por lo mucho que apretáron en querer saber el estado de su hazienda, las causas que avia tenido para hazer algunas leyes y mercedes á Cavalleros Escoceses, y otras cosas que viendose el Rey tan apretado, y que no los podia endulzar ni encaminar á lo que él deseaba, y que cada dia se yba poniendo el negocio de peor calidad, embió á visitar á Don Diego á Don Juan Digby, y á dezirle quan trabajado y disgustado le traya el Parlamento y su mal proceder que avia menester el Rey escoger partido adonde arrimarse, que si le parecia á Don Diego que V. Mag^d en qualquier acontecimiento le seria seguro y verdadero amigo, porque á esta parte era á lo que él

happen, your Majesty would be his firm and true friend, as it was to this side that he was most inclined:—and that he held Don Diego to be a gentleman and a man of honour, who did not wish the King to be ruined, and who would give him advice, and would tell him the truth, as far as he knew it. To this Sir John Digby added that he had assured his master that this was the case, having heard it from your Majesty's own mouth, and that the Duke of Lerma had often told him how sure and true friendship he would find in your Majesty, showing fitting appreciation of that which had been said, and declaring that he had nothing to add to that which Sir John had heard from your Majesty and the Duke of Lerma, as it was quite unnecessary to speak of the steadfastness, good faith, and sincerity with which your Majesty was accustomed to fulfil his obligations of friendship, without any consideration for his political interests, there being already a superfluity of worlds and states belonging to your Majesty. He added that there were good examples of your Majesty's conduct in this respect, and that you were a good neighbour to France, for though, in the time of Henry IV., your Majesty was unwilling to marry your children to his son and daughter, yet, seeing the Queen to be in need of your help, your Majesty had since done both the one and the other; and that he would also see how your Majesty had acted in these late disturbances. Thus, without engaging himself further, Don Diego sent him away much pleased, and he was told that this conversation had much to do with bringing the King to a resolution to break with the Puritans, contrary to the advice which he received from many, that he should place himself in their hands, and do all that they asked; and in the end the Parliament was dissolved without making any grant to the King, by which means the naturalization of the Palatine's son, by which he would have been enabled to succeed in that kingdom, was interrupted. Also Don Diego says that the King sent to tell him that he should be glad to see him; and he accordingly went to him at Green-

---

mas ynclinaba, que tenia á Don Diego por buen cavallero y hombre de bien, y no querria que el Rey se perdiesse, y le aconsejaria y diria á la verdad de lo que entendiese; que á esto añadio el Don Juan Digby que él lo avia asegurado assi á su Rey por lo que avia entendido de V. Magᵈ mismo, y que el Duque de Lerma le havia dicho muchas vezes quan segura y verdadera amistad hallaria en V. Magᵈ que Don Diego le respondió, estimando lo referido como era justo, y que á lo que el Don Juan havia entendido de V. Magᵈ y del Duque de Lerma no tenia que añadir nada, pues tampoco era menester dezir el valor, fee, y verdad con que V. Magᵈ acudia á sus obligaciones y amistades sin consideraciones ni yntereses de estado, porque mundos y estados le sobravan á V. Magᵈ, y que buenos exemplos avia de lo que V. Magᵈ hazia en esto, y buen vezino le avia en Francia, pues en tiempo de Enrique IV. no quiso V. Magᵈ dalle ni tomalle su hija, y visto despues á la Reyna con necessidad de su amparó havia hecho V. Magᵈ lo uno y lo otro; y que viese tambien en estos movimientos como havia procedido V. Magᵈ, que sin empeñarse mas Don Diego le embió muy gustoso, y le dizen que esto ayudó mucho á que el Rey se alentase á romper con los Puritanos, contra lo que muchos le aconsejavan que se pusiese en sus manos y hiziese todo lo que le pidiesen,—y concluye que se disolvió el Parlamento sin conceder al Rey ningun servicio, y que tambien se turbó la legitimacion que se havia echo en el hijo del Palatino para subceder en aquel Reyno. Assimismo dize Don Diego que el Rey le embió á dezir que holgaria verle; y fué á hazerlo a Granuche, donde estava el Rey

wich, where he found him in his ordinary dress, without cloak or sword. The King came forward to receive him with demonstrations of pleasure, and spoke to him very plainly and confidentially, saying that he was glad to see him because he was under two obligations to be his friend, and to seek his welfare by repaying his unchangeable confidence; first, as being a servant of your Majesty, whom the King held to be his truest and firmest friend; and secondly, because of Don Diego's own goodness, in which he had complete trust. To this Don Diego answered that he could assure him that everything that he had heard about your Majesty's friendship was very certain and just. After this they conversed on the passages of the Parliament, and the King asked Don Diego to give account of them to your Majesty as he should relate them himself, and not as they were talked about in the streets. This he promised to do : upon which the King at once began to say to him that although your Majesty had many kingdoms, and more subjects beyond comparison than he had, yet he had one thing greater than your Majesty, and that was a greater Parliament, for the Cortes of Castile were composed of little more than thirty persons, whilst the Parliament was made up of little less than five hundred. Of these men there was no head, and they voted without order, nothing being heard but cries, shouts, and confusion. He was astonished that the kings his predecessors had consented to such a thing. He had himself come to England as a stranger, and had found it thus when he came, so that he could not do without it. Here he began to look a little annoyed and embarrassed, as if remembering what they had done to him; and Don Diego said that he had a great prerogative and authority over the Parliament, which was to summon and dismiss it when he chose. At this the King recovered himself, and said that this was true, and that without his approbation nothing which was said or done by the Parliament was worth anything.

Immediately after this they talked of the marriages between Spain and France,

---

en cuerpo sin capa ni espada, y le salió a recivir con demonstracion de contento, y le dijo muy llana y confidentemente que se holgava de verle, porque tenia Don Diego dos obligaciones de ser su amigo y quererle bien y tratalle con la misma seguridad y confianza, por criado de V. Mag.ᵈ á quien tenia el Rey por el mas verdadero y seguro amigo, y de la bondad de Don Diego fiava mucho; el qual le respondió que todo lo que entendia y le dezia de la amistad de V. Mag.ᵈ le podria asegurar que era muy cierta y muy devida; que despues desto hablaron sobre lo que avia pasado en el Parlamento, y pidió á Don Diego diese quenta dello á V. Mag.ᵈ como el Rey se le diria, y no como se dezia por las calles: y offreció hacerle assí; y luego començo a decirle que aunque V. Mag.ᵈ tenia muchos Reynos y mas vasallos sin comparacion, él tenia una cosa mas que V. Mag.ᵈ que era mayor Parlamento, porque ellas Cortes de Castilla eran de poco mas de 30 personas, y que el Parlamento era de pocas menos de 500; que no era cabeça entre ellos; que no se votava por orden, y todo era gritos, vozes, y confusion; que se maravilla de los Reyes sus antecessores que tal havia consentido; que él havia ydo alli estrangero, y assí lo avia hallado, y no podia dexar de pasar por ello; y comenzó aquí á congojarse y á embaraçarse un poco como corriendose ello que han hecho con él; que Don Diego le dijo que tenia una gran prerogativa y autoridad sobre el Parlamento, que era llamarle y despedirle como quisiera; que se alentó mucho el Rey, y le dijo que era assí, y que sin aprovacion suya no era nada lo que hazia y dezia el dicho Parlamento.

Que luego trataron de lo de los casamientos de entre España y Francia, y le

and the King asked Don Diego if they would take effect, for he did not understand what the French were about. He replied that he understood that there would be no failure on your Majesty's part, as you would always fulfil your engagements, even if they were to your own hurt.

Don Diego likewise says that the chance of notably improving the state of affairs in that kingdom is now in your Majesty's hands, since that King is very desirous of drawing closely the bonds which unite him to your Majesty, and with this object he will do all that he can. He also understands that, in opposition to the batteries brought to bear upon him by the Scotch to bring him to marry the Prince in France, the English and the Queen are still more importunate for a Spanish match ; that they have already thoroughly persuaded him that, if the latter marriage is possible, it will be without comparison the better for him, even if he has to give way on his part to larger conditions ; and that, in matters of religion, he will do all that he can, if he is not asked to do that which he is unable to do, namely, to do everything at once and at a single blow. All these men assure Don Diego that God is the doer of this miracle, and they supplicate him with great urgency that there be no falling off on your Majesty's part, and that your Majesty, besides considering all the matters of state on account of which this marriage is so advantageous, will also think of all the souls which would be lost if this does not take place. Moreover, everything which Don Diego has written about the French marriage is certainly true ; and, if the King wishes to conclude it to-day, it is in his power to do so. The English ambassador, Sir Thomas Edmondes, is returning to Paris with the articles, and with private instructions to linger over some of them, and to conclude nothing without giving an account to his master ; it being without doubt that the business would have been concluded and completed if there had been no difficulty thrown in its way in England. Don Diego is well satisfied that this has been done in such a

---

preguntó el Rey á Don Diego si tendrian effecto, porque no entendia el proceder de Franceses ; que lo respondió que entendia que de parte de V. Mag^d no se faltaria a ello porque siempre cumplia lo que offrezia aunque le estuviese mal.

Significa assimismo Don Diego que está oy en manos de V. Mad^d el mejorarse con notable diferencia las cosas de aquel Reyno, porque aquel Rey desea mucho estrecharse con V. Mag^d, y para ello hará todo lo que pueda, que ha entendido que contra la bateria de los Escoceses para que case al Principe en Francia, la dan mayor los Ingleses y la Reyna para que sea en España, y le tienen ya reducido y llano á que, si esto pudiese ser, le está mejor sin comparacion, aunque fuese dando de su parte mas aventajadas condiciones ; que en materia de religion hará todo lo que pueda, como no se quiera lo que él no puede, que es hazello todo de golpe y de una vez ; y todos aseguran á Don Diego que va Dios disponiendo este milagro, y le piden con grandes plegarias que de parte de V. Mag^d no se descayde, y que, sin consideracion de todas las materias de estado para las quales esto casamiento es tan conviniente, considere V. Mag^d todas las almas que se perdrian si esto no se hace, que lo que ha escrito Don Diego del casamiento de Francia es cierto ; y si aquel Rey quisiere concluyrle oy, está en su mano, que el embaxador Ingles, Don Thomas Hetmon buelbe á Paris con las capitulaciones y ynstrucion á parte de reparar en algunas dellos, y no concluyr nada sin dar quenta á su amo, que es sin duda que estubiera concluydo y effectuado, si allí no se hubiera embaraçado ; que Don Diego está contento que esta se aya hecho

way that they cannot say, either in France or anywhere else, that a single word has been thrown out as an obstacle to cross the arrangement ; but that, on the other hand, they know in France that the King of England is, and will be, the person from whom the demand comes. If this proposal is not very gratefully accepted, and if there is no give-and-take in the conditions, it is certain that the English, seeing this way closed against them, will strike a bargain with France, or with some German princess, and they will lay themselves out for new alliances, attacking the Catholics on all hands ; and they will press on the negotiation which they have earnestly, and with the greatest secresy, begun for summoning a Council composed of all the heretics in Europe, and for electing an ecclesiastical head, to whom they will give the name of Pope ; and he is to have assistants, in imitation of the Cardinals, forming a general consistory like the particular ones which now exist amongst them ; and in this Council they will try to bring into harmony, as far as is possible, all their sects and opinions ; and, if they succeed in this, that which is now liberty of con- science amongst them will become a public cause against the Pope and your Majesty ; and, whenever they wish, they will bring the Turks into Italy, where it may be that some one else will join him : and therefore, in a matter such as this, it is impossible to look for a ripe judgment from a theologian who passes his time in reading in his cell, without knowing what is going on in the world, or how much the Church of God and the Catholic religion would gain by an improvement in this kingdom. For by this means the others will be united, and, if the Hollanders do not receive assistance, the forces of the Archduke Albert will be sufficient to reduce them ; and the King of France will overpower his Huguenots, the Emperor his Protestants, and the King of Poland Sweden ; whilst the authority and intercession of your Majesty and of the King of England, together with the example of the latter, will secure Denmark. On the other hand, whilst that head of the heretics and that

---

sin que en Francia ni en ninguna parte pueden dezir que en nombre de su Mag^d se ha atrabesado una palabra para desayudallo ; antes saben en Francia que el Rey de Inglaterra ruega y ha de rogar á V. Mag^d ; que de no admitir esta platica muy gratamente, y dar y tomar en las condiciones, es cierto que viendo cerrado este camino, concluyrán con Francia, ó con alguna en Alemaña, y se estrecherán en nuevas ligas, deshaziendo de todo punto los Catolicos, y esforçarán el tratado que han comenzado muy de veras y con sumo secreto de hacer su Concilio entre todos los Erejes de Europa, y eligir su cabeza ecclesiastica á quien darán nombre de Pontifice, y sus adjuntos á ymitacion de cardenales, formando consistorio general como oy los tienen particulares, y tratarán de conformar en este concilio lo mas que se pueda todas sus setas y opiniones ; y si esto se hiziese, lo que agora es libertad de conciencia vendria á ser entre ellos causa publica contra el Papa y V. Mag^d, y traerán al Turco siempre que quisieren á Italia, donde podria ser que tambien se le arrimase alguno, y assi en esta materia no puede votar bien el theologo que lee en su żelda sin considerar lo que pasa en el mundo, y quanto gana la Iglesia de Dios y la religion Catolica en mejorar aquel Reyno, porque con esto los demas quedarán unidos, y no teniendo asistencia Olandeses, las fuerzas del Archiduque Alberto bastará para reducillos ; y el Rey de Francia á sus Ugonotes, y el Imperio á sus Protestantes, Polonia á Suevia, y la autoridad y intercesion de V. Mag^d y de aquel Rey y su exemplo a Denamarca, y mientras aquella cabeza y aquel Reyno declina cada dia, se yra empeorando y dificul-

realm of England is every day degenerating, the remedy for these evils becomes more difficult to find, and the heretics grow more powerful ; whilst, merely through the cessation of persecution here, and the toleration of the Catholics, the greater part of the kingdom would in a very short time declare itself to be most truly Catholic ; and the Queen would be able to allow mass to be publicly said in her house, instead of in her garret, and that only very seldom. Besides, almost all the nobility of that kingdom are Catholics in heart ; and their wives, being so too, take less pains to conceal it, as the estates belong not to them, but to their husbands ; and it is by them that the priests are maintained. In a very short time the Catholics would have such power, that with this, and with the sight of their own superiority, they would get rid of heresy, being tutored by the experience of the harsh and long persecution which they have suffered. It will also be necessary for that King to submit himself, even if it were merely for reason of state ; and at present he is on so bad a footing with the Puritans, that it would be well not to lose the opportunity before he is reconciled with them ; and your Majesty ought to make use of the Catholics in England, who love you so tenderly. It will also be helpful to us that the Prince is a pearl in modesty, gentleness, and sweetness of temper ; so that his marriage, either well or ill, is one of the most important affairs at present in the world. After this Don Diego proceeds to say what he knows about the matter.

Also, Don Diego relates what had passed between him and the Queen on the occasion of the letter which he gave her from your Majesty, and says that your Majesty owes her much; and that she desires that her son may marry in Spain; and she told him how earnest she had been in using means to break off the negotiations with France ; and she affirmed to Don Diego that she intended to live and die a Catholic.

Moreover, the aforesaid Don Diego sends a paper which Sir John Digby wrote

---

tando el remedio, y haziendose los erejes mas poderosos, que con solo cesar allí la persecucion y haver toleracion con los Catolicos brevisamente se declaria la mayor parte del Reyno por verdaderissimos Catolicos ; y aquella Reyna en su casa haria dezir misa publicamente, lo qual no puede hazer agora, sino en su desban, y muy pocas vezes ; y que casí toda la nobleza de aquel Reyno son Catolicos en su corazon, y las mugeres lo son, y lo encubren menos por ser las haziendas de los maridos ; y ellas sustentan á los sacerdotes ; y en muy poco tiempo vendrian á tener los Catolicos tanta fuerza que con ella, y viendose superiores desarian la eregia, escarmentados de tan dura y larga persecucion como han padecido : y le seria necessario á aquel Rey reducirse aun por materia de estado, que de pressente está tan mal con los Puritanos que antes que se acomode con ellos seria bien no perder la sazon ; y V. Mag^d deve apiadarse de los Catolicos que allí le aman tiernamente ; que ayuda tambien á esto ser aquel Principe una perla en modestia, blandura, y en linda arte, que en casarse bien ó mal viene á ser de los mayores negocios que ay en el mundo, y Don Diego cumple con dezir lo que entiende.

Assimismo dize Don Diego lo que pasó con aquella Reyna con ocasion de la carta que la dio de V. Mag^d, y que es mucho lo que V. Mag^d la deve, y desea que su hijo case en España, y para esto le refirió las diligencias que havia hecho para desviar el tratado de Francia que le afirmó á Don Diego que havria de vivir y morir Catolica.

Tambien embia el dicho Don Diego un papel que le escribió Don Juan Digby en

about the matter of the marriage, and he adds that he understood that it has been seen by the King and the Earl of Somerset; and that what has been said about its being such as would give satisfaction to all Catholic princes is of great importance; besides which, they have given him to understand that the chapel in the palace will be as public as your Majesty's at Madrid, as the Divine offices will be celebrated in it with all publicity and solemnity, and that they will also be able to go so far as to give toleration of religion to the Catholics, which is all that the King can do at present. Thus, in a very short time the Catholics will be more numerous than the remainder of the population, and the principal men amongst them will have authority to arrange matters as they please, by which means the desired effect will be attained without disturbance, by the summoning of a parliament in which there will be a majority of Catholics; the King being unable to establish liberty of conscience by law without a parliament, though he can give toleration by suspending the execution of all the laws against the Catholics. That which would make them all despair would be the demand that the Prince should at once become a Catholic; for, if such a contract were entered into, besides the risk which both King and Prince would incur of losing life and kingdom, it would be a great disgrace and affront to bind them to this by a contract; and it appears to the well-affected that there will be many occasions on which the Prince may declare himself a Catholic; and a privy councillor said very angrily to Don Diego, that, if he had no orders to speak of this affair, he had better leave England, for if this opportunity were lost all chance of remedying and curing the evil would wither away and be at an end for ever, and he assured him that he was himself astonished to see in what a good position he was to do for God and His Church the greatest service which it had received since the coming of Jesus Christ into the world, and that the

---

esta materia de casamiento, y añade que entiende le han visto el Rey y el Conde de Somerset, que es gran punto lo que dize que será á satisfacion de todos los principes Catolicos, y le han dado á entender que la capilla en palacio seria tan publica como lo que V. Mag^d tiene en Madrid celebrandose en ella los officios Divinos con toda la publicidad y solemnidad que podrian alargarse á dar toleracion del religion á los Catolicos que es todo lo que el Rey puede hazer por agora; y muy pocos dias serán mas los Catolicos que lo restante del Reyno, y los mas principales tendrán autoridad para encaminarlo que quisieren, y por este medio se conseguirá el effecto con suavidad, juntando parlamento en [?] haviendo para el mayor numero de Catolicos, porque sin parlamento no puede el Rey dar libertad de conciencia por ley, pero puede dar la toleracion, suspendiendo la execucion de todas las leyes contra Catolicos, que lo les hará á todos desesperar será pedir que el Principe sea catolico luego, porque si tal se capitulase demas de abenturar á perder el Rey y su hijo la vida y Reyno, pareceles tambien que es gran mengua y afrenta obligarles á esto por capitulacion; que a los bien yntencionados parece que havrá muchas occasiones para que el Principe pueda declararse por Catolico; y un consejero de estado dijo á Don Diego con gran colera que sino tenia orden para hablar en esto que se fuese de Inglaterra, porque si se perdia esta occasion quedava añudado y rematado el remedio y la cura para siempre; y asegurava que el mismo se espantava de ver la buena disposicion en que estava aquello para poder hazer á Dios y á su Iglesia el mayor servicio que ha

right method of proceeding was to trust it to the King, bringing him under obligations with demonstrations of affection, and with showing esteem for his person.

Don Diego points out, that besides this, it is very necessary to be on the watch that the Catholics of Ireland be not ruined, and that the Pope may not abandon the Earl of Tyrone, who is most beloved in that kingdom, and who is a great bridle of the State of England.

III. Diego Sarmiento de Acuña to Philip III.

[Simancas MSS. 2593. 89.]

May $\frac{20}{30}$, 1615.

On the 16th of this month [May $\frac{6}{16}$] I gave account to your Majesty of the arrival of this ambassador's secretary, who brought with him the articles which, as he understood, would be proposed on your Majesty's part in point of religion, and requested the King to inform him on the margin what answer he could give to each of them.

The Secretary is now returning with an answer in the King's own hand, in the form which accompanies this despatch, though it is possible that, as they have been copied in great haste, some words may have been changed, or there may have been some mistake made by the person who translated them from the English.

The King is writing to Sir John Digby that at present he does not think it necessary for him to leave Madrid, either to come home or to follow your Majesty, till this business is in a more forward state, or till something else may occur to compel him to do so. Moreover, the King charges his ambassador not to engage him in the affair till he sees what hope there is of accommodating the point about religion; and, although I have always understood that the secretary would not take a better

---

recivido desde la venida de Jesu Christo al mundo, y que el modo era fiarlo de aquel Rey, obligando le con amor y hazer mucha estimacion de su persona.

Apunta Don Diego que tras esto es muy necessario estar á la mira de que los Catolicos de Irlanda no se deshagan ni desampare el Papa al Conde de Tiron, que es amadissimo en aquel Reyno, y gran freno para él de Inglaterra.

A los 16 deste dí cuenta á V. Mag^d como havia venido el secretario del embaxador deste Rey, y, traydole los puntos que entendia se propondrian por parte de su Mag^d en la materia de religion, pidiendo á este Rey que á la margen dellos mismos le direse lo que podria responder á cada uno.

Agora buelve el secretario con la respuesta de la misma mano del Rey en la forma que va aquí: puede ser que por haverlos copiado muy á prisa se aya trocado alguna palabra, ó por quien me los interprétara del Ingles.

Escrive el Rey al Don Juan Digby que por agora no le parece necessario hazer ausencia de Madrid para venir aquí, ni para seguir á V. Mag^d hasta que este negocio se adelante mas, ó aya otra alguna cosa que le obligue á ello; y encargale este Rey al embaxador que no le empeñe en este negocio hasta ver la esperança que podrá haver en acomodarse las cosas de la religion; y aunque entendí siempre que este secretario

answer on account of the distrust which, as I told your Majesty, the King has shown of this negotiation of Sir John Digby, and because the Earl of Somerset wishes to keep the direction of it in his own hands, I have nevertheless understood since, that besides these reasons, although the honour and advantages accruing from this business compel the King to desire it, and to take measures with that object, his fears are such that he finds grounds for frightening himself at the very accomplishment of that in which his true security consists. From the words which he has carelessly let slip during the last few days it may be gathered that he is afraid that, if his son marries your Majesty's daughter, he will at once become a Catholic, and will seize and take possession of the kingdom; so that it is not only mistrust of Sir John Digby, or his own unwillingness to come to terms, which stands in his way, but also the fear of the authority which his son will have as your Majesty's son-in-law, he having been so jealous of the late Prince, that, when he begged to be made Lord-Admiral in order to improve his capacity for business, and to gain an influence over naval affairs, the King was unwilling to give way to it, although the Admiral consented to it, on certain conditions which were offered for his satisfaction.

The King, too, asked me, with great astonishment, what reason our Lord the Emperor could have had to abdicate in favour of his son,—speaking to me in such a way that I could see that he had no intention of imitating him, or of retiring to a monastery. As they have now again begun to talk about the French plan, the King will wish to keep up both negotiations, thinking that he will, by this means, obtain better conditions.

I hold it to be necessary that Sir John Digby does not learn in any way that your Majesty has notice of these replies; but that if he should soften them down, or report them in some other way, you should rather accept his version and go on with

no llevaria mejor respuesta, por la desconfianza que como avisé á V. Mag^d el Rey ha mostrado para este tratado del Don Juan Digby, y quererle el Conde de Somerset guiar por su mano,—he entendido despues acá que demas desto, aunque la honra y conviniencias deste negocio le fuerza al Rey á desíallo, y procurallo, sus temores son de manera que en el effecto desto en que consista su verdadera seguridad halla tambien que temer; y de palabras que descuydadamente ha dicho estos dias se colige que teme que si su hijo se casa con hija de V. Mag^d se hará luego Catholico y le prenderá, y se le alzará con el Reyno, de manera que no es solo desconfianzas del Don Juan Digby, ni de que V. Mag^d no va con animo de concluyllo, sino que tambien le embaraza la autoridad que tendrá su hijo hierno de V. Mag^d, porque al Principe muerto tenia ya tanto que pidiendole que le hiziese Almirante para hazerse capaz y tener mano en las cosas de la mar no quiso el Rey darselo aunque el Almirante venia ya en ello con algunas satisfaciones que se le davan.

Y á mi mí ha preguntado con gran admiracion que fundamentos tubo el Emperador nuestro Señor para renunciar los estados en su hijo, hablandome en esto de manera que me pareze no lo hará él, ni se recogerá á monasterio; y como han buelto á hablarse en la platica de Francia querra este Rey tenellas vivas ambas, pareciendole que por este medio capitulará mejor.

Tengo por necessario que en ninguna manera sepa el Don Juan Digby que V. Mag^d tiene noticia de estas respuestas; antes, si él las adulzare ó las diere de otra manera, admiterselo y continuar el tratado, yendo en ello como hasta aquí grata-

the treaty, proceeding with it graciously; giving it a long rope without letting it loose, in the same way as has been hitherto done; and I will try to keep it up in the same manner here, giving account to your Majesty of whatever may occur.

IV. Diego Sarmiento de Acuña to the Duke of Lerma.

[Simancas MSS. 2594. 3.]

$$\frac{\text{June 22}}{\text{July 2}}, 1615.$$

SIR Robert Cotton, who is the person through whose hands the King wished to treat with me about his son's marriage, sent to ask me to put off the departure of this courier, whom he knew me to be despatching to Spain. The King had ordered him yesterday to speak to me at once on his behalf about a business of great importance. Upon this I detained the courier, and Cotton came to me this evening, and told me that the King had ordered him to say that, although this affair had not been treated of in Spain directly in the name of the King our Lord, and in his own, but only as between your Excellency and Sir John Digby, as if without special instructions, and though no one had spoken to him about it in England or had shown him any paper from his Majesty or from your Excellency, or anything else to open the negotiation, he was yet certain that his Majesty was proceeding sincerely upon the three points which he had mentioned to me, namely, that he would conscientiously treat of the marriage; that he would enter upon the treaty with the intention of bringing it to a successful issue, the conditions being such as would be advantageous to both sides; and that, in point of religion, he would not ask him to do at present more than he could.

He also said that, as he could understand that your Excellency, having accepted the

---

mente, de manera que el negocio este a sido con cuerda larga sin soltalla, que de la misma manera procuraré yo acá entretenella, yendo dando cuenta á V. Mag^d de lo que se offreciere.

El Cavallero Coton, que es la persona por cuya mano este Rey ha querido tratar conmigo del casamiento de su hijo me envió á dezir que suspendiese la partida deste correo que supo despachava á España, porque el Rey le avia ordenado ayer que me hablase luego de su parte sobre un negocio de mucha importancia, y assi detubé el correo, y el Coton venia esta tarde y me dijo :—

Que el Rey le havia ordenado que me dixese que aunque en España no se havia tratado deste negocio derechamente en nombre de Rey nuestro Señor ni del suyo si no solamente entre V. E. y Don Juan Digby de officio proprio, y á él no le havia hablado aquí nunca en ello ni mostrado papel de su Mag^d ni de V. E. ni otro para tratallo, él estava seguro de que su Mag^d procedia sinceramente sobre los tres puntos que me havia dicho; de poder tratar esto casamento conforme á su conciencia; y yria en el tratado con animo de concluylle siendo las condiciones quales conviniesen á ambas partes; y que en materia de religion no se le pedirá que haga de pressente mas de lo que pueda.

Que por entender que pues V. E. ha admitido esta platica no havia sido sin dar

negotiation, must necessarily have given account of it to his Majesty, it was right, that now that the treaty was to be openly commenced, his master should be the first to begin. This, therefore, he wished to do ; and he thought that if, as his ambassador assured him in his letters from Madrid, his Majesty would be content with the articles which had been proposed to him there, and which he had sent to England, the business was finished ; for there was little in them to make him hesitate, and they might easily come to an agreement upon them ; for, said Cotton, to speak plainly to me, the only difficulty worth thinking of, upon which the King felt any doubt, was that he considered that the ratification of the marriage should take place here with great solemnity, in the same form as that with which Henry IV. of France married Madame Margaret, and that this should take place, not in a church, but in a room. I think he meant that it was to be done by a Protestant bishop, as the ceremony in Spain would be performed by a Catholic bishop ; but he did not say this, and I did not wish to inquire.

Cotton then proceeded to say that his master had only one son, and that he wished to see him well-married in order to revive the memory and good name of his mother, and that he might be able to appear before her with his face uncovered, as knowing how much pleasure he would give her in this ; and that his only discomfort was that the Earl of Northampton was not alive to negotiate it, he having often spoken to him about it, showing how much he desired it. Moreover, in order that I might see in what manner he wished to open the negotiation, and how nobly he would carry it on, he would tell me in confidence, that, as I was aware, he had gone very far in a treaty for the King of France's second sister, and that at this time an attempt had been made to bring that match to a conclusion. This, however, he had refused to do, and so he had resolved to summon the commissioners through whose hands the French treaty had passed to meet on Saturday the 4th (the day after to-morrow),

---

cuenta á su Mag^d, y haviendo de comenzarse á tratar descubiertamente, era justo que él lo comenzasse á pedir, y que assí lo queria hazer, y le parecia que si como su embaxador se havia escríto de Madrid su Mag^d se contentase con los capitulos que ahí se le diéron y él envió aquí, el negocio estaba acavado, porque en ellos havia poco que reparar, y se podrian ajustar facilmente, porque hablandome claro, sola la dificultad de consideracion en que el Rey reparava era en que aquí se hiziere la ratificacion del matrimonio con mucha solemnidad con la misma forma que se casó Henrique IV. de Francia con Madama Margarita, y que esto se hiziere no en Iglesia, sino en una sala (parezeme que con animo de que sea por mano de obispo Protestante como en España Catholico, aunque no me lo declaró, ni yo lo quise apurar).

Y que él no tenia mas de un hijo, que desseava velle tan bien cassado por resuscitar la buena memoria y nombre de su madre, y parezer ante ella con la cara descubierta, porque sabia el plazer que la daria en esto, que solo lo hazia soledad que no fuese vivo el Conde de Nortanton para tratallo, porque muchas vezes le havia hablado en ello, mostrando desearlo ; que, para que yo viese de la manera que queria dar principio á este negocio, y tratallo noblemente, me hazia saber en confianza y secreto que como yo havria entendido havia estado muy adelante con hermana segunda del Rey de Francia, y estos dias se havia tomado apretar la conclusion dello, pero que él no lo queria, y assí estava resuelto que el Sabado (pasado mañana) 4 deste, juntaria los comissarios per cuya mano se trata esto de Francia, y los

and to dismiss them with a plain and resolute negative. Of everything that passed he would send to give me account.

I replied by saying how much I desired that the treaty with Spain could be effected, and that, though I had no commission or express order to negotiate it, I would from henceforward do all good offices that he could suggest, and which I could suppose to be useful for bringing it about, as I knew what advantages there were in this treaty for the security of the King and his son.

Sir Robert also told me that he had advised the King of his own accord to keep up the treaty with France till he saw how his offers were accepted in Spain, and that the King had answered that this would have been good advice if he had been a merchant to haggle over the bargain, but that he did not see how, being a King, he could, agreeably with his honour, treat of the Spanish marriage without first breaking off the French one. He was therefore resolved to break it off in the manner which I had just heard of.

The King had also told him to inform me, that, if a true confederacy could be settled between himself and his Majesty, he wanted nothing more, and with this he would break with the Dutch, of whom he was very tired; and that I should consider what a risk he was running; for, if this marriage did not take effect, he would be discredited, and at an open rupture with France, Holland, and even with his friends in Germany.

He also told me that the Earl of Somerset had placed all his rest on this business, and had gained over the Duke of Lenox, who is the principal commissioner for the French marriage, and had brought him to persuade the King that the Spanish marriage would be the better one ; the Earl of Somerset having thus run the risk, either

---

despediria, dandoles clara y resuelta negativa, y me yria enviando á dar cuenta de todo lo que se hiziesse.

Yo le respondí quanto desseava que este pudiese encaminar y que aunque no tenia comisión ni orden expressa para tratar dello, haria desde aquí todos los buenos offícios que él me advertiese, y yo alcanzare serian á propossito para la conclusion, entendiendo las conviniencias que allava en este tratado para la honra y seguridad deste Rey y de su hijo.

Dixome mas el Don Roberto Coton que el havia dicho al Rey de officio suyo, que entretuviesse el tratado de Francia sin despedille hasta ver como se admitia lo de España, y que el Rey le respondió que eso era bueno para se fuera el mercador para recatear á quien da mas, pero que como podia él con su honra siendo Rey tratar el casamiento de España sin haver despedido él de Francia; y que assí quedó resuelto en despedille en la forma que me dezia.

Y que assí le havia dicho el Rey que me dixese que asentando verdadera confederacion su Mag[d] no queria mas, y con esto se apartaria de Olanda que le tenian ya muy cansado, y que viese yo á lo que se aventurava, pues si este casamiento no se hazia quedaria desacreditado y roto con Francia, Olanda, y aun con los amigos que tenia en Alemaña.

Tambien me dijo que el Conde de Somerset havia puesto todo su resto en este negocio, y ganado el Duque de Lenox que es el principal de los comisarios que tratan lo de Francia, y le ha reducido á que persuada al Rey que le está mejor lo de España, aventurandose el Conde de Somerset á ganarse y asegurarse si se hazia, ó á perderse

of improving his position and strengthening himself if it succeeded, or of ruining himself if it failed. Cotton concluded the conversation by telling me that he was mad with joy at seeing the affair in this state, as he did not wish or desire anything more than to live and die an openly-professed Catholic, as his fathers and ancestors had done.

I gave him an embrace, telling him that God would guide everything as was most conducive to His holy service; and that he should inform me of everything that was done, which he promised to do. I have told your Excellency punctually everything that has passed, in order that you may give account of it to his Majesty, and may direct me what I am to do.

V. Conditions proposed by the Theologians.

[Simancas MSS. 2518, 41, 40.]

Sept. $\frac{5}{15}$, 1617.

NECESSARY CONCESSIONS with which it will be possible to treat for the marriage.

1st. Condition.—That the Pope must be informed of all that may be treated of, and that may have to be done ; and that it is to be effected with his directions and blessing, and he must be allowed to add and omit whatever he may please.

[Because the dispensation is indispensable, and, also, for the sake of the example owed to the Catholics and to those who are not Catholics, because this marriage is to be a model for future generations, no other like it having been known before.]

2. That neither the King, the Prince, nor any one else are to use violence with the Lady Infanta in point of faith or religion, nor are they to employ any rigour or

---

sino se hacia, concluyendo esta platica el Coton con decirme que él estava loco de contento de ver esto en este estado, porque no pretendia ni desseava otra cosa mas que vivir y morir publicamente Catolico como sus padres y abuelos lo havian sido.

Díle un abrazo, diziendole que Dios lo encaminare como mas conviniese para su santo servicio; y que me fuese avisando de lo que se hiziese, como me dezia lo haria; y yo he dicho á V. E. puntualmente todo lo que ha passado para que dé cuenta dello á su Mag^d, y me mande á me lo que tengo de hazer.

CONVENIENCIAS PRECISAS con que se podrá tratar del matrimonio.

1ª Condicion.—Que [de] todo lo que se tratare y ubiere de hacer se ha de dar cuenta al Papa, y se ha de hacer con su orden y bendicion, y ha de poder añadir y quitar lo que le pareciere.

[Porque la dispensacion es necessaria, y tambien por el exemplo que se debe á los Catholicos y á los que no lo son, porque este matrimonio ha de ser exemplar para los venideros por no aver visto otro tal.]

2da Que á la Señora Infanta no la han de hacer ninguna violencia en materia de fee y religion el Rey ni el Principe ni otra persona, ni en orden á persuadirla us.rán de

persuasion in order to persuade her, and the same is to hold good with those of her household, to which the King and the Prince are to bind themselves by a solemn engagement.

[Because the marriage would not be lawful if this security were not given with regard to the Lady Infanta, and to her family.]

3. That, when the Lady Infanta is to pass over to that kingdom, she may take with her her whole household chosen by herself, there being comprehended in it not only the immediate servants of her Highness, but also the servants of her servants ; that there is to be one of them to punish those who err in matters of religion; that he shall be a Catholic bishop, in order that he may be able to administer all the sacraments, even those of orders and confirmation ; that amongst the punishments to be inflicted may be the dismissal of the delinquent from her Highness's service ; that the number of servants, both lay and clerical, may be such as her Highness shall wish by the orders of the King our Lord ; that the latter may wear their proper habit, whether they are of the secular or of the regular clergy, and that no one shall dare to deride them, or offer them any discourtesy, under penalty of heavy punishment.

[This condition relates also to the security of the Lady Infanta, as giving assurance to the Catholic persons with whom she will have to live.]

4. That, besides the oratory which the Lady Infanta is to have in her house for herself and for all the Catholics, there may be a public church sufficiently large in which all the divine offices may be celebrated, the sacraments administered according to the holy Catholic Roman Church, and the holy gospel preached after the sense of the holy fathers, and as it is understood by the holy Roman Church, in which the Catholics of whatever nation they may be present, and in which there may be a

---

ningun medio de rigor ni de blandura, y lo mismo con los de su familia de lo qual an de hacer el Rey y el Principe pleyto homenage.

[Porque no seria licito el matrimonio si no se diesse esta seguridad ansi respecto de la Señora Infanta como de su familia.]

3ª Que quando la Señora Infanta aya de passar á aquel Reyno lleve toda su familia á su elecion, comprehendiendo en ella no solos criados imediatos de su Alteza, sino tambien los criados de criados, y que dellos aya de aver uno que castigue á los que faltaren en materia de religion, y que este sea obispo Catolico para poder administrar todos los sacramentos como él de la orden y confirmacion, y que parte del castigo ha de ser que al delinquente despidan del servicio de su Alteza, y que el numero de los criados assí seglares como eclesiasticos sea él que su Alteza quisiere con orden del Rey nuestro Señor, y que puedan vestir el trage conforme á su profession ó clerical, ó religioso, contra los quales ningun se atreva ni descomida ni burle dellos, prohibendolo so graves penas.

[Esta condicion pertenece á la misma seguridad de la Señora Infanta, por lo que assigura la gente Catholica con quien ha de tratar.]

4ª Que demas del oratorio que la Señora Infanta ha de tener dentro de cassa para se y para todos los Catholicos, aya una Iglesia publica bastantamente capaz, donde se celebren todos los oficios Divinos y administren los sacramentos segun el uso de la santa Iglesia Catolica Romana, y se predique el sancto Evangelio segun el sentido de los sanctos [padres] y como la Sancta Iglesia Romana lo entendiende, donde assistan los Catholicos de qualquier nacion que sean, donde ayan numero de

number of altars, crosses, images, holy water, indulgences, and where Catholics may
be buried with the ceremonies which are customary in the holy Roman Church;
where, too, there may be bells rung at the accustomed times, and where the most holy
sacrament may be reserved for the sick, and also that of extreme unction, sufficient
care being taken that there is no irreverence done in act or word to the church, the
images, or the sacred things, and much less to the most holy sacrament.

[Because that which is principally aimed at by means of this marriage is the
special good of this kingdom, the which is achieved by this means as far as possible
at present.]

5. That the children who shall spring from this marriage are to be baptized after
the Catholic rite, not only as respects the substance of baptism, but according to the
ceremonies used in the holy Roman Church, and that by a Catholic minister; and
that their education till the years of discretion may belong to the Lady Infanta;
and that the nurses may be chosen by her, as belonging to her family, and in the
same way the servants of all the aforesaid children; and that, when the time comes
to give them tutors and masters, they shall also be chosen by her Highness; and
that, if they wish to be Catholics, they may neither be persuaded nor compelled to
the contrary, either directly or indirectly; and that, if they become Catholics, they
shall not thereby receive any prejudice in the succession of those kingdoms and lordships.

[Because it is the law of the Church that the children belong to the Catholic
parent, as is demanded in this condition, and in this way provision is made for the
special good of the children.]

6. That there may be granted to the Catholics of that kingdom, both native and
foreign, whether they are Catholics already or wish to become so, and that even if

---

altares, cruces, imagenes, agua bendita, indulgencias, y se entierren los Catholicos
con las ceremonias que acostumbra la Santa Iglesia Romana, y aya tambien campanas que se tañan á sus tiempos acostumbrados, y que aya de aver SS^{mo} sacramento
para los infermos, y él de la extrema uncion, proveyendo de sufficiente resguardo
para que ni á la Iglesia ni á las imagenes ni á las cosas sagradas y mucho menos al
SS^{mo} sacramento no se les haga ninguna irreverencia de obra ni de palabra.

[Porque lo que principalmente se intende per esto matrimonio, entre otras cosas,
es el buen special de aquel Reyno, el qual se encamina por este medio quante puede
ser de presente.]

5ta Que los hijos que procederán deste matrimonio sean baptizados al rito Catholico, no solo quanto á la substancia del baptismo, sino quanto á las cerimonias que
usa la Santa Iglesia Romana, y por ministro Catholico, y que su educacion hasta
los años de discrecion pertenezca á la Señora Infanta, y las amas ayan de ser de su
elecion, como pertenecientes á su familia, y ansí mismo los criados por cada de los
dichos hijos, y que quando sea tiempo de darles ayos y maestros, serán tambien á
elecion de su Alteza, y que, si quisieren ser Catholicos, no puedan ser persuadidos ni
cumplidos á lo contrario directa ni indirectamente; y que, si fueren Catholicos, no
les perjudique el serlo á la sucesion de aquellos Reynos y Señorios.

[Porque es derecho de la Iglesia que al parente Catolico pertenezcan los hijos
como esta condicion lo pide, y con ello se provee el bien special de los hijos.]

6ª Que á los Catholicos de aquel Reyno naturales y estrangeros, ansí á los que lo
son, como á los que lo quisieren ser, aunque sean Ingleses, se las conceda el uso libre

they are English, the free use of the Catholic religion according to the use of the holy Roman Church, and that this may be done by the suspension for ever of the laws against them in that kingdom, to commence from the day in which the marriage articles are agreed upon : to the observation of which the King and the Prince are to enter into a solemn engagement, and are to swear that they will revoke those laws by the Council of State and the Cortes as soon as they can ; and that for all this there may be a law and a public and general decree.

[To prevent the persecution of the Catholics, in order that they may be confirmed in the faith, and that those who are not Catholics may submit themselves.]

7. That the oath of allegiance may not be required of the Catholics in the form in which it is now imposed in that kingdom ; that is to say, that it may bind them merely in temporal and political things, and not in any matter touching religion ; and that, if any one wishes to be converted to the holy Roman Church, he may not be considered to have broken the aforesaid oath for that which touches matter of religion.

[This also prevents the persecution of the Catholics ; and in real truth the oath of allegiance, as it is demanded in England, is unlawful, as being contrary to the true religion.]

8. That, if there should be any law in that kingdom against the indissolubility of matrimony, they are to repeal it, and the Prince is to renounce it, and to swear that he will make no use of it, or of any other law of divorce, except such as are held and used in the holy Roman Church.

[Because this condition pertains to the substance of matrimony, and without it no good provision can be made for the security of the Lady Infanta.]

---

de la religion Catholica de la manera que la usa la Santa Iglesia Romana, y que este sea suspendiendo desde el dia que se assentarán las capitulaciones para perpetuamente la exequcion de las leyes que ay en aquel Reyno contra ellos, y que el Rey y el Principe hagan pleito homenage y juramento de revocar las dichas leyes por el Consejo de Estado y Cortes lo mas preste que pudieren, y que de todo esto aya ley y decreto publico y general.

[Para accurrir á la persequcion de los Catholicos, para se confirmen en la fee, y los que no lo son se reduzgan.]

7ª Que á los Catholicos no los pidan el juramento de fidelidad en la forma que ahora se hace en aquel Reyno ; este es que en solo lo temporal y politico los obligue, y no en materia tocante á religion ; y que si alguno se quisiere convertir á la de la Santa Iglesia Romana, no sea visto quebrantar el dicho juramento por lo que es tocante á materia de religion.

[Tambien occurre á la persequcion de los Catolicos ; y en realidad de verdad el juramento de fidelidad de la suerte que lo piden en Inglaterra no es licito por tan contra la verdadera religion.]

8ª Que si en aquel Reyno ubiere alguna ley contra la indisolubilidad del matrimonio, la ayan de revocar, y el Principe la aya de remenciar y jurar de no aprovecharse della, ni de ninguna otra ley de divorcio, sino las que tiene y usa la santa Iglesia Romana.

[Porque esta condicion pertenece á la substancia del matrimonio, y sin ella no se proveeria bien á la seguridad de la Señora Infanta.]

9. That, when the time comes for delivering the Lady Infanta, the Prince of Wales may come to fetch her in that one of the cities of Spain which shall be pointed out to him.

[Because there may be some means found for the conversion of the Prince, and because it pertains to the dignity and authority of the Lady Infanta.]

10. That, for the security of the agreement made, the tolerance of the breach of the laws against the Catholics may commence at once, and that the church which is to be built for them may be open from the day on which the articles are accepted; and, moreover, that the Infanta may remain here without going to England for at least three years, in order that we may see in the meanwhile how the English fulfil their engagements.

[Because in this way the tolerance of religion, as well as the other securities, will be put to the test of experience, and will be the more certain, which is that which is principally desired.]

11. That the ambassador may be asked what pledges he can give, and afterwards others may be asked of him for greater security; and that amongst them may be the portion which is agreed upon between them, payment of it being kept back till a certain term as may be agreed upon.

[This pertains to the greater security of all the aforesaid conditions.]

12. That all these articles and conditions may be sworn to by the King and the Prince; and that they may enter into a solemn engagement to fulfil them from the day on which they shall give their assent, binding themselves to have them confirmed by the Parliament and Cortes of that kingdom.

[The reason of this is, the same security as has been spoken of in the preceding clauses.

13. That the King may name amongst his councillors some Catholics to some good number.

9ª Que quando llegue el tiempo de las entregas, aya el Principe de Gales á venir á buscar la Señora Infanta á una de las ciudades de España la que se señalare.

[Porque puede ser algun medio para la conversion de aquel Principe, y pertenece á la decencia y autoridad de la Señora Infanta.]

10ª Que para seguridad de lo concertado aya de começar la tolerancia de las leyes que ay contra los Catholicos y la Iglesia que para ellos ha de aver desde el dia que se asséntaren las capitulaciones, y que despues desto aya de estar la Infanta sin hir á Inglaterra por lo menos tres años, para que en este tiempo se vea como se cumple lo assentado.

[Porque por esta via se tomará experiencia y seguridad de la tolerancia de la religion que de las demas condiciones que es lo que principalmenté se pretende.]

11ª Que se pidan rehenes al embaxador los que puede dar, y despues se le podrán pedir otros para major seguridad, y que sea parte dellos la dote que se señalare, la qual no se pague hasta cierto termino como se concertare.

[Este pertenece a la mayor seguridad de todas las condiciones dichas.]

12ª Que todos estos capitulos y condiciones las ayan de jurar el Rey y el Principe, y hacer pleito homenage de cumplirlas el dia que se assentarán, obligandose á confirmarlas por el Parlamento y Cortes de aquel Reyno.

[La raçon desta es la misma seguiridad que de las precedentes.]

13ª Que el Rey aya de nombrar para sus consejos algunos Catolicos en algun bueno numero.

[In order to animate and confirm the Catholics in their faith and religion.]

14. That everything that is sought in favour of the Catholics of England may be understood, and is to be understood, of the Catholics of Ireland and Scotland.

CONDITIONS which are to be asked by way of conveniency :—

1. That the Prince of Wales may promise his conversion to the obedience of the holy Roman Church.

[First, because perhaps the Pope was unable to grant a dispensation to the late Prince of England ; secondly, because St. Thomas says that to dwell with a heretic is unlawful, if he will not promise his conversion, but remains obstinate, like the Prince of Wales, and, consequently, it appears that marriage is equally unlawful; thirdly, because this is to be a model for coming ages, and it will be a great disgrace if it does not have every necessary justification; fourthly, because, if it is not done, it will be a bad example to the heretics, and a scandal to the Catholics.]

2. That he may repeal the laws which are in England against the Catholics, and give liberty of conscience from the moment that the marriage is agreed on, or at least from the day of the delivery.

[Because the chief object at which the King, our Lord, is understood to aim at by means of this marriage is the comfort and security of the Catholics of England, and the opening of a door to the conversion of many heretics, for which purpose no better means than liberty of conscience can be imagined.]

3. That there are to be many churches in England in which the Divine offices

---

[Para alentar y confirmar los Catolicos en su fee y religion.]

14ª Que todo lo que se pide en favor de los Catolicos de Inglaterra se entienda y aya de entender de los demas Catolicos de Irlanda y Escocia.

CONDICIONES que se an de pedir por via de conveniencia.

1ª Que el Principe de Gales prometa su conversion á la obediencia de la Santa Iglesia Romana.

[Lo, o porque quiça al Papa no queria dispensar con el Principe muerto de Inglaterra: lo 2do, porque S. Thomas 3 p.q. 89 ar 3 in cor. et. ad. dice que no es licita la cohabitacion con el herege que no quiere prometer su conversion sino estarse obstinado en sus errores, como lo está el Principe de Gales; y consiguamente parece que tampoco el matrimonio sera licito: lo 3º, porque este materia ha de ser exemplar para los siglos venideros, y seria gran mengua que no hubiesse todos justificaciones necesarias, lo 4to, porque, sino fuese tal, seria de mal exemplo para los hereges, y escandalo para los Catolicos.]

2da Que aya de revocar las leyes que ay in Inglaterra contra los Catolicos, y dar libertad de conciencia desde el punto que concertare el matrimonio, ó por lo manos desde el dia de las entregas.

[Por ser el principal que se entiende pretende el Rey nuestro Señor por este matrimonio el consuelo y seguridad de los Catolicos en Inglaterra, y abrir puerta para que muchos hereges se conviertan, para lo qual no se representa mejor medio que la libertad de conciencia.]

3ª Que aya de aver muchas Iglesias en Inglaterra, en que se celebren los Divinos

may be celebrated according to the use of the holy Roman Church ; Catholics may be interred, and the Gospel preached ; and in which there may be images, crosses, holy water, bells, and everything else that is used in the churches of the Catholics ; and that this may be done by the Cortes, and may comprehend Scotland and Ireland, some certain time being fixed for the fulfilment of this condition, such as three or four years.

[Because this is a consequence of liberty of conscience or tolerance of the breach of the laws ; and because, there being as many Catholics as there are houses [?] in England, they would not be sufficiently provided for by only one church in the city of London.]

4. That some Catholic doctors may be allowed to read lectures in the Universities of England, on the holy canons and on sacred theology, as well as on the holy scriptures, according to the understanding of the holy Roman Church and the holy fathers and councils, with whatever stipend may be supplied by the Catholics.

[Because this method is so well adapted to the conversion of that kingdom, and for the true instruction of the ignorant.]

5. That the Ambassador who is to come to Spain from England shall be one of the Catholics.

[In order that he may come with Catholic servants, and not with heretics ; that those of his sect may not preach in Madrid, lest they should deceive the people and scandalize the members of the religious orders, and it may be that God would punish us for it.]

6. That secular and regular clergy may pass to that kingdom in their proper habits, and may not be punished for speaking in accordance with their religion, and that no man may impede them.

---

officios segun el uso de la santa Iglesia Romana, se entierren los Catolicos, y se predique el evangelio, y que en ellas aya imagenes, cruces, agua bendita, y campanas, y lo demas que se usa en las Iglesias de los Catalicos, y que esto se haga por las Cortes, y comprehenda á Escocia y Irlanda, y se señale algun tiempo determinado para el cumplimiento desta condicion, como de tres ó quatro años.

[Porque esto se consigue á la libertad de consciencia á tolerancia de leyes ; y porque aviendo tantos Catholicos como aya paredes [?] por Inglaterra no se les probe sufficientemente con sola una Iglesia que está en la ciudad de Londres.]

4ta Condicion.—Que puedan leer en las universidades de Inglaterra algunos Doctores Catolicos, ansi sagrados canones como la Santa Theologia, y sagrada Scriptura segun la entiende la Santa Iglesia Romana, y los sanctos Padres y Concilios, con tal qual stipendio avia de ser por cuenta de los Catholicos.

[Por ser este medio tan á proposito para la conversion de aquel Reyno, y para la verdadera enseñança de los ignorantes.]

5a Que el Embaxador que ubiere de venir á España por Inglaterra aya de ser uno de los Catholicos.

[Porque venga con él criados Catholicos y no hereges : porque no prediguen en Madrid su secta que puedan engañar el pueblo, y escandaliçar á los freles ; y puede ser que Dios nas castigue por ello.]

6a Que puedan passar á aquellos Reynos clerigos y religiosos en sus proprios habitos, y que no puedan ser castigados por hablar conforme á su religion, ni nadie se lo puedan impedir.

[In the first place, because this is comprehended in the tolerance for breach of the laws ; and in the second place, because by this means we can attain to our principal object, which is the extension and confirmation of our faith in those kingdoms.]

If they will not accept these conditions, they will serve to bring them, at least, to concede those which are demanded as indispensable.

VI. Extracts from a Consulta by Luis de Aliaga and the Count of Gondomar.

[Simancas MSS. 2518. 42.]

January $\frac{3}{13}$, 1619.

In the first place, from the things which the Count of Gondomar has seen in England during the years in which he has been there, and from his communications with the King, and with his ministers and confidants, he is of opinion that the chief heresy of the King consists in considerations of policy, which have respect to the preservation of himself and of his realm. This is known to those who are not well affected towards Spain, and they have put many fancies in his head to divert him from your Majesty's friendship, begging him to consider that, if the tie becomes close, he will not be able to maintain the authority and influence which he now has with the Dutch, the Huguenots of France, the heretics of Germany, Denmark, Sweden, Switzerland, and other parts, all of whom are at his devotion ; whereas he will be more sure of them the day that they see him separated from Spain, as was the case with Queen Elizabeth, who, being a woman, and therefore less powerful than he is, yet kept up for so many years a war against this Crown, enriching herself by its

---

[Lo 1º, porque esto se entiende en la tolerancia de las leyes; y lo 2ᵈº, porque por esto medio se puede encaminar el fin principal que se pretiende de la extension y confirmacion de la fee en aquellos Reynos.]

Servirán estas condiciones para que, sino las quisieran admitir, concedan por lo menos los que se piden como precisas.

Lo primero de lo que el Conde de Gondomar ha visto en Inglaterra los años que ha estado en ella y comunicado con aquel Rey y sus ministros y confidentes, juzga que la heregia principal del Rey es en materia de estado, conservacion suya y de su Reyno ; y conociendo esto los que no son tan affectos á las cosas de España, le han puesto muchas sombras para desviarle de la amistad con V. Magᵈ, ponderandole que estrechandola mucho no podrá convervar la autoridad y mano que oy tiene con Olandeses, con los Uganotes de Francia, con los herejes de Alemaña, Dinamarca, Suevia, y Esquizaros, y otras partes, los quales todos están á su devocion, y los tendrá mas seguros el dia que vieren desasido de España, como los tuve la Reyna Isabel, que, siendo muger tanto menos poderosa, conservó tantos años la guerra con-

means. And they also say, that, if he allies himself with Spain, your Majesty, seeing him separated from his other friends, will, as being the more powerful of the two, attempt to give laws to England, or, at least, will look to nothing but your own interests.

*   *   *   *   *

The method adopted by the Count of Gondomar to set him free from these fears, and to engage him gradually in friendship with your Majesty, has been the display of your Majesty's great power, together with very great plainness and confidence, as well as truthfulness, in his behaviour towards him. He also laid great stress on his intercourse with Spain, and upon the security with which he would be able to live in his own kingdoms, if he could establish this friendship; since, as soon as he was seen to be united to that Crown, all men would keep quiet, without daring to stir against him. The Count added, that even the Catholics themselves, of whom he was now so jealous, would be his firmest supports, in whom he could place the greatest confidence. At the same time he tried to preserve and augment the Catholic religion in England, particularly amongst the ministers of the Crown and the most powerful personages of that kingdom, in order that they might give their assistance to the work of engaging the King in a close amity with the Crown of Spain, and might be firmly secured to your Majesty's side in case that war might break out and become necessary.

*   *   *   *   *

In this way it appears that the King of England will be engaged in amity with Spain in such a way that, if the attempt is supported from hence, we may hope to obtain a more secure friendship. The advantage of this in point of state is well

----

tra esta Corona en riqueziendose con ella.   Y tambien le dizen que, teniendo confederacion con España, viendole V. Mag^d apartado de los demas amigos, como mas poderoso, querrá dar leyes á Inglaterra, y por lo menos trattar de solo su negocio.

*   *   *   *   *

El medio que el Conde de Gondomar ha tenido para quitarle estos miedos, y irle empeñando en la amistad con V. Mag^d ha sido mostrandole el gran poder de V. Mag^d, y una muy gran llaneza y confiança con mucha verdad en su tratto, encareciendole lo que se tratta en España, la seguridad con que podrá vivir en sus mismos Reynos, asentando esta amistad, para viendole unido con esta Corona se aquietarán todos sin que nadie osase menearzele ;—que los mismos Catolicos de quien oy se rezela tanto serán los mas seguros, y de quien mejor se podrá fiar, y juntamente con esto ha procurado conserbar y aumentar en Inglaterra la religion Catolica, particularmente entre los ministros y personas mas poderosas de aquel Reyno, para que estos de su parte ayudassen tambien á empeñar á aquel Rey en estrecha amistad con esta Corona, y ser seguros de la parte de V. Mag^d, para en caso que se rompa y sea necessaria la guerra.

*   *   *   *   *

Por lo referido parece que el Rey de Inglaterra será empeñando en la amistad con España, de manera que ayudandose de acá se puede esperar el tenerla mas asegurada. Lo que esto combiene en materia de Estado es cosa muy sabida, porque, aunque el

known ; for, although the King of England is not rich, his kingdom is very rich, and the general treasure in it is great ; and it is certain that his subjects would grant him large supplies if he should be at war with your Majesty, and that the sea would be covered with ships if he gave them leave to form fleets and to practise piracy against Spain. Nor can there be any doubt that if the King of England were to combine with the Dutch, the French Huguenots, the heretics of Germany and other parts ; and if the affairs of their sects were settled, and if they took the King of England for their head, as they have sometimes talked of doing, and as they wish to do, and as they would have gone on to carry their designs into effect if the Count of Gondomar had not diverted the attempt,—the King of England would be able to cause great anxiety to the Catholic religion, and to this monarchy, which is its principal column. And further it is well known how advantageous this is for the service of God and of this Church, to which your Majesty with your holy zeal princi-pally attends ; since, if the Crown of England is united with that of Spain, the Catholic religion in England will prosper more and more every day, so that, with the help of God, we may hope for the reduction of that kingdom to the faith. This has been shown by experience, for since the Count of Gondomar has been there those who have submitted to the Church and are Catholics in that kingdom are beyond number ; and besides this there has been the public demonstration made by Lord Roos, and by the Earl and Countess of Argyll, and that which will be made by Sir Charles Cornwallis when he receives orders from your Majesty ; and there are the hopes which an infinite number of others have conceived that when the proposed marriage is accomplished there will be liberty of conscience, who will do the same as the others before mentioned the very day on which their expectations are deceived. Besides this the Count has checked the persecution of the Catholics in that kingdom by moderating the execution of the laws and of the commissions of the pursuivants,

---

Rey de Inglaterra no está rico, lo está mucho su Reyno, y es grande el tesoro general que ay en él, y cierto lo mucho con que le socorrerian si tuviesse guerra con V. Mag^d ; y que se llenaria el mar de navios si él les diesse licencia para hazer armadas y piracias contra España ; y no ay duda de que viniendose el Rey de Inglaterra con Olandeses, Uganotes de Francia, herejes de Alemaña, y otras partes, y asentando las cosas de sus setas, y tomando por cabeça al Rey de Inglaterra como algunas vezes lo han trattado y dessean, y lo huvieran continuado y adelantado, si el Conde de Gon-domar no lo huviera divertido, podria dar mucho cuydado á la religion Catolica y á este monarchia, que es la columna principal della. Y lo que conviene al servicio de Dios y de su Iglesia á que V. Mag^d con su santo zelo atiende principalmente es tam-bien cossa muy sabida, pues estando la corona de Inglaterra unida con esta, las cosas de la religion Catolica eran allí en aumento cada dia, de manera que se puede esperar con la ayuda de Dios la reducion de aquel Reyno. Esto lo ha mostrado la esperiencia, pues despues que el Conde de Gondomar está allá son innumerables los que en aquel Reyno se han reduzido á la Iglesia, y son Catholicos, y la demostracion publica que hizo el Varon de Roos, la que ha hecho el Conde y Condesa de Argaill, la que hará Don Carlos Cornwallis en teniendo orden de V. Mag^d, y las esperanças en que están otros infinitos de que con effettuarse el casamiento que se tratta abrá libertad de concienica, y el dia que faltare esto harán lo mismo que han hecho los referidos ! Lo que ha cesado la persecucion de los Catolicos en aquel Reyno, moderando la execucion

who are, as it were, inquisitors against the Catholics. Lately, too, the King has listened to matters relating to the Catholic religion without exciting himself as he used to, and has, at the instance of the Count of Gondomar, given liberty to more than a hundred Catholics, most of them being priests, who went about London publicly whilst the Count was there, and, although the King knows that they have since returned, he puts up with it.

All this we have thought fit to represent to your Majesty, in order that, after considering the spiritual and temporal advantages of the course proposed, you may be pleased to direct it to be taken into consideration whether it will be well to put matters in train so that the King of England may be secured in friendship with your Majesty, and that every day he may be the more engaged in it, and diverted from his alliance with others, it being with this object that your Majesty held it to be advantageous that the Count of Gondomar should try (as, in fact, he succeeded in doing) to break off the marriage of the Prince of Wales with the sister of the King of France by means of ideas and hopes that, if matters of religion could be accommodated, the Spanish marriage could be obtained.

The principal difficulty in accomplishing this is that liberty of conscience in England, which is, on this side, held to be necessary, as on the other points we seem either to be agreed or to want but little to come to terms, whereas, with respect to this, which is the principal one, and without which the Father Confessor and the Count of Gondomar do not think that it would be right to agree to the treaty, the King of England makes a difficulty, and the reason which he gives for not yielding to it is that the laws which are now in England upon matters of religion were made by the Parliament, and that, without the Parliament, the King cannot repeal them,

---

de las leyes y las comisiones de los pursivantes, que son como Inquisidores contra los Catolicos ; y ultimamente el oyr aquel Rey las cosas de la religion Catolica tan sin alterarse como solia, y dar libertad á instancia del Conde de Gondomar á mas de cien Catolicos, y lo mas dellos sacerdotes, que anduviéron en Londres publicamente mientras estuvo allí el Conde ; y, aunque ha sabido aquel Rey que despues han buelto allí, se passa por ello.

Todo esto ha parecido representar á V. Mag^d para que vistos los provechos en lo espiritual y politico, se sirba de mandar ver si será bien que las cosas se vayan disponiendo de manera que el Rey de Inglaterra se asegure de la amistad de V. Mag^d, y cada dia se vaya empeñando mas en ella, y desviandose de otras, pues con esto fin tuvo V. Mag^d por conviniente que el Conde de Gondomar procurasse divertir, como lo hizo, al casamiento del Principe de Gales con hermana del Rey de Francia con sombras y esperanças de que acomodandose las cosas de la religion se podria encaminar él de España.

La dificultad principal que se offrece para esto es la libertad de conciencia en Inglaterra, que desta parte se tiene per necessaria, porque en todos los demas puntos parece que ay conformidad o falta muy poco para ajustarlos ; pero este que es el principal, y sin el qual al Padre Confesor y Conde de Gondomar parece no deve hazerse, le dificulta el Rey de Inglaterra, y la razon que da para no venir en ello es que las leyes que oy ay en Inglaterra en materia de religion son hechas por Parlamento, y que sin el mismo Parlamento no puede el Rey revocarlas, y assí su poder se

so that his power only extends to a connivance. Yet, though his pretext is this, his power and authority at present are such, that, if he wished it, he could manage it, and could form a parliament composed of such persons that it would be as easy to do it, as it was for Henry VIII., for Queen Mary, and for Queen Elizabeth, who made the kingdom change into different forms by their will alone. The truth, however, is that the King, in his own heart, does not desire liberty of conscience, as he is a heretic, and does not at present think of being a Catholic ; and so he finds that it would be inconvenient if those who are Catholics should increase in number, and have more authority than himself and those of his own religion. He, therefore, hesitates and says, that, if liberty of conscience were granted in consideration of this marriage, all the Catholics of this kingdom would be grateful to your Majesty for this benefit, and would be more obedient to your Majesty than to their own king,— a thing which might cause change in the minds of his subjects to his loss. Upon this point the Father Confessor gave satisfaction here to the ambassador, Sir John Digby, telling him that your Majesty's intention was not to gain the goodwill of his master's subjects, but solely to improve the state of the Catholic religion in England, without any political object ; and that thus the King of Great Britain might take any measures which he might think fit in this matter, in order that the Catholics of England might understand that they owed liberty of conscience to him, and not to Spain, and that this might be done by his granting it by anticipation before the articles were signed, or in any way which might seem best to them in England. Sir John Digby, however, both on that occasion and afterwards in England, was of opinion that we should not be in such a hurry for the grant of liberty of conscience, for if we urged it in the present state of affairs it was certain that his master would find himself in such embarrassment that he would be unable to find any way to free

---

estiende solo á dissimulacion. Pero aunque el pretexto es este, su poder y autoridad oy es tanta que, si quisiesse, podria encaminarlo, y hazer Parlamento compuesto de tales personas que fuesse fácil el hazerlo como le fué á Enrico VIII., á la Reyna Maria, y á la Reyna Isabel, que hiziéron trocar diferentes formas al Reyno por sola su voluntad; pero la verdad es que el Rey interiormente no desseaba libertad de conciencia, porque es hereje, y oy no piensa ser Catolico, y assí halla inconvinientes en que los que lo son sean mas en numero, y tengan mas autoridad que los de su religion y que él, y tambien repara y dize que si en consideracion deste casamiento se deesse la dicha libertad de conciencia, todos los Catolicos de aquel Reyno reconoce- rian á V. Mag^d este beneficio y estarian mas obedientes á V. Mag^d que á su Rey, cosa que podria causar algunas alteraciones en los animos de sus vasallos en daño suyo. A este satisfizo aquí el Padre Confesor al Embaxador Don Juan Digby, diziendole que la intencion de V. Mag^d no era ganar las voluntades de los vasallos de aquel Rey, sino solamente mejorar en Inglaterra las cosas de la religion Catolica, sin ningun fin de estado temporal ; y que assí el Rey de la Gran Bretaña previniesse en esta parte todo lo que le pareciesse conviniente para que los Catolicos de Inglaterra entendiesen que la libertad de conciencia se la debian á él, y no á España ; que esto podria ser anticipando el darla antes de las capitulaciones, ó como allá mejor les pare- ciesse : y al mismo Don Juan Digby en aquella ocasion y despues en Inglaterra ha sido de opinion que no se apretase de una vez en lo de la libertad de con- ciencia, porque apretando en ello en estado presente es cierto que se veria aquel

himself, and would break the treaty, taking another course; and that the best means of obtaining that which we wished was to proceed by little and little, gaining ground, and engaging him in such a way that at last he would be obliged to concede it all; and with this consideration the Count of Gondomar spoke to him in this matter as of a thing reserved for negotiation between the two kings. The King of England gave signs of annoyance and dislike, saying that it was a hard case for him to declare what he would do in this matter, whilst your Majesty was under no engagement, your consent being kept in suspense till it was known whether he would grant or refuse the dispensation, whereas if it were not granted he would be on a bad footing with all his confederates and subjects. It was, therefore, necessary, he said, that your Majesty should obtain the dispensation before he made any declaration; or, at the least, should give security, that, if the King of England agreed to such and such things, his Holiness would dispense. Upon this the Count of Gondomar proceeded to give him satisfaction, saying that it was impossible to ask the Pope for his dispensation without giving the causes for the sake of which it was demanded, and upon consideration of which his assent or refusal could be justified; for which reason no fixed resolution could be taken. The Count, however, following that course which was thought most fitting in consideration of the condition of that King, namely, to engage him little by little, asked him to withdraw from his kingdom the pursuivants, who are the officers who have a particular commission against the Catholics, and who every day molest and vex them a thousand times. With much difficulty the King agreed to remove them after the Count of Gondomar had left England; and not before, lest it should be thought that they had been removed at his instance. And so, before the arrival of the Count in Spain, an advertisement was received of the great things which had been done, and were being

---

Rey tan embaraçado que no hallase camino para resolverse, y rompiesse el trattado, tomando otro partido; y que lo que convenia para conseguir lo mismo que se desseava era ir poco á poco ganando tierra y empeñandole de manera que á cabo se hallase obligado á concederlo todo; y con esta consideracion le habló el Conde de Gondomar en este punto como cosa que se avia reservado para tratarse entre las dos Magestades; y el Rey de Inglaterra se le mostró congojado y apretado, diziendo que era dura cosa que él se declarasse en lo que hará en este materia, sin que V. Mag^d quedasse prendado; pues no lo quedaba estando reservado a la voluntad del Papa el dar ó dexar de dar la dispensacion, y no dandola quedaria en mal estado con todos sus confederados y vasallos. Y que assí era necessario que V. Mag^d, antes que él se declarasse tuviesse la dispensacion, ó á lo menos, seguridad de que, veniendo el Rey de Inglaterra en tal y tal cosa, la concederia su santidad. A esto le fué satisfaciendo el Conde de Gondomar, diziendole que era imposible pedir la dispensacion al Papa sin dalle las causas para la misma dispensacion, y que avian de justificar el concederse ó negarse; con que no pudo sacar resolucion fixa; pero, seguiendo lo que se tenia por conviniente conforme á la condicion de aquel Rey de irle prendando poco á poco, le pidió que quitasse del Reyno los pursivantes, que son los ministros que tienen comision particular contra los Catolicos y los que cada dia les hazen mil molestias y vejaciones; y con mucha dificultad concedió aquel Rey que despues que el Conde de Gondomar huviesse salido de Inglaterra los quitaria, porque no pensassen que los quitaba á su instancia. Y assí antes que el Conde llegasse á España se tuvo aviso de lo mucho que se avia hecho, y iba haziendo con esto, de manera que va continuando

done by his means, in such a way that the King continues to act in favour of the Catholic religion. Moreover, the Count having asked for liberty of conscience for Lady Timperley, a very principal lady of that kingdom, his request was granted for her, for her husband, and her whole family ; and, finally, at the instance of the Count of Gondomar, liberty was given to all who were imprisoned in London for the Catholic religion ; and amongst them to a father of the Company of Jesus, against whom that King was very indignant; so that experience has shown that in this way we may arrive by degrees at the end which we aim at. It would, therefore, be especially desirable that your Majesty should order consideration to be taken of two points, the one, to examine the advantages which may follow from our friendship and union with England, and the proper mode of carrying it into effect, and the other to take care, without loss of time, to see to the condition of your Majesty's fleets, as the present state of things is unlucky and most dangerous, so that it depends upon the will of the King of England whether he will declare war upon your Majesty, and be able to do you the greatest mischief on all sides.

Upon these grounds, it seems that your Majesty might order a letter to be written to Fray Diego de la Fuente, informing him of that which has been here said upon the report brought by the Count of Gondomar, and telling him that your Majesty has directed it all to be taken into consideration, with a very earnest desire of shortening this negotiation, and of finding a way to settle and arrange matters, so that he might conscientiously attain the object at which he aims. Moreover, for this purpose, and in order to smooth the way for the granting of the dispensation by his Holiness (without which this business cannot in any manner be settled), it would be well for that King to declare (as he has not yet done distinctly) what he will be able to do about the five particular points, giving his reply to each one separately ; and that he

---

el Rey en obrar en favor de la religion Catholica, y pidiendole tambien el Conde libertad de conciencia para Madama Timparle, Señora muy principal de aquel Reyno, se la concedió para ella, y su marido, y toda su familia; y ultimamente dió libertad á instancia del Conde de Gondomar á todos los presos que avia en Londres por la religion Catolica; y entre ellos á un Padre de la Compaña de Jesus, contra quien estava aquel Rey muy indignado, de manera que la esperiencia ha mostrado que por este camino se podria poco á poco ir llegando al fin que se dessea, y para todo conviene que V. Mag^d mande reparar en dos puntos, el uno ver las conveniencias que puede aver en la amistad y union con Inglaterra, y el modo de trattar esto; y el otro que sin parder tiempo V. Mag^d prevenga las cosas de la mar, pues es infelice y peligrosissimo el estado en que oy están las cosas, de manera que penda de la voluntad del Rey de Inglaterra el romper la guerra con V. Mag^d, y poder le hazer tantos daños en todas partes.

Supuesto todo lo dicho, parece que V. Mag^d podria mandar enscrivir al Maestro Fray Diego de la Fuente lo que aquí se ha platicado acerca de lo que ha traydo el Conde de Gondomar, y que V. Mag^d lo ha hecho ver todo con muy bien desseo de abreviar este trattado, y de hallar camino para ajustar y componer las cosas, de manera que cumpliendo con su conciencia llegue al fin que se pretende. Que para este, y facilitar la dispensacion de su santidad (sin lo qual en ninguna manera se ha de poder concluir este negocio) conviene que aquel Rey se declare (pues no lo ha hecho por distincion) lo que podrá hazer en los cinco puntos particulares, espriman-

should also say what he will do about the general point of the common cause of the Catholic religion, in order that his Holiness may be informed of it, and the dispensation may be asked for ; it being impossible to ask for it unless this is distinctly and clearly expressed. He should also lay great weight upon the necessity of acting thus, and of coming to a satisfactory conclusion, in order that no difficulty may be made in Rome. He should also tell that King that the things which he does for the sake of the common cause of the Catholics are not to be done in such a way that his subjects may cease to pay him the allegiance which is his due ; and that the King himself may make this certain by all the ways which he may find to be convenient, since your Majesty desires the same, and since, if it were otherwise, you would by no means marry your daughter to a Prince with disobedient subjects, for if they are not obedient, she would never become a Queen, or, if she did, it would be with little security, a thing which would cause your Majesty much trouble and care, and would oblige you to give her assistance. He should also tell that King that he is only waiting for this answer to set out for Rome with it to treat of the dispensation, and he should lay great stress on the much which has been done in this business on the part of your Majesty, as you have offered the greatest portion that one King ever gave to another, being two millions of crowns at twelve reals each, and five hundred of these to be paid by anticipation as soon as his Holiness has approved the treaty and given his dispensation. He must further say that it is therefore necessary for the King of Great Britain also on his part to offer that which is necessary for the honour and interests of your Majesty, and to enable the Pope to dispense. Besides, all this should also be said clearly here to the agent of England ; and, since the King of England hesitates to leave the friends whom he has without obtaining complete security of the friendship of Spain, it is fitting that, as for the present it is impos-

---

doles uno á uno :—y que tambien diga lo que hará en el punto general de la causa comun de la religion Catolica, para que en ello se despache á su santidad, y se le pida la dispensacion ; pues sin estar esto distintamente espresso y claro no se puede pedir ponderando mucho que es necesario el hazerse assí, y que lleve esta buena disposicion para que en Roma no lo dificulten :—Y que diga tambien á aquel Rey que lo que se hiziere en beneficio de la causa comun de los Catolicos no lo ha de ser para que sus vasallos dejen de guardarle la fidelidad devida ; y que el mismo Rey asegure á esto por todos los caminos que tuviere por convinientes que esto mismo dessea V. Magᵈ, y que no siendo assí no casará en ninguna manera su hija con Principe que tuviesse vasallos inobedientes ; pues, no lo siendo, no viniera á ser Reyna, y quando lo fuera lo seria con poca seguridad, cosa que á V. Magᵈ avia de causar tanta pena y cuydado y obligacion de asistencia :—Y que assimismo diga á aquel Rey que espera sola esta respuesta para partir á Roma con ello á trattar de la dispensacion :—y le pondere lo mucho que de parte de su Magᵈ se ha hecho con este negocio, pues ha offrecido el mayor dote que nunca Rey ha dado á otro, como son dos millones de escudos de á doze reales, y los quinientos mil anticipados luego que su santidad aya aprobado y dispensado el trattado :—Y que assí es menester que el Rey de la Gran Bretaña offrezca tambien de la suya lo necessario para la honra y conveniencia de V. Magᵈ, y para que el Papa pueda dispensar. Y que todo esto se diga tambien aquí claramente al agente de Inglaterra : y porque el Rey de Inglaterra repara en dexar los amigos que tiene sin tener seguridad entera de la amistad de España, conviene

sible to give pledges of this amity, at least such words may be given as may make him feel secure of it ; and, as this hope may be of greater weight with him than all other things upon which he depends, it would be well that, in the letter which is to be written to Fray Diego de la Fuente, your Majesty should insert with your royal hand some reason which may convince that King how he can and should be secure of your friendship, in order that Fray Diego may show it, though he is to keep the letter, as he is to be told to do in another letter apart.

*   *   *   *   *

VII. Extract from a Despatch of the Count of Gondomar to Philip III.

[Simancas MSS. 2600. 65.]

March $\frac{15}{25}$, 1620.

The King and the Prince rose and uncovered upon seeing me, and the King stepped forward to the front of the dais to receive me, and to embrace me, saying to me, with signs of great pleasure and delight, in the French tongue, that I was very welcome, and that I should tell him myself whether I had really come, for that he had desired my coming so much, that, when he saw it, he could not believe it. He then looked at me again and again, and asked me how I had come. I said to him, modestly, and with the acknowledgment which I thought due to this demonstration, that his favour and goodness had brought me to England alive, and very much at his service. He said in a loud voice to those who were standing round, that I looked like an

que ya que por agora no se le pueden dar prendas desta amistad, á lo menos se le den tales palabras que le aseguren della, y pueda pesar esta esperança mas en él que todas las otras dependencias, y assí parece que en la carta que se ha de escrivir á Fray Diego de la Fuente podria V. Mag^d mandar poner de su real mano alguna razon que mire á la seguridad que aquel Rey puede y deve tener de la amistad, para que Fray Diego se la pueda mostrar ; pero quedandose con la carta, y diziendoselo assí en otra á parte.

*   *   *   *

El Rey y el Principe se levantáron y descubriéron en viendome, y el Rey anduvo hasta el principio de la tarima á recibirme y abraçarme, diziendome con muestras de mucho gusto y alegría en lingua Francesa, que fuese muy bien venido, y que yo mismo le dixese si era cierta la venida, porque, segun lo avia deseado, lo veia, y no lo creia, mirandome y tornandome á mirar, y preguntandome como venia. Dixele con la modestia y reconocimiento que me pareció devida á esta demostracion, que sus favores y mercedes me avian llevado vivo á Inglaterra, y muy á su servicio. Dixo recio á los que estaban cerca lo, que yo me parecia á un muy buen cavallero, gran amigo suyo, que se llamaba el

excellent gentleman, a great friend of his, who was called the Count of Gondomar. I answered as loudly that I was very glad to see how like he was to the King of Great Britain whom I had left behind, and that I begged him to tell me whether he was the same. He put his hand upon his breast, telling me that he was the same, as I should find by experience, and should see if I looked at him, and that he would make me touch him with my hands.

I told him that I was very glad to hear this from so good a witness, and that I had hoped it would be so. After this, waiting a little first, I gave him your Majesty's letter of condolence for the death of the Queen his wife, saying first a few words by way of preamble, which were needed to show him how nearly your Majesty was touched by his happiness or his sorrow, and how much your Majesty had felt his trouble in the death of the Queen, as he would learn from the letter itself. I then said that he who had brought it was not a good postilion, and that he would learn by the date who was in fault for the delay.

He answered that he would trust me for anything, excepting it were to ride post, and that, when your Majesty knew of the death of his wife, you had ordered Fray Diego de la Fuente and the Secretary Julian Sanchez to represent your sorrow to him, till I arrived to do it in a more formal manner, so that your Majesty, whom might God preserve, had done everything you could most thoroughly, both in ceremony and substance, and that I had used no little diligence. He ended by laying stress at great length upon my ill health, upon the season of the year, and the state of the roads, saying, that, whenever he saw it snowing or raining, he was sorry for it, thinking of me in my journey.

It seemed to me that his mourning was already in such a state that it would be well to take him away from these afflictions, and to lead him to other matters, upon which we conversed for some time. He appeared to be very well pleased, and when

---

Conde de Gondomar. Yo le dixe tambien recio que lo mi alegraba mucho de veer lo que se parecia al Rey de la Gran Bretaña, que yo dexé, que le suplicaba me dixese si era el mismo. Puso la mano en el pecho, diziendome que sí, el mismo como yo lo esperimentaria, y lo veria viendole, y que me lo haria tocar con las manos.

Dixele que me alegraba mucho de oir aquello á testigo tan cierto, y que assí lo esperaba, con que parando un poco le dí la carta de V. Mag^d del pesame de la Reyna su muger, diziendole el poco preambuló que era menester, para que él entendiese quan propiamente le toeaban á V. Mag^d sus placeres y pesares, y lo que V. Mag^d avia sentido su trabajo en la muerte de la Reyna, como lo sabria por la misma carta; que él que la traya no era buen postillon, y que assí por la fecha della veria quien tenia la culpa de la tardança.

El me dixo que qualquiera cosa me fiara sino era el correr la posta, y que [quando] V. Mag^d supo la muerte de su muger, avia ordenado al Maestro Fray Diego de la Fuente, y al Secretario Julian Sanchez, que le representasen su sentimiento mientras yo llegaba á hazello mas en forma, per manera que V. Mag^d, Dios lo guardase, avia cumplido con ceremonia y sustancia muy enteramente, y que yo no avia hecho poca diligencia, ponderando muy despacio mis achaques, el tiempo, y los caminos, y que siempre que via nevar o llover, se congotaba, considerandome en el viaje.

A mí me pareció que sus duelos estaban ya en estado que era bien liballe destas afliciones, sacandole á otras materias en que estuvimos un rato con muestras de

I said to him that I did not wish to trouble him further, except to appoint me another private audience, he answered that he did not wish to defer it, and that it should therefore be the next day at the same. hour of two, and that I should enter through his gardens, upon which he dismissed me, accompanying me to the very edge of the dais.

The Earl of Arundel and the others conducted me back to my lodgings with forty-four coaches and a great concourse of people and the nobility, which accompanied me till they left me at my house.

And, although I had made up my mind that, till I had spoken to the King, they should not discover my feelings about their proceedings here with respect to the affairs of Germany, the league with the Dutch, and other matters, and though I cut short their talk, sometimes with jests and sometimes with short and dry answers, yet from this very thing they inferred how little I was pleased, and they gathered that I was to speak very plainly to the King on these matters ; and so Sir Lewis Lewknor came to visit me the next morning before my second audience, and made a long declaration to me, trying to allay my displeasure by praising my moderation, and by assuring me that the Catholics of this kingdom would be much advantaged if I would keep myself within bounds in speaking to the King. He begged me to think of the good of Christendom, of the state of affairs in Germany, of the approaching end of the truce with Holland, and to remember that it would be well, for these and for other considerations, not to drive him to despair. Many other good men have spoken to me, and will go on speaking to me, in this fashion ; and Lord Digby took me aside to a window in the room in which I was waiting for my audience, and spoke to me in a very confidential manner of the mistakes which had been committed in England, affirming that the King's intentions were very good in all matters relat-

---

mucho gusto suyo. y diziendole que no le queria embaraçar mas que le suplicaba me señalase otra audiencia privada, me dixo que no queria dilatalla, y que assí fuese el dia siguiente á la misma hora de las dos, y que entrase por su parque, y con esto me despidió, tornando el Rey á salir commigo hasta lo ultimo de la tarima.

El Conde de Arundel y los demas me bolviéron á traer á mi posada con quarenta y quatro coches, gran concurro de gente y nobleza que me accompañáron hasta dexarme en mi aposento.

Y aunque yo vine y estuve prevenido de que hasta hablar al Rey, no me pudiessen reconocer el sentimiento que traya del proceder de aquí en lo de Alemaña, liga de Olandeses, y demas cosas, atajando siempre las platicas que me proponian desto unas vezes con burlas y otras con responder breve y secamente, desto mismo inferiéron el poco gusto que yo traya, y temiéron que havia de hablar con el Rey muy rezio en estas materias, y assí Don Luis Lucanor vino á verme aquella mañana antes desta segunda audiencia, haziendome una larga oracion, queriendome templar con alabar mi moderacion, y quan conviniente era para los Catolicos deste Reyno usar della con el Rey, ponderandome el bien de la Christiandad, el estado de las cosas de Alemaña, el fin de las treguas de Olanda, y que por esto y otras consideraciones no era bien desesperalle ; y otros muchos y buenos me havian hablado y hablarán en esta conformedad, y el Baron Don Juan Digby en la pieza antes la audiencia del Rey se apartó commigo á una ventana con muestras de mucha confiança, diziendome los herrores de aquí y afirmandose en que era bonissima la intencion del Rey para

ing to Spain, but that he found himself so solitary, and so encircled by Puritans, and by our enemies, that he had neither means nor power to do good ; and he added, that I myself ought to pity him much, because he was much troubled, and thought that these things would finish him, and he, therefore, begged me, for the love of God, to use any means with the King rather than to afflict and annoy him.   As for himself, he said, he could tell me much that he had suffered for the sake of Spain, since, at last, he and the King were left alone in England on our side.   He swore to me that this was so, and that most men told the King that he must surely wish that his daughter and her children were carried prisoners to Spain, as he gave them no succour or assistance.   To speak plainly, he said, according to his understanding, Spain was in fault for it all, since, when his master had placed at our disposition his person, his state, his son, and his religion, we, in Spain, had taken no account of it, but had allowed him to lose his labour, he having broken with France a year ago for our sake, whilst we are expecting the Duke of Savoy to make the French our friends.   He had himself proposed a thousand times when he was in Spain to make a league between the English and the Portuguese against the Dutch, with such conditions as the Portuguese desired, and this had never been accepted nor even answered ; and the proposal for a league against the pirates of the ocean sea had been treated in the same way till an agreement had been actually made with the Dutch, and the Dutch Commissioners had been entertained here.   For this they had waited more than six months.   Yet how was it possible to preserve the English merchants if they were to be at war with the Portuguese, the Dutch, and the Indians and Moors of the country at the same time ?   It was plain that they had been obliged to take a side, though it was the one which was least to their taste.   He had observed that we in Spain had lost our time for years, and thought afterwards that we could make up for it, like a courier in

---

todas las cosas de España, pero que se allaba tan solo y tan cercado de Puritanos y de enemigos nuestros que no allaba medio ni modo para encaminar lo bueno, y que yo mismo le devia tener mucha lastima, porque estaba afligidisimo, y entendia que estas cosas le avian de acabar, y que assí por amor de Dios yo usase con él mas de remedios que de afligirle y congojarle ; y que de sí mismo me podia dezir mucho de lo que avia padezido por España, porque en fin el Rey y él venian á quedar y estar solos en Inglaterra por nuestra parte, jurandome que esto era assí, y que los mayores dezian aquí al Rey que él devia de querer que á su hija y á sus nietos los llevasen presos á España, pues no los asistia ni socorria, y que diziendome llanamente que él entendia España tenia la culpa de todo, pues aviendo este Rey puesto á su disposi-cion su persona, su estado, y su hijo, y su religion, en España no aviamos hecho casso dello, sino dexadolo perder todo, estando un año roto con Francia por nuestra causa, y que aguardamos á que el Duque di Savoya los hiziese amigos ; y que el mismo propuso mil vezes en España el hazer liga los Ingleses y Portugueses contra los Olandeses con las condiciones que los Portugueses quisieran, y que ni esto fué nunca admitido ni aun respondido, ni á la liga de armadas contra piratas en el mar oceano hasta que ya la tenian hecha con Olandeses, y que entretuviéron aquí los comisarios de Olanda, esperando esto mas de seis meses, y que como se podian conservar los mer-caderes Ingleses teniendo guerra con los Portugueses y con los Olandeses y con los mismos Indios y Moros de la tierra ; que bien se via que les avia sido fuerza tomar algun partido, aunque fuese él de menos gusto suyo ; qué él avia observado que en

great haste, who can gain two or three days in his journey, and that we made a jest of remedies till the mischief was irremediable. He ended by saying that he spoke plainly to me as he really thought of the proceedings in both countries, and as one who was as much the servant of your Majesty as of his own master, for he was a man of sincerity and my friend.

I thought it well to speak clearly to him, and so I did, reminding him briefly of the state of affairs, and of the difference between their proceeding here and the assurances which I had given in Spain. I therefore begged him to take pity on me also, and not to expect me to restrain myself from crying out, for it was for that purpose that I had come, and to offer myself to be cut in pieces in defence of the truth, and of reason, as well as of the promise given me by his master. For that which had been done in England there was no excuse whatever, as he would himself see, if he were well informed. I could not say more, because he told me that the King was waiting for me; and so he went in, and, though he came out again almost immediately with the Lord High Chamberlain to fetch me, he, without doubt, told the King something of that which had passed between us; for, as soon as I had entered and was alone with the King, he began to say that the Marquis of Buckingham had told him that I had squeezed his hand when he had a sore finger, and had given him much pain, and that the same thing had happened here with Viscount Montague, a gentleman who was a great Catholic, and a very honest man—these were his words—whose hand Lord Treasurer Burghley had squeezed when he had the gout, and had made him utter a thousand cries. He then expounded this story, and applied it by begging me, by the love of God, not to complain of him, but to take pity on the state of affliction and trouble in which I found him, for it was worse than he could

---

España perdiamos el tiempo por años, y que nos parecia despues que lo remediabamos, como uno correo á toda diligencia que ganase dos ó tres dias, y que haziamos burla de los remedios hasta que los daños eran irremediables, que él me hablaba llanamente lo que entendia del proceder de allá y de acá, y tanto como criado de V. Mag.ᵈ como de su amo, porque lo era de corazon y mi amigo.

Parecióme conveniente hablar con el Don Juan claro, y assí hize, diziendole en suma el mal estado de las cosas, y el diferente proceder aquí en ellas de lo que yo avia asegurado en España, y que assí le suplicaba que á mí tambien me tuviese mucha lastima, y que me agradiecese el no dar gritos, pues era eso á lo que venia, y a dexarme hazer pedaços en defensa de la verdad, y de la razon y de la fee y palabra que el Rey me avia dado, y que para lo que aquí se avia hecho no avia escusa ninguna, como él mismo lo veria bien informado, y no puede dezille mas, porque me dixo que el Rey me estaba esperando; y assí él se entró, y aunque se detuvo poco en salir con el Camarero Mayor á buscarme, sin duda dixo al Rey algo de lo que aviamos pasado, porque, luego que yo entré y quedé á solas con el, començo á dezirme que el Marques de Boquingam le avia dicho que teniendo malo un dedo, yo le avia apretado la mano, y dadole muy buen dolor, que lo mismo avia sucedido aquí á Vizconde de Montagu, un cavallero gran Catolico, y muy hombre de bien (que assí me lo dixo) con el Thesorero Burlé, que estando gotoso le avia apretado la mano, y hechole dar mil gritos; estendiendo esta historia, y aplicandola á que por amor de Dios no le lastimase á él, sino que le haviese lastima del estado en que se allaba de aflicion y trabajo, que era mas de lo que me podia dezir, porque su coraçon era de no

tell me. His heart had been bent on giving no offence to your Majesty, or to the Emperor, or to justice, whilst, on the other hand, his kingdoms, his neighbours, his kindred, and his friends found great fault with him for not doing more than he had done. He remembered very well that I had told him three or four years ago that his secretary, Winwood, was a Puritan, an enemy of Spain, and a Dutchman, and that he had tried to verify what I had said, and found that I had spoken the truth in this, as I always did; and that from that time he had put him aside from business, and had taken his favour from him, so that he died of sorrow. Yet, he must tell me that after I was gone the malice of these people so increased that he had now three hundred Winwoods in his Court and Palace. He spoke openly to me, because he held me to be an honest man, who would see what was the utmost that he could do, and who would join him in doing it. He gave me his word as a King, as a gentleman, as a Christian, and as an honest man, taking me by the hand as he spoke, that he had no intention of marrying his son to any one but to your Majesty's daughter, if your Majesty wished it to be so; nor did he desire any other friendship, or union, or alliance than with Spain. I could therefore write to your Majesty his very words. He finished this declaration as if he were greatly troubled, and taking off his hat from his head he wiped the sweat from it with a handkerchief.

I replied that he led my understanding captive by my consideration for his words, by my real affection for him, and by the obligations under which he had placed me by the honour which he had always shown me ; and that I had therefore torn up my paper, with everything which I had brought to say to him, and was very naturally vexed and troubled at seeing him in such a state, and also at my own position in which he saw me, for in my own small affairs I was suffering the same misfortunes

---

ofender á V. Mag^d ni al Emperador ni á la razon, y que por otra parte sus Reynos, sus vezinos, sus parientes, y sus amigos le echaban gran culpa que no hiziese mas; que se acordaba muy bien que yo le avia dicho tres y quatro años ha, que su Secretario de estado Winud era Puritano, y era enemigo de España, y era Olandes, y que él lo quiso averiguar, y allo que yo dezia en esto verdad como se le avia dicho siempre en todo, y que con ello le fué apartando de los negocios y desfavoreziendo, de manera que de pena se murió ; pero que, despues que yo me fué, me hazia saber que avia ydo creciendo la malicia de manera que oy avia en su corte y en su Palacio trecientos Winudes; que descansaba commigo, porque me tenia por hombre de bien, y que yo viese todo lo que él podia hazer, y lo hiziesemos ; que me daba su fee como Rey, como caballero, como Christiano, y como hombre honesto, y su mano asiendome la mia, que no tenia intencion de casar á su hijo en otra parte, sino es con hija de V. Mag^d, queriendolo V. Mag^d assí; ni otra amistad, ni otra union ni otra estrecheça, sino es con España, y que yo lo podia escrivir á V. Mag^d con las mismas palabras, rematando este discurso congojado y quitando el sombrero de la cabeça, limpiando el sudor con un lienço.

Yo le dixe que captivaba mi entendimiento á respecto de sus palabras, y á lo que verdaderamente le amaba, y le devia á la honra que siempre me avia hecho, y que assí rasgaba mi papel y todo lo que traya que dezille, y que muy naturalmente me congotaba y embaraçaba de velle á él en aquel estado, y á mí en él que me via, porque en mi chico padezia los mismos daños y mayores, pues no estaban en mi mano los remedios como en la suya, sino era diziendo al Rey mi amo que él los tomase por su

as he was, and even greater, as I had not, as he had, the remedies in my own hand, except so far as I could ask the King my master to take them into his ; since, thanks be to God, your Majesty was strong and powerful enough to do what you wished without needing to rely upon your neighbours. I also said that I was much distressed to see matters at such a point that it had been necessary to come to this, having always striven to make it unnecessary ; he would, however, see himself how little was the power and credit of words in opposition to deeds, and how little could be the satisfaction given, when not met by acts, of all the good offices which I had done or could do. Upon this I stopped.

He was much embarrassed at hearing me speak thus, and escaped from his confusion by telling me that what was wanted was that he and I should frequently talk the matter over, or that I should consider what persons would be fit to employ to intervene between himself and me. I answered that it was for him to make the choice. He named to me Lord Digby, and I said that he would do very well, for without doubt he was now the least bad of all who were here. I then named the Marquis of Buckingham, considering that nothing would go on well without him, and that if I proposed him both he and the King would be obliged to me. In doing this, I said that his favourite could not be otherwise than well disposed towards us. The King seemed to be very well pleased with this, and said that it should be so, and that he would send me to Buckingham and Digby, in order that we might discuss all the businesses together, by which means he hoped that your Majesty would be satisfied, for there was nothing in the world which he desired more than to please you. I replied that I doubted whether I should get on well, as I should have two against me, and that the remedy for this was that he should take my part, so as to make us two and two, and warning him that whenever we were not agreed he would have to agree with me. He answered that he accepted my proposal in this manner,

mano, pues á Dios gracias tenia V. Mag^d poder y fuerças para hazer lo que quisiese sin necessidad de sus vezinos, y que sentia mucho ver las cosas en estado que avia de ser necessario llegar á esto, aviendo yo procurado tanto siempre que se escusase, pero que él mismo viese la poca fuerça y credito que tenian las palabras contra los effectos, y quan poco podrian satisfazer contra ellos todos los buenos officios que yo avia hecho y podia hazer : con que paré.

El se embaraço arto de oyrme esto, y salió dello con dezirme que lo que convenia era que hablasemos él y yo muy á menudo en ello, ó yo viese que personas serian á proposito para medio y intelligencia entre él y mí. Dixele que él lo escogiese. Nombróme al Baron Digby ; y yo le dixe que estava bien, porque sin duda es oy el menos malo de aquí, pero, pareciendome que sin el Marques de Buquingam nada se podrá encaminar bien, y que, en proponelle yo, se obligarian el Rey y él, se le propuse, diziendole que favorezido suyo no podia dexar de ser bueno para nosotros. El Rey mostró estimarlo mucho, y me dixo que assí fuese, y que él me embiaria al Buquingam, y al Digby, para que tratasemos y confiriesemos todos los negocios, en que esperaba tenia V. M^d satisfacion, porque no avia cosa en el mundo que él mas desease para dexalle gustoso. Le dixe que reparaba en que nos acaba buen despacho, pues llevaba dos contra mí, y que assí el remedio era que èl fuese de mi parte para quedasemos dos á dos, advirtiendo que en lo que no nos conformasemos él se avia de conformar con migo. Dixome que desta manera lo aceptaba y quedaba,

and would do as I had said, laughing much as he spoke ; and when I wished to take leave he asked me to sit down again, and to talk a little about the affairs of the world. We talked in general about the marriage, Bohemia, the league with the Dutch, the junction of the fleets, the prizes, the pirates, the Earl of Argyll, and other matters, of which I will give account to your Majesty, and of anything else which may occur to me, in the letters which will accompany this despatch.

He asked me for news from Spain, taking very particular notice of some of them as he talked. He gave me information in turn about Ireland and Germany, and told me that the thing which they were now chiefly pressing upon him was the sending assistance to guard his daughter and his grandchildren. I said to him that he should tell them to come back to Heidelberg and their Palatinate, and that then I would go myself as a soldier to defend them ; but that to ask for succour at Prague was plainly not for their defence, but to help them to attack others and to take what did not belong to them, for to ask this was as bad as to ask help to make them safe in Naples.

He asked me whether I understood that the Emperor's forces would enter the Palatinate. I asked him in reply to tell me what he would do with any one who should take London from him. He drew back, saying that he hoped to God that everything would be well accommodated. I agreed to this, alleging my confidence in His Divine Majesty, as I knew Him to be our friend. With this I took my leave, and went to visit the Prince, who was waiting for me in his house. I remained with him about half an hour, and he put very pressing questions to me about the health of your Majesty and of their Highnesses, and other matters ; and we talked about the Puritans, and of the great number of them who were in his household, not at all to his satisfaction. He laughed very much when I told him that his father had said the same to me, and that I had answered that it was not my fault, as I had not given them to him or kept them there.

---

y lo cumpliria, riendose mucho, y queriendo yo despedirme, me pidió que me tornase asentar, y que hablasemos un poco de las cosas del mundo. Habiámos por mayor en el casamiento, en Bohemia, lega con Olandeses, junta de armadas, presas y piratas, Conde de Argail, y en otras cosas de que daré cuenta á V. Mag^d, y lo que en ello se me offrece, en cartas que yrán con este despacho.

Preguntóme per cosas de España, hablandome en algunas con arto particular noticia. Dióme cuenta de otras de Irlanda y de Alemaña, y me dixo que en lo que le hazian mas fuerça agora era en el embiar socorro para la guarda de su hija y de sus nietos. Dixele que él los mandase bolver á Idelberg á su Palatinato, y que allí yo yria á ser soldado de aquella defensa, pero que pedille socorro para Praga bien se via que no era para defensa, sino para ofensa de tomar lo ageno, y que esto era lo mismo que pedirsele para estar seguro en Napoles.

Dixome que si entendia yo que las armas del Emperador entrarian en el Palatinato. Dixele que él me dixese lo que hiziera con quien le tomara á Londres. Encogióse, diziendome que esperaba en Dios que todo se avia de acomodar bien. Confirmé con el confiallo de su Divina Majestad, porque sé que es mas nuestro amigo : con que despedí dél, y fué á ver al Principe, que me estaba esperando en su casa. Estuve con el cosa de media hora, haziendome muy atinadas preguntas de la salud de V. Mag^d y de sus Altezas, y de otras cosas, y hablámos de los Puritanos, y de los muchos que él tenia en su casa sin gusto suyo, y rióse arto de que le dixe que su padre me dezia lo mismo, y que yo avia respondido que no era mia la culpa, pues no se los avia dado, ni los conservaba.

The next day the King went to Hampton Court, and sent to me the Marquis of Buckingham and Lord Digby, who spoke to me after the same style as that which he had used, the Marquis telling me that the King had ordered him to remain to see me alone, and to assure me of his goodwill, speaking much also of his own, and saying that thus we could treat of the businesses before us, the principal one of which was the marriage, upon which depended the good or bad success of all the others. I answered that we would treat of them in this way.

I have found the King in good health, with a good colour in his cheeks, and corpulent. He does not talk of marrying, nor is it understood that he will do so ; nor is it known that his son, though he is now nineteen, has yet anything to do with love affairs, or desires any marriage excepting that of Spain. He has grown, and is, as far as appears, of a good disposition and intelligence. He knows several languages well, and Latin thoroughly. He rides well with long stirrups, according to the fashion here, and he spends the whole day on the exercises with which he amuses himself, after hearing the church service. At present he is much occupied in preparing a grand joust which is to be given by him.

VIII. Extracts from Two Letters written on the same day by Philip III. to the Count of Gondomar.

[Simancas MSS. 2573, 58, 59.]

$\frac{\text{August} \quad 23}{\text{September 2}}$, 1620.

* * * * *

I see in every way the zeal with which you have directed yourself in these negotiations, which, being of the kind that they are, deserve much consideration. The

El Rey se fué el dia siguiente á Anton Court, y me embió al Marques de Bocquingam, y al Baron Digby, que me habláron en la misma conformedad que él me avia hablado, diziendome el Marques que el Rey le avia mandado quedar solo á verme, y asegurarme de su voluntad ; diziendome tambien mucho de la suya, y que assí tratasemos de los negocios y del principal que era el casamiento, del qual pendia lo bueno y malo de todos los demas. Dixele que assí lo vamos tratando.

He allado á este Rey con salud, y de buen color, y gordo ; no trata de casarse, ni se entiende que se casará, ni su hijo, aunque tiene ya diez y nueve años, se sabe hasta ahora que trate de cosa de amores ni desee casamiento, sino es en España. Ha crecido y tiene buena disposicion y buen natural, á lo que parece. Sabe bien algunas lenguas, y muy enteramente la Latina. Anda muy bien á cavallo á la brida, que es lo que aquí se usa, y todo el dia le ocupa en los exercicios en que deve entretenerse, despues de aver oido misa ; y agora anda muy ocupado en hazer una gran justa de que él es mantenedor.

---

* * * * *

Por todo veo el cuydad con que os aveis governado en estas platicas que, por ser de la calidad que son, conviene mucho mirar en ellas. La causa principal que me

principal cause which has moved me to listen to them is, as you know, the good of
Christendom and the service of our Lord, which may result from this marriage, and
also my wish to draw more closely the bonds of kindred and friendship with the King of
Great Britain; and in order to obtain these two things it is important, as may well be
imagined, that we should come to good terms upon the articles, and especially upon
those which relate to the Catholic religion, as, if these things are not settled satis-
factorily, and with security, the result may be the contrary of that which is desired,
the contracting parties being of different religions; and also it is of importance to
arrange and order the matter so that when we come to ask for the dispensation of
the Highest Pontiff, it may be with such conditions that we may expect to have our
request granted. Those concessions which the King of England has hitherto made,
and that which he writes of to me in his letter, go to some extent beyond that which
he had formerly offered, and I have ordered it all to be examined with particular
care and attention, and with all speed, since it will be well for every reason to make
haste. We will, therefore, save all the time possible in informing you what conclusion we may come to in this affair, and an answer shall be sent to the letter of that
King; and so you may tell him on my behalf.

———

In another letter of this date, I write to you what occurs to me in the principal
matter relating to the negotiations about the marriage; and here, apart, I have
wished, to inform you that, as you have understood, and as I have written to you in
my letter of the 10th of June, this marriage is not to be effected on any terms short
of the concession of liberty of conscience in England, with security for its being

———

ha movido á oyrlas (como sabeis) es el bien de la Christiandad, y servicio de nuestro
Señor que podria resultar deste matrimonio, y tambien el estrechar en deudo y
amistad con el Rey de Gran Bretaña y para conseguir estas dos cosas importa lo que
se dexa considerar el buen acuerdo en las capitulaciones, y primeramente en las que
tocan á la religion Catolica, pues no asentandose estas á satisfacion y con seguridad
le podria seguir lo contrario de lo que oy de dessea, siendo los contrayentes de diferentes religiones; y tambien importa disponer y razonar la materia, de manera que
quando se llegue á pedir la dispensacion del sumo Pontifice sea con condiciones
tales que se pueda esperar el conseguirla. Las que ha concedido agora el Rey de
Inglaterra, y lo que me escrive en su carta es algo mas de lo que avia offrecido por
lo passado: y he mandado que todo se mire con particular cuydado y atencion, y en
toda brevedad; pues á todos está bien que la aya, y se ganará el tiempo que se
pudiere en avisaros lo que se fuere haziendo en este negocio, y se responderá á la
carta del Rey, y assí se lo podais dezir de mi parte.

———

En otra carta de la data desta os escrivo lo que se offrece en la materia principal
que toca en las platicas de casamiento. Y aquí aparte he querido advertiros que,
como lo llevasteis entendido, y os escrivé en carta de 10 de Junio, este casamiento no
se ha de effettuar á menos que ahí concedan libertad de conciencia, y aya seguridad
de que se cumplira; mas por el peligro que puede aver de que, hablandoles en esto

actually granted. Nevertheless, on account of the danger which there is lest if we speak clearly on this matter to them the negotiation may be at once broken off, and because of the convenience of keeping it on foot this summer, I have thought fit that you should try to entertain them as long as the season lasts with that which I have written to you in the other letter, and with whatever other reasons may occur to you; and when the winter comes, and when we can see in what state the affairs of Germany are, I will inform you in what manner it is fit to speak to them; and in the meanwhile there are many reasons why it would be inconvenient to send Fray Diego de la Fuente to Rome.

  *   *   *   *   *

IX. Philip IV. to the Duke of Alburquerque.

[Simancas MSS. 1869. 28.]

December $\frac{20}{30}$, 1622.

 Besides that which has been said to you in another despatch of this date, which accompanies the articles on the points of religion which have been agreed to here with the Earl of Bristol in respect to the English marriage, it is thought fit to give you the following information: —

 That the sixth article has been altered from the form which His Holiness required, for the reasons pointed out in the paper given in by the Earl of Bristol, and because it seemed more advantageous, even for the Catholic cause, to place it in the form in which it is now sent rather than in that which His Holiness wished for; since, if the

---

claro, se rompia luego la platica, y lo que conviene sustentarla este verano, ha parecido que hasta que passe procureis entretenerlos con lo que os escrivo con essa otra carta, y con las demas razones que se offrecieren, y aviendo entrado el invierno, y viendo el estado en que quedan las cosas de Alemania, se os avisará de la forma en que convendrá hablarles, y en esse medio tan poco seria conviniente el embiar á Roma á Fray Diego de la Fuente por muchas consideraciones que se han offrecido.

  *   *   *   *   *

 Demas de lo que se os dize en otro despacho de la data desto que acompaña los articulos en materia de religion que assí assentáron con el Conde de Bristol, tocantes al matrimonio con Inglaterra ha parecido advertiros de lo siguiente: —

 Que el sesto articulo se alteró de como su Santidad lo pedia por las causas que se apuntan en el papel que dió el dicho Conde de Bristol, y parecer mas conbiniente para la misma causa Catolica ponerlo en la forma que va, que en lo que su Bondad

servants who are to go, and who are afterwards to be named to vacancies, are to be nominated by me and my sister, it is certain that we shall not name any one who is not a Catholic.

As to the mode of subjecting the ecclesiastics to trial, which is treated of in the 17th article, everything possible has been done to conquer the difficulties raised by this ambassador, and at last we came to an agreement in the most advantageous manner possible.

Article 19 seems fitly settled in the form in which it is sent, for the same reasons which have been set down for article 6, in spite of His Holiness's wish.

As to article 21 you may represent to the Pope and the Cardinals of the Congregation that the King of Great Britain offers the utmost that he can becomingly, and you are to ask His Holiness to consider if it will be sufficient, for if he thinks of anything else to be asked for greater security, I place myself in his hands, as I merely wish to obey His Holiness in everything.

Article 22 could not be settled as His Holiness wished, nor is it possible to do so, as you will see by the answer of the King of Great Britain on the margin of the demand, in the paper given here by his ambassador, who has offered to try for the addition of one more year, by which means it appears that this point is well settled.

Nor do I think that I have anything more to say fresh to the offer made by the King of England with respect to article 24 ; but you may tell His Holiness that if it is thought at Rome that anything further can be demanded, I will do so, as everything has to be done and carried into execution with his holy benediction, and in no other way. You will therefore inform me what answer is given to you, and of anything else that may happen in the matter.

---

pedia, pues quedando á mi election y de mi hermana los criados que ha de llevar, y los que despues se huvieran de nombrar en lugar de los que vacaren, es cierto que no nombraremos ninguno que no sea Catolico.

En lo que toca al conocimiento de los ecclesiasticos de que trata el Capitulo 17 se hizo todo lo possible por vencer las difficultades que este embaxador ponia, y al fin se asentólo mas aventajadamente que se puede.

El capitulo 19 pareció conviniente asentado en la forma que va por las mismas consideraciones que se apuntan en el 6 articulo no obstante lo que su Santidad pedia.

En el capitulo 21 podeis representar al Papa y Cardenales de la congregacion que el Rey de la Gran Bretaña ofreze todo lo que mas que decentemente pueda:—que su Santidad vea si bastará este, ó si le occurre algo que pedir para mas seguridad que yo se lo remite, pues á mi no me toca mas que obedezer á su Bondad en todo.

El capitulo 22 no se ha podido ajustar como su Santidad le pedia, ni es practicable como vereys por lo que el Rey de Gran Bretaña responde á la margen dél en el papel que aquí dió su embaxador, el qual ha offrezido procurará que se añada otro año mas, con que parece quedaria buen asentado este punto.

Tan poco me occurre que proponer de nuevo á lo que el Rey de Inglaterra offreze en el capitulo 24, pero podreys dezir á su Santidad que si allá le parece que si le puede pedir otra cosa, yo lo haré, pues todo se ha de hazer y executar con su santa bendicion, y no de otra manera; y avisareysme de lo que os respondiere, y de lo demas que se offreziere en la materia.

X. Extract from " Fragmentos historicos de la vida de Don Gaspar de Guzman, Conde de Olivares, Duque de San Lucar," &c. Por Don Juan Antonio de Vera y Figueroa, Conde de la Roca, &c.

[Add. MSS. 25, 689, fol. 65.]

At this time Charles Edward, Prince of Wales, heir of the kingdom of England, appeared on Friday, the 17th of March [March $\frac{7}{17}$], 1623, at the lodgings of his ambassador, the Earl of Bristol, quite unexpectedly, and without any previous warning. He was accompanied by George Villiers, Duke of Buckingham, his father's sole favourite (to whom the King of England sent the title of Duke whilst he was in Spain), and by a very few servants more. His aim was to marry the Infanta Maria. The greatness of the object which he sought made the strange-ness of this proceeding less, and he would have gained immortal renown by so spirited an action if the end of the affair had corresponded with its beginning.

The Count of Gondomar, being at once informed by the English themselves, went to the apartment of the Count of Olivares in the palace. He entered the room with such signs of joy in his countenance and gestures that the Count, not knowing what had happened or what it could be, said to him, "What has brought you here at this hour, looking as pleased as if you had got the King of England at Madrid?" To this the Count of Gondomar answered that, if he had not got the King, he had at least got the Prince; upon which the Count of Olivares remained some time in meditation, from a mixed feeling of pleasure and anxiety at the news, so that the other did not know how he was really affected by the news. He was, however deeply struck, as was to be expected from such a cause, recognising at once the accidents which might result from so unseasonable a visit, which would bring upon

En este tiempo sin yndicio antecedente fuera de todo humano discurso se pareció en Madrid en la posada del Conde de Bristol su embaxador, Carlo Eduardo Principe de Galles, heredero del Reyno de Inglaterra, Viernes 17 de Março del año de 1623, acompañado de Don Jorge Viller Marques de Boquingan, unico privado de su padre, á quien embió el titulo de Duque despues de estar en España, y de pocos mas criados, en pretension de casarse con la Ynfanta Maria. El ynteres del yntento no hiço tan grande la novedad del hecho, y ubiera acreditado ynmortalmente su espiritu este Principe si los fines hubieran correspondido á la gallardia de los principios. Fué luego avisado de su benida por los mismos Yngleses el Conde de Gondomar, el qual se fué á Palacio al apossento del Conde que estava cenando, y entró con tan re-gocixado semblante y acciones, que el Conde sin primer mobimiento de que tal cosa fuese, ni pudiese ser, le dixo, " Que trae a V.S. por acá á esta ora, y tan placentero que parece que tiene al Rey de Inglaterra en Madrid?" El de Gondomar respondió, que sino el Rey á lo menos el Principe, y donde el Conde de Olivares quedó suspenso y mezclando en la novedad tanta parte de alegría como de cuydado, no supo el verdadero afecto que le ocupava. Pero fué grande como la causa, porque luego conoció los accidentes que desta visita yntempestiva podian resultar, de que él havia

his shoulders the fatigue of the negotiation or the blame of failure. Yet, in the end, putting aside his doubtful anticipation of danger, and admitting only the hope of the benefits which might accrue from this union to the Catholic religion, he then went at once to the King's apartment and told him the news. His Majesty, judging, like all other prudent men, that the Prince's journey proceeded from a deliberate resolve to overcome the difficulties of religion, without which the marriage could not take effect, was infinitely delighted, and, approaching a crucifix which was at the head of his bed, said, in the spirit which inspired Charles V. when he saw such an image, which had been shot at by the heretics in the river Elbe, "Lord, I swear to Thee by the crucified union of God and man, which I adore in Thee, at whose feet I place my lips, that not only shall the coming of the Prince of Wales not prevail with me, in anything touching thy holy Catholic religion, to go a step beyond that which Thy vicar the Roman Pontiff may resolve, but that I will keep my resolution, even if it were to involve the loss of all the kingdoms which, by Thy favour and mercy, I possess. As to what is temporal and is mine," he continued, turning to the Count, " see that all the Prince's wishes are gratified, in consideration of the obligation under which he has placed us by coming here." Such an oath as this, the Count affirms, he never heard the King take either before or after. It was, however, a very fitting occasion on which to take it. The Count returned to his apartment, and that very night, late as it was, he drew up with his own hand a sketch of the hospitality which was to be shown to the Prince, together with the names of the servants who were to be appointed to wait upon him ; so that when the Ministers who were summoned to the junta in which these matters were to be treated of arrived at eight in the morning of the next day, they found that they were spared this first trouble.

---

de sacar la fatiga de la negociacion, ó lo culpable del suceso. Pero con todo dió en albricias de duda destos riesgos á la esperança que podia sacar la religion Catolica desta union. Pasó luego al quarto del Rey y dióle la nueva. Su Mag^d juzgando la venida del Principe como todos los prudentes del mundo lo hiciéron por deliberacion resuelta de vencer la dificultad de la religion, sin que su casamiento no podia llegar á efecto, se alegró ynfinitamente, y llegandose á un Christo que estava á la cavecera de su cama, dixo con el espiritu de Carlo V., quando en la rivera de Alvis vió otra ygual ymagen arçabuceada por los hereges ; " Señor, yo os juro por la union Divina y humana crucificada, que en Vos adoro, en cuyos pies pongo mis labios, que no solo no baste la venida del Principe de Galles para que esceda un punto en lo tocante á Vuestra religion Catholica, conforme á lo que Vuestro Vicario Pontefize de Roma resolviere ; pero ni tampoco, si pensaré perder quantos Reynos por merced y miseri-cordia Vuestra poseo, no lo hace. De lo que es temporal y mio," prosiguió vuelto al Conde, " quanto el Principe quisiere se concederá á la obligacion en que nos ha puestos su venida :" y afirma el Conde que fué este el juramento segundo que antes ni despues á oydo al Rey ; pero en muy buena ocasion fué hecho. Bolvió el Conde á su aposento, y aquella misma noche, con ser tan tarde, hiço por su mano la planta del hospedaxe y recivimiento del Principe, y la eleccion de los criados que se habian de señalar, de forma que quando á las ocho de la mañana el dia siguiente acudiéron los ministros combocados para la Junta que se formó, donde se tratasen estas materias, ya se halláron libres deste primer cuydado.

XI. The Marriage Treaty between Charles, Prince of Wales, and the Infanta Maria.

[The articles of the treaty have been frequently printed, but usually without date, so that there has been no means of distinguishing the stage which had been reached at any given time, still less of comparing the different forms together.

The first shape which the articles assumed was the rough sketch given to Digby in March, 1615, a translation of which, with his notes and the King's will be found in a paper on the Earl of Somerset in vol. xli. of the Archæologia. But the treaty first assumed its proper shape in 1617, when it was placed in Digby's hands to be carried by him to Spain after the negotiations were formally opened by James. The articles of 1617 are here printed from a copy amongst the State Papers (Spain), the slight additions made before Gondomar's return to England in 1620 being indicated by brackets, with the exception of some very sight verbal changes, of which no notice has been taken, whilst the words which were omitted are printed in italics. These alterations are taken from the copy printed in " Prynne's Hidden Works of Darkness," p. 4. Following these articles come five "Conditiones additæ in Hispaniâ," brought by Gondomar from Spain in 1619, and delivered to James in the following year, alternating with five replies "En Angliâ," given, in that year, by James to Gondomar.ª Both of which are taken from Prynne. The whole treaty thus formed was sent to Rome by La Fuente at the end of 1620. The treaty thus prepared was sent back to England by Gage with the Pope's notes, which may be regarded as forming what, with various subsequent changes, may be considered as the second edition of the treaty. These notes are here printed from Prynne. The whole of the papers were then sent to Madrid, and a fresh treaty was drawn up, after discussion between Bristol and the Spanish ministers, in December, 1622. This treaty received the approval of James and his son in January, 1623, and is only known, as far as I am aware, from the copy printed in this volume at p. 60, from which it may be deduced by omitting the words in brackets. From this copy. again, we get the changes made at Rome before the treaty was returned from Rome in April, and are able to compare them with the treaty as actually signed by Philip IV. and Charles, which has been printed in the Clarendon State Papers (i. App. 25), and which is here given from the original document (Add. MSS. 19, 271), the points in which it differs from the forms of December 1622, and April 1623, being referred to in the notes. Almost everything of importance added at Rome was omitted, but only to reappear in the secret articles.]

ª So at least James distinctly stated in the Resolutions, &c. (Prynne, 14), calling them " the other five articles brought out of Spaine by the Count of Gondomar and answered by us." Francisco de Jesus, however (146 [22]), speaks of five additional articles being added before May, 1618, and apparently brought by Digby from Madrid. It is not a point of any great consequence, but there must be a mistake in one of these statements, unless, indeed, the questions were brought back again by Gondomar, and received a fresh, and perhaps a different, answer.

1617.

1623.

Instrumentum Capitulationum inter Serenissimum Regem Catholicum et Serenissimum Walliæ Principem super futuro matrimonio inter eundem Walliæ Principem et Serenissimum Mariam Infantem Hispaniarum. Subscriptum ab utroque Madriti 4 Augusti, 1623.

In nomíne Dei Patris et Filii et Spiritus Sancti. Amen.

Philippus Dei gratiâ Hispaniarum, utriusque Siciliæ, Hierusalem, Indiarum Orientalium et Occidentalium, Insularum et Continentis, maris Oceani etcª, Rex Catholicus, Archidux Austriæ, Dux Burgundiæ, Mediolani etcª; Comes Abspurgi, Flandriæ, Tirolis etcª; et Carolus eâdem Divinâ providentiâ Magnæ Britanniæ, Franciæ, Scotiæ, et Hiberniæ Princeps etcª: Omnibus et singulis cujuscunque gradus aut dignitatis sint, hujus instrumenti tenore notum sit et manifestum, Quod cum a multis sæculis mutuo fœdera variis amoris et benevolentiæ officiis, plurium etiam affinitatum et conubiorum vinculis continuata non solum intra supramemorata nostra regna, sed etiam inter nos, prædecessoresque nostros intercesserint; quæ quidem non minoribus incrementis, sed si fieri possit omni ævo duraturo et indissolubili nexu velimus esse perpetuata; nullus vero inter mortales efficacior illo esse videatur, qui sanguinis necessitudine iuitur et stabilitur. Hinc est quod præfatorum intuitu et consideratione, e bono tam totius Christianitatis, quam privato Regnorum et Provinciarum nobis subjectarum esse existimavimus, arctiore conjunctionis modo, et vinculo plane fraterno, inter nos uniri, eamque matrimonio legitimo inter eundem Serenissimum Principem Carolum, et Serenissimam Mariam Hispaniarum Infantem, sororem suam charissimam, communi utriusque partis voluntate, et consensu inito confirmare; quo quidem ad majorem Dei Omnipotentis gloriam et honorem, et commune subditorum utriusque Coronæ commodum præfata fœdera ab antecessoribus nostris compacta, et per omnes fere ætates felicissimè conservata, commerciis

1617.

1. Quod matrimonium perficiendum est per dispensationem Papæ, sed hæc procuranda est per operam Regis Hispaniæ, qui super verbo Regio fidem daturus est Regi Magnæ Britanniæ, ut facturus quod possibile est ut dispensatio Papæ procuretur.

2. Quod matrimonium celebrandum est in Hispaniâ secundum omnes ceremonias quæ Regi Magnæ Britanniæ convenientes videbuntur, modo nullæ sint quæ contradicant religioni Dominæ Infantæ. Sed de hoc formula statuenda est quomodo id et hic et illic perficiendum.

1623.

quoque utrinque fomentata, inter nos hæredesque nostros propagari possint et augeri. In quo quidem matrimonio, post varios hinc inde tractatus, potissimum nobis curæ fuit, puncta quædam Religionem Catholicam Romanam concernentia ante omnia capitulare, et ab iis sumentes exordium sequentes articulos multo jam ante conceptos conclusimus, et in eos, Divino numine implorato, modo infrascripto convenimus et concordavimus.

1. Quod matrimonium perfici debebit, interveniente summi Pontificis dispensatione ; quam ego Rex Catholicus impetrari curabo.

2. Quod matrimonium semel tantum in Hispaniâ erit celebrandum, et in Angliâ postea ratificandum in formâ sequenti: Manè postquam Serma Domina Infans preces suas in suâ Capellâ Regiâ, seu[a] in aliquâ Palatii aulâ, ubi magis expedire visum fuerit, convenient, ibique procurationes omnes, quarum virtute in Hispaniâ matrimonium fuerit celebratum, legentur ; et tam Sermus Princeps quam Serma Infans præfatum matrimonium in Hispaniâ celebratum ratum habebunt, cum omni solemnitate ad hujusmodi actum necessariâ[b] ; modo nullæ cerimoniæ, aut res alia quæquam interveniat, quæ religioni Catholicæ Apostolicæ Romanæ repugnet.[c]

RESPONSIO PAPÆ. 1622.

Matrimonium semel tantum celebrandum est in Hispaniâ ; verum si aliquæ solemnitates in Angliâ faciendæ sint abdeclaritur formula solemnizationis faciendæ in Angliâ quæ religionis Catholicæ et Romanæ non contradicat.

1617.

3. Quod Serma Domina Infanta servos et familiam suam hinc habitura est per electionem et nominationem patris sui Serma Regis Hsipaniæ, modo Rex nullum

1623.

3. Quod Serma Infans servos domesticos et familiam statui suo ? convenientem secum ducet ; quam familiam et personas omnes ad illam spectantes ego Rex

---

[a] The words "in suâ Capellâ Regiâ, seu" were (F. de J. 61) erased at Rome from the form sent in December, 1622, but restored at Madrid.

[b] "Cum omni . . . necessariâ" is omitted in F. de J.

[c] See note to Art. 16.

1617.

servum nominaveret qui fuerit vasallus Regis Magnæ Britanniæ sine suâ voluntate et consensu.

4. Quod Ser^{ma} Domina Infanta habebit et habitura erit liberum usum et publicum exercitium religionis Catholicæ, in modo et formâ prout infra capitulatum est.

5. Quod habebit decens oratorium in suo palatio, ubi missæ celebrari possint pro libitu Ser^{mae} Dominæ Infantæ : et quod hoc oratorium est adornandum cum tali decentiâ quæ Ser^{mae} Infantæ conveniens videbitur. In dicto oratorio vel capellâ, quod sacerdotibus ejus licebit exercere liberum usum sui sacerdotii, prout dicta Ser^{ma} Domina ordinaverit.

1623.

Catholicas eligam et nominabo ; inter ellos tamen nullum nominaturus sum qui id Regis Magnæ Britannicæ vasallus, sine ipsius voluntate et consensu.

4. Quod tam Ser^{ma} Domina Infans quam universa ejus familia,[a] liberum habebunt Religionis Catholicæ Romanæ usum, et publicum exercitium, modo et formâ inferius præscriptâ.

5. Quod habebit oratorium et capellam decentem in suo palatio ubi missæ pro libitu Ser^{mae} Infantis celebrari possint[b] ; et similiter Londini, et ubicunque morabitur,[c] ecclesiam publicam et capacem habebit prope Palatium,[d] ubi omnia officia solenniter celebrentur, cum omnibus aliis necessariis pro publicâ verbi Dei prædicatione, et omnium sacramentorum Ecclesiæ Catholicæ Romanæ celebratione, pro baptizandis parvulis, cum cœmeterio pro mortuis sepeliendis ; et quod præfatum oratorium, capella, et ecclesia cum tali decentiâ ornabuntur, quæ Ser^{mae} Infanti conveniens videbitur.

RESPONSIO PAPÆ. 1622.

Habeat etiam ecclesiam publicam Londini, et ubi Ser^{ma} Infanta morabitur, et utrobique omnia officia Divina publice celebrentur, verbum Dei prædicetur et sacramenta ministrentur.

---

[a] The words "their children and descendants" were added at Rome, in place of Art. 6 which was suppressed.

[b] "The word of God preached, all other divine offices and administrations used, and all the other holy sacraments administered," added at Rome.

[c] "Shall have her settled abode" was altered at Rome to "shall have her abode."

[d] "The article for the Church is to be thus understood,—that at one standing house, St. James', or where the household is to remain, there must be a church for burying and marrying, and christening, &c., it being altogether unfit that all mean people belonging to her service should be married or christened in her chapel within her palace, but this is not understood of any church in London, but one to be built adjoining to the palace." The accommodation of the differences in religion sent from Madrid by the Earl of Bristol, Dec. 1622.

1617.

6. Quod servi et servæ Ser^{mae} Dominæ Infantæ et [servi servorum, et] omnes pertinentes ad familiam suam poterunt esse Catholici liberè. Quod non tamen intelligendum est ut quicunque fuerit servus obligetur, ut servus, esse Catholicus.

1623.

6. Quod famuli et famulæ Ser^{mae} Infantis et illorum famuli, eorumque filii et descendentes ac familiares omnes, quomodocunque Ser^{mae} Celsitudine sui inservientes, possint Catholici esse liberè et publicè.

RESPONSIO PAPÆ. 1622.

Quod servi et servæ Serenissimæ Dominæ Infantæ, et servi servorum, eorumque filii et descendentes et familiares omnes quomodocunque inservientes debeant omninò esse Catholici et liberè.

1617.

7. Quod servi supradicti qui fuerint Catholici possunt ita liberé esse in formâ sequenti.

1623.

7. Quod Serenissima Infans servi et familiares prædicti possint Catholicè vivere in formâ sequenti.[a]

RESPONSIO PAPÆ. 1622.

Quod servi et familiares supradicti debeant liberè esse Catholici in formâ sequenti.

1617.

8. Quod Ser^{ma} Domina Infanta habebit in vel contiguam palatio unam capellam tam capacem ut dicti servi Catholici possint intrare et commorari in illâ. In quâ una sit porta publica et ordinaria per quam dicti servi possint intrare et altera sit porta interior de Palatio, per quam Ser^{ma} Domina possit intrare in dictam capellam et audire et celebrare officia.

1623.

8. Quod Ser^{ma} Infans habebit in palatio suo oratorium et capellam ita capacem ut dicti famuli et domestici ut supra possint intrare, et manere in illâ; in quâ una sit porta publica et ordinaria pro illis, et altera interior, per quam Ser^{ma} Domina Infans habeat ingressum in dictum capellam; ubi ipsa et alii, ut supra, Divinis officiis interesse possint.

RESPONSIO PAPÆ. 1622.

Quod Ser^{ma} Domina Infanta habeat in palatio unam capellam tam capacem ut dicti servi et familiares, ut suprà, possint intrare et commorari in illâ. In quâ una sit porta publica et ordinaria per quam dicti servi possint intrare, et altera interior per quam Ser^{ma} Domina Infanta habeat ingressum in dictam capellam, ubi ipsa et alii, ut suprà, Divinis officiis interesse possint.

---

[a] Articles 6 and 7 were sent back to Rome in December 1622, either as they stood in 1617, or, more probably, as they were finally sworn to. The clause of Bristol's agreement referring to them is as follows : " Whereas it is said that her servants are precisely to be Catholics, for that it seemed not fitting to capitulate anything that might be exclusive to the Protestants, it is left indifferent that her servants may be Catholics." See, also, Philip's despatch to Alburquerque, in App. ix. As they do not occur in the copy given by F. de Jesus, I suppose that they were omitted entirely in the treaty as sent back from Rome in 1623, but were replaced in Spain as being of no real consequence.

1617.

9. Quod ista capella ornetur cum decenti ornatu altarium, ornamentorum et aliarum rerum necessariarum pro cultu Divino qui in eâ celebrandus est secundum usum Sanctæ Ecclesiæ Romanæ, et quod dictis servis licebit se conferre ad dictam capellam omnibus horis, prout videbitur.

1623.

9. Quod oratorium, capella, et ecclesia publica ornentur cum decenti ornatu altarium, et aliarum rerum quæ necessaria sunt pro cultu Divino, qui in illis secundum ritum Sanctæ Ecclesiæ Romanæ celebrandus est; et quod dictis servis et aliis, ut suprà, licebit se conferre ad dictas capellam et ecclesiam omnibus horis, prout illis videbitur.

RESPONSIO PAPÆ. 1622.

Quod ista capella et ecclesia publica ornentur cum decenti ornatu altarium et aliarum rerum quæ necessariæ sunt pro cultu Divino, qui in illis celebrandus est secundum ritum Sanctæ Romanæ Ecclesiæ; et quod dictis servis et aliis, ut suprà, licebit se conferre ad dictas capellam et ecclesiam omnibus horis, prout illis videbitur.

1617.

10. Quod cura et custodia dictæ capellæ erit in manibus capellanorum Ser^mae Dominæ Infantæ, et ad hoc licebit constituere servum vel servos, ne quis possit intrare ad faciendum quid indecorum in eâ.

1623.

10. Quod cura et custodia dictarum capellæ et ecclesiæ erit penes eos qui deputabuntur a Ser^ma Dominâ Infante; cui licebit portarum custodes ponere ad impediendum, ne quis ad aliquid indecorum in illis faciendum intrare possit.

RESPONSIO PAPÆ. 1622.

Quod cura vel custodia dictarum capellæ et ecclesiæ erit penes eos qui deputabuntur a Ser^ma Dominâ Infante, cui licebit constituere custodes, ne quis possit intrare ad faciendum quid indecorum.

1617.

11. Quod ad administrandum sacramenta et serviendum in capellâ, erit numerus ministrorum qui conveniens videbitur Ser^mae Infantæ, modo talem numerum non excedat; et isti ministri nominabuntur per dictam Ser^mam Dominam, modo non sint vasalli Regis Magnæ Britanniæ, aut, si fuerint, sint cum suâ voluntate et licentiâ.

1623.

11. Quod ad administrandum sacramenta et serviendum in capellâ et ecclesiâ prædictis, viginti-quatuor[a] sacerdotes et adsistentes nominabuntur qui per hebdomadas aut menses, prout Ser^mae Infanti visum fuerit, inservient; et eorum electio ad nos Regem Catholicam, et Serenissimam Infantem pertenebit, modò non sint vasalli Regis Magnæ Britanniæ, aut, si tales fuerint, ejus voluntas et consensus præcedat.

---

[a] The number first appears, I believe, in the Consulta of the Junta for the marriage, $\frac{Oct\ 26}{Nov.\ 5}$ 1622 (Sim. MSS. 2849. 42), and was incorporated in the article as sent to Rome in December following.

RESPONSIO PAPÆ. 1622.

Quod ad administrandum Sacramenta et serviendum in capellâ et ecclesiâ prædictis erit numerus ministrorum qui conveniens videbitur Ser^mae Dominæ Infantæ; et isti nominabuntur per dictam Ser^mam Dominam, modò non sint vasalli Regis Magnæ Britanniæ, aut si fuerint, sint cum voluntate et licentiâ suâ.

1617.

12. Quod sit unus* minister superior cum auctoritate necessariâ ad omnes casus qui acciderint spectantes ad Religionem Catholicam.

1623.

12. Quod sit unus minister in ordine Episcopali constitutus[a] superior, cum authoritate necessariâ ad omnes casus qui acciderint ad Religionem spectantes; et, Episcopo deficiente, illius Vicarius eandem habeat authoritatem et jurisdictionem.

RESPONSIO PAPÆ.

Quod ut unus minister in ordine Episcopali constitutus superior cum authoritate necessariâ ad omnes casus qui acciderint spectantes ad religionem ; et, Episcopo deficiente, illius Vicarius.

1617.

13. Quod iste minister superior poterit corrigere, emendare et castigare Catholicus qui delinquent *in rebus spectantibus ad Religionem Catholicam, et hoc in formâ sequenti :—*

14. *Quod poterit castigare illos cum pœnis et censuris ecclesiasticis sed non cum pœnis temporalibus.* Poterit autem Ser^ma Domina illos de servitio suo abdicare.[b]

1623.

13. Quod idem Episcopus et superior minister Catholicos qui deliquerint corrigere poterit et castigare, atque in illos omnem jurisdictionem ecclesiasticam exercere, quos etiam poterit Ser^ma Infans a suo servitio amovere, quando illi visum fuerit.

14. Quod dictus superior in ordine Episcopali constitutus, vel ejus Vicarius poterit Ecclesiasticos, ut suprà, punire juxta leges et pœnas Ecclesiasticas; et illos etiam Ser^ma Domina Infans a suo servitio abdicare.[b]

RESPONSIO PAPÆ. 1622.

Quod iste minister superior poterit corrigere, emendare et castigare Catholicos qui deliquerint, et in illos omnem ditionem ecclesiasticam exercere, et ultra hoc poterit etiam Ser^ma Domina illos de suo servitio abdicare.

1617.

15. Quod licebit Ser^mae Dominæ Infante et servis Catholicis adquirere

1623.

15. Quod licebit Serenissimæ Dominæ Infanti, et ejus domesticis, dispensa-

---

[a] " Constituted by his Holiness," as sent from Rome in 1623.

[b] The portion of these articles omitted in 1620 was carried to the end. See Article 20. As sent from Rome in 1623, this article was omitted, and part of Article 17 was added to the end of Article 13.

Romæ dispensationes, indulgentias, jubileos, et in his quod videbitur conscientiis suis competere.

tiones, indulgentias, jubilæos, aliasque gratias spirituales pro Religionis et conscientiæ suæ ratione Romæ petere et obtinere; libros etiam quoslibet Catholicos sibi comparare.[a]

RESPONSIO PAPÆ. 1622.

Quod licebit Ser^ma Dominæ Infanti et servis, ut suprà, adquirere Romæ dispensationes, indulgentias, jubileos, et ea omnia quæ videbuntur conscientiis suis competere.

1617.

16. Quod Catholici qui in Angliam migrabunt suscipient juramentum fidelitatis Regi Magnæ Britanniæ cum omnibus clausulis et cautionibus, quas sua Majestas mandaverit, modo nulla sit clausula neque verbum in dicto juramento quod contradicat religioni Catholicæ, neque conscientiis Catholicorum; quam ad finem forma dicti juramenti concipienda est.

1623.

16. Quod domestici et famuli Ser^mae Dominæ Infantis, qui in Angliam migrabunt, præstabunt juramentum fidelitatis Magnæ Britanniæ Regi, modo nullum verbum sit aut clausula, quæ Religioni Catholicæ Romanæ aut Catholicorum conscientiis contradicat, et, si forte sint vasalli Regis Magnæ Britanniæ, idem juramentum præstabant quod Hispani, et utrique in formâ sequenti:—

Ego N. juro et promitto fidelitatem Ser^mo Jacobo Magnæ Britanniæ Regi et Ser^mis Carolo Principi Walliæ, et Mariæ Hispaniarum Infanti, quam firmiter et fideliter observabo; et si quid contra personas honorem, et dignitatem regiam præfatorum Regis et Principum, statumve, et commune bonum Regnorum intentari cognovero, statim renuntiabo dictis Domino Regi et Principum, aut ministris ad id constitutis.[b]

RESPONSIO PAPÆ. 1622.

Quod servi et familiares, ut infrà, Serenissimæ Dominæ Infantæ, qui in Angliam migrabunt, suscipient juramentum fidelitatis Regi Magnæ Britanniæ, modo nulla sit clausula neque verbum quod contradicat religioni et conscientiis Catholicorum; atque ideo forma dicti juramenti concipiatur per sedem Apostolicam approbanda; et si forte sint vasalli Regis Britanniæ, idem juramentum suscipiant quod Hispani.

1617.

17. Quod leges quæ sunt in Angliâ spectantes ad religionem dictos servos Catholicos non attingent, qui cum legibus, tum pœnis contra transgressores

1623.

17. Quod leges, quæ sunt vel erunt in Angliâ et aliis Regnis, ad religionem spectantes, dictos domesticos et alios, ut suprà, laicos non tangent, qui tum legi-

---

[a] The words "Romæ" and "libros etiam quoslibet Catholicos sibi comparare," were added at Rome in 1623.

[b] From the resolutions upon the Pope's alterations sent by James in September, 1622 (Prynne, 14), it appears that this oath, as well as the part of Article 2 relating to the form of the marriage, had been agreed upon in England, but had been omitted by mistake when the treaty was sent to Rome in 1620.

earum impositis erunt exempti, in quo opus erit videre quomodo se res habeat.

bus tum pœnis contra transgressores earum impositis erunt exempti; et contra Ecclesiasticos solummodo eorum Superior Ecclesiasticus Catholicus procedere valeat, prout apúd Catholicos fieri consuevit. Quod si Judex aliquis sæcularis Ecclesiasticum virum propter delictum aliquod comprehenderit, hoc faciet, ut comprehensum Superiori suo Ecclesiastico statim tradat; qui contra illum juxta canones et regulas juris procedat.

RESPONSIO PAPÆ. 1622.

Quod leges quæ sunt vel erunt in Angliâ spectantes ad religionem dictos servos et alios, ut suprà, laicos non attingent, qui tam legibus, tum pœnis contra transgressores eorum impositis erunt exempti ; ecclesiastici vero nullis legibus subjaceant, nisi suorum superiorum ecclesiasticorum.[a]

---

[a] On this James wrote, in Sept., 1622, to his ambassador at Madrid (Prynne, 14): " Our answer is that the exemption seems strange ; and, as we verily believe, is not allowed them in all states and countries that are Roman Catholics. We hope that the clergymen who shall come hither to attend the Infanta will give no cause for the civil magistrate to proceed against them in that manner, except it be for great and heinous causes, and that for faults merely civil." On the 24th of November, James wrote thus (Sherborne MSS.): " And for the other point, which concerns the exemption of the ecclesiastics from secular jurisdiction, we shall be contented that the Ecclesiastical Superior do first take notice of the offence that shall be committed, and, according to the merit thereof, either deliver him by degradation to the secular justice, or banish him the kingdom, according to the quality of the delict, which we conceive to be the same that is practised in Spain, and in other parts." The clause of the agreement drawn up in Spain in December (Prynne, 23) is as follows: " Where it is required by the Pope:—Quod ecclesiastici nullis legibus, etc.," the divines unanimously delivered their opinion that this King cannot, by capitulation, subject the clergy to the civil magistrate, neither hath he that power himself in Spain; and they presupposé that those of the Infanta's family are to have the same immunity as in Spain; but they have qualified the article what is possible, and they say some such course may be settled therein as may give his Majesty satisfaction, either by banishing them, or sending them with their processe into Spain, or some other course which may be agreed upon; and it will be in his Majesty's power, in any foul case, to do that by way of fact which they cannot capitulate ; however, it was not held fit to break so great a business upon the dispute of a case which is like never to happen." The result was the framing of the clause at the end of Article 17: " Et contra Ecclesiasticos solummodo, etc." This was transferred at Rome to Article 13, and brought back to its original place after the treaty was returned to Spain.

1617.

18. Quod liberi ex hoc matrimonio ori-undi non cogentur neque compellentur in causâ vel religionis vel conscientiæ, neque leges contra Catholicos attingent illos. Et in casu si quis eorum fuerit Catholicus, non ob hoc perdet jus successionis in Regna et dominia Magnæ Britanniæ.

1623.

18. Quod leges contra Catholicos latæ vel ferendæ[a] in Angliâ et aliis regnis Rege Magnæ Britanniæ subjectis, non concernent liberos ex hoc matrimonio oriundos, qui liberi jure successiones in regnis et dominiis Magnæ Britanniæ fruentur.

RESPONSIO PAPÆ. 1622.

Quod leges contra Catholicos latæ vel ferendæ non attingent liberos ex hoc matrimonio oriundos, et liberè jure successionis in regnis et dominiis Magnæ Britanniæ fruentur.

1617.

19. Quod nutrices quæ lactabunt libe-ros Ser^{mae} Dominæ Infantæ eligentur et admittentur cum consensu dictæ Ser^{mae} Infantæ et familiæ suæ conumerabuntur.

1623.

19. Quod nutrices quæ liberos Ser^{mae} Dominæ Infantis lactabunt, Catholicæ esse possint ; earumque electio ad præ-fatam Dominam Infantem spectabit, sive fuerint ex natione Anglicanâ, sive ex aliâ quâcunque, prout Ser^{mae} Infanti pla-cuerit ; quæ familiæ suæ annumera-buntur, ejusque privilegiis gaudebunt et potientur.

RESPONSIO PAPÆ. 1622.

Quod nutrices quæ lactabunt liberos Ser^{mae} Dominæ Infantæ omnino sint Catho-licæ[b] et ab ipsâ Ser^{mae} Dominâ Infantâ eligantur et familiæ suæ adnumerentur.

1617.

20. Quod personæ Ecclesiasticæ et Religiosæ in familiâ Dominæ Infantæ poterunt retinere suum vestitum et habi-tum.
Intelligendum est liberè posse dictos Ecclesiasticos et Religiosos uti suo ha-bitu, tum extra quam intra palatium.

1623.

20. Quod Episcopas, Personæ Ecclesi-asticæ et Religiosæ ex familiâ Dominæ Infantis, poterunt vestitum et habitum suæ dignitatis, professionis et religionis Romano more retinere.

RESPONSIO PAPÆ. 1622.

Quod Episcopus, personæ Ecclesiasticæ et religiosæ, in familiâ Dominæ Infantæ poterunt retinere vestitum et habitum dignitatis et professionis more Romano.

---

[a] The words " vel ferendæ " were inserted at Rome.

[b] On this point James wrote, in September 1622 (Prynne, 14): " It belongs unto the Infanta, and she may do in it as she pleaseth." As the article went from Madrid in December, it stood " Catholicæ esse possint." The words " omnino sint Catholicæ " were replaced at Rome, but finally excluded in Spain.

1620.

20* Quod poterit castigare illos cum pœnis et censuris ecclesiasticis, sed non cum pœnis temporalibus; poterit autem Ser^{ma} Domina illos de suo servitio abdicare.[a]

RESPONSIO PAPÆ. 1622.

Quod Superior in ordine Episcopali constitutus vel ejus Vicarius poterit servos et alios, ut suprà, Ecclesiasticos punire juxta leges et pœnas ecclesiasticas, et illos etiam Ser^{ma} Domina Infanta a suo servitio abdicare.

Conditiones ex Hispaniâ. 1619.

1. Quod declarandum est per Ser^{mum} Regem Magnæ Britanniæ quæ securitas detur quod in nullo casu matrimonium semel factum possit dissolvi.

Ex Angliâ. 1620.

1. Pro securitate quod non dissolvatur matrimonium firmiores obligationes excogitari non possunt quam re ipsâ sunt religio et lex regni, cùm repudium utrique vel maximè contradicat, neque aliud adhiberi potest vinculum quàm illud honoris; fiet enim omne quo decentur et commodè fieri potest.

1623.

21. Pro securitate quod dictum matrimonium nullatenus quâcunque ex causâ dissolvetur, Rex Magnæ Britanniæ, et ego Carolus Walliæ Princeps verbo Regio, et sub honore nostro, nos obligabimus, et insuper præstabimus quicquid ultra prædicta a Rege Catholico propositum fuerit, si modo decenter et commodè fieri poterit.

RESPONSIO PAPÆ. 1622.

Quia experientia docuit aliqua repudia evenisse in Angliâ, majora vincula quam oblata requirere videntur quæ Ser^{mam} Infantam per totum tempus vitæ Ser^{mae} Principis Walliæ securam a repudio reddant.[b]

---

[a] This article, which thus occurs in the form of 1620, was apparently intended to take its proper place as Article 14.

[b] "The doubt," wrote James, in September, 1622 (Prynne, 14), "which the Pope makes is very needless, and the answer which we gave unto the King of Spain is so full, as more cannot be offered nor said." The agreement made in December (Prynne, 23) says "concerning the security against the divorce, they are to rely on the King's and Prince's word of honour." See Philip's despatch to Alburquerque in Appendix 10.

Conditiones ex Hispaniâ. 1619.

2. Quod declaretur ad quam ætatem Ser^ma Domina Infanta habeat educationem liberorum ex hoc matrimonio oriundorum.

Ex Angliâ. 1620.

2. Ad eam ætatem ad quam in usu est liberos Regum Magnæ Britanniæ permanere sub regimine et curâ mulierum, et hoc pro temperamento et valetudine liberorum brevius aut longius durabit.

1623.

22. Quod filii et filiæ qui ex hoc matrimonio nascuntur a nativitate penes Ser^mam Infantem ut minimum usque ad decennium educabuntur, et libere jure successionis, ut dictum est, fruentur.

RESPONSIO PAPÆ. 1622.

Educentur liberi in Religione Catholicâ Romanâ penes matrem, fœminæ usque ad duodecim annos, mares usque ad quatuordecim,[a] et liberè jure successionis Regni fruantur.

---

[a] On this James wrote thus, in September, 1622 (Prynne, 14): " We consider that these articles now to be agreed on will hereafter become public; and that, for us to declare unto the world that we have engaged ourselves to have our grandchildren brought up *usque ad annos nubiles* in a religion which we profess not, nor is publicly professed in our kingdom, we leave it unto the King of Spain's wisdom to consider indifferently and unpartially how unfit it is for us, in many respects, to yield unto it; and therefore, further than you have already assented unto in that article in the general, which leaves the children under the tuition and care of the mother, longer or shorter, according to their constitutions and healths, which may possibly reach unto the time required by the Pope, we can by no means condescend, unless the King of Spain think fit to limit the time to a certainty for the mother to have the care of the children, so as it exceed not seven years old, which we can be contented to yield unto." On the 14th of October Calvert wrote to Bristol (Prynne, 24) that " his Majesty is contented to yield thus much farther that, howbeit in the public articles which, in that point, he desires not to be altered, he mentions but seven years, he will oblige himself privately by a letter to the King of Spain, that they shall be brought up *sub regimine matris* for two years longer, that is, until the age of nine years, if that will give any satisfaction." On the 24th of October, James wrote himself (Sherborne MSS.) " seeing what they demand is but until ten " he would not stick at one year more. The article was therefore sent to Rome with the word " seven " in it, upon the understanding that James would privately engage to go as far as ten. The Pope, however, inserted the word " twelve," and the article as finally sworn to contained the word " ten," Charles engaging, as will be seen, in a secret article to go as far as twelve.

Conditiones ex Hispaniâ. 1619.

3. Quod declaretur quod quandocunque loci servorum et servarum quos Ser[ma] Domina secum attulerit nominatos[a] per Regem Catholicum fratrem suum vacare contigerit, dictus Ser[mus] Rex Catholicus nominabit alios in loco aliorum quomodocunque vacavarint, sive moriantur, sive abdicantur servitio, sive suâ sponte inde venerint.

Ex Angliâ. 1620.

3. Servi qui ex Hispaniâ venerint nominabuntur per Regem Catholicum quotiescunque loci vacaverint.

1623.

23. Quod in locum illorum famulorum et domesticorum, quos Ser[ma] Domina Infans secum abduxerit, quomodocunque sive per mortem, sive per absentiam aut aliâ quâcunque ex causâ vel accidente vacantem, alii per me Regem Catholicum, ut supra, eligi possint et nominari.[b]

RESPONSIO PAPÆ. 1622.

Subrogentur per Regem Hispaniæ, quomodocunque vacaverint, sive moriantur, sive abdicentur servitio, sive suâ sponte discesserint, omnes servi et familiares Infantæ.

Conditiones ex Hispaniâ. 1619.

4. Quod Ser[mus] Rex Magnæ Britanniæ declaret securitatem quam potest dare ; quod totum, ut capitulatum est, inviolabiliter compleatur.

Ex Angliâ. 1620.

4. Pro securitate quod totum, uti capitulatum est, compleatur, Rex Magnæ Britanniæ et Princeps Walliæ juramento obstringendi sunt ; Consiliarii Regis tractatum chirographo firmare debent : Rex et Princeps Walliæ verbo Regio fidem daturi sunt, se futuros quod possibile est ut omnia capitulata per Parliamentum stabiliantur et quoniam nullam recusat cautionem cui præstandi animus est, si Rex Hispaniarum quid aliud addiderit vel proposuerit quod congruè et cum honore fieri possit, illud Rex Magnæ Britanniæ perlubens faciet.

1623.

24. Pro securitate etiam quod prædicta omnia, prout concordata sunt, complebuntur, Rex Magnæ Britanniæ, et ego Carolus Walliæ Princeps, juramentum præstabimus ; et omnes Consiliarii Regis ea omnia chirographo suo firmabunt ; insuper verbo Regio fidem daturi sumus, nos omnem operam navaturos, ut omnia supra capitulata per Parlamentum stabiliantur.

---

[a] Nominari. *Prynne.*

[b] As the article is given by Francisco de Jesus, it ends thus: "and with the above-mentioned qualifications." Though not marked as coming from Rome, the words were probably added there, to convey the meaning that the servants afterwards appointed must be Catholics.

RESPONSIO PAPÆ. 1622.

Quæ petenda sunt pro majori securitate, Ser^{mus} Rex Hispaniæ proponat sanctissimo Domino Nuntio ut probare possint.

Conditiones ex Hispaniâ. 1619.

5. Quod præsupponitur priusquam assentietur et capituletur illud quod visum fuerit circa hoc matrimonium, quod satisfieri et contentari debet Papæ.

Ex Angliâ. 1620.

5. Præsupponitur quod dispensatio Papæ procuranda est antequam quid fiat. Capitulatum est in primo articulo.

1623.

25. Quod hæc omnia prout tractata sunt, proponenda et exponenda erunt summo Pontifici ; ut ea approbare Apostolicamque benedictionem et necessariam dispensationem ad effectum matrimonii concedere dignetur.

RESPONSIO PAPÆ. 1622.

Quoniam præscriptæ conditiones a Rege Britanniæ oblatæ videntur securitatem tantum religionis et conscientiæ Ser^{mae} Infantis et ejus familiæ respicere ; ad concedendam vero dispensationem petitam alia requirantur ad utilitatem augmentum et magnum aliquod bonum Catholicæ et Romanæ religionis spectantia ; hæc proponenda erunt a Rege Magnæ Britanniæ ut S. D. N. deliberari possit, ut sint talia quæ dispensationem suadeant et mereantur.

Secret article agreed upon at Madrid in December, 1622, with additions sent from Rome in April, 1623.[a]

And because, in answer to the instances made with his Holiness in the name of his Catholic Majesty for the grant of the dispensation, His Holiness finally replied that the aforesaid conditions regarded only the security of the religion and conscience of the Most Serene Lady Infanta and her household; whereas, in order to enable him to grant the dispensation, other things were re-

Secret Articles sworn to by the King of Great Britain, July $\frac{20}{30}$, signed by the King of Spain and the Prince of Wales, $\frac{July\ 25}{August\ 4}$, and sworn to by them, $\frac{August\ 28}{September\ 7}$, 1623.

Insuper ad prædictorum omnium effectum juramento, fide, et promissis regiis, Ser^{mus} Rex Magnæ Britanniæ et ego Carolus Walliæ Princeps unusquisque pro se, sequentia capita ad verbum firmabimus.

---

[a] I only know this form of the article from Francisco de Jesus, from whom it is here translated. The words added at Rome are in brackets.

quired, extending to the strengthening, the confirmation, and the great benefit of the Catholic and Roman religion ; which were to be proposed in order that his Holiness might deliberate whether they were such as to persuade, to justify, and to deserve the dispensation ; and whereas besides, and in like manner, the Catholic King is bound in conscience, and for the sake of his own reputation, to see that all those things and each one of them which have been offered and promised by the King of Great Britain are done and put in execution ; and further, because, besides that his Holiness neither can nor will conceive of the aforesaid disposition without these things, it would be a most unhappy thing for the Most Serene Lady Infanta to live and dwell where the professors of her own religion suffer persecution for its sake ; and because, nevertheless, although it is difficult to make public treaties on these matters on account of the inconveniences to which such a course is exposed, it is just that the Catholic subjects of the King of Great Britain should confess and acknowledge that this benefit and quiet comes to them from the natural benignity and clemency of their King, so as to be under the greater obligations to him, and to love him and embrace him with the close bond of love and fidelity ; therefore both the aforesaid King of Great Britain and his son, the Most Serene Prince of Wales, shall, by their promise and royal word, given in their private letters to his Catholic Majesty, or by some other writing, bind themselves to accomplish the things which they have many times promised by word of mouth to the ministers of his Catholic Majesty, namely,

Quod nulla lex particularis contra Catholicos Romanos lata (sub quâ alii Regnorum Magnæ Britanniæ vasalli non comprehenduntur, et ad cujus observationem omnes generaliter non obligantur) necnon leges generales sub quibus omnes æqualiter comprehenduntur (modo tales sint quæ Religioni Romanæ repugnent) nullo unquam tempore aut modo directe vel indirecte executioni mandabuntur; et quod efficietur, ut Consiliario Ser^ae Magnæ Britanniæ Regis idem præstent juramentum, quantum ad illos pertinet et spectat ad executionem, quæ per manus ipsorum et ministrorum suorum solet exerceri.

Quod nullæ aliæ leges inposterum contra dictos Catholicos ferentur, sed toleratio perpetua exercitii . Religionis Catholicæ Romanæ inter privatos parietes per omnia Regna et Dominia Magnæ Britanniæ (et quod intelligendum est tam in Regnis Scotiæ et Hiberniæ quam Angliæ) iis concedetur, modo et formâ, prout capitulatum, declaratum, et concessum est in articulis superioribus.

Quod nec per Ser^mum Magnæ Britanniæ Regem nec per me Principem, nec per aliam interpositam personam, directe vel indirecte, privatim vel publice, res ulla cum Ser^ma Dominâ Infante Maria tractabetur, quæ repugnet Religioni Catholicæ Romanæ ; illique nequaquam persuadebitur ut in substantiâ vel formâ eidem unquam renuntiet, aut ut agat aliquid iis quæ contenentur in tractatu de matrimonio repugnans aut contrarium.

Quod Ser^mus Magnæ Britanniæ Rex, et ego Walliæ Princeps, authoritatem nostram interponemus, et, quantum in nobis erit, curabimus ut Parlamentum omnes et singulos articulos ratione hujus matrimonii in favorem Catholicorum

that from henceforth no Catholics, whether laymen or ecclesiastics, either secular or regular, shall suffer persecution or any molestation in the kingdom of the aforesaid King and Prince, on account of their profession of the Catholic, Apostolic, Roman religion [nor for taking part in any sacraments], nor for any ministrations or actions [even if it be that of ecclesiastical sepulture according to the said religion], nor for anything pertaining to it in any manner, on condition that they use and exercise these actions privately [or in the oratory and public church of the Most Serene Lady Infanta, to which it shall be lawful to go freely and without any punishment ; nor shall they be compelled to take any form of oath other than that which is set out in Article 16], nor shall they, upon any other pretext or cause relating to the Catholic Roman religion, or in consequence of any laws made, or to be made, or of any decrees, practices, customs, or proclamations, be harassed in their goods or persons at any time, or in any manner ; and the evidence that all these things will be done and put in execution shall be that which the King of Great Britain has done up to this time, and ordinarily does in contemplation of this union and alliance by marriage, and in benefit of the aforesaid Catholics, as the ministers of the Catholic King and the Catholics of England themselves may be Catholic witnesses.

capitulatos approbet, confirmet et ratos habeat; abroget quoque et revocet omnes leges, tam particulares quam generales, contra Catholicos Romanamque Religionem latas; nec in posterum consentiemus, ut alias contra Catholicos ullo unquam tempore dictum Parlamentum sanciat aut conscribat.

Secret Articles Signed by the King of Spain and the Prince of Wales only.

Præterea ego Carolus Walliæ Princeps spondeo et idem Ser^{mum} Magnæ Britanniæ Regem, patrem et Dominum meum colendissimum, verbo scriptoque particulari facturum promitto, quod ea omnia, quæ in præcedentibus articulis, tam ad suspensionem, quam ad abrogationem legum omnium in Catholicos Romanos latarum spectantia, continentur, intra triennium infallibiliter effectum obtinebunt, et citiùs si fieri possit; quod quidem conscientiæ et honori nostro Regio incumbere volumus.

Quoad decennium educationis liberorum ex hoc matrimonio oriundorum apud Ser^{mam} Dominam Infantem matrem eorum in articulo vigesimo secundo stipulatum ; quem terminum Pontifex Romanus ad duodecimum caperet prorogari ; id ut fiat, apud Ser^{mum} Dominum Regem Magnæ Britanniæ Patrem meum intercessurum me spondebo, ut scilicet ad eum terminum producatur ; et ultro libereque promittam et jurabo, quod si contigerit de eâ re disponendi potestatem integrum ad me devenire eundem etiam terminum concessurum et approbaturum.

Porrò fide datâ ego Walliæ Princeps me obstringam Regi Catholico, quod, quoties Ser^{ma} Domina Infans requisiverit, ut Theologis aliisve, quos Ser^{ma} Celsitudini suæ in materiâ Religionis Catholicæ Romanæ adhibere placuerit, aures privatim præbeam, illos postpositâ omni excusatione libenter absque difficultate auscultabo.

Ut verò libero Catholicæ Religionis exercitio, et legum suspensioni superius memoratæ amplius caveatur, promittam ego idem Carolus Walliæ Princeps, et verbo Regio in me recipiam, quod illa quæ de iis superius promissa et tractata sunt, effectum suum obtinebunt, et executioni mandabuntur tam in Regnis Scotiæ et Hiberniæ quam Angliæ.

Tandem ego Carolus approbans, admittens, et acceptans omnia et singula, quæ in scripto particulari de datâ secundi Junii habentur, quod mihi a Rege Hispaniarum Theologorum suorum sententiam ac judicium continens traditum fuit ; et in eorum executionem et effectum consentiens, eadem grata et accepta habeo et pro bono duco: præsertim verò, ut matrimonium inter me et Ser^{mam} Infantem Mariam per verba de præsenti hic Madriti contrahatur, quamprimum Ser^{mus} Hispaniarum Rex certior factus fuerit Pontificem Romanum quicquid in materiâ religionis capitulatum est approbasse, et Ser^{mum} Dominum Patrem meum, Magnæ Britanniæ Regem, eadem omnia confirmasse ac jurasse ; atque ut consummatio ejusdem matrimonii et Ser^{mae} Infantis traditio, in ver anni Millesimi sexcentesimi vigesimi quarti proxime sequentis differatur ; ita ut Hispaniarum Rex Ser^{mam} Infantem sororem suam mihi, vel personæ seu personis quibus ego ejus rei potestatem fecero, tradere teneatur, primo die mensis Martii ejusdem anni Millesimi sexcentesimi vigesimi quarti in hac Madriti Regiâ vel in aliquo Hispaniæ portu, si ego id maluero aut præoptavero, decimo quinto die subsequentis mensis Aprilis anni ejusdem ; interim vero, ut quæcunque in beneficium Catholicorum Romanorum promissa, et a me capitulata sunt, statim stabiliantur, executionique mandentur, me effecturum in verbo et fide Regiâ promitto.

Et ego Philippus Rex Catholicus ejusdem scripti vigore, et pro ejus executione, Ser^mis Regi ac Principi promitto, et tam meo quam Dominæ Infantis Mariæ charissimæ sororis meæ nomine in me recipio, quamprimum certior factus fuero, summum Pontificem id omne quod in materiâ Religionis capitulatum est approbasse, et Regem Magnæ Britanniæ confirmasse ac jurasse, effecturum me, ut matrimonium inter ipsam et dictum Ser^mum Carolum Walliæ Principem verbis de præsenti contrahatur; ita tamen, ut consummatio ejusdem matrimonii, et Ser^mae Infantis traditio in ver anni proxime sequentis, prout dictum est, differatur; quam Ser^mam Infantem eidem Ser^mo Walliæ Principi, vel personæ sive personis ab ipso ad eum effectum delegandis, tradere tenebor; et traditurum me spondeo primo die mensis Martii anni proxime futuri Millesimi sexcentesimi vigesimi quarti in hac Madriti Regiâ, vel in aliquo Hispaniæ portu decimo quinto die mensis Aprilis anni ejusdem, prout Ser^mus Princeps maluerit aut præoptaverit, eâ tamen conditione præviâ, ut electio seu designatio a Ser^ma suâ Celsitudine facienda quatuor ante traditionem mensibus mihi significetur, ut quæ necessaria fuerint commode disponi ac provideri possint. Et ita omnia et singula præmissa rata et grata habens, inviolabiliter, firmiter, sincere et bonâ fide tenere, observare, et adimplere per præsentes promitto, omni contradictione et exceptione cessante; non obstante etiam dispensatione vel evasione quacumque.

Quæ omnia supradicta, conventa, et conclusa inter nos Philippum Regem Catholicum, et Carolum Walliæ Principem, bonâ fide observabimus et adimplebimus, observarique et adimpleri curabimus, omnesque et singulas securitates præstabimus, quæ de jure vel consuetudine in similibus tractatibus pro illorum firmiore subsistentiâ præstari debent seu consueverunt, justâque aliquâ ratione pro rei naturâ a nobis exigi ut requiri poterant; renuntiantes omnibus juris, legum, vel statutorum, pragmaticarumque dispositionibus, aut beneficiis quibuscunque in contrarium. In quorum omnium et singulorum fidem et testimonium præsentes litteras manu nostrâ subscripsimus, et sigillis nostris muniri fecimus. Datum Madriti die quartâ mensis Augusti, anni Millesimo sexcentesimi vigesimi tertii, præsentibus ibidem testibus.

PHILLIPPUS.   CAROLUS P.

(L. S.)   (L. S.)

JOANNES de CIRICA.   SIMON DIGBEIUS.

Testes autem fuerunt, &c.[a]

---

[a] The names of the witnesses and the oath subsequently taken will be found in the Clarendon State Papers, i. App. 29.

INDEX.

The references are to the English translation, a second reference to the Spanish text being added in brackets.

Abbot, George, Archbishop of Canterbury, supports a Protestant marriage, 112, note.

Alburquerque, Duke of, ordered to negotiate with the Pope upon the marriage, 162 [32]; his conversation with the Pope, 199 [52].

Aliaga, Luis de, negotiates with Digby, 136 [18].

Anne, Queen, wife of James I., suggests a marriage between Prince Henry and the Infanta Anne, 103, 104 [1].

Anne, the Infanta, marriage proposed between her and Prince Henry, 103 [1].

Archy, the Prince's fool, his language about Buckingham, 252 [84].

Aston, Sir Walter, takes part with Bristol in his negotiations, 260 [88]; remains at Madrid as Ambassador after Bristol's recal, 272 [95]; announces the breach of the treaty, 279 [99], 280 [100].

Ballard, Dr. Henry, illtreated when sent for to attend a dying Englishman, 249 [83]; states his case to Buckingham, 250 [83].

Bennett, John, arrives at Rome 168 [36].

Bristol, Earl of, [*see* Digby, Sir John *and* Lord,] urges the King of Spain to settle the marriage treaty definitely 178 [41]; presents a fresh memorial on the subject, 187 [46]; repeats his demand, 196 [50]; receives an answer from the Junta of State, 197 [51]; makes fresh representations 201 [53]; imagines that Charles intends to change

his religion, 207 [56]; prepares an argument for the Prince, 246 [81]; learns from Clerke the Prince's scruples about the marriage 258 [88]; declares that he has received orders to hasten the treaty for the Palatinate 260 [88]; asks for the postponement of the marriage, 261 [89]; is informed of the revocation of the Prince's proxy, 264 [91]; urges the restitution of the Palatinate, 266 [92]; is recalled, 271 [95].

Buckingham, Duke of, his conversation with Ballard, 256 [83]; his insolence, 253 [85]; his quarrel with Olivares, 254 [85]; his reason for obtaining a revocation of the Prince's proxy, 258 [88]; his narrative in Parliament, 277 [98].

Buckingham, Marquis of, assures Gondomar of his master's intention to treat the Catholics well, 148 [24]; takes part in the negotiation with Gondomar, 152 —154 [25, 26]; his marriage, 156 [27]; assures Gondomar that he does not wish the Infanta to come till the King of Spain is satisfied, 159 [30]; accompanies the Prince to Madrid, 202 [54]; his reception, 203 [54]; takes part in a religious conference, 209 [58]; his behaviour at the conference with the Prince, 261 [59]; threatens the Nuncio, 230 [72]. See Buckingham, Duke of.

Cæsar, Sir Julius, supports the French marriage, 112, note.

Cardinals. See Congregation of Cardinals.

Castro, Count of, Spanish Ambassador at

Rome, 110 [5]; his account of his interview with the Pope, 114 [6].

Catholics, treatment of, in England, 141 [20], 146 [22], 160 [31], 164 [33].

Cecil, Lord, sends a message about the marriage to Velasco, 104 [1].

Charles, Prince, marriage proposed between him and the Princess Christina of France, 110 [5]; well affected towards the Spanish match, 153 [26]; his journey to Madrid 202 [54]; his reception, 204 [54]; his public entry, 206 [56]; attempts made to convert him, 207 [57]; takes part in a religious conference, 211 [58]; hears of the arrival of the dispensation, 215 [65]; appoints commissioners to treat with the Spanish ministers, and promises that Parliament will repeal the penal laws, 216 [65]; objects to the Pope's demands, 217 [66]; makes a proposal to the Council of State, 228 [72]; makes further concessions, 229 [72]; proposes to return to England, 231 [73]; declares that he will remain, 232 [73]; sends Cottington to England, 233 [74]; hears of the resolution of the Theologians, 236 [76]; announces his wish to leave, 241 [78]; makes an attempt to change the resolution of the Theologians, 241 [79]; has a paper drawn up in his name, 242 [79]; receives from Olivares the final decision of the Theologians, 244 [80]; declares the treaty at an end, 245 [81]; retracts his determination, 246 [81]; sends Cottington to England with the articles, 247 [81]; signs the marriage treaty, 247 [82]; declares his intention of remaining in Spain till the marriage, 248 [82]; determines to go, 251 [84]; swears to the marriage treaty, 252 [84]; takes leave of the Queen and the Infanta, 253 [85]; leaves Madrid, 254 [85]; sets out from the Escurial, 255 [86]; writes to Philip from Segovia, 256 [87]; revokes his proxy, 257 [87]; his protestation in Parliament, 278 [99].

Clerke, Edward, his employment at Madrid, 288 [87].

Congregation of Cardinals discuss the marriage treaty, 166 [35]; decide upon asking for liberty of conscience, 168 [36]; determine to send their terms to England, 169 [36]; entrust Gage with the mission, 172 [38]; deliver their message to him, 173 [38]; meet to consider the treaty as agreed to at Madrid, 200 [52].

Constable of Castile. See Velasco.

Cottington, Francis, his conversation with Sarmiento, 111, note; accompanies the Prince to Madrid, 202 [54]; sent to Olivares to announce the Prince's departure, 241 [78]; starts for England with the articles, 247 [81]; declares himself a Catholic, 249 [83].

Council of State, Spanish, advises the negotiation for the marriage to be kept up, 116 [8], 121 [11]; recommends that the Pope be consulted, 122 [12]; advises that a large portion be given with the Infanta, 138, 139 [18]; insists upon the Prince's acceptance of the Pope's demands, 217 [66].

De Dominis, M. A., consulted by Gregory XV., 185 [44].

Digby, Lord, assures Gondomar that he does not wish the Infanta to come till the King of Spain is satisfied, 159 [30]; writes to Gage, 165 [33], 166 [34]; goes back to Spain, 177 [40]. See Bristol, Earl of.

Digby, Sir John, arrives at Madrid to negotiate a marriage between Prince Henry and the Infanta Anne, 105 [2]; writes to Sarmiento about the marriage, 116 [8]; returns to Spain, 122 [11]; goes back to England, 124 [13]; writes to Lerma to assure him of his master's goodwill, 125 [13]; his advice to the King, 126, note; writes to Lerma about the marriage, 131 [16]; converses with Sarmiento, 135 [17]; returns to Spain and negotiates with Aliaga, 137 [18]; argues against the grant of liberty of conscience, 143 [21]; returns to England, 145 [22].

Doncaster, Viscount, his mission to France, 168 [35], 171 [37].

Duval, Michael, writes a book about the marriage, 186]45].

Edmondes, Sir Thomas, his negotiations in France, 112, note.

Ellesmere, Lord, supports a Protestant marriage, 112, note.

Fenton, Viscount, supports the French marriage, 112, note.

Flores d'Avila, Marquis of, his embassy to England, 107 [3].

Fuente, Diego de la. See Lafuente.

Gabaleone, Savoyard ambassador in England, 109, note.

Gage, George, sent to Rome to watch the negotiation, 164 [33] ; negotiates with the Congregation of Cardinals, 166 [35], 170 [37] ; sent back to England, 172 [38]; he sets out, 176 [40]; arrives in England, 177 [40]; gives an account of his reception, 178 [41] ; sent back to Rome, 182 [43] ; arrives at Madrid on his way, 183 [44] ; assures Cardinal Ludovici by letter of James's good will, 184 [44]; arrives at Rome, 198 [52].

Gondomar, Count of, [see Sarmiento de Acuña, Diego de,] charges James with ill-treating the Catholics, 146 [23] ; urges James to grant liberty of conscience, 148 [24]; leaves England, 149 [24]; receives instructions upon his return to England, 150 [24]; urges James to do more for the Catholics, 150 [25]; his opinion of the King's intentions, 153 [26]; presses the King to make concessions, 154 [26]; expresses his distrust of James, 156 [29]; declares liberty of conscience to be indispensible, 160 [31]; informs Olivares of the Prince's arrival, 202 [54] ; interposes on behalf of a priest attacked by the Prince's servants, 249 [83].

Gregory XV., Pope, his reception of Gage, 164 [33]; names a congregation of Cardinals to consider the marriage, 166 [34]; consults De Dominis on the state of England, 185 [44] ; listens to Alburquerque's statement, 199 [52].

Henry, Prince, marriage proposed between him and the Infanta Anne, 103 [1]; it is broken off, 107 [3]; a marriage proposed for him with a daughter of the Duke of Savoy, 108 [4] ; his death, 109 [5].

James I., King of Great Britain, sends Digby to Spain to negotiate a marriage for Prince Henry, 105 [2]; objects to the conditions demanded, 106 [3] ; opens negotiations for a Savoyard marriage, 180 [4]; assures Sarmiento of his desire for a Spanish marriage, 111 [6]; terms offered by him, 117 [8] ; continues his negotiation for the marriage after Somerset's fall, 125, note; consults a committee of the Privy Council, 134 [17]; promises Gondomar to treat the Catholics well, 147 [23], 155 [27]; writes to inform the King of Spain what he means to do, 157 [28]; gives orders that the Catholics shall not be molested, 160 [31]; swears to the marriage treaty, 247 [81] ; orders a commission to inquire into the course of the negotiation, 272 [95]; opens Parliament, 277 [98].

Jesus, Francisco de, takes part in a religious conference with Buckingham, 209 [58]; sent with a message from Buckingham, 231 [73]; gives an opinion on the Prince's demands, 244 [80].

Junta of Theologians. See Theologians, Junta of.

Knollys, Lord, supports the Savoy marriage, 112, note.

Lafuente, Diego de, ordered to go to Rome, 161 [31]; sets out, 162 [32]; his mission to England, 275 [97]; outrage upon him in Picardy, 276 [97].

Lake, Sir Thomas, supports the Spanish alliance, 111, note.

Lennox, Duke of, supports the French marriage, 112, note.

Lerma, Duke of, writes to Rome about his conversation with the French ambassador, 110 [5]; writes to Digby about the marriage, 127 [13].

Liberty of conscience in England declared by the Theologians to be a necessary condition of the marriage, 132 [16]; demanded of Digby, 138 [18]; discussed with Digby, 141 [20], 143 [21]; demanded by Gondomar in England, 148 [24]; Gondomar instructed to insist upon it, 150 [24]; declared by Gondomar to be indispensable, 160 [31].

Ludovisi, Cardinal, appointed to take part in the congregation on the marriage, 167 [35].

Maria, the Infanta, offered in marriage to Prince Henry, 106 [3]; marriage proposed for her with Prince Charles, 112 [6]; objections to the marriage, 191 [48]; receives instructions on her duties from three ecclesiastics, 259 [88]; the treaty for her marriage abandoned, 273 [96].

Massimi, Innocentio de, Nuncio at Madrid, receives instructions about the dispensation, 213 [60]; secret instruction sent to him, 214 [64]; refuses to alter the articles, 229 [72]; is threatened by Buckingham, 230 [72]; authorises Philip to take the oath required by the Pope, 262 [90].

Northampton, Earl of, converses with Velasco on the marriage, 104 [1]; supports the Savoy marriage, 112, note.

Nottingham, Earl of, supports the Savoy marriage, 112, note.

Olivares, Count of, and Duke of San Lucar, his plan for getting rid of the marriage treaty, 191 [48]; memoir drawn up by him on the subject, 192 [48]; hears of the Prince's arrival, 202 [54]; visits Buckingham, 203 [54]; hopes to convert the Prince, 208 [57]; argues with Buckingham, 209 [58]; declares that the Prince's chaplains must not enter the palace, 212 [59]; presents a memoir on the marriage to the King, 218 [66]; supports his views in the Council of State, 220 [67]; suggests an application to the Pope and the King of England, 230 [73]; carries the resolution of the Theologians to the Prince, 237 [76]; insists upon the Prince's remaining, 241 [78]; lays the final decision of the Theologians before the Prince, 244 [80]; asks the English ambassadors whether the Prince was satisfied, 255 [86]; his reply to the French ambassador, 273 [96].

Paul V., Pope, acquainted with the proposed marriage between Prince Charles and the Infanta Maria, 113 [6]; his reply, 114 [7]; replies to a fresh communication, 128 [14]; his death, 163 [32].

Philip III., King of Spain, gives an audience to Digby, 105 [2]; offers the Infanta Maria to Prince Henry instead of her sister, 106 [3]; orders a Junta of Theologians to discuss a proposed marriage between Prince Henry and the daughter of the Duke of Savoy, 109 [4]; acquaints the Pope that a proposal has been made for his daughter's marriage with Prince Charles, 113 [6]; refers it to a Junta of Theologians, 118 [9]; orders a fresh Junta to prepare an answer for Digby, 122 [11]; writes to Sarmiento about the marriage, 127, note; communicates the state of the negotiation to the Pope, 128 [13]; orders the marriage articles to be drawn up, 133 [16]; declares to Digby the amount of the Infanta's portion, 139 [19]; instructs Gondomar to demand liberty of conscience, 145 [22]; determines to send the treaty to Rome, 160 [31]; replies to James' offer, 161 [31]; instructs Alburquerque and Lafuente to negotiate with the Pope, 162 [32]; his death, 163 [32].

Philip IV., King of Spain, declares his intention of going on with the marriage, 163 [32]; demands a speedy answer from the Pope, 198 [51]; passes on Bristol's representations to the Pope, 201 [53]; his reception of the Prince, 204 [54]; refuses to be present at a religious conference, 210 [58]; required to swear that the King of England will fulfil his engagements, 215 [64]; urges Charles to declare what he will do, 218 [66]; begs the Prince to stay, 232 [74]; sends the resolution of the Theologians to the Prince, 236 [76]; lays the Prince's objections before them, 243 [79]; orders their final decision to be taken to the Prince, 244 [80]; offers to allow the Prince to remain in Spain, 248 [82]; is shown a translation of the English catechism, 251 [83]; dismisses the Junta of Theologians, 251 [84]; accompanies Charles a short way, 255

[86]; writes to him, 256 [86]; takes the oath required by the Pope, 262 [90]; offers to proceed to the marriage, 263 [90]; replies to Bristol's request for delay, 265 [91] ; his answers about the Palatinate, 266 [92], 269, 270 [94]; his journey to Andalusia, 272 [96]; listens to the French ambassador, 278 [99], 281 [101].

Porter, Endymion, his missions to Spain, 183 [43]; returns to England, 198 [52]; accompanies the Prince to Madrid, 202 [54].

Puisieux, M. de,, his offers to the Spanish Government, 274 [96].

Sarmiento de Acuña, Diego de, takes up the negotiation for a Spanish marriage, 111 [5] ; offers made to him, 116 [8] ; amount of his negotiation, 130 [15], 135 [17]. See Gondomar, Count of.

Savage, Sir Thomas, appointed a commissioner of the Prince's revenue, 171 [37].

Savoy, Duke of, marriage proposed between his daughter and Prince Henry, 108 [4].

Somerset, Earl of, sends Cottington to Sarmiento, 111, note.

Sotomayor, Antonio de, his opinion of James's offers, 157 [30].

Suffolk, Earl of, supports the Savoy marriage, 112, note.

Tassis, Juan de. See Villamediana, Count of.

Tavara, Donna Margarita de, sent with a message to Olivares, 191 [48].

Theologians, Junta of, formed to consider the marriage between Prince Henry and the Savoyard Princess, 109 [4]; ordered to consider the marriage between Prince Charles and the Infanta Maria, 118

[9]; report in its favour, 118, note c [9 note a]; summoned to prepare an answer for Digby, 122 [11] ; called upon to prepare for Digby's return, 132 [16] ; summoned to determine on what terms Philip can take the oath required by the Pope, 233 [74] ; their decision, 235 [75] ; refuse to alter their resolution, 243 [79]; approve of the treaty in its final shape, 247 [82]; refuse to allow the Infanta to leave Spain before the spring, 249 [83]; dismissal of the Junta, 251 [84].

Urban VIII., Pope, elected, 251 [84]; his brief authorising the Infanta's marriage, 261 [89].

Velasco, Alonso de, ordered to offer the hand of the Infanta Maria to Prince Henry, 106 [3].

Velasco, Juan Fernandez de, supports a marriage between Prince Henry and the Infanta Anne, 103 [1]; his instructions to Villamediana on the marriage, 104 [1].

Villamediana, Count of, ambassador in England, 103 [1].

Wadsworth, James, used as interpreter, 210 [58].

Worcester, Earl of, supports the Savoy marriage, 112, note.

Wotton, Lord, supports the Savoy marriage, 112, note.

Zouch, Lord, supports the French marriage, 112, note.

Zuñiga, Pedro de. See Flores d' Avila, Marquis of.

ERRATA.

Page 6, l. 13, for " escribió," read " escribo."

6, last l., for " decidissimo," read " devidissimo."

8, note l. 5, for " teuga," read " tenga."

9, l. 6, for " por que," read " porque."

10, note l. 24, for " disponiendore," read " disponiendose."

11, note l. 13, for " tiree," read " tire."

12, note l. 14, for " Thelogos," read " Theologos."

14, l. 9, for " en comendarle," read encomendarle."

15, l. 15, for " odo," read " todo."

20, l. 3, for " Reiñas," read " Reinas."

23, l. 16, for " preuva," read " prueva."

23, l. 20, and p. 27, l. 12, for " havia," read " haria."

30, l. 12, for " censio," read " censeo."

31, l. 18, for " intendado," read " intentado."

31, l. 21, for " oiendo," read " siendo."

33, l. 1, for " tenia corrio," read " tenia.   Corrió."

34, l. 2, for " las," read " la."

40, l. 17, for " avuntodavía," read " aun todavía."

42, last l., for " Conde Bristol," read " Conde de Bristol."

46, l. 19, for " haciendo esperado las," read " haviendo esperadõ la."

49, side note, l. 5, for " offraciéron," read " offreciéron."

51, for " pedida," read " á la pedida."

53, last l., for " Carte," read " Corte."

55, l. 6, for " á el," read " á él el."

55, l. 29, for " demas, fuéronse," read " demas.   Fuéronse."

58, l. 29, for " disseaba," read " desseaba."

61, l. 31, for " las," read " los."

63, l. 20, for " fie," read " fee."

64, l. 23, for " devaso," read " devaxo."

80, l. 23, for " quenando," read " quedando."

82, l. 22, for " par," read " por."

92, l. 5, for " desposarios," read " desposorios."

93, l. 8, for " hacerla," read " hacerle."

96, l. 5, for " ultimas," read " ultimos."

249, l. 2, for " Holiness," read " Highness."

270, l. 8 from bottom, for " Inojoso," read " Inojosa."